记忆中的老宝鸡

李巨怀 / 主编

JIYIZHONG DE
LAOBAOJI

文汇出版社

图书在版编目(CIP)数据

记忆中的老宝鸡 / 李巨怀主编. —上海:文汇出版社,2020.6

ISBN 978-7-5496-3231-2

Ⅰ.①记…　Ⅱ.①李…　Ⅲ.①散文集–中国–当代　Ⅳ.①I267

中国版本图书馆 CIP 数据核字(2020)第 097800 号

记忆中的老宝鸡

主　　编 / 李巨怀
责任编辑 / 熊　勇
装帧设计 / 力扬文化

出版发行 / **文匯**出版社
　　　　　上海市威海路 755 号
　　　　　(邮政编码 200041)
印刷装订 / 成都兴怡包装装潢有限公司
版　　次 / 2020 年 6 月第 1 版
印　　次 / 2020 年 11 月第 2 次印刷
开　　本 / 787×1092　1/16
字　　数 / 560 千
印　　张 / 28

ISBN 978-7-5496-3231-2
定　　价 / 58.00 元

《记忆中的老宝鸡》编委会

顾　　问：徐启方
　　　　　宁怀彬　薛建恩
主　　任：朱小强
成　　员：李巨怀　李　琴　李彦龙　范国彬
　　　　　唐剑青　丁　涛　李　鹏　杨　盾

《记忆中的老宝鸡》编辑部

主　　编：李巨怀
执行主编：范国彬
编　　辑：杨宝祥　宋婉琴　唐炳科　唐剑青
主编单位：中共宝鸡市金台区委员会党校
协编单位：宝鸡市金台区文化和旅游局

JIYIZHONGDELAOBAOJI

序

▽ 李巨怀

"一切都终会过去，一切都会变成亲切的回忆。"你或许无法回到那个时代，但你能借用一个物件、一本书，感同身受进入到那个氛围。

习近平总书记指出，中华优秀传统文化是最深厚的文化软实力。特别是在 2015 年 2 月来陕视察时指出，陕西是天然历史博物馆，文物点密度大、数量多、等级高，是中华民族的宝贵财富，要保护好文物，让人们通过文物承载的历史信息，记得起历史沧桑，看得见岁月流痕，留得住文化根脉。宝鸡作为华夏文明的发源地，其历史地位之崇高，文化底蕴之深厚在全国屈指可数，历史也一直无比深切地眷顾着这块神奇的土地。也正是这块给予我们磅礴力量的父母之邦，让我们天南海北的宝鸡人昂扬奋发地阔步在世界的四面八方，角角落落。

宝鸡是我的第二故乡，我在这里整整生活了二十个年头，对这里的一山一水、一草一木，有着不亚于故乡的眷恋和怀想。

编辑《记忆中的老宝鸡》发轫于五年前，去西安曲江开会，在宾馆发现一本专门记载西安老巷子的书，顷刻间便被它如数家珍般的质朴感所沦陷。当时就想，能否有缘也编辑一本我们老宝鸡的同类书。欣慰的是，有此凤愿者甚众，其间，也屡经坎坷，几近搁浅。直到去年在宝鸡市政协编辑《宝鸡当代最具影响力文化人物》时，方才下定决心。甚幸，此书得到中共宝鸡市委主要领导和金台区委区政府主要领导的大力支持，才使此书编辑工作得以迅速推进，终于面世。

在宝鸡这个遍地文物、满眼文化的神奇土地上做些思考和探索，对于坚定文化自信，传承中华文明，推进彰显华夏文明的历史文化名城建设，有着十分重要的现实意义。

宝鸡是一个有历史，有文化，更有故事的地方。这块热土上恢宏壮丽的历史就是中华民族百折不挠、自强不息奋斗史的一个缩影。正是这些灿若星辰的文明徽记，让这块饱含中华民族历史文化之魂的厚土数千年如一日迸发着郁郁葱葱的蓬勃生机。让这些承载我们宝鸡灿烂文明，传承历史文化，维系民族精神的珍贵财富，发挥它不可替代的引领作用，正是我们生于斯长于斯的宝鸡文化人最责无旁贷的责任。

《记忆中的老宝鸡》，所谓"老"是相对的，是我们这一代人的心里的"老"，也是我们这一代人有限资料里的"老"，遗珠之憾自然是在所难免的。所有物质是因"缘"产生的，我们寻常百姓所有的欲望都是在物质里，所有的沦陷也都是在物质里，在一日千里的城市化大潮中，只要我们怀着敬畏之心，抱有万物有"灵"的初衷，让更多的人和我们一起做些力所能及的事情，应是这本作品最好的归宿。

不揣谫陋，是为序。

庚子年仲春于陈仓半心斋

目录
CONTENTS

文化

记忆中的老宝鸡

老舍诗里的红色宝鸡

张　琼

　　1939 年夏天，老舍从重庆出发，经成都，过剑阁，出川入陕。7 月 8 日到达今天的凤县双石铺和宝鸡市区。随后，老舍创作了《双石铺——宝鸡》《宝鸡车站》两篇诗歌，专门描写宝鸡。那时的宝鸡，在一代文豪老舍的笔下，是一个有血性、有担当、有作为的城市。当时，究竟是什么样的宝鸡城和宝鸡人，给了老舍这样的印象？

　　老舍一生，只写过一部长篇叙事诗《剑北篇》，而其中《双石铺——宝鸡》《宝鸡车站》两篇诗歌是专门描写宝鸡的。在这两篇诗歌里，老舍用了许多充满生机的形容词，"这象昨天刚降生的双石铺"，"象蜻蜓……凭空颤翅"，"爽朗，爽朗得令人狂舞"；反映民族救亡的句子也频频出现，"来，不接收敌人金钱的工徒！来，不做奴隶的义民义妇！把拆来的铁轨制成刀斧，把破旧的机车当作马达旋舞！"是什么样的场景，让老舍如此激动呢？

老舍感 爽朗得令人欢呼

"像蜻蜓，在莲塘的晴午。凭空颤翅，天光与山光明得闪目。爽朗，爽朗得令人狂舞，爽朗得令人欢呼!" ——《双石铺——宝鸡》

区别于许多城市散文柔缓的格调，老舍写宝鸡的调子格外热烈高昂、充满生机。这与当时的时代背景、宝鸡面貌有很大关系，也与老舍的写作初衷密不可分。

1939年6月，老舍受中华全国文艺界抗敌协会理事会派遣，参加北路慰问团，到西北去慰问抗战将士。当时，抗日战争进入战略相持阶段，许多英勇的爱国将士在抗战一线捍卫国土，爱国群众在后方开展生产、运输战略物资。作家们也把笔杆化成枪杆，用文字为抗战添柴加火，鼓舞士气。

那年夏天，老舍一行从重庆出发，经成都、绵阳，过剑阁、广元，出川入陕。7月8日，作家们经留坝县，到达凤县双石铺和宝鸡，9日离开宝鸡前往西安。

在宝鸡停留的一天多时间里，老舍看到了一个经济繁荣和充满活力的宝鸡。他在《双石铺——宝鸡》中写道："新的路，新的铺户，新的气象是新的觉悟"，"听，车轮急转，人马喧呼，汽笛鸣鸣，马达突突!"

凤县文化馆工作人员解释，这几句描写与当时凤县双石铺的"工合运动"有密切关系。老舍在文章中也道出了原因："来，你们，热心合作事业的人物!"1939年，国际友人路易·艾黎等来到凤县成立"工合运动"双石铺事务所，组织群众制造军需、民用物资，支援抗战。

除过凤县双石铺，当时宝鸡、凤翔、陇县都设有"工合"事务所。市政协文史员吴正茂介绍，"工合"宝鸡事务所在永清堡村(今渭滨区永清村)设纺织社，宝鸡人叫纺毛站。附近的村民用肩扛，用骡驮，从益门织毯厂运来羊毛，羊毛分发到户，妇女们将其纺成毛线，再送到其他厂织成军毯。后来，纺织社妇女中，共产党员不断增多，就在本村设立纺纱、织毯合作社，织出的军毯送往抗战前线，给抗战将士们带去了温暖。

1939 年，宝鸡支援抗战的热情，被老舍看在了眼里。所以，老舍说宝鸡像是新生的一般：工徒和义民义妇们制造刀斧，人们在街上搭起草棚，摆上货物，像敲鼓一样敲着锅勺……老舍总结这景象："幼童与老人，或一对中年夫妇，把流亡，把艰苦，变成自立的基础!"

老舍听 宝鸡如此的狂喊

"听，听这急促的声声呼唤，是中华的吼声与赴战的狂喊!"——《宝鸡车站》

合作社

宝鸡支援前线的热情感染了老舍，老舍把宝鸡写成了一个有着"吼声"和"狂喊"的城市。

在宝鸡车站，老舍看到告别亲人的士兵，拉送货物的火车，听到火车鸣笛。这鸣笛声被老舍描写成"赴战的狂喊"，听到这喊声，老舍号召同胞们撇开太平年月的小小悲喜，一起"拖着兵车野炮，炸弹，冒着轰炸，冒着危险，开往前线，去应战"。

与老舍描写一致的是，那时的宝鸡城确实充满了抗日救亡的呐喊，并且有实际的抗日组织在活动。

1939 年，抗日救亡话剧《松花江上》《放下你的鞭子》在马营街、永清堡等地区表演，激励人们用行动抗日救国。这时，歌曲《松花江上》的创作者、人民音乐家张寒晖正在凤翔纸坊村教书。在凤翔的日子，张寒晖创作了《叫乡党》《前进曲》《竞存中学校歌》等作品，红歌鼓舞着宝鸡群众。张寒晖对学生进行爱国教育，正如他创作的校歌"流浪的朋友，苦难的兄弟，起来，起来……"

当时的宝鸡并不太平，日寇先后多次轰炸宝鸡，在弹片四飞的家乡，人们对侵略者恨得咬牙切齿，呐喊之余，成立了地下党组织开展抗日救亡活动。

吴正茂介绍，永清堡村是中国共产党在宝鸡地下活动最早的地区之一，被叫作宝鸡的"小抗大""小延安"。当时，永清堡村人乔积玉秘密加入中国共产党，后成立马营小学党支部，积极宣传党的抗日救亡政策，发展党员。1939 年，一批地下党员来到永清堡纺毛站，带领文艺队在宝鸡 18 个村演话剧，唱《国际歌》《延安颂》等歌曲，抗战宣传氛围格外浓厚。

那时的永清堡村，革命青年们给群众宣讲抗日形势，号召当地青年从戎杀敌。抗日救国刊物《西北工合》火热创办，秘密传阅着从延安、西安寄来的抗战材料。妇女识字夜校里，共产党员每晚宣讲着抗日和革命道理。小小的永清堡村有了"鸡峰山下小抗大"的名号，正是一首首抗日歌曲，一台台让民众觉醒的话剧，一条条送往前线的毛毯，构成了老舍心目中的宝鸡印象。

老舍看 宝鸡人的救国义举

"是真奇男先要挽回气运，作大丈夫直将收复河山"——容儒对联

在火热的抗日宣传下，宝鸡涌现出了许多爱国志士，印证了老舍笔下宝鸡人有血性、有骨气的特点。

1932 年秋的一天，宝鸡县人杨必栋穿着孝服，头戴麻冠，手拿麻棍，在宝鸡街头，声泪俱下地诉说将要临头的亡国大祸，呼吁宝鸡士农工商奋起抗日救国。杨必

合作社分拣羊毛的人们

栋的一身孝衣，警醒了不少宝鸡青年，若国之不存，民之将亡。时隔几十年，家住市区斗鸡的 70 岁的杨忠铃老人仍然记得父亲讲给他的这件轶事：当时，杨必栋打着快板《鸡大王》上街宣传抗日，他的爱国行为被宝鸡人代代相传。

吴正茂还讲了一个与支援抗战有关的宝鸡趣事。当时的宝鸡县县长王奉瑞在原中山路光明池搭台，号召士农工商捐钱捐物支援前线，宝鸡许多商家纷纷慷慨解囊，有钱的捐钱，有物的捐物。唯有一名外地来的客商，名叫武望三，不肯捐钱，见王县长积极动员，武望三恶狠狠地在捐款台上扔了一块钱，说："我没钱，要有，只有一块钱。"武望三为富不仁的行为引起了围观群众的愤怒，大伙恨不得上前群殴他。后经群众举报，王县长亲自查检，发现武望三的商铺、饭馆里有贩卖鸦片的卑劣勾当，当即没收了武望三的不义之财，把钱财送到了前线支援抗战。群众无不拍手称快。

在抗日战争胜利 68 周年之际，宝鸡市还发现了一组写于抗战时期、反映抗战主题的楹联，对联作者是宝鸡县人容儒。他的对联中，有 13 副对联是号召人们积极抗战的。对联用词十分恳切："勿畏牺牲杀贼杀敌，赶快团结救国救民""人人有爱国心除奸贼除奸民中华自然能固，个个存战胜志出群才出群力倭寇何敢再逞"。对联中蕴含着浓烈的爱国情怀，展现了一个西府男儿爱憎分明、有血性、有骨气的性格本色。

在民族危难之时，宝鸡妇女也没闲着，媳妇们做军鞋，婆婆们缝棉被。家里有两个或三个男孩子的，必有一个壮小伙赶赴前线。年老的读书先生，把毛笔蘸满墨汁，书写着救亡图存的字句……

这样的宝鸡，这样的宝鸡人，展现在老舍眼前时，老舍写下了特殊时期的特殊诗句："这坚强，这乐观，这民族生命的丰富，从流离与死亡找到活路！"

附录：

双石铺——宝鸡

老 舍

为了地土，

为了粮谷，

为了精神上的自由，自主，

我们的不识字的农夫，

没有进过城市的村妇，

会把牺牲看作坦途，

用血用肉把破碎的山河撑住！

这静默诚实的伟大民族，

到生死关头，就走上牺牲之路；

忽然，柔顺的绵羊变成猛虎，

惊雷急闪眩迷了世界的耳目，

这伟大的民族，可杀不可辱，

文化的直觉在大事上不会糊涂！

求生的本领战败了历史的艰苦，

假若呀，我们的温良的农夫，

像蚯蚓，把沙石变成沃土，

啊，我们的小贩小商也同样的卓绝艰苦！

看，肩着几匹丝绸，或者零星的货物，

他们不看地图，哪管水陆，

有生意的地方便去吆呼；

到青海，到新疆，到蒙古，

连赤道上的南洋，与欧美大陆，

都挡不住他们缓缓的脚步！

说着自己的语言，摸索着自己的生路，

钱到了囊中才转归故土，

这天赋的才能，自动的辛苦，

把生命与风雪荒沙，奇寒剧署，

赌一赌输赢胜负，

他们漂流，他们回顾，

祖国故乡是最终的乐土；

像紫燕经秋雨秋霜的迫促，

展翅向野岛炎荒飞渡；

当春风把桃李编成了画图，

一路的歌声向故巢飞舞！

啊，我爱这伟大的民族，

啊，有什么言语能倾尽这爱慕！

他会容忍，他会知足，

到时候，他会愤怒！

看今天，为复仇雪辱，

这不再容忍的民族，

以建造长城万里的勇敢辛苦，

像山洪冲破了清溪碧湖，

生命，随着战争的泛滥，决开新路。

看吧，这应运而生的双石铺，

吞吐着陕甘川三省的运输，

把关中与天水的公路合在一处。

义民们，炮火与耻辱把昨日结束，

忍着流离，忍着饥苦，

却不忍受屈膝与屈服；

来自河南河北，来自蒙难的地土，

国旗是目标，生命，财物，

往西往南，往四处，

有国旗的地方就是乐土。

他们，在这像昨天刚降生的双石铺，

新搭起草棚，刚摆上货物，

像歌唱似的把酒饭吆呼，

敲着锅勺似敲着锣鼓。

几包香烟，一盆豆腐，

或摊些枣糕，或担些油醋，

幼童与老人，或一对中年夫妇，

把流亡，把艰苦，

变成自立的基础！

不受人怜就不肯屈服，

肯去挣扎天才相助，

这坚强，这乐观，这民族生命的丰富，

从流离与死亡找到活路！

啊，这伟大的民族，

啊，这伟大的疆土，

刚刚从巴山栈道里走出，

又向秦岭横云找我们的去路！

秦岳的雄奇，终南的林木，

一脉奔驰，千峰起伏，

雄浑苍茫是秦岭的风度。

横断中原，把大漠的风沙截住；

南海的温风雨云，飞过巴蜀，

也被截住，把自己装成明绿的画图，

时时给自己一山雨露。

没有巴山愁人的晓雾，

也没有八达岭上的风狂如虎，

这划开南北的奇峰巨谷，

以北地的阳光，闪出，噢，闪出，

南国的浓绿，绿到极度，

也明到极度，

像蜻蜓，在莲塘的晴午，

凭空颤翅，天光与山光明得闪目，

爽朗，爽朗得令人狂舞，

爽朗得令人欢呼！

峰掩着峰，树藏着树，

像些巨人争着向人间插足，

无可插足，挤在一处，

山头掩着山头，脚跟踏陷了深谷，

石的身，石的骨，

奇伟的装束，

冠是白云，衣是碧树；

静立万古，

万丈直竖，

巨大的阴影藏着狼虎！

伟大的公路，

急转直竖，

不住的惊呼，

无情的斜度，

大散关头，车声如虎！

过了雄关，渐入坦途，

回头，青天尽处，

青峰起伏，

越远越美，忘了困阻，

忘了惊险，看着画图。

眼前，展开了北方的景物：

挺拔的高粱，低首的稷黍，

带着红缨的玉米美如村妇。

笨重的车，黄土的路，

默默的黄牛听着小驴叫闹长呼。

树叶上，人脸上，都带着一层黄土，

爱害羞的村女扛着铁锄，

偷偷的，她看着我们过路；

我们，身上是汗，脸上是土，

像些刚被掘出的红薯，

勇敢的走上宝鸡城外新修的大路。

新的路，新的铺户，

新的气象是新的觉悟：

这征烟区的黑色的县府，

几年前，垂死似的合着双目，

看不见山中的煤铁林木，

看不见水利与别的财富；

在抗战的今天，景色如故，

还是渭水奔流，夹岸的土山直竖，

可是潼关的炮声惊醒了病夫，

认识了门外的山川是座宝库！

去取，去取山中水中的天然积储！

去取，去取由太原开封抢救出的器物！

来，不接收敌人金钱的工徒！

来，不做奴隶的义民义妇！

把拆来的铁轨制成刀斧，

把破旧的机车当作马达旋舞！

来，你们，热心合作事业的人物！

将计划简单而适当的提出，

以我们的土产，以我们的勤苦，

打下抗战中的建设的基础！

听，车轮急转，人马喧呼，

汽笛呜呜，马达突突！

听，宝鸡峡水日夜催促：

北五省的电力在此藏储；

快，快，用电的速度，

开发这养育东亚文化的高山厚土；

东海边沿上的繁荣薄如皮肤，

回来，回来吧，文化，回到复兴之路。

复兴西北，复兴民族，

来光耀这民族之母！

宝鸡车站

老 舍

平津，青岛，和大明湖上的济南，
四大都市，与它们的山水林泉，
都给过我可记忆的劳苦与闲散，
时时给我的梦里添一些香甜。
在风雨或月明的夜间，
无论是青岛还是平津济南，
远远的，断续的，我听见，
——一听见就引起一阵悲酸——
那火车的汽笛忽长忽短，
无情的，给销魂的离别以惊颤，
催促着爱人或爱子把热泪偷弹！
隔着北平的坚厚古旧的城垣，
或在青岛的绿浪的海边，
每一听到这凄凉的呼唤，
便想到雪地冰天的绥远，
或隔江相望的武汉，
多少行人，多少路程，多少情感，
这一声哀鸣，多少悲叹！
同时，在山前，也许在河岸，
不管是春雨催花，还是秋云惨淡，

声在车前，先把消息送入车站，
把多少忧疑关切与悬念，
突然的变作狂涌的欣欢！
老友们，也许十载未见，
父子夫妇，相别数年，
都手握着手，肩并着肩，
教热泪流湿了笑颜！
孩子们，争着搬动筐篮，
想立刻打开远地来的神秘的瓶罐，
或尝一尝匣中的糕点，
快活得好似要过新年！
啊，多少人世的离合悲欢，
都在这不入丝弦，
没有韵调的鸣声里涌现！
还有什么比它更实际，更浪漫，
机械的它啼唤，
每一啼唤，却似春林中的杜鹃，
给诗心添加上多少伤感！
从七七抗战，
在青岛与济南，

天明，黄昏，或夜半，
我听见，我听见，
那汽笛，那战争的呼唤，
啊，多么勇敢，多么果断，
拖着兵车，野炮，炸弹，
冒着轰炸，冒着危险，
开往前线，去应战，
啊，伟大的中华去应战，应战！
有什么闲情再去想象感叹，
那行人游子的悲欢，
那太平年月小小的哀感；
听，听这急促的声声呼唤，
是中华的吼声与赴战的狂喊！
我听，我还去看：
当海风把青岛的晚雾吹残，
或星岛外横起来灰蓝的晚烟，
汽笛引着车声，来自济南，
成群的矮腿的小商小贩，
带着在中华挣下的银钱，
或几包未能卖完的"白面"。
矮的人，矮的家眷，
都收起往日的骄狂傲慢，
含着泪，低着头，走出车站；
海边上横列着黑黑的一片，
是他们的巨大的战船，
也逗不出他们的一个笑脸！
在济南的清静的夜晚，
笛声不断，星光灿灿，
英雄们的列车奔赴前线。
车外伪装，柳枝急颤，
车内，没有灯光，战士无言，

像怒潮疾走，直到海边才浪花四溅，
啊，壮士到了战场，才杀喊震天！
可怜，在初秋的傍晚，
三声巨响，红光如闪，
十里外落叶满园，
震颤了鹊华，震颤了千佛山，
钢的巨桥在泥沙里瘫陷！
那七十二泉的济南，
不久，重演了"五三"的惨变；
到徐州，到郑州，到武汉，
随着不屈膝的人们流亡四散，
那呜呜的汽笛就是我的指南！
自从走入巴蜀的群山，
只有在梦里才仿佛听见：
噢，在北平红了樱桃的春天，
卖花的声里夹着一声半点，
那对旅客的轻唤，
使想象立刻飞驰到地北天南，
立刻想赞颂这雄伟的河山！
噢，那从东海到西安，
当洛阳刚开了牡丹，
穿过大河滚滚的潼关，
明绿的钢车驰过明绿的华山！
啊，已经一年，已经一年，
我只能在梦中听，梦中看，
那简单的鸣声与奇丽的山川！
可是，在今天，
在渭河上微风的夜晚，
我又听见，
像久别的故乡的语言，
那汽笛，甜脆地流荡在山水之间！

隔着泪，我又看见，

那喷着火星，吐着黑烟，

勇敢热烈的机车跃跃欲前，

像各党各派团结抗战，

一辆胶济，一辆北宁，一辆平汉，

不同的式样，标记，首尾相连，

每一列都是个合作的集团！

到咸阳，到西安，旅客忙乱，

到洛阳，到潼关，壮士赴战，

啊，赴战！赴战！

夺回平绥，平汉，和所有的路线；

国土是身，路是血管，

还我山河，要先求血管的舒展！

笛在响，车在动，灯光摇乱，

啊，宝鸡，珍重！再见！

从作家茅盾的眼中看抗战时期的宝鸡

肖景情　耿玲莉

抗战爆发后，作家茅盾过着颠沛流离的生活。1940 年，他逃出新疆军阀盛世才的虎口，经西安到延安，后又从延安到重庆。旅途所得，写成了散文集《见闻杂记》，《"战时景气"的宠儿——宝鸡》就是其中的一篇。文章开首，茅公就写道："宝鸡，陕西省的一个不甚重要的小县，战争使它崭露头角。人们称之为'战时景气'的宠儿。"

一个"不甚重要"的关中西府小县为何成了"战时景气"的宠儿？"陇海铁路、川陕大道，宝鸡的地位是枢纽。"茅公的这一分析十分精准。

"宠儿"宝鸡，因路而兴。1937 年 7 月 7 日全面爆发的全民族抗日战争，又为宝鸡的兴起提供了时代的契机。在抗日战争最艰苦的年代，宝鸡处在大后方的前沿，其时大量的人流和物流涌聚宝鸡，使得宝鸡崭露头角，一下子"景气"了起来。

此时，大批的外省人（多为河南人）逃难至宝鸡，成了在此重建家园的主力军。1938 年 6 月 9 日，蒋介石下令在花园口扒开黄河大堤阻击日军，造成黄河决堤改道，89 万百姓葬身洪水，390 万灾民无家可归；在 1942 年夏到 1943 年春，河南发生大旱灾，之后又遇蝗灾，有 300 余万人饿死，另有 300 余万人西出潼关成为流民；1944 年的豫中会战、1945 年的豫西会战，都使成千上万的河南老百姓沦为战争难民。

他们背井离乡，拖儿带女，沿陇海铁路向西逃难，其中不少人挑着简陋的行李落脚于宝鸡。这些河南同胞，在宝鸡的渭河滩与北坡一带搭屋盖棚，勉强安家，使宝鸡城人口由六七千人激增到七万人。自此至上个世纪五六十年代，宝鸡老城区被称为"小河南"，可见抗战时涌入宝鸡的河南人之多。著名文学家李准的长篇小说《黄河东流去》中，就有主人公李麦到宝鸡寻找失散乡亲的情节。著名豫剧表演家常香玉也是在抗战期间，在宝

鸡以义演入股了河声剧院（在今汉中路北口），并赞助扩建了东巷小学（在今北坡狄家坡）。

此时，大量的沿海工厂内迁，资金技术西移，当时的陇海铁路西段终点站宝鸡，成了这些工厂的落脚点。其中，著名民族工商企业荣氏家族开办的申新公司由武汉迁至十里铺，开办了申新纱厂、申新机器厂、申新面粉厂等企业，形成了十里铺工业区，使宝鸡的城区面积由不到两平方公里突增六七平方公里。

此外，雍兴公司和西北机器厂也入驻蔡家坡。随着运输、纺织、机电、酒精、采煤等工业发展的同时，商业也发展了起来。陇海路以南本是长满了芦苇的河滩，开始成长为商业区，这就是今日繁华的经二路的雏形。"宝鸡的田野上，耸立了新式工厂的烟囱；宝鸡城外，新的市区迅速地发展"，"银行、仓库，水一样流转的通货，山一样堆积的商品和原料"，茅盾先生文中的描述，就是当时宝鸡"繁荣"的写照。特别值得一提的是，1938 年 8 月，中国工业合作协会西北区办事处在宝鸡成立，在新西兰友人路易·艾黎指导下，组建合作社达一百多个，沿铁路干线的十里铺、虢镇、蔡家坡以及秦岭山中的双石铺也逐步发展成小城镇。

此种地势，此种时势，自然使得宝鸡成为抗战的大后方。国民党部队的新八师、新四十二师、七十八师、二十四师等部队，抗战时都曾经驻扎在宝鸡市区二十华里处的姬家殿一带。卢沟桥事变发生后，转战冀中地区的原东北军一一六师团长吕正操接受了共产党的领导，担任八路军第三纵队司令

员和冀中军区司令员。吕正操部在宝鸡虢镇设立了后方办事处，库存弹药，培训人员，支援前方的抗日斗争。宝鸡还设有第三荣军残废院，收容医治在前方杀敌负伤的抗日将士。另外，在当时的宝鸡太寅里（今属渭滨区高家镇）还有战俘收容所一处，约有日俘百余人。

由于宝鸡的战略位置，它自然成了日军残忍的"无界别轰炸"对象。轰炸宝鸡的敌机，都是从日军占领的山西运城起飞来宝鸡作恶的。1938 年 8 月 20 日，日机炸塌北崖茹家窑门，炸死窑内男女二十余人；同年 11 月 29 日，日机在宝鸡城中的市场上空投弹，炸死我和平居民八九十人；1939 年 7

月间，日寇飞机连续两天轰炸宝鸡，狂轰滥炸造成宝鸡居民两千多人死伤；1940 年 7 月间，日机炸塌三马路（今引渭路）靠北崖的一个防空洞口，里面闷死五十余人；1941 年 6 月间，日机在宝鸡老城区掷弹，炸死居民近三十人；同年 8 月，日机分三批轮番轰炸宝鸡，申新纱厂和斗鸡台火车站都受到

了损失，渭河滩有二三十老百姓被炸身亡。日本军国主义者欠下宝鸡人民的累累血债，是不可饶恕的。

一个在不屈中要拼搏崛起的民族，自然"宝鸡有前途！"茅公《"战时景气"的宠儿——宝鸡》文中的这句话，原是嘲讽国民党统治下宝鸡的畸形"繁荣"的；但对同全国人民一起勠力抗战的宝鸡人民来说，宝鸡的确是有前途的。今天的宝鸡，繁荣而美丽，印证了茅公这句话！

附录：

"战时景气"的宠儿——宝鸡

茅 盾

宝鸡，陕西省的一个不甚重要的小县，战争使它崭露头角。人们称之为"战时景气"的宠儿。

陇海铁路，川陕大道，宝鸡的地位是枢纽。宝鸡的田野上，耸立了新式工厂的烟囱；宝鸡城外，新的市区迅速地发展，追求利润的商人，投机家，充满在这新市区的旅馆和酒楼；银行，仓库，水一样流转的通货，山一样堆积的商品和原料。这一切，便是今天宝鸡的"繁荣"的指标。人们说："宝鸡真有前途！"

西京招待所的一个头等房间，弹簧双人床，沙发，衣橱，五斗橱，写字桌，浴间，抽水马桶，电铃，——可称色色俱全了，房金呢，也不过十二元五角。宝鸡新市区的旅馆，一间双人房的房金也要这么多，然而它有什么？糊纸的矮窗，房里老是黄昏，按上手去就会吱吱叫的长方板桌，破缺的木椅，高脚木凳，一对条凳两副眠床，不平的楼板老叫你绊脚，——这就是全部，再没有了。但是天天客满，有时你找不到半榻之地，着急得要哭。你看见旅馆的数目可真也不少，里把长的一条街上招牌相望，你一家一家进去看旅馆牌，才知道长包的房间占了多数。为什么人们肯花这么多的冤枉钱？没有什么稀奇。人们在这里有生意，人们在这里挣钱也来得痛快，房金贵，不舒服，算得什么！

　　而且未必完全不舒服。土炕虽硬，光线虽暗，铺上几层毡，开一盏烟灯，叫这么三两个姑娘，京调，秦腔，大鼓，还不是照样乐！而且也还有好馆子，陇海路运来了海味，鱼翅，海参，要什么，有什么。华灯初上，在卡车的长阵构成的甬道中溜达，高跟鞋卷发长旗袍的艳影，不断地在前后左右晃；三言两语就混熟了，"上馆子小吃吧？"报你嫣然一笑。酒酣耳热的时候，你尽管放浪形骸，贴上你的发热的脸，会低声说："还不是好人家的小姐么，碰到这年头，咳，没什么好说啦！家在哪里么，爹做什么？不用说了，说起来太丢人呵！"于是土包子的暴发户嘻开嘴笑了，心头麻辣辣的别有一种神秘温馨的感觉。呵，宝鸡，这是一个不可思议的地方！

　　×旅馆的一位长客，别瞧他貌不惊人，手面可真不小。短短的牛皮大衣，青呢马裤，獭皮帽，老拿着一根又粗又短的手杖，脸上肉彩很厚，圆眼睛，浓眉毛。他的朋友什么都有：军，政，商，以至不军不政不商的弄不明白的脚色。说他手上有二万担棉花，现在棉花涨到三块多钱一斤了，可是他都不肯放。但这也许是"神话"吧，你算算，三块多一斤，三万担，该是多少？然而确是一个不可思议的人物。有一部商车的钢板断了，轮胎也坏了，找他吧，他会给你弄到；另一部商车已经装好了货，单缺汽油。"液体燃料管理委员会"统制汽油多么严格，希望很少。找他吧，"要多少？""三百加仑！""开支票来，七十块钱一加仑，明天就有了！"他什么都有办法。宝鸡这地方就有这样不可思议的"魔术家"！

　　但是这天天在膨胀的新市区还不能代表宝鸡的全貌。你试登高一看，呵，群山环抱，而山坳里还有些点点的村落。棉花已经收获，现在土地是暂时闲着；也有几片青绿色，那是菜，但还有这样充裕的"劳动力"的人家已经不多了，并且，一个"劳动力"从保长勒索的册子里解放出来，该付多少代价，恐怕你也无从想象。

　　离公路不过里把路，就有一个小小村庄，周围一二十家，房屋相当整齐，大都是自己有点土地的，从前当然是小康之家。单讲其中一家，一个院子，四间房，只夫妻两口带一个吃奶的婴孩，门窗都很好，住人的那房里还有一口红漆衣橱，屋檐下和不住人的房里都挂满了长串的苞谷，麻布大袋里装着棉籽。院子里靠土墙立着几十把稻草，也有些还带着花的棉梗搁在那里晒。有一只四个月大的猪。看这景象，就知道这份人家以前很可以过得去。现在呢，自然也还"比下有余"。比方说，六个月前，保长要"抽"那丈夫的时候（他们不懂得什么兵役法，保长嘴里说的，就是王法），他们还能筹措四百多块钱交给保长，请他代找一个替身。虽然负了债，还不至于卖绝那仅存的五六亩地。然而，棉花是在"官价"之下卖了出去，麦子的十分之五又是作为"军粮"，而换不到多少钱；天气冷了，他们的婴孩没有棉衣，只好成天躺在土炕上那一堆破絮里，夫妇俩每天的食粮是苞谷和咸菜辣椒末，油么，那是不敢想望的奢侈品。不错，他们还养得有一口猪，但这口猪身上就负担着丈夫的"免役费"的半数，而且他们又不得不从自己嘴里省下苞谷来养猪。明年有没有力量再养一口，很成问题。人的脸色都像害了几年黄疸病似的，工作时候使不出劲。他们已经成为"人渣"，但他们却成就了新市区的豪华奢侈，他们给宝鸡赢得了"繁荣"！

黄胄与宝鸡

舒天啸

以画毛驴著称的国画大师黄胄与宝鸡曾有过一段不解之缘，值得一提。事情还得从 1968 年前说起，据黄胄自己回忆："在西安上高小时，我临摹抗战的宣传画。我记得学校里办了展览，差不多都是我画的。日本鬼子打到潼关，我们又逃到宝鸡，生活真是苦不堪言。""那时我才过了 15 岁。""我念书的学校叫惠工中学，是纺织厂办的，我上了一年半就上不起了，便通过一个老师的介绍，到千阳中学去教图画。"

黄胄所说的惠工中学就是今天宝鸡斗鸡中学的前身，创立于 1939 年的宝鸡私立惠工学校。当时，正值抗日战争爆发，沿海大城市的工厂企业开始向内地迁移，这就是抗战初期的工厂大内迁。其中迁到宝鸡、西安的十几家工厂于 1939 年 2 月发起组织了"迁陕工厂联合会"，会址就设在申新纺织厂所在地——宝鸡十里铺。申新纺织厂就是今天陕棉十二厂的前身。

由于内迁工厂的职工子女需要上学，当地学校无法容纳更多的学生，按当时国民党政府的规定，凡职工人数满 30 人的工厂须自办学校，于是，迁陕工厂联合会决定集资办学，惠工学校应运而生。

据《黄胄艺术年表》载："从 1937 年到 1941 年，黄胄 13 岁到 16 岁，七七事变后，随母亲从山西到西安，上高小。""后逃难到宝鸡，在惠工中学读书。"

黄胄原名梁淦堂，字映斋，生于 1925 年 3 月 31 日，河北蠡县人。黄胄是他的笔名，而这个享誉海内外的笔名，就是在宝鸡惠工中学读书时起的。有一次体育比赛，他获得一面写有"炎黄之胄"的锦旗，经老师讲解炎黄之胄的含义后，便取黄胄二字作为笔名，用了一辈子。随着艺术身价的与日俱增，世人皆知黄胄而不知真名，更不知黄胄与惠工中学的这段不解情缘。

当年与黄胄同学的刘志恺先生回忆说："黄胄当时在这里上学时用的是梁映斋这个名字，以号为名。他当时在小学部上学，经常看到他在后边的窑洞里画画。"

又据李国伟先生回忆说："著名画家黄胄也曾经是这个学校初中一年级的学生，黄胄在这里上学时，叫梁淦堂，与姐姐是双胞胎，也是同学。由于家境贫寒，又酷爱画画，他在课余还给小学部代过图画课。"

20世纪50年代，黄胄参加解放军工作队进藏。几十年来，黄胄以西北、新疆一带为主要生活、创作基地，与边疆牧民同吃同住，结下深厚友谊。1979年夏，黄胄病情略有好转，就第五次去新疆，走遍天山南北，甚至冒着生命危险登上帕米尔高原。几十年来，黄胄不知疲倦地笔耕、探索，成为当今画坛上高产的艺术大师。他几乎每年都要画几千幅画，平均每个月都要画两刀宣纸。但他又常以"废名画三千"来否定自己，他在艺术上永远追求的是精益求精。

"文革"期间，他被迫去喂驴，这样的惩罚现在看来十分可笑，然而对黄胄来说，也是不幸中之大幸，通过喂驴他更多地了解和掌握了毛驴的习性和特点。他发现毛驴既有骏马的矫健，又有黄牛忠厚吃苦耐劳的秉性。黄胄笔下的毛驴，笔墨与形神兼备，气韵生动，到了出神入化的境界。难怪有这样的说法"齐白石的虾，徐悲鸿的马，黄胄的毛驴"，同被人们称道。

附录:

黄胄在宝期间写生摘录

(河北美术出版社《黄胄黄泛区写生集》)

逃难妇女 1943年于蔡家坡 20cm×27cm

春日理荒亩 1943年于汧阳 20cm×27cm

流离失所 1943年于汧阳 20cm×27cm

卖唱者 1943年于蔡家坡 20cm×27cm

路边小贩　1943 年夏于蔡家坡　20cm×27cm

牧羊人　1943 年夏于蔡家坡　20cm×27cm

南山云深处　1943 年于赴汧阳途中　20cm×27cm

功德堂图　1943 年夏于蔡家坡　20cm×27cm

树下小息　1943 年于汧阳　20cm×27cm

河南灾民　1943 年于汧阳　20cm×27cm

灾民图　1943 年夏于蔡家坡　20cm×27cm

古寺依居　1943 年于汧阳　20cm×27cm

饮驴图　1943年夏于蔡家坡　20cm×27cm

梅雨茶肆　1943年于沔阳　20cm×27cm

收　割　1943年于沔阳　20cm×27cm

荒坟旷野亦为家　1943年于沔阳　20cm×27cm

小店客旅　1943年于沔阳　20cm×27cm

草根养活的娘们俩　1943年于沔阳　20cm×27cm

常香玉与宝鸡

杨曙明

豫剧大师常香玉虽是河南人，但她年轻的时候一直生活在宝鸡，而且就在宝鸡成的名，在宝鸡结的婚。可以说，宝鸡是常香玉的第二故乡。解

放前，常香玉两次来宝鸡生活和演出，留下许多动人故事。当年她住在现在的宝鸡市区北坡上的狄家坡新马路小平房内，河南老乡积极筹款、常香玉入股，在汉中路购置地皮，盖起了"河声剧院"。

常香玉和陈宪章的结识，来自一次偶然的机会。1943 年正月，20 岁的常香玉在宝鸡为河南难民募捐演出，排演了宝鸡大新面粉公司董事长黄自芳先生写的一出新戏《鸳鸯梦》。常香玉扮演刘兰芝，唱词很多，比较文雅，不易理解，黄先生就亲自教她。一天，黄先生正在教常香玉学唱词，河南同乡会的几个负责人找他来了，其中就有陈宪章。黄自芳把剧本交给陈宪章，说了声"你先替我"，便招呼另外几个客人走了出去。当常香玉和陈宪章目光相遇的时候，她心里有一种难以形容的感觉，想说话又不知从何说起。最后还是陈宪章先开了口，"我叫陈宪章，很喜欢你的戏"。她这才"嗯"了一声。在听了陈宪章一番唱词的讲解后，常香玉心里豁然开朗，而知书达礼、英俊潇洒的陈宪章，也走进了她那情窦初开的心中。

此后发生的一件事，让两颗年轻的心真正地连在了一起。一次，宝鸡有个叫李樾村的三青帮头子婆小老婆，要常香玉去唱堂会。香玉没办法只能去，在现场唱的是一出悲剧《孔雀东南飞》，这个流氓听后大怒要打她。常香玉跳到桌子上，把手里的两枚戒指吞到肚子里自杀。就在这次吞戒指事件中，陈宪章走进了她的生活。

在医院里，院长让常香玉喝蓖麻油，吃韭菜，但她不张嘴。河南同乡会的人劝她，她不听；爸爸、妈妈哭着给她说好话，她往床上一歪，闭着眼睛说："活着，到处都得受气受欺侮，倒不如死了干净。""这样烈性的女演员也真少见！偌大一个宝鸡，还有谁敢惹李樾村？她这一骂，不知给多少人解了气。只可惜，她刚刚活到 20 岁……"这是陈宪章的声音，常香玉听后动了心，不由地睁开了眼。陈宪章反而把话收住，只是目不转睛地注视着他的意中人，眼神是那么明亮，充满了期待和希望。求生的欲望忽然在常香玉的心中燃烧，但又一转念，这多难为情！只好又闭上了眼睛。

陈宪章转身向院长嘱咐："要想尽一切办法救她。可不可以开刀呢？"常香玉吓了一跳，大声说道："我不开刀，我喝蓖麻油，我吃韭菜。"在折腾了大半夜后，最终把戒指拉了出来。一个是红得发紫的演员，一个是清贫的知识分子。但爱情的力量最终战胜了横亘在两人之间的任何艰难险阻。1944年，21岁的常香玉与27岁的陈宪章终成眷属。结婚以后，常香玉夫妇就生活在宝鸡，妇唱夫随，到处演戏。

当时，陈宪章是国民党宝鸡三青团书记，兼中州小学校长，有一定的社会地位，但为了爱情，陈宪章放弃了一切，他把官辞了，开始为香玉编写剧本，香玉演出的剧本，《红娘》《白蛇传》《花木兰》等都是他写的。有时演出，少个角色，他也能顶上去，老旦、小生唱啥像啥。常香玉从小没学过文化，认识陈宪章后才一点点学习看报。为了不让其他事情分散常香玉的精力，陈宪章把里里外外的事情都承担了下来，对常香玉的照顾更是无微不至。

后来常香玉夫妇到西安演出，成立了香玉剧社，还为抗美援朝义演，捐了一架飞机。常香玉义演捐献飞机的事，震动了中南海，引起了毛主席的关注。1952年4月，全国文艺汇演期间，观看完常香玉演出的《拷红》后，毛泽东握着她的手兴奋地说："你这个香玉了不起嘛！我该向你学习。"

抗战中西迁宝鸡的河南大学

吴正茂　魏云霞

"卢沟桥事变"后，日寇侵略中原腹地，中华岌岌可危，坐落在河南开封的河南大学随着整个战局的变化，辗转迁徙，进入了一段曲折发展的历史。对于这段远去的历史，从史志间，可以看到河南大学西迁宝鸡的蛛丝马迹。那么河南大学是怎样到达宝鸡的？带着这个疑问，我们翻阅了《宝鸡县志》《宝鸡县教育志》《宝鸡县文史资料》《宝鸡教育志》以及《河南大学校史》与之有关的资料，查阅到其西迁宝鸡的珍贵史料。

1937年12月至1939年4月，河南大学的农学院和医学院首批随河南省政府外迁至豫西南镇平，文、理、法三学院及校本部迁往鸡公山、豫西山区。1939年5月，日寇进攻新野、唐河，镇平危急，于是又北越伏牛山，经方城、叶县、宝丰、临汝、伊阳、伊川抵达嵩县，医学院设在嵩县城内，文、理、农三学院及校本部在潭头（今属栾川县）。其间于1942年3月10日，国民政府行政院将省立河南大学改为国立，以缓解经费拮据的危机。

1944年春，洛阳、鲁山相继失守。同年5月，日寇进犯嵩县，医学院师生300余人携图书、仪器等撤出县城奔向潭头。百里之遥的崎岖山路，师生携带物资行走，甚为艰难。所带物资一部分运至潭头，一部分损毁。学校师生死难多人，还有多人下落不明，理学院被焚毁，许多图书仪器毁于一炬，这是自1912年建校以来河南大学损失最惨重的一次，师生悲愤不已，继而迁至淅川县荆紫关。

1945年3月，南阳失守，国民党军队退守西峡，河南大学在荆紫关难以存留，遂奉教育部命令西迁陕西宝鸡。学校鉴于潭头重大学难的教训，先派精干人员赴陕洽商校址，将学校尚存图书、仪器等物品，一律包装起运至西安河南会馆，暂行存放。师生眷属，经商南，越秦岭，过蓝田，步行800余里，于4月中旬抵达西安。当时西安败兵云集，逃难机关比比皆是，衣食住行，都很困难，河南大学数百人，一下涌到西安，更是困难重重。在西安盘桓数日，奉令西迁宝鸡县附近的武城寺（今陈仓区千河镇底店村武城山）、石羊庙（今陈仓区千河镇石羊庙）、卧龙寺（今金台区卧龙寺街道办事处辖）、姬家殿（今八鱼镇姬家殿村）、汉中等地继续开展教学，暂时安居。

迁至石羊庙李家堡村一带的有校总部和文、理、农三院。那时宝鸡有河南大学教职员工及其眷属500余人，学生600多人。在汉中的医学院经洽商后部分迁至渭河南岸姬家殿，与校部隔河相望。

流亡时期，文学院各系课程设置变化不大，理、农、医等三学院则受到仪器、设备等条件的限制。尤其是潭头事变后，图书、仪器损失较大，有些课程缺乏师资，难以开设，教学工作不得不因人而异。许多教授往往是一人开设一门甚至几门课程，如郝象吾教授讲植物生理、遗传、育种等课；王直青教授开设食用作物、特用作物、棉作学等课；刘祝宜讲师开设麦作学；陈振锋教授讲有关昆虫学方面的几门课程；王鸣岐先生不仅讲授植物病理方面的课程，并兼开育种及生物统计等课。此外，叶守济、冯紫岗先生讲授农业经济及农场管理，孟守真先生讲气象学，魏若虚、梁祖贻先生讲授地质学，田淑民先生讲授果树，袁惠民先生讲蔬菜，张愚讲师开设造园及园产加工。虽然较之抗战前课程稍有减少，但由于全体教师的努力，各系所必修的基本课程，均已开设。师生们因陋就简，以农舍、席棚、庙宇为住处，屋檐、树下为课堂，石块为凳，双膝为桌，开始了艰苦的教学活动，他们的学习热情高涨，成为抗战中中华儿女支援抗日的有生力量。

宝鸡远离战火，来到此地，师生都有了安全感，在潭头丢失的图书仪器也被陆续找回一些，教学又有了新的起色。为弥补自潭头搬出后耽误的课程，学校决定利用1945年的暑假，给学生补课。《河南大学校史》记载："农学院1945年4月中旬迁至石羊庙后，随即复课。学院又聘请西北农学院王绥、沈学年等教授为生物、统计、作物育种等课程的兼职教师，给学生答疑解惑。"

自1938年春迁出开封，河南大学在极其艰苦的条件下，期终考试依然按期进行。年年有学生毕业，年年招收新生，仍然举行招生考试。1945年6月，张仲鲁校长辞职，由田培林担任。实际上学校的校长由教务长郝象吾代理。是年8月，日寇宣布无条件

抗战时期河南大学的女学生

投降，消息传来，师生无不欣喜若狂，齐集石羊庙举行庆祝胜利大会。嵇文甫教授在庆祝大会上讲话，强调战胜帝国主义是世界人民的力量而不是原子弹的力量。理学院霍榘庭教授还向师生介绍了有关原子弹的物理知识。

1945年12月底，学校从宝鸡返回开封，8年流亡生涯从此结束。目前已知，宝鸡县陵塬学子杨权震，受新教育思想的影响，于解放前考入河南大学，解放后，历任苏州市人民政府秘书、苏州师范学校校长、江苏省教育厅督学等职。蟠龙北社人刘剑（即刘勉之）1945年毕业于河南大学国语系，新中国成立后，执教杏坛，曾当选为周至县人大常委会委员、陕西省人大代表等职。

我们曾经访问现任八鱼镇姬家殿村北极宫会长的李德仁老人，他说："1945年，河南大学的师生住进了村里的北极宫（俗称无量祖师庙）。这座庙宇历史悠久，兴盛的时候，庙宇占地近百亩，后因朝代的更替，至民国时期，占地面积30亩左右，庙内有多座殿宇。当时为了这批学生进庙，我们管庙的老会长还给村里管庙的人都开了会，大家都赞成，学生就住进来了。"那时他还是孩童，家里离庙很近，在地里跟着大人忙完活后，就会跑到庙堂门口往里瞧瞧，当时在庙内驻扎的河南大学的学生，可能是学医的。据李德仁的次子李波讲，原来他向村上的一些老人了解过，在他们村上办学的就是河南大学医学院的；据老人们回忆说，那时候，村上会专门组织人

给学生们担水送柴，学生们也念着乡民的好，不论谁有个头疼脑热，老师和学生们知道后，都会主动去给医病。在来往中，彼此之间都增进了感情。除了河南大学在此驻扎外，新中国成立前，国民党四十二师、七十八师、北方军军官团都在北极宫内驻扎。

据宝鸡市政协文史委原主任李逢春说，当时宝鸡能接纳逃灾的难民和避难的师生，从本质上说，这是宝鸡人骨子里的崇德尚礼精神的具体体现。还有就是1936年陇海铁路宝鸡段的修建，让开放的思想逐渐涌进来。所以在当时宝鸡闭塞的农村，质朴的乡民非常欢迎这些有知识的人，义无反顾地接纳了河南大学的师生。从当时河南大学选校舍的地点看，必须具备三个要素，要有大型的屋舍、交通便捷、当地百姓支持。而武城寺、石羊庙、姬家殿，临近公路、有大型庙宇，就达到了外在的基本要求，最重要的是取得当地百姓的认同，才是师生得以久居于此的内在因素。

值得历史铭记的是，1945年10月，在中国西部考察的英国著名科学家、英国皇家学会会员、剑桥大学李约瑟博士偕夫人及曹天钦等随员，访问了暂处宝鸡的河南大学。李约瑟是受英国政府派遣来中国考察访问并给予人道主义援助的学者之一。对这次相遇式的访问，李约瑟是这样记载的："在陕西宝鸡时，有一天我乘坐铁路工人的手摇车沿着陇海铁路去五证寺（武城寺），这是当时河南大学最后的疏散校址。河南大学利用一所很精美的旧道观作为它的一个校舍。这个道观坐落在一个黄土岗上，大致在汧水从北面流入渭河的地方，隔着渭河（中国文明的摇篮）向南可以看到秦岭山脉。"在河南大学举行的欢迎仪式上，李约瑟作了题为《科学与民主》的演讲，并参观了学校图书馆。当他看到道教经典《道藏》一书时，大加赞赏惊叹。他在所著的《中国科学技术史》一书中写道："在《道藏》（历代道家的经典）中，包含有大量从公元四世纪以来的炼金术著作。"李约瑟这次宝鸡之行的意外收获，就是丰富了对中国古代科学技术历史的研究资料，特别是化学史的资料，这是他行前没有想到的。李约瑟博士的来访，无疑是给处于困境中的河南大学师生一种极大的鼓舞和安慰。

河南大学作为抗战时期坚持敌后办学的大学，其历史意义不容忽视。它的西迁历史是从1937年底开始的。这场长途迁徙和抗日战争的全面爆发不无关系。可以说抗战全面爆发的八年，也是河南大学在艰苦卓绝中迁徙的八年。

宝鸡在"水旱蝗汤"四大灾害轮番"袭击"河南的历史关键时刻，容纳了大批背井离乡、颠沛流离的河南贫苦灾民。作为大后方主人的宝鸡，不仅以极大热情接纳了国立河南大学的莘莘学子，而且接纳了商丘工学院、黄河水利专科学校、青年职业学校、陆军测量学校、大华中学（后并入今宝鸡中学前身的宝鸡县中学）、省立西安二中、励行中学、惠工中学等多所学校。河南大学学生的到来，虽然是逃难，却为相对落后的宝鸡小县城，带来了振兴教育的文明曙光。

百年凤翔师范　西府文脉渊源

范国彬

1912 年所建校门

19 世纪末，清政府在中日甲午战争中失败，被迫签订屈辱的《马关条约》，之后帝国主义掀起瓜分中国的狂潮，民族危机日益严重。有识之士痛感时局之危急，奋起救亡图存，开办新学培养人才，是救亡措施之一。

1898 年，清政府制定《京师大学堂章程》，以后历经"戊戌政变"、义和团运动、八国联军侵占北京等变故，京师大学堂屡遭摧残，以致停办。1901 年，清政府重建京师大学堂，先设速成科，下分"仕学馆"和"师范馆"。师范馆首先招生，于 1902 年 12 月 17 日开学，校址设在景山东马神庙。京师大学堂师范馆即是后来的北京师范大学和西北师范大学之前身。

1902 年还发生过这样一些事：慈禧太后和光绪帝结束西逃返回北京；梁启超在日本创办《新民丛报》；英国人李提摩太和山西巡抚岑春煊共同创办山西大学堂；张之洞创立湖北师范学堂；南京两江优级师范学堂成立；江苏仪董学堂（即江苏省扬州中学前身）成立；袁世凯创立北洋军医

学堂……此外，这一年，童第周、赵忠尧、周培源、吴学周、黄克诚、苏步青、阳翰笙、胡风、罗荣桓、沈从文等前辈、先驱相继出生。

1902 年（清光绪二十八年），关中西府，凤翔知府傅世炜受外地兴办学堂影响，"诏犹未下"，即主持将凤起书院改办为凤翔府中学堂，面积仅 4 亩、平房 57 间，是为凤翔府首立之新式中学堂，亦为凤翔师范学校之前身。

中学堂始在凤起书院原址儒林巷准提庵（今儒林小学址），后由知府尹昌龄、名绅刘源森主持，于 1905 年在凤翔府旧考院址（今凤师中院）新建校园，耗银十万两，于 1906 年落成，移中学堂于其中。新建的这所学堂，是当时西府地区首建的一所园林式新式学堂，学堂从校门到各舍，全部由"穿廊"相连，校内行人"头不顶天，脚不沾土"，无论其规模、建筑、设备、教学质量，还是其宏阔、考究、典雅，均传为全省学堂之冠。当时的陕西省学务处赞谓："贤太守精研学制，大启宏观，善作善成……当为吾陕学界增一异彩也。"作为"新式洋学堂"，校园还一直向游人开放，可见其胜境。惜于 1911 年 9 月辛亥革命时毁于兵燹，今无图籍可考，不能知其原貌了。

中学堂学生招收于府属八州县，初招生 100 名左右，至 1907 年学生达八班、近 400 名。中学堂兼习中学、西学，中学为体，西学为用。其宗旨"以忠孝为本，以中国经史之学为基""令高等小学堂毕业者入焉，以施较深之普通教育，俾毕业后不仕者从事于各项实业，进取者升入各专门高等学堂均有根底"（清廷《奏定学堂章程》）。凤翔府中学堂据此施行教育教学，置"忠君""尊孔"于首位，培养国民之善性，扩充国民之知识，强壮国民之气体。学制五年，不分初中、高中。课程基本按清廷《奏定中学堂章程》所定之十二门科目开设，部分理科因师资缺乏有时停开。中学堂教学比改制前，较为重视经世致用，即使经学亦要求"讲《左传》宜解说其大事与今日世界情形相合者；讲《周礼》宜阐发先王制度之善，养民教民诸政之详备，与今日情形相类可效法者"，但强调"不可务新好奇，创为异说，致启驳杂支离之弊"，严禁学生干预国家和学堂事务，不许集会演讲等，以控制思想，限制创新。

　　1905 年，知府尹昌龄又创办了凤翔府师范传习所和蚕桑学堂，均附设于凤翔府中学堂。师范传习所始设于凤翔府旧考院址，由中学堂统一领导授业，设监学、教导、教员、副教员等，负责教学及其管理。学生多来于本府"向在乡村市镇以教授为业而品行端谨、文理平通、年龄在 30 岁以上 50 岁以下"的学而未进者，亦有少数初级或高级小学堂教师；此外还设有旁听生，"乡间老生寒儒，有欲从事教育者可来堂观听"，不限名额，不定功课，久暂来去，听其自便。正式学生人数亦不甚固定。学制 10 个月，每年一期，每期学生约 30 至 40 名。

　　师范传习所除"习普通学外，并讲明教授管理之法"，使受教者取得合格的教师凭照，为凤属八邑的小学堂培养新教师。开设课程有：修身、讲经读经、中国文学、教育学、历史、地理、算学、博物、物理及化学、习字、图画、体操共十二科。"教育学"课时最多，"习字"必修，"习官话"为"中国文学课"的教学内容之一。修业期满经考试合格者，发给准其充任小学堂教员的凭照，允其在乡镇开设小学，教授儿童。师范传习所同样开办至 1911 年，毁于战火，办学期间为凤翔府培养了一批能教授新课程、懂管理的小学堂教师，对西府地区的教育改制及其发展亦有所促进。

　　可以说，师范传习所乃凤翔府师范教育之始创，凤翔师范学校之滥觞。

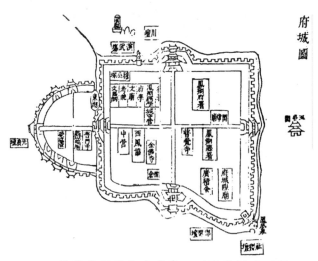

乾隆年间凤翔府城图，可见凤师地理位置关系和南城墙上之文笔塔。

　　1912 年（民国元年）2 月，凤翔府中学堂改立为陕西省立第二中学，首任校长严敬于旧考院原址主持重修校舍，据说其建筑大体仿照原中学堂营建。后将西侧紧邻之文庙和东侧相邻之文昌祠等扩入，校园面积倍增。

　　校门北向，为原考院大门改建，门楣有校名大匾。进大门即为一小庭院，东侧传达室、会客室；西侧印刷室。庭院之南系"二门",门楣横书"近圣人居"四字,两边楹联:"太华山高耸起文风万丈,黄河水远喷来墨浪千层"。进二门为一座五间"过厅"(今校史展览室址),抗战时期厅内东西壁各有一匾:一为"尊师重道",一为"投笔从戎"。向南越"过厅"即是一"四合院"(今犹俗称四合院,即现在校史教育展览馆南半部)。其院东西各为南北走向的6间侧房,为教工宿舍,正南为东西走向的厅堂,共8间分为三座,其间各有一南北甬道相隔。中央4间为"中山纪念堂",兼作校务办公厅及会议厅;东二间为教导主任室,西二间为教导处。院中四面房舍,均由宽阔穿廊相连。屋脊简瓦,廊柱洞门,古朴典雅。会议厅之南即为教学区。教室东西走向两排,各排面南5个教室,共33间。以上为东院(即今之中院一部分)。

　　东院西侧紧连西院。西院北端与校门内小庭院平行,为原文庙"崇圣祠"改建的图书馆(即今学生3号宿舍院址)。此殿房基高约身许,彩瓦雕檐,四周翠柏掩映。相传始建于唐代,北宋时"石鼓"及"诅楚碑"即存于此,苏轼于此读石鼓文和诅楚文,并曾手植翠柏四棵于祠前。崇圣祠惜于1990年冬失火尽毁。

　　崇圣祠向南拾级而下,南北通道的东西两侧各为东西走向的两排宿舍,4排共24间。

崇圣祠改造的图书馆

其西即为学生灶。学生灶之南便是作为大礼堂的原文庙"大成殿"(即今行政办公楼基址)。此殿于1959年拆除前,长期作为凤师礼堂,全校集会、演出均在其内,其宏伟宽阔为旧时凤翔建筑之首。

　　东西两院的南端即为一万多平方米的操场,操场南侧凤师围墙外的凤翔南城墙上曾建有文笔塔,"文笔朝晖"为凤翔县旧时八景之一。如今,

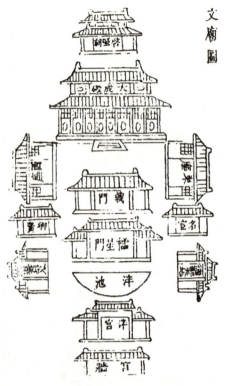

乾隆年间凤翔府文庙图

文笔塔与城墙均早已不复存在，只能从清乾隆年间为《凤翔府志》编次的江西南城县举人周方炯的诗作中凭吊了："奎壁东南壮物华，孤高文笔走龙蛇。脱颖不留毛遂橐，建标远接赤城霞。寒芒夜扫千人阵，春彩朝生五色花。从此凤凰池上客，长将翰墨奉天家。"凤翔县曾多次参与陕甘古庙宇和凤翔东湖的修复、绘制壁画的民间艺术家周建赟，曾于2013年以工笔画形式复原了此一胜景。

随着学校的发展，其后又于东院向东扩展校园，从北往南建成平房6排，每排10间，为学生宿舍。各排东侧挖井一口，作学生露天便溺之用——此种厕所如今想来不可思议，但在当时习而不怪。东边扩建的学生宿舍新称东院，原东院文昌祠旧址归于中院。

校园内广植花木，海棠、腊梅、女贞、翠柏、竹林、垂柳等争奇斗艳，又间以花坛，诗情画意，一派园林风光。

1919年和1938年间，校园先后被军阀部队、黄埔军校七分校及战地失学青年就学辅导处占据，二中先后在西安、虢镇、凤翔北街粮仓和金佛寺一带流亡办学，前后累计长达16年之久，校舍花木多有毁损。1946年春，凤师终由北仓迁回原校址，方才结束了其颠沛

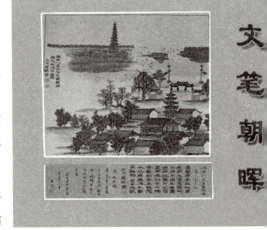

流离的办学历史。后虽经国民政府几次拨款修缮，但因拨款有限，又兼管理不善，均未达到原来之规模。到1949年解放时，校园面积50亩，房舍90余间，一派破败景象。

北仓办学旧址

1930年，陕西省立第八师范（1927年创办于岐山县）并入。1934年8月，省立二中改为陕西省立凤翔师范学校，时为四年制简师。1939年，教师余达夫（中共党员，解放后在汉中大学即今陕西理工大学工作）、孙尊武创作了校歌。1941年始招中师一个班，25名学生。当年在校学生530余人，教职员工46人，为新中国成立前师生最多的一年。招生范围除原凤翔府所属8县外，还有武功、咸阳、兴平、礼泉、长安、高陵、合阳、澄城、户县、潼关及陕南城固等县。1947年元月2日，凤师举行了首届校庆。

1949年7月，凤翔解放，凤师迎来了新生。学校规模迅速扩大，办学条件逐步改善。1951年学校更名为陕西省凤翔师范学校。1952年秋招收新生336名。

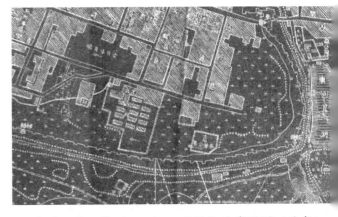

民国三十六年（1947）四月凤翔县城厢图（局部）

1954年至1963年，人民政府数次拨款100多万元，建筑面积扩大3800多平方米，校园由50亩扩至70多亩。20世纪五十年代后期，学校设有中师部、函授部、师训部、附属小学及幼儿园。1966年，学校停止招生。自1972年，先后采用考试、推荐、"社来社去"等办法恢复招生，并陆续设立语文、数学、物理、农化、英语、体育、音乐、美术等专业班，为七年制学

陕西省立凤翔师范学校校歌

$1 = B$ $\frac{4}{4}$

5517 | 3355 | 661·65 | 52031 - | 30304050 |

终南高拱，渭水低萦。唯我凤　师 灵秀 所钟。 济 济 多 士，

5·321 | 5532 | 6·321 | 33·217 | 6 - - 8 |

朝　夕相共。学术是研，主　义是从。视自　己为木铎，　将

6·5615 | 223123 | 51·23 | 231 - 0 | 35 - - |

启　聩而振聋；以天下为己任，促世　界于 大　同。　　必信

671 - - | 52 - - | 3·21 - - |

必　忠　　贯彻　　始　终。

校培养师资。1974年于武功、宝鸡、扶风、岐山、眉县、凤翔六县教师进修学校设立分校。1977年恢复统一招生和毕业分配制度。

党的十一届三中全会以来，凤师进入新的发展时期。1980年，教育部颁布了《中等师范学校规程（试行草案）》等有关文件，学校各项工作逐步走向正轨。1981年，除幼师专业外，停招专业班，开设普通师范班招收初中毕业生和部分有实践经验的民办教师，培养一专多能、全面发展的小学教师。1984年10月，首届三次教代会确定了"教书育人，为人师表"的校训和校风、教风、学风、干部作风。1986年于宝鸡市原工读学校旧址设立凤翔师范教学点，专招全市民办教师，原设立的6所分校全部撤销。1987年，学校提出了创建一流师范的奋斗目标。之后，根据国家有关标准和学校实际，制定了校园建设整体规划，并加快建设步伐。至1995年共投入资金800多万元，新建校舍面积1.21万平方米，购置教学设备投入180多万元，基本实现办学条件标准化，被国家教委中师标准化建设联检团誉为全国"农村一流师范"学校。至2001年底，凤师百年校庆前夕，校园扩至近90亩，建筑面积达3.85万平方米。

2003 年 5 月，宝鸡职业技术学院成立后，凤师更名为宝鸡职业技术学院师范部；2007 年元月撤部建系，凤师校区分设人文系和数理系；2009 年 7 月，随着学院管理体制变化的需要，撤系建院，凤师校区更名为宝鸡职业技术学院凤翔师范分院；2017 年 7 月，因学校所在地为县城、距市区较远等局限，招生和聘任教师方面存在的困难愈发突出，已不符合现今高等院校的发展趋势，凤翔师范分院整体合并至宝鸡职业技术学院，原校址结束了她 115 年的历史使命，将另作他用。

凤翔师范是一所具有光荣革命传统的学校。早在辛亥革命时期，曾任凤翔府中学堂堂长的窦应昌和教员刘治州，就是追随中山先生革命的同盟会会员。早在 1927 年，中共党员刘尚达、何寓础、武伯伦等来凤师任教，凤师有了第一批中共党员。为开展扩大西府地区党的工作，1932 年，以教书为掩护的共产党员冯润璋、吴碧云，受中共陕西省委指示，发展组建了中共二中特别支部，在师生中发展中共党员，传播进步思想。在党组织的领导下，师生抗日救亡运动如火如荼，反对查封进步书籍、迫害进步学生、解聘进步教师和反内战的学潮迭起，培养了大批有作为的进步青年。"五四"运动爆发后，凤师学生在西府首起响应，上街游行高呼"外争主权，内除国贼"等口号，声援北京"五四"运动。1931 年"九一八"事变后和 1936 年"西安事变"爆发后，凤师学生掀起"抗日救国"运动，宣传抗日救国思想，进行组织发动，下乡宣传，罢课斗争，组团去西安请愿参加抗日前线。1938 年至 1939 年，宝鸡、凤翔、眉县、扶风、陇县、兴平等县建党或恢复党组织的第一任工委书记均为在凤师入党而投身革命的学生。凤翔师范地下党组织和学生运动，数十年薪火相传，不论是反帝反封建，还是反内战反独裁，凤师地下党员和学生都是站在西府地区斗争的前列，他们英勇悲壮的革命历程，奔走呼号的斗争精神，成为西府地区进行革命传统教育的生动教材。

二十世纪六七十年代校门

建校一百多年以来，凤师为教育事业培养了3万多名师资，其中"省级教学能手"不胜枚举，被誉为"西府地区教师的摇篮"。在当年，进入凤师学习的，都曾是初中阶段学业最出类拔萃的一批人，中师毕业，就意味着能分配、当老师，有一份稳定的工作。他们是基础教育的黄金一代。因为有了他们，才能让我们的孩子，不管是出生在城市，还是出生在偏远的

乡村，都享受到同样的基础教育；让偏远山区的一批天资聪颖的儿童，像城里小孩一样，走上更为广阔的历史舞台。一代代的凤师学子，他们曾经也是名副其实的"天之骄子"。凤师不仅教会了他们从事教育工作的各项技能，三年的校园传统文化氛围的浸润让他们的心胸更宽广，眼界更开阔。教育领域是他们的主战场，政、工、商等各个领域都活跃着凤师人的身影。他们凭借着自己聪颖的天分，凭借在学校接受的专门训练，在各个领域都干得风生水起。正是一批批凤师学子，才有今天西府地区基础教育的长足发展，凤翔师范以他们为傲，他们也必将以自己曾是凤师人为荣！

20世纪70年代末凤师全貌

　　或许，过了 2017 年这个盛夏时节，记忆深处的"凤师"将从视线中彻底消失，所有的青春时光，所有的人生念想，都将从此停留于记忆的长河之中。

　　当得知凤师即将整体合并搬迁的消息后，宝鸡市国学研究会会长、中国作协会员、长篇小说《书房沟》作者李巨怀先生曾不无感慨地说："时间愈久，凤师愈新。生斯长斯的宝鸡文脉因此校而源远流长，绵延不息，凤师居功至伟，百世馨香。"

　　让我们永远记住她，一曲绝唱秦川八百里，百年风华雍州一名校。

　　凤凰不死，精魂永存！

——2017.8

竞存回想录（节选）

蒋鸣岐

一、两块钱建校

1935 年夏，车向忱携眷到陕西西安。他看到东北军及沦陷区人民子弟因贫困念不起书，整日流落街头，很痛心。于是，把邻近的孩子召到他家，教他们识字，给他们讲故事。逐渐找他的孩子越来越多了，为了使更多的孩子能读书，他打算办学校。这当然困难很多，可是他不怕。后来，由挚友张希尧（中共地下党员）和王以哲（东北军军长）帮助疏通，借来坐落在西安东关索罗巷一家倒闭的火柴厂作为校址，以手头仅有的两元钱，买了些粉笔、白纸、墨水和几把笤帚，约会了几位热心教育的朋友，把学校办了起来，校名为竞存小学，寓意竞争生存的意思。于是写了块校牌，挂了出去，私立东北竞存小学就这样诞生了。

1936 年 7 月 30 日，《西京日报》刊登了竞存小学的招生简章，其中写道："为救济失学儿童起见……学费、杂费、诊费、

理发，及初小书籍费一律免收。唯高小书膳费，家境贫寒者免收，制服自备。"可以说，不少学生不花一文钱，就能念书。

学校办起来了。许多东北流亡儿童和贫困家庭的子弟，纷纷来校念书。同年秋，学生增加到260多人。分初小三个年级，高小两个年级，每年级一个班，共五个班，有八位教师，均无报酬，甘尽义务。

……

十、竞存的抗日救亡活动

竞存从创办起，抗日救亡活动的内容就贯穿课内外一切活动中。"七七事变"后，抗日救亡工作更加活跃了。无论在西安，还是在凤翔都是驰名全城的。为抗日将士募集寒衣，竞存捐资最多。每次欢送抗日将士出征，那如泣如诉的《松花江上》的歌声，最感动出征将士，最能激发他们的复仇决心。在医院为伤病员唱歌、写信、洗衣、缝补，最受伤病员欢迎的是竞存剧团演出的《血祭九一八》和《三江好》。还有郑一平编写的《大刀王五》，傅秦华编写的3个剧本（剧名忘了），在西安和凤翔演出后，最受观众欢迎。特别是街头剧《放下你的鞭子》感人极深，效果最好，救亡讲演队深入大街小巷、工厂、兵营，均收到良好的效果。另外组织赴农村抗日救亡宣传队，远征渭南，走遍了渭河两岸的村村镇镇。又远征扶风、武功、周至、高陵等，这些地方的村、镇，都留下了宣传队的足迹。抗日救亡的漫画是竞存别树一帜的宣传形式。美术老师陈执中主编《抗敌画报》及在各地举办的漫画展览，都有竞存学生的作品。竞存擅长漫画的同学常给各界救亡团体画宣传画。校内壁报上的漫画、插图和报头，很受群众喜爱。竞存的秧歌独具特色，这是别的学校所没有的。

蓬勃的抗日救亡活动，教育了民众，也深深地教育了我们自己，它使我们的爱国爱民的思想更加浓厚，意志更加坚强。

十一、西迁凤翔

1938 年 10 月，日寇集重兵于黄河之边，炮击潼关，狂炸西安，企图进犯陕西省。"保卫陕西""保卫大西北"的口号响彻了古城西安！

西安人民在疏散。许多学校往陕南迁移。一时尚未迁走的学校，也都停课了。只有竞存在敌机轰炸威胁下，仍坚持上课。城里上不成，到城南十多里远的宋家花园上。形势日趋紧张，竞存决定要搬迁。但不是逃跑南迁，而是西迁凤翔。车校长在迁校动员会上说："我们竞存迁往凤翔，是为了坚持学习，坚持抗日，而绝不是为了逃跑，为了苟安。如果鬼子进陕，我们就组成游击队，像山西成成中学那样武装起来，开展游击战争，打击日寇。"之后，同学们说服家长，劝说伙伴，随校西迁。有的做好了打游击的准备，买了水壶、毛毯等行军用品。在学校老师们的率领下，全校师生

竞存省凤翔二部，凤翔周氏为凤翔

八十多人，1938 年 12 月，踏上了西去的征途。在北风猎猎的时节，迁至凤翔，在城东三华里的纸坊村城隍庙和火神庙住下了。

竞存为了做好打游击的准备，曾派马秉琪、杨辉、李佑林等去麟游县、岐山县察看地形，绘制地图。又派人去距凤翔四十多华里的虢镇"冀中游击司令部留守处"，取了两麻袋枪支，运回学校。

十二、在艰苦中学习

"居住在破庙，饮食在露天，身穿着破烂的绿军衣，但是……"竞存校

歌中这几句歌词，真实地反映了竞存的生活。

竞存中学部的城隍庙有三大殿：菩萨殿、关帝殿、娘娘殿；竞存小学部的火神庙，也有三大殿：火神殿、文昌殿、武昌殿。它们既是学生的宿舍，也是上课的教室。为了多住人，殿里两边用木板搭起两层铺。伙食是粗茶淡饭，没有饭堂，大家蹲在院子，分小组一伙一伙地围着吃。学校穷学生居多，冬天穿不上棉衣，车校长从黄杰军长那里募捐来五百多套破旧的绿军装，分给穷苦学生，拆洗干净，穿在身上，并系上皮带，戴上军帽，扎上绑腿，像个战士。同学们都很喜爱这身打扮。迁移凤翔后，除雨雪天在神殿里上课外，平时上课都在外边。没有教室、没有桌椅，院子、操场、大树下、小河边、门洞里、戏台上，到处都是我们的课堂。车校长从东北军万福麟军长那里募捐来一千多个帆布小"马札"（折叠小凳子），发给同学们，每人一个，还发给一块木板。上课时，坐在"马札"上，把木板放在双膝上，当桌子用。我就是这样念完小学、初中和高中的。学习条件虽然十分艰苦，但是学习精神却是十分充沛的。如同校歌歌词中所说："我们的学习，有趣味、有意义、有生气。"

十三、丰富的课内外生活

车校长一贯主张"教学做合一"，怎么用就怎么学，学一点、用一点，"学用一致"。

竞存的课程设置，是按抗日救亡和教学实际需要而开设的。初创竞存小学时，设有"国难"课和"国复"课，使学生不忘国难家仇和抗日复土。西迁凤翔后，设军训、游击战术、日语、情报工作和抗日问题研究课。音乐课是老师自作的抗战歌曲和流行的进步歌曲。美术课教的是抗敌漫画和木刻。废除了国民党的公民课，代之以常识课，讲艾思奇的《大众哲学》和政治经济学。其他文科课程，都是从内容上剔除旧的充实新的。如国文删掉宣扬旧道德、旧思想的内容，充实了鲁迅的作品、解放区文艺作品和苏联的翻译作品。自然科学课程则是渗透新观点，尽量结合生产实际。如植物课，结合当地的生产需要，配制消毒药膏，研究当地农作物生产特点

车向忱（左一）

及农田管理。化学课帮助研究当地造纸工艺等。

竞存的课外活动，是丰富多彩的。它与课内紧相联系，是课内教学的延伸和扩大。在学生自治会的领导下，成立有各种研究会和活动小组，如东北问题研究会、抗日救亡研究会、时事研究会、戏剧研究组、漫画研究组。各有各的活动章程与组织领导，各自按照计划举办各种活动，如"诗歌研究组"举办诗歌讨论会、诗歌朗诵会，出版《诗歌专刊》，举办诗歌创作活动。又如"时事研究会"举办时事辩论会、时事报告会、时局讨论会、游击战争讲座、妇女问题讲座。学校还有秘密图书馆，组织学生秘密传看进步书籍，如：《论持久战》《新民主主义论》《母亲》《铁流》《被开垦的处女地》等。

竞存的歌咏队和体育队在当地是非常出众的。排球和篮球是"九区"（当时凤翔属国民党陕西省第九区行政督察专员公署管辖）的冠军，歌咏比赛是第一名，秧歌舞蹈是各学校中的佼佼者。

正是这样的教育活动，竞存才培养出许多人才，为革命和建设做出了贡献。

十四、生产自救

竞存穷是有名的，办学经费一向拮据。经费来源：一靠西安八路军办事处秘密接济。小学初创时，每月给 150 元钱，迁到凤翔后每月给三四百元；二靠车校长出去化缘（募捐），谋求那些社会贤达和热心教育的人捐助。周总理还接过学校的募捐册，募捐过。当然只靠这些款项办学是不够的，还得依靠我们的双手，自力更生了。学校组织全校师生上山开荒，先后开了一百多亩地种粮食；在公路边、河滩上，开地种菜；养鸡养鸭养牛，发展学校畜牧业；组织木工组、缝纫组、粉笔组，一面对外经销，一面对师生服务；办造纸厂、纺织厂。造纸厂由张寒晖负责。筹建纺织厂，曾派过三名学生去西安学习技术，带回几架纺织机。

在生产自救上，一面开源，另一面节流。主要实行工读制度。学校有许多工读生，他们家庭困难，甚至没有家，交不起伙食费。学校组织他们造粉笔、搞缝纫、当木工等。同时组织他们干其他许多力所能及的事，例如：刻写、油印、糊信封、理发、管理图书、按作息时间摇铃（有时吹号、打钟、吹哨）。还有几个人在小学教书（我是其中之一）。即使学校减少了花钱，又使穷苦学生解决了吃饭问题，公私两利。

竞存办学困难很多，但车校长常说："车到山前必有路，困难总是能够解决的。"

十五、"众志斋"

竞存迁到凤翔后，规模更大了，学生增多了，有东北的，有西北的；有东北军子弟，也有中央军子弟（卫立煌的侄子、侄女三人就在竞存读书）。有些家长慕名而来，放心地把子女托付给学校。1939 年又增办了高中班，全校学生最多时达到六七百人。

学校发展了，房舍不够用了，怎么办？决定盖房子。1940 年 9 月，车校长出外募捐归来，捐款 3100 多元。他高兴地对学生说："这回我们有钱盖房子了。"纸坊街的老乡们十分支持学校，拆掉戏台建筑，把木料砖石全部送给学校，又把庙后一块地皮拨给学校以供建房需要。

建房热潮开始了，学生上午上课，下午劳动。挖地基的不停地抢镐头，运石头的像穿梭似的来回跑，砸土墙的边砸边哼着号子，和泥的、锯木的、托坯的、打夯的、钉木架的都在

张寒晖

热情地干着自己的活计。张寒晖老师为了鼓舞全校师生的劳动兴趣和情绪，编写了《拉石歌》和《打夯歌》，大家边干边唱，鼓起了同学们的干劲，歌曲的节奏把大家的力量拧到了一起。经过二十多天的紧张劳动，25 间新房盖成了。同学们看见自己辛勤劳动的硕果，高兴极了。在落成典礼时车校长欣然命笔，在一块刨光的木板上，写了三个大字："众志斋"，挂在这排新房的中央。

从此，同学们再不愁没处住了，风雪天再不愁没处上课了。正如《拉石歌》歌词中所说："自盖高楼自己享受，自造幸福自己快慰。"

十六、竞存处处有歌声

竞存"民先"最早组织歌咏队时，我就是一名队员。我记得，我们最早学的歌子，是刘明老师教的《五月的鲜花》，接着是张寒晖老师教的《松花江上》。歌咏队渐渐唱出名气，常去工厂、农村、兵营、伤兵医院演唱。还被西安广播电台邀去播唱，把抗战歌曲送到西安的千家万户。1938 年，西安市举办了歌咏比赛，各校都做了充分准备，我们更不必说。我们参赛的是《流亡三部曲》。流亡人唱流亡歌，分外动情，分外感人，听众无不感动，有些人声泪俱下。歌咏队的指挥叫金雨时，个子不高，长得瘦小、精神，打拍子非常出色，人们无不佩服夸奖。这次评比结果，竞存小学获得第一名，金雨时得了指挥奖，竞存的歌咏队从此闻名于全市。到凤翔台，歌咏队在张寒晖老师的指导下更加出色。

由于歌咏队的带动和影响，全校唱歌蔚然成风。各班都能唱几十首，各有自己最拿手的好歌。其中大部分是张寒晖老师编的。每逢集会，或歌咏比赛或"音乐会"，场面最为热烈：班与班之间互相拉歌子，歌声刚落，拉歌声即起。

"好不好？""好！""妙不妙？""妙！""再来一个要不要？""要！"这边唱《在太行山上》，那边唱《军民大生产》，拉唱声交叉重叠，大家兴奋极了。每天开饭时，各班排队，在等开饭时间，唱歌成为习惯。平时，同学们都是踏着歌声来，踩着歌声去，宿舍里、校园中、丛林间、小溪旁，到处飘荡着竞存的歌声。

竞存的歌声是战斗的歌声！是前进的歌声！我们在歌声中生活，我们在歌声中成长。

十七、为工人农民服务

1939 年，竞存在纸坊街办了三处夜校，由学生郭建盘、岳继昌、江享生具体负责，招收纸坊街的造纸工人和农民一百多人参加。利用晚上给他们上课，教识字、简单算术，讲抗日故事，教救亡歌曲，做操跑步，学员积极热情，不怕吃苦受累。夜校成绩显著，很多人基本脱盲，一般能识四五百字，能看书看报，能写简单文稿，能唱抗战歌曲。"小先生"很受夜校学生爱戴。1940 年夏，郭建盘不幸烧伤去世，全校停课，在"南巷戏楼场"召开追悼大会，夜校学生和送葬群众一千多人参加。他们痛哭流泪，悲痛他们失去了一个好教师。

另外，竞存部分女同学深入农民家庭，组成妇女识字班，除教识字外，还给她们讲故事、讲抗日救亡的道理，做出很大成绩。

学校举行"同乐会"时，邀请夜校和识字班的学生及乡亲们参加观看，每次会场坐得满登登的，气氛十分和谐而热烈。

张寒晖老师非常关心纸坊村造纸工业。他专心研究造纸原料，广泛利用当地麦秸解决造纸困难；帮助改进造纸工艺，减轻了造纸工人的劳动强度；编写《纸工歌》，工人们剁麻、洗麻、打浆时，边干边唱，干得那么得劲！唱得那么欢畅！

十八、战斗在白色恐怖中的竞存

竞存办学十年是充满战斗的十年。车校长的诗中说："十年斗争为竞存，魑魅魍魉不离门，动辄到校捕先生，转瞬学生又失群……"这几句诗真实地反映了当时的斗争情景。

国民党反动当局通过陕西省教育厅先后派遣特务何东升、李文白、张斐然、张欣欣到校，充当训育主任等职，发展反动组织，指使反动学生进行捣乱破坏。他们在学校张贴反动标语，煽动学生反对校长、反对学校，鼓动教师罢教，破坏学生选举自治会，监视进步师生，安插亲信，搞里应外合，搜捕师生。

国民党反动当局为了达到把学校搞黄的目的，不惜动用武装军警对付手无寸铁的师生。1937年秋，一连保安队，持枪包围了西安湘子庙竞存中学，进行搜查，以莫须有的罪名逮捕了车校长和聂长林、张继五、刘明老师，还有一位工友，关押在西安皇城西北行营，终因拿不出罪证加上社会贤达的大力营救，才得释放。1941年7月前后，凤翔县当局在不足一个月中，对竞存进行了两次搜捕。第一次捕去正在小学养病的中共特支委员滕净东老师和学生王可；第二次捕去与我同班的同学岳继昌、曹炳文，另外还有冯广运、时保泽，后经车校长多方求人，设法营救，才得释放。对此，张寒晖老师愤恨异常，作歌《云雾里》，又名《七月里》，以表情怀。规模最大、气势最凶的是1943年冬的搜捕。凤翔县派了一连多部队包围了学校，校门口架起了机枪，端着上了刺刀的枪的士兵，凶狠地冲进了学校。当时我在小学正给学生上课，他们堵住教室的门口，枪对着我们，不许动弹。他们几乎搜查了一天，最后捕去王萍老师和与我同班的同学常桂珍（工读生，也在小学教书）。经车校长在外活动营救，只救出王萍老师，常桂珍被押于西安"劳动营"。此外，特务们还对竞存多次进行秘密搜捕，其中陈启明老师的失踪就是一例。弄得老师夜晚都不敢在自己屋里睡觉。1941年春，有一天夜里，我被挤醒，发现挤在我身边睡觉的是张寒晖老师。他挤在学生宿舍就是为了防止特务秘密捕人。

尽管国民党特务如此猖狂迫害学校师生，竞存的大旗仍在白区的白色恐怖中高高飘扬。

学为万人役——蔡家坡扶轮中学略记

佚 名

蔡家坡铁中——原"郑州扶轮中学"。

"扶轮"是解放前我国铁路中小学的专用校名。

1917 年，大同铁路工人为了解决职工子弟入学困难，首创了全国第一所扶轮小学堂。1918 年，京奉（天）、京汉（口）、京绥（远，即呼和浩特）、津浦（口）四条铁路员工纷纷仿效，自发成立"铁路同仁教育会"。此举立即得到交通部（主管铁路）等部门的支持。曹汝霖（时任交通总长）以交通部次长叶恭绰为会长，交通部路政司司长关庚麟为副会长，徐世章（时任交通部次长）、詹天佑（时任总工程师）、施肇曾（时任交通银行董事长）、周自齐（前交通总长）等为董事，特别组成"教育事务董事会"。随即，以"扶轮公学"为统一校名，在四路沿线筹建员工子弟学校。决定各地学校均冠以"交通部部

立××（所在地名）扶轮公学第×（顺号）小（或中）学"的名称。是年夏，交通部部立天津扶轮公学第一中学成立，这是我国铁路史上创办最早的一所员工子弟中学。

二十世纪初期，西方思潮激荡中土。"扶轮"一词当时比较流行，国际扶轮社的宗旨深入一些知识分子的内心世界。当年铁路学校采用此名，也有"兴办铁路员工子弟学校，以扶持、扶助铁路事业"的内涵。"扶轮"在汉语语境中的"扶持、扶助、辅佐、护佑、施恩报效"的内涵，与发端于西方世界的扶轮社"专业、亲善、爱心、和平"的宗旨相结合，赋予"扶轮"以新的时代意义。中西文化的交融于"扶轮"此名称中可见一斑，"扶轮"一词也可以作为中西文化交流而交融的一个先例。

1929 年，南京国民政府创建铁道部部立郑州扶轮中学。校址选定郑州市东三马路 31 号，生源主要考虑来自平汉、陇海铁路员工子弟。创建之初，铁道部次长钱宗泽到校奠基，郑州市市长张博峰兼任扶轮中学第一任校长，可见政府对该校的重视。从校舍建设、师资配备、课程设置、仪器选购等各方面都是当时最强的。

全面抗战爆发后，学校奉命西迁。经西安一路辗转陕南，风餐露宿，苦不堪言，后来到达汉中。选址褒城张寨，才算有了较为安稳的办学条件，开班正常授课。

随着战局的变化，为了创造更好的办学条件，上峰决定学校整体北移。校址选中了陕西省岐山县距离陇海铁路蔡家坡火车站西北近 10 里路遥的草坡龙泉寺。这里在塬坡半崖上，松柏遍布，庙隐其中，龙泉水甜，常年不断。距离火车站远近适中，极利防空，又不脱离铁道线，拥有大量新生来源。实为一所动静有致、半封闭的学习环境，便因地制宜适时扩建，时为交通部部立扶轮中学。

在四次搬迁五处校址中，以蔡家坡龙泉寺校址时间为最长，经历 40 个春秋。学校没有围墙，教室、宿舍星罗棋布地撒满塬坡，中间一大块操场，四周是学校办公区，师生们把它称之为中院。下面是一个不知什么年代石砌的古朴古色的龙泉池，清澈的池水，花鸟鱼虫的浮雕石栏，几股泉水从龙头口中喷出，洒入池中的浮萍上，一群群的小鱼儿在水草中穿梭……

1949 年 5 月，西安解放。1950 年 2 月，学校更名为蔡家坡铁路职工子弟中学，解放后，第一任校长是曹兰珍同志。

1952 年学校部分迁回郑州原址恢复上课，改

名"郑州铁路职工子弟中学"，1969 年更名为"郑州铁路职工子弟第五中学"，2005 年 6 月学校由铁路移交郑州市政府管理，易名郑州扶轮外国语学校。留下的部分教师更加呕心沥血，忠诚党的教育事业。随着教育事业的蓬勃发展，学校规模不断扩大，1965 年时学校基本保持初中 15 个班，高中 6 个班的编制，在校师生年均 1000 多人，为我国的高等学府和社会主义建设源源不断地输送新鲜血液。

1982 年因修水利——宝鸡峡，学校被迁坡下，因修水利挖出的土方填平了龙泉沟，出现了一片良田，又恢复了草坡龙泉寺古庙，琅琅读书声变成了梵音钟鼓。

2005 年，该类学校开始先后脱离铁路系统，归属地方政府教育部门管理，没有了"铁路学校"的特定内涵。

1933 年至 1940 年，吴乃立先生（1905—1959 年，又名吴健，安徽人，1929 年毕业于国立南京中央大学）到铁道部部立郑州扶轮中学担任校长一职，由于他学识渊博，精明能干，为人师表，率先垂范，在全校师生中享有崇高的威望。他深入教学一线，亲自担任学校历史课的教学任务。他国学深厚，博通今古，兼擅外语，精研西学，他的历史教学自出机杼，别具匠心，熔铸百家，而成一家之言。讲史讲至国兴处，仰天长笑；论政论到伤心时，泣下沾襟。吴先生思想进步，主张民主治校，在学校管理上，主张学生自

治。他有成体系的教育思想和先进的教学理念。

吴先生有一篇著名的演讲词《学为万人役》。吴先生开篇言道："当一个人在十几岁或二十几岁的青年时代，横梗在心里的，总常是身世的苦闷：'我有没有出路？''我应该干什么？''我怎样干？'"开篇提出问题，然后他接着讲述了《史记·项羽本纪》中"项羽学剑"的故事。"项籍少时，学书不成，去；学剑，又不成，项梁怒之。籍曰：'书足以记名姓而已，剑一人敌，不足学，学万人敌。'"这个故事人人皆知，但吴先生却从这个平常的故事中独具慧眼发现真理。

吴先生说："'敌'字的出发点是憎恨，其目的在征服。'学为万人敌'，就是要征服万人，他万人供一己的驱使。"吴先生在此基础上进行阐发，提出观点："'学为万人敌'何如'学为万人役。''役'字的出发点是仁爱，其目的在利他。'役'和'敌'虽然都可使一人的生活影响万人，然其各别的旨趣却相去不知几千里。我想把项羽的话这样改正一下，赠给我的青年朋友们，好帮助大家突破身世的苦闷，早一点选定出路。"

表面看来，吴先生只是把项羽的"学为万人敌"中的"敌"字改为"役"字，一字之别，相差何止千里万里？"学为万人敌"是利己，"学为万人役"是利他；"学为万人敌"是为己，"学为万人役"是为人；"学为万人敌"是自私，"学为万人役"是无私；"学为万人敌"是小我，"学为万人役"是大我；"学为万人敌"是"正己""修身"，"学为万人役"是"治国""平天下"。境界的迥异，全赖此一字之别也！

吴先生继续申论："你可作'为一人役'甚至'为一己役'的打算，所谓一人无非是你的太太、先生或儿女，换言之就是你的家室，你尽管研究第一等的学问，你的学问将来对你个人或家室有贡献；你尽管从事伟大的事业，你的事业不过使你个人或家室得其利，因为你的出发点是自私的。你也可以作'为万人役'的打算，你尽管研究雕虫小技的学问，它将来的贡献也会普及大众；你尽管从事卑贱的事业，它也会在大众发挥福利的功能，因为你的出发点是利他的。"对于这两种对待"学问或事业"迥然不同的"学法和做法"，吴先生明确指出"采取前一种"的，无非是"自了汉的自了主义"，到最后，虽然有"成功的个人，兴旺的家庭"，却"很难发现进步的社会"。

最后，他勉励青年，并给青年指出光明的前途："不要再苦闷下去了，打定主意——'学为万人役'，这是你唯一的正大光明的出路。古代的孔夫子、现代的孙中山先生都是走这一条路的先导"。

这篇演讲，言辞恳切，铿锵有力；立论鲜明，高屋建瓴；持论有故，娓娓道来；联系现实，结合实际；发人警醒，令人深思。这篇演讲，不仅是给青年人生和事业的指导书，更是吴乃立先生自己教育思想与教育理念的宣言书。"学为万人役"，从一定意义上来说，它宣告了一切旧
式教育单纯的"为一己之修养"或"为一家之振兴"思想的终结，它也宣告了一个教育新时代的到来。为人民而教育，教育为了人民，把个人的价值和实现价值的途径，紧紧地同祖国的命运、民族的前途和人民的幸福联系起来，个人幸福寓于人民幸福之中，在造福祖国、民族和人民的过程中，实现个人的价值。

故宫国宝南迁在宝鸡的时段

吴正茂

　　"九一八"事变之后，日军开始入侵热河，窥伺华北。就在山海关陷落的第六天，故宫博物院召开理事会，决定将故宫文物南迁，以策安全。自此，从1933年2月到1949年1月，故宫博物院文物先后经过南迁、西上、东归、北运、迁台，历时十余年的长征。其中1937年12月，第三批西迁文物用火车从南京经郑州运往宝鸡的山洞里，并在这里做了短暂停留。

　　故宫文物南迁，实际上是中华民族遭受日寇侵略史上的一段屈辱缩影。

有关故宫文物途经宝鸡的这一段历史，我曾经请教过任宝鸡市政协文史资料委员会顾问、陕西省文史馆馆员的杨参政老先生，从我与杨老生前的多次谈话中，倒是发现了一些端倪。

　　杨参政老人，是我伯父吴启周与我族祖父吴耀荣二位老人的老师，又与我家有亲戚之谊，属我的爷爷辈。他是北平民国时期大学的高材生，是20世纪30年代左翼作家联盟的成员之一，民国时三次连任宝鸡县教育科长，是熟悉宝鸡地方掌故的硕儒。他所写的《宝鸡古迹歌》详细地介绍了宝鸡历史沿革、名人陵墓、县内外八景、文物古迹，揭秘历史上鲜为人知的事件，吉光片羽，弥足珍贵。

因我喜好文史与地方志，1993 年前后，我每每与老人通信，老人告诉了我不少有关宝鸡掌故的资料，这也是我日后从事文史研究的一个重要的因素。后来我上了凤翔师范后，我不光是与老人书信来往，还利用有限的假日，赴老人的居所宝鸡县陵原乡紫原村看望老人，与老人谈天说地，请教我所读的民国《宝鸡县志》中的疑惑，老人都细心地给我解释。

当我从老人的《宝鸡古迹歌》看到文物古迹部分有六句诗文："回忆抗日紧张时，故宫国宝运川方。故宫宝有宝鸡出，亲人返里岂能忘。曾在宝鸡宿几夜，装车卸车上下忙。"我问道："参政爷，故宫文物不是在紫禁城内，怎么又来到宝鸡？而且经过宝鸡又到了四川呢？故宫文物中怎么还有宝鸡出土的？宝鸡出土的文物是啥？为什么这些文物还在宝鸡停留了几天，那么它们放在什么地方？"我当时年方十八，一股脑提了一大堆问题，杨老并没有嫌我的问题多，而是耐心地给我一一讲解，一团历史疑云，顿时云开雾散，也使得国宝南迁中在宝鸡的一段历史公案得以大白天下。

杨老陷入了深深的回忆中，他严肃地说道："故宫国宝，就是明清两代帝王所收集历朝文物的精华。因'九一八'事变爆发，华北局势紧张，国民政府考虑到这些珍贵的瑰宝，民族历史文化中的精华，不能落入倭寇之手，于是做出决定，将刚刚成立 8 年的故宫博物院中的文物，选其精华，择其重器，集中装箱，从北京启运，经郑州到上海，后存放至南京博物院。七七事变后，抗战全面爆发，战事告急，存放在故宫博物院南京分院的文物，分北、中、南三条路线，经水、陆两道，运往四川大后方。其中一批文物，走的是北线，途经宝鸡，经汉中，运至四川峨眉县。后来，中线水路运至江苏宜兴的文物也最终运至乐山县，而经过南路的 80 余箱精品文物也运至四川省安顺（今重庆市巴南区）。其中，北线故宫文物途经宝鸡，长途跋涉，也躲过了日寇飞机狂轰滥炸，文物无一丢失和损坏。这也是中国人民在反抗法西斯战争下保护人类文化遗产的伟大奇迹。抗战胜利后，三处文物汇集于陪都重庆，后运往南京。1949 年，运至台湾。北线这批国宝文物中有绘画和书法真迹 6410 件，瓷器 23780 件，青铜器 4400 多件，玉器 3800 多件，共 7200 多箱。"

我接着问杨老："参政爷，你古迹歌中写到，故宫国宝中有宝鸡出土的宝，这宝到底是什么啊，这些国宝在宝鸡停留停放，都放在什么地方，还装车卸车，这到底是为了什么？"杨老说："故宫文物中有宝鸡出土的国宝，这个国宝就是陈仓石鼓啊，它又叫岐阳石鼓，这是中国文字演变史上最古老的宝贝，清末的康有为称其为中华第一古物，它就出土在咱宝鸡。陈仓石鼓唐代发现，宋徽宗时，送往宋京汴梁（今河南开封），喜好书画的道君皇帝赵佶，用黄金填充鼓身上的文字，成了这位书画皇帝的雅爱。不久，北宋灭亡，女真贵族迁石鼓于燕京（今北京市），金军用刀剑剔除鼓身上的黄金，不识其值，弃之荒野。元世祖定都北京，虢县（今宝鸡市陈仓区虢镇）人王戬上书忽必烈，将石鼓妥善保存起来。到了清代，乾隆皇帝才将石鼓放置太学，供士子们瞻仰、学习。日本侵略者逼近北平，国民政府将石鼓与故宫文物一起启运，长途跋涉，一路颠沛流离运至宝鸡。"

杨老的一席话，让我不仅知道了陈仓石鼓的来历，也让我看到1937年前后的中国，不光四万万炎黄子孙受尽凌辱与苦难，连同我们老祖宗留下的艺术瑰宝，也在劫难逃。

杨老继续说，当时他从庐山受训回来，第三次被宝鸡县国民政府任命为县教育科科长，故宫文物大约是1937年12月7日、8日经过陇海线运至宝鸡。由于南迁文物行动，在当时是属于军事机密，知道的人很少，他是县长王奉瑞通知到县府开会时，才知道的。县政府为了配合国民政府的工作，出于对国宝的安全考虑，决定在当时的城隍庙（今为宝鸡昊阳印刷厂）、西街小学、县府（今宝鸡市工交大院）、望蜀楼（当时县府羁押犯人的看守所）、泰山庙小学、县府街的关帝庙（西府宾馆）等处，作为文物的存放地。

当时，时届隆冬，许多军车开进宝鸡，在这些文物存放地，都有不少全副武装的军人把守。

宝鸡为黄土高原地带，有山有塬，护送文物的故宫博物院有关人士，见宝鸡依山傍塬，地势险要，原本想在这里组织人力挖两三个山洞准备就地长期安放国宝。可是，没有想到沿海民族工业内迁，日寇为了加快灭亡中国的步伐，对刚刚在宝鸡恢复生产的内迁工厂进行连番轰炸，于是，停留在宝鸡安放国宝的梦想破灭，故宫博物院的护宝人员，不得不很快做出决定继续翻越秦岭，迁运文物到更为安全的四川大后方。

宝鸡人民善待故宫博物院的护宝人员，护宝者也感到宝鸡人民朴实厚道，于是做出决定，将陈仓石鼓开箱启封，在宝鸡县政府大门口，展示三天，让国宝故里的亲人，一饱眼福。"领略了国宝石鼓的神韵风采，因而我在另一首诗中写道：'亲睹国宝县府旁。'"杨老说。

到了民国二十七年（1938）的初春，虽然当时陇海铁路修到宝鸡，但是，宝鸡到汉中，火车没有开通，近450公里的道路，只能用汽车转运，可是如此多箱文物，要350多辆汽车来运，对于物资匮乏的大西北来说，这简直就是天文数字。幸好，当时军事委员会西安行营答应以军用汽车运输，以不到百辆的军运汽车，分批次将数量巨大的珍贵文物，翻山越岭运到汉中，后从汉中运至四川，存放于峨眉山。因为时常遭到日本飞机的轰炸，抗战胜利后，国民政府还都南京，一部分体积大、笨重的文物，在蒋介石政府迁至台湾前，被遗弃在了大陆。1951年前后，这些文物回到了北京故宫博物院，其中就包括陈仓石鼓在内。

杨老继续讲道："当时，因为川陕公路刚刚开通，道路崎岖，加上秦岭山区气候变化无常，在运输过程中，这一段路最危险也是最艰难。7200多箱文物，不可能一次性全部经秦岭运往汉中，其中，就必须有个中转站。于是，位于益门镇上的吴公祠（也就是宋代抗金英雄吴玠的祠堂）和旁边的关帝庙作为临时中转站。因为这两处地方不仅占地面积巨大、房子多，而且所处的地方松楸茂盛，荫翳蔽日，具有军事上的防御意义，作为临时存放中转，是最合适不过。"

后来，我在网络上看到2010年6月11日《北京青年报》标题为《重走故宫文物南迁路，考察团昨日抵达宝鸡》一文中的有关报道，也提到了当

年故宫文物在宝鸡的迁徙存放地。文献中记载军车在秦岭关隘口的关帝庙内停留，重走故宫文物南迁路的专家和学者不能确定的故宫文物存放地，在杨参政老人的谈话中得以证实，位于宝鸡市渭滨区神农镇益门堡村的关帝庙和吴公祠，就是当时故宫南迁文物从宝鸡至汉中的一个重要中转站。杨参政老人一段珍贵的历史回忆或许能够解开故宫南迁北线文物在宝鸡存放地和中转地之谜，值得后世的史家和学者关注。

宝鸡当时是抗战兴起的工业城市，不仅容纳了"水旱蝗汤"四大灾害轮番"袭击"的大批背井离乡、颠沛流离的河南贫苦灾民，作为大后方主人的宝鸡，它还以极大热情接纳了国立河南大学等多所大中院校的莘莘学子。在民族危亡时期，故宫国宝南迁至此，有缘续写了一段佳话，是国宝的选择，也是宝鸡的光彩。

工商业

记忆中的老宝鸡

宝鸡石油机械厂建厂记忆

范国彬

编者按：每一个大厂，尤其是在解放前即有传承或开始建厂的老厂，庇护着在大厂之下数代人的生存，形成了当今即将成为历史名词的"大厂子弟"以及他们身上所特有的懂规矩、识大体、甘奉献、能吃苦、不折腾、近木讷的"子弟气质"，承载着几代人关于工作、奋斗、生活和家庭的或美好、或辛酸的人生记忆，衍生出了各自特有的工业文化，还曾带动一个地区工业化、现代化的进程，甚至它们自身的存在就是所在地区工业化、现代化的开端。每一个大厂，都值得尊敬、值得纪念！历史需要记忆，记忆需要记载，而只有记载了才有更多的机会被后人重提，无论这种记载的方式是什么。

在宝鸡市东风路的西尽头，有一家曾经横跨金陵河、西至火车站、北起蟠龙山、南抵渭河岸，占地最广时绵延十余里，现今总占地面积 250 公顷、建筑面积 79.77 万平方米的大企业。与其说这家企业跨越东风路、金台大道，还不如说这两条城市主干道横穿厂区而过。这就是中国石油宝鸡石油机械有限责任公司，曾经的宝鸡石油机械厂。

在回顾了曾经以西机、蔡纺厂为代表的官僚资本企业、以申新为代表的民族资本企业、以修械三厂为代表的红色企业、以陕汽和陕齿为代表的"三线"企业之后，各种线索便指向了以工业立市的宝鸡的第一家近现代工业企业、国民政府时期的"国营"企业——陇海铁路管理局宝鸡机车修理厂，即宝鸡石油机械厂的前身。

1937 年 3 月，陇海铁路通车宝鸡，作为西北的军事要地，宝鸡迅速变成了抗战的后方基地之一，大批抗日志士和工商者及流亡人员聚集于此。1938 年国民党政府炸开花园口黄河大堤，1942 年夏到 1943 年春河南严重旱灾，又有大部分灾民沿铁路逃难至此。由于宝鸡是当时陇海铁路的西部终点，因而也就成为西逃的河南灾民、难民逃荒、避难的最后落脚之地。大量河南难民、灾民涌入宝鸡，改变了当地人口结构，甚至通用语言因外来人口涌入而改变。据《宝鸡市志》记载，1937 年宝鸡城区迁入人口占总人口的 70%，到 1946 年统计，县城区（今市区）及虢镇人口共 110146 人，其中外籍 52495 人，占到将近半数；宝鸡县的县城镇（今中山路一带）有人口 11448，其中本籍人口 3341，而外籍人口为 5389、流动人口 2718，外来人口和流动人口的数量占到了该镇总人数的 70.82%，远远超过了当地人口的数量，从那时候起宝鸡开始被称为"小河南"。

此时，早已将东北三省作为前进基地的日寇，野心染指华北、鲸吞全中国，陇海铁路东段沿线屡遭日机空袭，形势日趋严重。为建立抗日后方基地，生产抗战物资，国民政府开始动员企业内迁。1937 年 5 月，国民政府铁路当局决定，由曹萃文、侯汝勋负责，立即筹建宝鸡机车修理厂。先后将连云港码头、徐州机厂、开封机务段等单位的重要机械器材抢拆西运，洛阳机厂西迁，设备分别安装于长安机务段和宝鸡机务段内，宝鸡机务段连同这部分机器和辗转撤退的人员，成立了宝鸡机车修理厂。

战时搬迁抢建，条件尤为艰苦。当时厂址选择、设备到位安装、技术培训等，只能是因陋就简，尽快投入生产为要。所以，厂址定在东关外火车站南端、机务段内一块狭长地带，东西长450米，南北最宽处仅90米，占地约34000平方米，厂房为6800多平方米的简易工棚，有的工组只能露天作业。机械动力设备，多是西方国家二十世纪初制造的，如德国1916年造小蒸汽调车机车，比利时1914年所造轨道吊车，1910年日产镗床和美产牛头刨床等，后来最新的只有1台1941年美制普通车床；小部分设备属国产，如唐山1907年制造的两台动力锅炉，广元机厂制造的简易带轮六尺车床和小牛头刨床等。由于缺乏检修，这些设备基本上都失去了原有精度，全部设备都处于老残状况，量具仅有较原始的卡尺、弯尺、百分表等。潼关以东接连失守后，长安机厂部分机器也拆运至宝鸡。

此后一段时期，一批工厂如申四、福五等纷纷内迁至此，国际友人路易·艾黎领导的西北"工合"运动，旨在挽救和保存濒临毁灭的中国民族工业，组织失业工人、流亡难民实行生产自救，也在宝鸡组建了遍布城区的工业合作社。内迁工厂与工业合作社，共同组成了宝鸡工业生产的强大集团军，大批抗战物资，源源不断地从这里送向前线。

1938年10月，申新开始在十里铺兴建厂房时，宝鸡机车修理厂已正式开工生产，从事机车修理兼做机务段检修业务。工厂承担的机车修理，包括客、货机车两大类，维程分为死复、大修、中修，修理都要经过解体、修配、安装、试车四个过程，修配零件没有图纸工艺，按实物全凭工人的经验加工修配。直到1943年厂段分家，原机务段迁出，工厂才成为铁路机车修理的专业工厂。

　　工厂员工人数在战时状态变化波动很大。少时 200 多人，多时 900 余名。最早的主要技术骨干来自青岛四方厂和徐州、洛阳、开封铁路的机修人员。他们绝大多数受连年战乱的影响，生活艰难，为了养家糊口，从小进入工厂（段），路龄最长的已有 42 年，平均路龄也在 10 年以上；老职工多，青年工人极少，26 岁以下的职工只占总人数的 7.8%；职工间一般都具有亲属关系，占总人数的 24%；职工文化水平很低，甚至近一半是文盲；工人掌握有多方面的实践经验和技能，但对新技术、新操作法的汲取和传播，显得迟缓。

　　这一时期，工厂状况极为艰难，辗转内迁，设备分散，材料紧缺，重要器材丢失，职工生活困难。据 1943 年工厂《上半年工作检讨概要》记载，"当此物价波动，人心失常，相率大呼食不饱，力不足之情况下，而从事于推进工作之效率，固非从维持生活方面着手"，"下层抗力与上层疑虑，工作之推进是一难也"。1944 年，《竞赛概要》中记载："路方已收到奖励之实效，而工方未获得奖励之实惠"，"5 月底，奉命遣散员工 171 人，而物价突然波动，待遇无法比照调整……半年中，自动离职者 79 人，共减少原有员工的 25%"。工人生活用房全系土木结构的平房，散布在工厂外东西两面，长年缺乏修缮，居住条件很差，单身宿舍曾经在秋雨中倒塌过。一些工人无力盖房、租房，只有在东沟土窑洞居住。为家庭生计，许多工人只得利用晚上和星期天到铁匠铺打铁、在铁路或商业字号中做装卸搬运活计等再挣小费以贴补家用。

　　从 1938 年正式投产至 1945 年抗战胜利，艰苦的战时环境中，工人们忍饥挨饿，顶着酷热严寒和日机的空袭轰炸，凭着爱国热忱和勤劳智慧的双手，利用简陋的设备工具，开展修车竞赛，完成机车维修 150 多部，维修制造机车零部件数十万件，有力地保障了陇海铁路西线的运输。据有的老工人回忆，当时工厂所在的机务段，是日机轰炸的重要目标，日机从北俯冲下来扔炸弹，护厂队员端着步枪对空射击，致使日机不敢低空轰炸，炸弹多扔至机厂街，被炸的地方弹痕累累。1945年，宝鸡机厂因抗战期间维修机车、维护交通运输有功，受到国民政府当局的嘉奖。

抗战胜利，内战骤起，国民党政权为加强统治，宪兵队曾以共产党嫌疑抓走史宗良、赵得林等8名工人，厂内一时风声鹤唳。当局大量发行"金圆券""银元券"，物价一天三涨，工资发下后"跑得快了买袋面，跑得慢了吃碗面"，每月工资最多只能购买一袋多面粉（每袋40斤），员工境遇不断恶化。十里铺、上马营一带的工人为了使自己的血汗钱不被贬值，稍有积攒即买小捆"洋纱"、面粉存放，还出现过以纱、布、面粉为等价交换物，以物易物的现象。

当解放军打胜仗的消息不断传来时，盼内战结束、和平到来、恢复生产、生活得到保障，是几百名员工的迫切愿望。对自己亲手创建并赖以生存的工厂，员工们更是非常珍惜，自发地开展了护厂斗争。

1948年，西北野战军于4月17日兵分三路南下，向宝鸡神速进军，切断了西安至宝鸡的铁路交通。25日兵临宝鸡，午夜发起进攻，扫清了外围守军。26日拂晓，西北野战军分三路发起总攻，一路从西北紫草原冲下直攻西门；一路从陵塬攻进行政专员公署所在地金台观，进而攻占县城东门外的龙泉巷、敦仁堡等处；一路从蟠龙山冲下，与店子街守军展开激战，炸毁金陵铁桥。26日黄昏，解放军全歼宝鸡守军，宝鸡第一次解放。28日撤出。史称"西府出击"。

激战中，西北"剿总"胡宗南急派飞机助战，狂轰滥炸，工厂被炸起火，致使电气班、工具室、锅炉班、机器班、事务股、办公室尽被焚烧。战事刚一平息，工人们在厂方的组织下，迅速抢修搬运。为避免设备再次毁于战火，遂将修配场在用设备疏散至西安三桥镇铁路总机厂内，后又全部迁往天水北道埠修配场。

1949年7月初，解放战争胜局已定，国民党当局看出大势已去，遂派工兵进入工厂，在锅炉等动力设备处安装炸药，并拆毁部分设备，准备一旦撤退，即引爆炸毁宝鸡机厂。这一阴谋行径立即引起了员工的极大愤慨，他们自发组织了护厂队，日夜巡查，围堵强拉设备的车辆，冒着被抓被杀的危险，将炸药转移他处，使炸厂阴谋终未得逞，保护了工厂的资财设备。

1949年7月12日，扶眉战役大捷，7月14日宝鸡第二次解放，原宝鸡县分设为宝鸡市和宝鸡县，市辖县城、新市、渭滨、十里铺、虢镇、蔡家坡6个区，新宝鸡县委县政府先驻底店，不久移驻虢镇。据1949年7月19日《群众日报》第一版一则题为《公私企业完整无损 宝鸡工厂迅速复工》的消息称：

宝鸡第一次解放后，人民群众观看解放军张贴的口号

"（宝鸡17日电）宝鸡解放后，革命秩序迅速恢复。由于我军进军神速，胡匪除炸毁川陕公路上渭河大桥桥梁两孔外，其他所有公私大小工厂、企业及市内外各项建筑物，均完整无损。十里铺之泰华纺织厂、大新面粉厂、申新纺织厂等工厂，在工人积极保护下，皆未停工。陇海路机厂在解放宝鸡时仅停工3小时，即迅速复工。雍兴公司蔡家坡纺织厂、面粉厂已复工，西北机厂即将复工。电信局职工人员在未解放前，怕胡匪破坏，把一些主要机器暗藏起来，职工亦避至北原，被胡匪拉走的两组技师，现已逃回，市区及各工厂电灯齐明。重获解放的工人市民，川流不息地欢迎解放军。1万多份宣传品，在1天内即被市民索阅一空，张贴布告宣传品的地方，市民拥挤着阅读。现在人民币已在市面流通。"

　　这里需要特别提及的是，此时宝鸡的工业企业存者无几，尤其是重工业企业硕果仅存者，唯此宝鸡机厂和十里铺申四铁工厂、蔡家坡西北机器厂。

一野于 1949 年 7 月 14 日进驻宝鸡市区

　　7 月 15 日，工厂实行军管。17 日，报到工人达 687 人。8 月初，上级派来协理员孙励斋、助理协理员郭文忠，指导员蔡福有，工作员王荩民、郝进杰、史秉彝、陈爱民等人，领导全厂职工接收了宝鸡铁路工厂，正式恢复了生产。根据上级决定，工厂受郑州铁路管理局西安分局领导，成为社会主义性质的国营工业企业，仍担负铁路机车的修理任务。厂内机构暂不变动，由原厂长张清河负责。建国初的国民经济恢复时期，宝鸡机厂厉行生产节约，实行管理民主化改革，大搞技术革新，兴办职工业余文化学校和脱产扫盲班，工厂气象为之一新。

　　1953 年的"五一"节，具有改造条件和实力、地处西北交通工业重镇的宝鸡机厂收到命令，由铁路系统转业至石油系统，直属燃料工业部石油总局领导。5 月 15 日，移交暨命名庆典隆重举行，700 多名身着铁路工装的员工，整齐地坐在会场，以依恋和兴奋的心情，参加了"石油管理总局第一机械厂"命名大会。8 月，又有 219 名复转军人调入工厂。这样，中国第一支由铁路工人和复转士兵组成的从事石油机械制造的专业先锋团诞生了。当年，即试制新产品 20 项，实现利润 32.5 万元。

20 世纪 50 年代生产吊装场景

从此，各种"第一"就伴随这个厂成为其发展过程中一个很好的注解，它的每一次突破创新，都成为全市、全省乃至全国在这一领域的突破创新；它的科研和生产技术水平，直接代表了整个中国石油装备制造业的水平。

自 1953 年 5 月转业到石油工业系统，经过扩建和改造，生产技术水平不断提高。20 世纪 50 年代主要仿制小型钻采设备和配件；60 年代自制和仿制大中型钻采设备，专用工具和配件；70 年代制成国内第一台 DZ-200 型 5000 米直流电驱动钻机，制造了 ZJ-75 型 1800 米钻机；80 年代试制出 ZJ-15JD、ZJ-15 两种电驱动钻机和 ZJ-20C 型车装钻机等等，完善了我国的钻机系列，适应了各种地质条件下的钻井需要。产品由仿制到自行设计制造，从单机到配套，从陆地到海洋，从国内市场进入国际市场，形成了配套生产能力。工厂的基本建设也取得了较大的进展，1953 年到 1958 年对西厂区维修翻新及有限扩建，1959 年到 1963 年开始新建东厂区并初具规模，1964 年到 1977 年着重扩建、改造东厂区，1978 年到 1987 年完成西厂坡上和厂区向西搬迁，为宝鸡火车站扩建腾出土地，开辟南厂区，进一步扩建和改造东厂区，大力扩建生活福利区，在全市率先建起两栋 18 层住宅楼。据 2007 年资料显示，宝石厂共向各油田输送干部和技术工人累计 1700 余人，

充分发挥了老厂的人才培养基地作用，以至于在各油田流传着"哪里有机厂，哪里就有宝鸡厂的人"。

1988 年国家部委体制改革，石油部行政职能并入能源部，成立特大企业集团公司，时任中国石油天然气总公司副总经理李天相和时任陕西省主管工业的副省长曾慎达从有利于中国石油机械和陕西四个厂（宝石、西仪、宝钢管、咸阳钢绳）的发展大局出发，力促陕西四个厂变更隶属关系，以总公司管理为主。1989 年 1 月 27 日，曾慎达就此事

专门起草报告，向省长侯宗宾提出建议，建议很快得到同意。3月16日至27日，由总公司总会计师李长林等4人与省政府副秘书长贾治邦等9人商谈，形成了《关于宝鸡石油机械厂等四个企业改变隶属关系的商谈纪要》。1990年11月中旬，中国石油天然气总公司总经理王涛、副总经理李天相、能源部石油总工吴耀文带领有关司局长来厂调研，要求工厂突出产品质量，为油田提供更多更好的技术装备；重视自身装备的更新和技术改造，不断提高产品的技术水平和应变能力。总公司领导的这次工作调研，不仅鼓舞了全厂职工战胜困难的信心，同时也与省政府确定了工厂隶属关系的变更交接。

1991年1月1日，经国家体改委批准，工厂重新划归中国石油天然气总公司管理。这是自1970年石油部军管会批示该厂为以地方领导为主的双重领导、更名为"陕西省宝鸡石油机械厂"后的再次回归。"重收部管"为工厂后来的重新崛起、持续快速发展，奠定了良好的基础。

——2017.5.9

陕棉十二厂建厂记忆

范国彬

"正月里，是新春，想家一直到梦中。
我唱家乡曲，工友你仔细听。

二月龙抬头，工友心难受。
汗水湿衣衫，上工真发愁。

三月桃花香，骂声小东洋，
害得我离家乡，逃难到四方。

四月麦梢黄，告示贴上墙，
申新正招工，我进了纺纱厂。

五月五端阳，天天把工上。
三遍铃声响，催我快起床。

六月热难当，站队到食堂。
大米、馒头和面汤，小菜有三样。

七月里来七月七，车子真出奇，

生活好做人欢喜，开花我心着急。

八月里八月八，毛辊开大花。
组长见了骂，先生见了罚。

九月九重阳，过节发奖赏，
两包花生一包糖，'谢谢蒋厂长！'

十月夜班长，唉呀我的娘：
'孩儿受罪在外乡，一夜真比一年长！'

十一月，雪飞扬，忙把假请上。
打了门票出了厂，鸟儿今日展翅膀。

腊月过了就过年，受苦一年回家转；
过了潼关过洛阳，过了洛阳是家乡。
嗳呀，是家乡！"

这是一首自宝鸡申新纺织厂流传下来的歌谣，唤作《工友歌》，因为年代久远，它的曲调已不为笔者所知。它以朴拙无华的口语，叙述了纺织工人一年 12 个月的生活、劳动、忧愁与欢乐，倘不苛求，足可称得上是宝鸡申新纺织工人的《豳风·七月》！

陕棉十二厂的前身，正是宝鸡申新纺织厂。

宝鸡申新纺织厂是汉口申新第四纺织公司宝鸡分厂的简

摄影：宝鸡摄影网人像版主　乐乐爸

称，也简称为"申四宝鸡厂""申四陕厂"。在西北地区，社会上通常所说的"申新"也是指宝鸡申新纺织厂，属于荣家企业。

宝鸡申新纺织厂的前身是汉口申新第四纺织厂。汉口申四建厂之前，荣家在汉口创办了福新第五面粉厂。荣宗敬、荣德生把福五建厂的任务交给了于唐山交通大学土木工程毕业只有两年的工程师、荣德生的女婿李国伟。福五建成时，正当一战结束，欧美各国面粉工业尚未恢复，面粉厂产销两旺，武汉纱、布市场亦好，而福五粉袋尚需依赖无锡、上海申新各厂。因此，荣宗敬决定在汉口开设申新第四纺织厂，李国伟又一手组织了申四建厂工程。1921年春，申四开始建厂，8月，厂房建成并开始安装机器，1922年3月4日，申四开机生产。汉口申四建成后，可谓七灾八难，历经1923年日本泰安纱厂收购危机、1925年10月因亏损停工、1931年7月武汉水灾、1932年3月29日的大火，于1933年重建。至全面抗战爆发前，申四纱机达到5万锭、布机增至875台。

1937年7月，全面抗战爆发，日寇侵占我东南沿海大片领土，上海、无锡沦陷，荣家在这两地的各厂或毁于炮火、或被敌人侵占。时任申四经理的李国伟不甘心自己亲手建造起来的工厂落入敌人之手，打算将工厂内迁。1937年12月，李国伟派瞿冠英到重庆，与先期入川的申四人员一起选择建厂地址。1938年4月，李国伟亲赴重庆购定地基，为申四迁往重庆做好了准备。但此时，却遭到荣德生和在上海的申四股东的坚决反对。而支

李国伟、荣慕蕴，1947，汉口

持李国伟主张的，则是以后来成为申四重庆厂和宝鸡厂领导者的章剑慧、瞿冠英为首的一批充满爱国激情、誓与日寇抵抗到底的年轻职员。于是，李国伟一面派人疏通关节，一面派章剑慧负责拆除部分机器。1938年6月，申四包英商怡和轮船公司轮船，装载旧纱机2000锭驶往重庆。

　　长江上游道狭滩险、水急浪高，从汉口上驶的轮船到宜昌即须换船转运，申四的机器都堆在露天，目标很大，宜昌亦经常遭到敌机轰炸，申四员工找到 70 余只木船，经过千难万险，历时半年才将需要疏散的一部分机器运到重庆，总计有纱机 1 万锭、布机 80 台。1939 年 1 月，申四重庆厂开车生产，初名"庆新"，直至 1940 年才改称"申四重庆厂"。

　　上图为汉口申新四厂办公楼，该建筑已于 2008 年被拆除（陈思摄影）；下图为汉口申四福五工业遗产中硕果仅存的原福新五厂老车间，现已列为武汉市文物保护单位。

汉口申四内迁的目标后来转向陕西宝鸡，除了时局的变化，还与共产党领导的抗日民族统一战线和时在汉口的周恩来、博古的促成，以及在美国记者斯诺夫妇倡议下、由新西兰人路易·艾黎为召集人的"中国工业合作协会"运动的形成、发展有关。

在艾黎的协调周旋下，1938 年 8 月 4 日，宋美龄和蒋介石的顾问端纳同艾黎一起到申四察看。察看后当场决定：申四必须把全部机器迁到后方去；往重庆的水路已拥挤不堪，没有船只来装运机器；往西去的铁路尚能通到陕西宝鸡，那里比较安全；政府可以尽力调拨车辆，协助迁运。5 日，武汉市政府召集各工厂主开会，宣布所有工厂都必须疏散到后方去，否则将实行"焦土政策"，全部炸毁。会上，艾黎向与会者讲述了上海沦陷后绝大多数工厂遭到破坏或被侵占的情况，动员各工厂迁到后方、迁到西北。章剑慧代表李国伟参加会议，第一个表态愿意内迁。申四股东认为宝鸡太荒凉、偏僻，没有开设工厂的条件，荣德生电告李国伟："设法挽回。"8 月 8 日，申四得知政府将把大冶各矿破坏，感到拆迁势在必行。8 月 11 日，李国伟复电荣德生："拆迁已定，无法挽回。"他一面让副经理华栋臣按照股东的意见，把部分机器拆下藏到旧法租界和其他外商栈房中，一面指挥职工将其余纱、布机和发电机等拆卸、装车。

1938 年 8 月 14 日，机器开始装车，16 日，第一列满载机器的火车向宝鸡开去，由于日寇飞机轰炸扫射，火车开开停停，用了六七天时间才开到宝鸡。31 日，李国伟写完给申四股东的述职信后，于当晚坐上西去的火车前往宝鸡。李国伟到达宝鸡后，与先期到这里的瞿冠英会合，把瞿冠英选择的厂址最后确定下来。因同上海股东间的联系被切断，李国伟独自做出决定，即呈请县府批准购地，由县府出面圈地，并向抗议征购的农户晓以大义。9 月初，李国伟从宝鸡匆匆返回汉口，继续指挥拆迁事宜。

此时，武昌危急，汉口每天都会遭受空袭，申四、福五工人日夜抢运，至 9 月 10 日，运到宝鸡的机器已达 60 车皮，及至 9 月 20 日，汉口两厂方才全部拆卸完毕。机器总计 6000 余吨，及织布工场房屋的木料门窗、机瓦和面粉厂栈房的白铁瓦、钢架屋顶等，全部装运至宝鸡。装箱后本可以从申四厂前装上火车，因驻军须在那里修筑防御工事，不得已改用驳船从水上运至铁路线装车。在一次转运过程中，经长江时遭遇大风，机船翻沉，致使一台 1000 千瓦发电机和 200 多箱机件沉入江中，全部损失。另有装运修理工场机床和建筑材料的火车，因平汉铁路柳林车站失守、汉口沦陷，被日寇劫去。最后运到宝鸡的主要物资设备，仅有纱机 2 万锭、布机 400 台、3000 千瓦发电机一组，及钢磨 12 部、日产 3000 袋的面粉机一套。武汉沦陷后，汉口申新四厂被日军占据，做了汽车修理场，其历史从此中断。

"西北工合"的三位负责人，中为路易·艾黎，左为工程师吴去非，右为卢广绵。1940 年艾黎还在双石铺开办了一个技工学校，以他美国朋友的名字命名为"培黎学校"，1952 年培黎学校迁定兰州，改名"兰州石油学校"。

宝鸡，位于关中平原的西尽头，北有高原，南依秦岭，渭河流经其间，彼时没有高楼和雾霾，渭河平原一马平川，乾隆年间许起凤版《宝鸡县志·卷一》载："班孟坚《汉书》云，面波千顷，目秀万峰……山原巉嵲，涧溪潆纡，如螺如带，现秀逞奇。"申四宝鸡厂的选址，即定于宝鸡的斗鸡台，陇海铁路十里铺车站北、陈仓峪下。虽然这里风景绝佳，但申四迁来的职工眼前面对的，却是一片工业的荒原。宝鸡县城到斗鸡台之间没有公路和汽车，没有电，没有煤，县城内多为农业人口，谁也没有见过机器，厂址内一人高的茅草占据了大部分土地，周围稀稀疏疏住着一二十户人家。1937 年 3 月陇海铁路通车宝鸡，全面抗战爆发后，逃难者乘火车蜂拥而至，

宝鸡的人口才增加了。申四未被遣散的职工从汉口随车押车、或乘客车而来，甚至有五人从汉口步行而来，还有一人从重庆步行到宝鸡。这第一批的几十名职工无处居住，便在车站票房后用帆布和瓦楞铁皮搭起棚子住下，后来还借到陇海铁路局的两节守车居住。厂方把 10 台细纱机以每锭每月 1

元钱的租金租给西安大华纱厂，以维持大家吃饭。除工资较低者外，大多职工只能领取 50%-70% 的工资，一些家属就去挖野菜、到渭河滩拣螺蛳。1938 年底，陆续到达宝鸡的汉口工人约有 200 人、职员 40 余人，共购买张家村、张家底一带土地 395.6 亩。

1938 年 10 月，申新开始在宝鸡兴建房屋，所需青砖和小青瓦多由西安、咸阳购得，石灰购自耀县，由火车运到斗鸡。1939 年 4 月，开始兴建纺纱工厂，并从洛阳辗转搜购水泥。10 月，申四副经理章剑慧到达宝鸡督促建

厂，他从重庆经济部申请到一千桶（每桶 85 公斤）水泥，又从陕西省主席蒋鼎文处讨得钢筋 50 吨，勉强解决了建筑材料问题。

从汉口运来的 3000 千瓦大发电机因原动厂房未建好一时不能安装，申新决定寻找小引擎以应急需。1939 年夏，申新找到的一台 75 匹马力蒸汽机被驱动起来，当夜，给十里铺车站临时拉上了电灯，电机开动，站台明亮耀眼，车站外站满了从未见过电灯的壮汉。这时，一列东来的火车开了过来，火车司机远远望见前方灯火通明，不解到了何处，连打讯号询问。申新用这台引擎带动一台清花机，又带动纺纱机，8 月 9 日，一台细纱机开始出纱了。申新把从各处搜寻来的 12 部木炭燃料汽车头引擎作动力，于 1939 年底开动 6 台纺纱机，使 1645 枚纱锭开始运转，时有工人 570 人，不到半年生产十六支、二十支棉纱 390 件，全部由国民党军政部征购。

1939 年 9 月，日寇占领山西，陕西是否安全、原动部建与不建、大电机能否安装，在宝鸡的申新高级职员都感到难以决定。厂长瞿冠英审时度势，主张开至 4000 锭后全面建厂。他考虑，日寇短期内无法侵入陕西，此时中原战区铁路全被拆除，豫省棉花不能东运，沪汉棉纱不能西来，这正是宝鸡申新独家进取的大好时机。因此，不能不尽早着手安装大透平电机，一旦局势明朗，申新就可大展宏图。瞿冠英又说，万一形势恶化，安装与不安装的危险性并无大的区别，权衡利弊，应以迅速建筑原动部为上策。

他将自己的这些分析写信报告给经理李国伟，得到李国伟的同意，命令迅速建筑原动部。因大电机和锅炉体积太大，为防空袭，决定在平地上建一座具有窑洞功能的堡垒式建筑，把墙壁和屋顶的厚度加大到通常设计的三倍以上，在平顶屋面上用了密排的"T"字形水泥梁柱，梁内以铁路路轨做钢筋，屋顶共浇筑混凝土 7 立方米，然后在屋顶堆积 10 余尺厚的黄土层，伪装成小山包。

原动工场动工后已是 1940 年春天，在其建设过程中，1940 年 6 月 27 日，申新又租借到一台陇海铁路局弃置不用的"平汉 404"火车头进厂，经过修理改装，将联杆换上了梅花形的连接头，把车轮垫起来，于 7 月 23 日开始运转，用皮带带动纺纱机，共开出 4000 纱锭。年底，安装有 3000 千瓦透平发电机的原动工场建成，1941 年 1 月 5 日正式运转使用，全年可发电 1500 万千瓦时，除了本厂使用，尚有富余供给附近小厂用电和宝鸡城内部分照明用电。

火车头带动纺纱机

1939 年 12 月，李国伟从汉口至上海、又辗转香港、重庆，到达宝鸡。他于 7 月在上海养病期间，扶病制定了建厂规划，准备在陈仓峪开挖山洞建筑地下工场。西安大华纱厂于 10 月遭日机轰炸，纱机全毁，这使李国伟更加坚定了建筑窑洞工场的决心。李国伟到宝鸡后，详细勘察了陈仓峪下的地形地貌，并向陇海铁路局工程师吴凤瑞和早已来到宝鸡并在宝鸡"工合"工作的艾黎征询意见，他们都认为建造窑洞工场可行且是避免空袭损失的最好办法，并支持申新的这个计划。李国伟向荣德生报告，请求允准。1940 年 1 月 5 日，荣德生复函李国伟，同意照造。申新在这一月破土动工，开始由本厂监工马少安负责施工，至 3 月，掘进约 24 米，中旬将全部工程包给建筑公司。4月15日，荣家从安全和耗资两方面考虑，以申四股东名义通知李国伟，提出"中止"建造窑洞工程计划，李国伟复函"业已开工，中止不便"，工程继续进行。施工数月，虽发生坍塌等险情，但施工人员无一伤亡。后因物价飞涨，承包工程的上海建业营造公司要求中止合同。11月3日，李国伟命复旦大学土木工程学士、时年29岁的工务主任李启民主持此项工程。李启民具有专业知识，每有险情亲临洞内现场设法排除，因此工程进度较之前有所加快。

尽管如此，还是未能按李国伟的原计划进展，无法将纱、布机全部开出。为了早日全面复工，李国伟心急如焚，12月24日，他在第十四次厂务会议上说："环视西北半壁，纱厂寥寥无几家。无论前方将士，无论后方民众，均有赖吾等接济。所以我们应从速完成建厂任务，努力增加生产。""在这紧急时候，多增加一份生产就是多一份国力。"李国伟急于完成宝鸡建厂任务、为国效力的心情溢于言表。他希望在年内完成预订开车计划，但终因窑洞工程未完工而未能实现。

1941年2月28日，窑洞工场工程终于全部竣工。窑洞工场建于长乐塬脚下，依北崖由东向西共有南北走向窑洞24孔，其中60米以上的7孔，最长的约110米。这7孔长窑洞由6条东西走向的横洞将其连通起来形成网络，既可作洞与洞之间的运输通道，也可流通空气和遇坍塌时保障洞内工人的安全，形成了一

窑洞工场

个巨大的地下车间。窑洞的宽度一般在2.1米–4.9米之间，最宽的达5.5米左右，窑洞全长1793.7米，占地约4831平方米，总容积15687立方米。窑洞深处有直通地面的通气天井3眼，用3台鼓风机排气以加速空气循环，由于风力小、空气不洁，故后来窑洞工场实行8小时工作制。窑洞工场内安装运至宝鸡的2万锭纱机中的前纺部全套纱机和细纱机1.2万锭，申新纺纱

部设备的 70%皆安装于洞内。4 月 19 日，窑洞工场正式开始运转，被命名为"纺纱第二工场"。5 月 8 日，地面车间纱机开齐。1942 年 2 月 6 日，织布工场开机 2 台试车；3 月 16 日，织布工场经纱开车、开始织布。

　　黄土高原上的窑洞有着悠久的历史，但自古以来就只是作为民居使用。像申新这样用以安装万锭纱机、集中二三百工人进行大工业生产，此前闻所未闻。此项工程，为战时工业开创了先例，轰动一时，受到政府及同业者的赞许，后来还有多批中外媒体、名流、政要来厂采访、参观。这个窑洞工场在建成后七十多年仍然没有完全废弃，至今还有外表保存完整的 19 孔窑洞，有些是住人用，有些被用做机械加工，有些被用做工艺加工，有些甚至还作为藏酒的酒窖。

申新纱厂窑洞车间全景

　　1943 年 11 月 20 日，著名文学家林语堂到达宝鸡，第二天就到申新纺织厂参观，并向全体职员发表关于自己旅美感想的演讲。次日，他在宝鸡青年会同青年代表见面，他说在美国，任何集会上中国的国旗与美英苏的国旗都是并列挂在一起，叫做"四强"，这是中国的光荣，是前后方四万万五千万男女同胞流血流汗争得的。他说宝鸡的申新纱厂与"工合"就是抗战以来最显著的成绩。林语堂后来写了《枕戈待旦》一书在美国发表，介绍了中国人民抗战的情况，特别记述了宝鸡申新纱厂的地下工场，说是他所见到的中国抗战期间最伟大的奇迹之一！

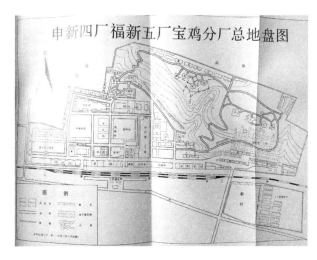

1941 年 1 月 5 日安装有 3000 千瓦透平发电机的原动工场建成运转，4 月 19 日安装有前纺全套机器和 1.2 万锭纱机的窑洞工场开始运转，标志着申新宝鸡厂自 1938 年 8 月 14 日内迁后，全面复工的开始！

此外，1940 年 7 月，申新宝鸡厂厂长瞿冠英开始主持修建工厂大门。1941 年 9 月，申新工程师王秉忱绘制了总办公厅及礼堂图样，次年 1 月总办公厅破土动工。总办公厅是砖木结构带地下室的两层楼房，东西长约 37.5 米，宽约 13 米，楼高约 9.4 米，楼顶为双落水单瓦屋面，以女儿墙掩护。办公楼通体清水砖墙，水泥嵌缝，入口处用磨砖圆角，建筑精致。楼的正门上方刻着"福新申新大楼"几个字。进入大楼至门厅，东西穿堂两边分别为厂长室、会客室、文书室、会计课；西边为总务课、接引室等。上楼，东边是经理室、会客室、秘书室及文卷室；两头还有客房及餐室。楼上正中是一个大厅，是准备举行宴会的地方，装着近 5 米高的长玻璃窗，使大厅显得格外宽敞明亮。凭窗望远，但见终南耸翠，鸡峰入云，犹如绝佳的天然图画。1943 年春，办公楼竣工，楼上入口处悬挂黑底红字匾额，上书"福新申新大楼"六字，为国民党中央监察委员吴稚晖所题。4 月 14 日，各主要办公室迁入大楼办公。这一天，申新的主人在新楼迎接了他们的几位同行伙伴：西安大华纱厂（陕棉十一厂）经理石凤翔、雍兴蔡家坡纺织厂（陕棉九厂）副经理张仲实、雍兴咸阳纺织厂（陕棉八厂）负责人刘绍远。

这栋办公楼解放后曾称工会大楼，楼前有个喷水池，池中有千里马雕塑。楼里面有一枚一人高的炸弹壳，为日寇轰炸时的哑弹拆除了引信和火药。

福新申新大楼

　　自 1940 年 2 月始，申新及其后来成立的农林股即开始在厂内及周边、山坡、长乐园、背后塬顶植树造林、栽花种草、美化环境，栽植有杨树、柳树、洋槐、梧桐、榆树、合欢、枫树、楸树、楝树、椿树、柿树、木槿、柏树、核桃等多种树木和迎春花、牡丹、石竹、菊花、三色堇、蔷薇、碧桃、梅花、海棠、小叶女贞、丁香、金银花、紫荆等花卉。

申新女工在宿舍院内，多数可能因从未照过相而显得拘谨。本地女子因受观念束缚，很难招录，申新工人 80% 来自河南。

　　申新职员住宅区在长乐园，其中有一处建筑标准最高的职员住宅——"忠"字 5 号甲种住宅一栋，那是李国伟为"乐农先生"荣德生建造的。1943 年 2 月由王秉忱设计，于同年 8 月 3 日落成，这一天正是荣德生 69 岁生日，"忠"字 5 号依荣德生旧居仍称之为"乐农别墅"。乐农别墅为砖木结构的两层楼房，清水砖墙，青瓦屋面，砖柱，松木楼板，苇箔平顶，仅雨篷使用水泥。建筑材料平常，但家居所需设施却十分齐备：从一楼入，左为衣帽室，右为浴室；穿堂两边分别为客室、起居室、书房、日光室、备餐室、餐室、厨房，另有储藏室等。楼上有 6 间卧室、1 间起坐室，有浴室二。若与无锡梅园"乐农别墅"和汉口福新路申四福五厂内的"乐农别墅"相比,似并无逊色。只是这幢舒适的小楼自建成后一直空着,乐农先生从未到宝鸡来过。1944年12月,工程师钱仲纬至宝主持申新职训班,即请钱居住于此。1951年,新秦公司将其改作来宾招待所,大体使用至1984年前后。

抗战期间,申新宝鸡厂在大后方发展成为了一个举足轻重的企业集团。纺织厂开设了福新面粉厂、申新铁工厂、宏文造纸厂等分厂,现今宏文路即得名于宏文造纸厂;并在上海、西安、兰州、天水设立了办事处;在三原、泾阳、渭南、咸阳、汉中、东泉店、耀县等地设立了采购部(即外庄)。还在宝鸡设立了管理陕甘川三省供销业务的总管理处。厂内有40余辆卡车奔驰在川陕、陕甘、渝蓉、川黔公路上,一大批木船往返于嘉陵江上,成为当时内迁工厂组织完善的民族工业的典型之一。

　　抗战胜利后，李国伟返回汉口。由于当时通货膨胀，加上国民党政府、军阀、官僚的敲诈勒索，使工厂发展受到很大影响。1948年，金圆券发行后，国民政府强制实行限价政策，申新宝鸡厂在限价时售出的棉纱损失达50%，面粉损失亦达25%，且原料难以补进，期货栈单无法兑现，结欠银行及各方大量纱布都结转为沉重债务。1949年7月14日，宝鸡解放。21日，二兵团第二军副军长顿星云、师长杨秀山等来厂参观；23日，宝鸡军管会副主任吴生秀来厂；25日，十八兵团胡耀邦等到厂召集负责人谈话；26日，一野总司令彭德怀到厂休息一晚。人民政府成立后，逐步遏制了通货膨胀，市场物价趋于稳定。1951年2月，申新宝鸡厂因总体收入减少，经济困难，加之劳资关系紧张，便主动向陕西省工业厅提出公私合作经营。省工业厅向省委和西北军政委员会写了请示报告。10月，中央财委回电陕西省委、西北财委，同意合营。并于11月5日，举行了《公私合营协议书》签字仪式。11月6日，第一届董监事联席会召开，通过了《公私合营新秦企业有限公司章程》，决定了董事会和公司负责人人选。11月11日，召开了公私合营庆祝大会，宣布"公私合营新秦企业有限公司成立"，统管纺织、面粉、发电、造纸、机器制造五个厂。合营后，由国家投资，扩建纺织厂，至1954年2月新纱场竣工，盖钢筋混凝土结构厂房约22923平方米，新增纱锭34200枚，安装全自动织机738台及配套设备。至此，共有纱锭62940枚，织机995台。

　　1966年9月，公私合营新秦纺织厂支付私方股息结束，企业变为全民所有制，12月16日更厂名为"国营陕西第十二棉纺织厂"，2000年陕棉十二厂改制为"宝鸡大荣纺织有限责任公司"。1989年的陕棉十二厂，占地面积40多万平方米，其中建筑面积19万平方米，全厂职工5760多人，拥有纱锭76208枚，布机2058台及其配套设备，增添了精梳设备，又从国外引进双层箭杆织机、气流纺纱机、织编机多台，年生产40多种不同规格的纱线1.2万吨和坯布3300万米，并能生产天鹅绒和其他化纤织物。

　　申新宝鸡厂在极其困难的条件下努力维持衣食生产，供给军需民用，为神圣的民族抗战做出了贡献。这个企业是有功于国，有利于民的。它不仅是荣家企业的骄傲，在中国工业史上、尤其是宝鸡工业史的开端上也须记上浓墨重彩的一笔。它把以荣家为代表的现代民族资产阶级手中的先进生产力带到了西北，这对于促进十里铺地区及宝鸡经济的发展是有益的。当申新纱厂3000千瓦透平发电机开动，又带动他们的2万多枚纱锭旋转时，位于十里铺的"秦宝工业区"迅速聚集了上百家手工织布工场，夜晚灯火通明，各种商业亦随之繁荣起来，数千人赖以为生。西北"工合"用申新的"四平莲"牌棉纱作经线、用甘肃等地的羊毛线作纬线，织出几十万条军毯，供给了抗日的前方将士。

每一个大厂，尤其是像申新这样在解放前即有传承或开始建厂的老厂，庇护着在大厂之下数代人的生存，形成了当今即将成为历史名词的"大厂子弟"以及他们身上所特有的懂规矩、识大体、甘奉献、能吃苦、近木讷、

不折腾的"子弟气质",承载着几代人关于工作、奋斗、生活和家庭的或美好、或辛酸的人生记忆,衍生出了各自特有的工业文化,还曾带动一个地区工业化、现代化的进程,甚至它们自身的存在就是所在地区工业化、现代化的开端。

　　每一个大厂,都值得尊敬、值得纪念!

幸有萧德勤、刘鉴、强文、李巨怀等先生、前辈，于数年之前就不断呼吁保护申新宝鸡厂遗址，建立宝鸡抗战纪念馆和宝鸡工业遗址博物馆及文化创意区，最近又欣闻长乐园违建开始拆除，金台区政府已经决定由一家企业组织实施，建设养老服务设施，并妥善保护乐农别墅、窑洞工场和申福新办公大楼。但愿不久的将来，长乐塬上、陈仓峪下，能出现有如西安西北第一印染厂之春秋舍、大华纺织厂之大华·1935博物馆、青岛丝织厂之天幕城一般的工业博物馆和文化创意、休闲商旅产业集中区，让这些老厂以另一种形式重新焕发生机。倘能如此，想必总会比简单的拆迁、开发房地产带来更多的、意想不到的收益！

——2017.3.1

宝鸡叉车制造公司建厂记忆

范国彬

宝鸡叉车制造公司于1978年4月起筹建，由宝鸡永红起重运输机械厂和宝鸡农机齿轮厂、宝鸡电机厂及宝鸡铲车厂联合组成。同年10月1日起，正式对外办公。

说到宝叉公司的建厂，不能不首先提到申四的铁工厂。

1920年，荣宗敬为解决面粉制造所需的袋布，并看到武汉有发展棉纺织工业的良好社会经济条件，拟创办申新四厂，后委任李国伟全盘主持申四建厂规划和筹建。1921年春，在汉口宗关警署街开始基建，1922年3月4日开机生产。全面抗战爆发后，迫于日益严峻的战争形势，武汉申四于1938年内迁至宝鸡十里铺。为专门修理装配申四的各种机器设备，申四一直内设有机修间。

来到宝鸡后，华选青带着从武汉一路随迁而来的仅有的几名保全工，将机器设备进行了分类整理，但面对那些受损的设备，因缺少修理工，也只能望洋兴叹。后来，华选青听票房后逃难来的人说，河南巩县兵工厂有些技工到了卧龙寺一带正愁没活干。他报经李国伟同意，立即从中招收了 6 名技工进厂成立了新的机修间。华选青组织这几名技工，很快把能修配的设备修配好，又设法把能拼凑的装配成机。只是内迁路上颠沛流离，备品备件多有遗失，许多设备残缺不全，再也无法组装的，只好堆放在一边。

申四内迁到宝鸡的设备，型号多样、出厂年代久远、样式庞杂、转速不一，且面临着配件稀缺、机件老化磨损的问题，棉纱的质量和产量很难保证。面对这些设备，李国伟的内心有着深深的忧虑。这些设备如果再这样修修停停使用下去，势必会把这点老本拼光，因为战争对运输线的封锁，继续从国外购买新机又很不现实。李国伟思虑再三，为达到"扩展力求其多"的目标，必须走出一条自己的路，建立自己的铁工厂！对他的想法，章剑慧、瞿冠英很支持，他们决定分两步走，首先解决残机的全部配套机件的自造，然后自己设计制造机器，壮大申四的力量。

1940 年 5 月，李国伟亲往贵州贵定，邀请曾有留美经历、任湘桂铁路局工程师的堂弟李统劼来宝鸡主持铁工厂。8 月，李统劼带着因技工手艺好而闻名的济南津浦铁路大修厂的孔宪钦、张连元、张富元、刘云龙、田警武、厉惠卿、陈桂柱、张振声等十几名技工，坐上颠簸的卡车，告别家小，义无反顾地来到宝鸡。

李国伟任命李统劼为申四铁工厂厂长，华选青为工务主任。1940 年 10 月，铁工厂机器工场动工兴建，11 月末动工兴建翻砂工场，1941 年 1 月，主要生产工场完工，房屋大都是砖木结构的单落水或双落水平房。

李统劼把铁工厂的目标定为机器制造厂。当时他手上除 6 名巩县兵工厂来的修理工和从贵州来的那十几名技工外，龚一鸥还给他推荐了陇海铁路机车修理厂的吴本涛，以及西迁带来的仅有的 10 台皮带机床。李统劼只能依靠技术工人白手起家，先把申四损坏的各种机器设备修复开动起来，利用手头的这些设备，逐步制造出生产需要的工作母机，发展机器制造业务。

铁工厂开工之初，冷作工张连元领工赶制出了铸造间需要的化铁炉，布置铸造造型工孔宪钦等人在翻砂工场里垒出烤砂芯的烘窑，作出平板、滚桶和混砂机的砂型。其他技术工人则组成修理工场，修复损坏的各种机器设备，改造各种陈旧设备。他们很快把损坏的机器设备修配成功，还制造出锭子、锭管、锭壳、罗拉、钢领圈、钢领板、皮辊架盖板等纺织器械的配件。没有原料，就找替代品：用废钢轨做出了锭子，用火车头的汽管切割下来制造钢领圈，用旧油桶改制了隔纱板——这在当时都是不简单的创举。

孔宪钦经过多次试验，合格地铸造出疏棉机的大小锡林铸件，经过机械加工，为纺织机更换了一批老旧的零件。窑洞工场里纱机安多了，通风性能降低不少，铁工厂马上生产出5台大功率扇式送风机，安装进窑洞工场里进行排风。

敌机来轰炸，往往是炸毁一批设备，铁工厂的工友们就得立即抢修一批。铁工厂在抗战最艰难的岁月中，用一年的时间，为厂里制造出各式型号钻床10台、工具磨床5台、各类型号车床54台、牛头刨床13台、龙门刨床5台、冲床2台及其他机床，共计102台。

1942年8月17日，铁工厂试制出第一台细纱机，经过校车实验，性能良好，接着铁工厂又批量生产8台。筹建宏文机器造纸厂时，又制造了蒸球机、梳浆机、造纸机等设备。

细纱机制造成功，使李国伟信心更足。他决心自制纱管，派厂里的技术人员实测纺织行业普遍使用的英制、美制纱管，画出图纸，与人合作集资50万元，在申新西北边征地13亩，建立维勤纱管厂。厂子就地取材，用秦岭的桦木制造出纱管，除了申新自用，也供给其他纺织工厂使用。

随着生产的发展，铁工厂原有技工逐渐不敷使用，便从重庆招得一批技工来宝鸡。1942年3月，西安等地的铁工厂因为缺乏原材料停工，申新立即在报纸上刊登招工启事，招收来一批技工。孔宪钦这批技工又把家小从贵州接到了宝鸡，他们的子女大部分也进入铁工厂当了工人。

1943年，铁工厂已经发展到有工人350人。李统劼建立起机器工场、翻砂工场、车刨加工工场和镶配工场，镶配工场还能为申新修理汽车。这些工场配备的各工种技工基本上满足机器制造的要求，有些配件需要渗碳、淬火的热处理工艺技术，也在厂内设法自己解决。这一年，铁工厂制造出粗纱机、疏棉机和棉条机，以后又生产并条机和仿制出豪猪式清花机。特别是制造的 2 台大牵伸粗纱机，技术程度比较进步。他们把原来的两对罗拉进行设计改进，改制增加到 4 对，使粗纱的牵伸倍数由 8 倍加大到 14 倍，既缩短了工作时间，还提高了效率。

铁工厂建立后，除自造自用工作母机，修配纺织厂、面粉厂、造纸厂、发电厂机械设备和制造任务外，至抗战结束，还制造出纱锭一万多枚，为成都面粉厂、天水面粉厂制造了全套制粉设备；到 1949 年，还先后制造出纺纱机、自动换梭织布机、清花机、摇纱机、水泵及面粉机、造纸机等主要设备 114 台套。在日军封锁中国海运期间，申四各工厂所需机器及配件都由自己的铁工厂制造，不赖外求。

因买不来合金铸造原料，又没有炼钢设备，铸钢件只能用铸铁件或锻铁件代替，申四铁工厂的产品始终无法达到设计水平，但与国外同类产品相比，只差在钢铁部件耐磨性能指标这一项上。

当时成立自家的铁工厂，生产机器设备装备自己的工厂很少。在整个大后方，只有重庆和昆明才有几家专业铁工厂能制造纺织机械和零配件，而在大西北，唯有岐山县蔡家坡的雍兴公司西北机器厂和申四铁工厂这两家工厂。

1945 年时，全厂有工人 337 名。到 1949 年 7 月宝鸡解放时，申四铁工厂已发展为一个设备较完善，工种较齐全，具有一支较高技术水平和一定管理能力的机器制造工厂。

1951 年 11 月 1 日，经陕西省人民政府批准，申四宝鸡纺织厂、铁工厂、发电厂和福五宝鸡面粉厂、天水面粉厂及宝鸡宏文造纸厂实行公私合营，成立公私合营新秦企业有限公司，铁工厂成为公私合营新秦企业有限公司申四宝鸡机器制造厂。1954 年开始承接国家和陕西省下达的机械制造任务，1955 年摆脱新秦公司各厂的修理业务，成为一个独立经营的机器制造厂。1958 年 2 月 7 日，改称公私合营宝鸡新秦机器厂。1966 年 11 月 18 日，改名为宝鸡永红起重运输机械厂，转为全民所有制企业。

话说从头。

1931 年，买办焦子斌以优惠价从天津德商洋行购进我国第一批"米亚克"磨粉机——复式钢磨五部，在石家庄安装建厂，但未正式开工生产。

1932 年，焦子斌筹集资金，将工厂迁至河南省粮油集散地之一的漯河车站，成立大新面粉股份有限公司。1938 年，武汉沦陷，迫于战争形势，国民政府要求大新面粉厂限期西迁，逾期则予以炸毁，以免资敌。随车来陕职工三十余人，厂址定在宝鸡十里铺，当年冬开始基建，1939 年秋开工生产，职工增至一百四十余人。

1955 年 12 月 21 日，大新面粉厂公私合营，职工 128 人，日产面粉 3374 袋。1958 年 4 月，公私合营大新面粉厂一分为二，一部以制粉车间与公私合营新秦面粉厂合并成立宝鸡市面粉厂。

另一部于同年 5 月 1 日，在原有的旧厂房和大新机修车间的基础上，成立地方国营宝鸡市面粉机器厂，当时有职工 26 人、旧设备 5 台，次年改为宝鸡市机器厂，定向发展以大型磨粉机为主的粮食加工机械。到 1972 年，已初具年产 1500 台粮食加工机械生产能力，先后试制和生产了多型磨粉机、深井泵、拖拉机、车床等。1977 年 2 月起转产农机齿轮，更名宝鸡农机齿轮厂。

1969 年 5 月，宝鸡市农业电机厂成立，利用十里铺陈仓农技校旧址筹建，是由市属的电器安装合作工厂、农具厂、刃具厂、电镀厂部分车间等九个集体小厂合并的集体所有制企业，职工 160 人，有金切设备 17 台、锻压设备 8 台、180 千瓦变压器 1 台，主要生产电动机，年设计生产能力 1 万千瓦。1973 年，改名为宝鸡电机厂，转为全民所有制企业。

再来说下宝叉起源的最后一条支脉。

1934 年，韩子钰在旅大市购地 2 亩（大连市沙河口区长江路 873 号），从日商处赊购了 20 余台机床，成立了春生福铁工厂。1935 年，韩子钰亲自设计督建，于 1936 年建成一座 4 层近 50 间的钢筋混凝土结构生产营业大楼，一、二层生产，三、四层办公，时有职工百余人，以船用 240 马力柴油

机供电。1935 年底，韩子钰又
在鞍山买进一家造纸厂及其周围
土地 20 余亩，成立春生福分厂
经营机械加工和造纸。到 1942
年时，鞍山分厂已发展成设备百
余台、职工 800 余人的中型机械
加工厂。太平洋战争爆发后，工
厂停产，工人衣食无着。春生福
迫于形势逐步卖掉设备、逐年裁
减工人，勉强维持。

　　1945 年，随着抗战胜利后形势的好转及解放战争期间的战争需要，旅
大市多则 30 余人、少则 10 数人的手工业和制造业私营小厂如雨后春笋纷纷
成立、发展较快。生意虽兴，但设备质量差、工作条件恶劣、管理落后，
基本处于作坊式生产的水平，其中春生福在有关工厂中成立最早、实力最
强。这些作坊式铁工厂几经整合，至 1955 年，先后由春生福、景生成、永
盛兴、天盛兴铁工厂整合为公私合营旅大市新生机械厂，由春兴和、福瑞
长、民建、松盛、振兴和铁工厂整合为公私合营旅大市新华机械厂。至
1956 年，为适应机械行业大规模生产的需要，旅大市开始行业合营，由新
生机械厂、新华机械厂、地方国营旅大市机械厂二车间一起，吸收合并了
私营的 23 户小工厂，于同年 3 月 1 日组成了公私合营大连机械制造四厂，
时有职工 568 人，设备 165 台，其中大部分设备来源于春生福、景生成、春
兴和，大多已陈旧不堪。

　　大连机械制造四厂自合营以来一直没有固定产品，直到大连起重机器
厂无偿提供了 10 吨桥式起重机的全部图纸资料。1959 年 7 月 1 日，公私合
营大连机械制造四厂改名为公私合营大连起重运输机械厂，9 月 27 日制造
出该厂第一台 10 吨桥式起重机，随后又制造出多型叉车。1965 年 10 月，
为做好"三线建设"，大连起重运输机械厂开始内迁宝鸡，利用福临堡地区
原宝鸡钢厂旧址新建厂房、宿舍、子校等，命名为陕西省宝鸡铲车厂，设
计年产铲车 240 台，职工 400 余人。

1978 年，宝叉公司成立后，宝鸡永红起重运输机械厂分为南北两厂，即宝鸡叉车制造公司一厂、五厂；宝鸡农机齿轮厂更名宝鸡叉车制造公司二厂；宝鸡电机厂更名宝鸡叉车制造公司三厂；宝鸡铲车厂更名宝鸡叉车制造公司四厂，并成为叉车生产主导厂。

1985 年 10 月后，先后撤销五个厂厂级建制、实行统一领导，宝鸡叉车制造公司一厂、五厂分别改为宝鸡叉车制造公司东区、北区；宝鸡叉车制造公司二厂、三厂和市农械厂部分职工于 1981 年 4 月 1 日合并成立宝鸡自行车总厂，生产"蜻蜓"牌自行车，后因亏损又加入渭阳轻骑摩托车公司，承担渭阳轻骑 8 个总成和全部烤漆任务，终未能扭亏，1986 年 1 月，宝鸡自行车总厂回归建制，定名为宝鸡叉车制造公司五区；宝鸡叉车制造公司四厂更名为宝鸡叉车制造公司西区。

再后来，国企改革。1997 年 10 月，安徽叉车集团公司兼并了原宝鸡叉车制造公司四厂，更名为安徽合力股份有限公司宝鸡合力叉车厂。2001 年，对原宝鸡叉车制造公司五厂部分优良资产进行改制，职工出股组建了宝鸡双力机械发展有限责任公司。2003 年，杭叉集团股份有限公司在原宝鸡叉车制造公司三厂的基础上并购重组，更名宝鸡杭叉工程机械有限责任公司。而大庆路上曾经的厂区，如今早已成为了住宅小区。

这个如同联邦制的公司，起源三分，既有民族资本、又有建国后新组建的公有制小厂、还有买办资本及大量作坊式小厂，历经了私有制、集体所有制、公私合营、全民所有制、股份制等多种所有制形态，从独立、联合，到单独核算、统一经营、国企改革、各自分设……自成立起，便演绎了一段段分分合合的工业发展故事，即使经过探究，其中的分歧与变革往事依旧会显庞杂，尚不得详述，充分展示了我国工业企业从无到有、从小到大，在试错和曲折中艰难探索前进的历史步伐。

也因这些曲折，使宝叉公司的建厂、发展史，成为宝鸡市工业企业发展史上的另一类典型，对于了解宝鸡市的工业肇始，提供了又一新的考察参照。

尤其是作为宝叉公司起源之一的申四铁工厂，因年代最久，当为正源。这又使宝叉公司与当今正在如火如荼建设的长乐塬十里荣耀景区发生了无法割舍的联系。如果现今还有当时宝叉公司及其起源四厂的老设备、产品存世，想来也应算是件工业文物了，不妨也让长乐塬上的工业博物馆征集了去。

联想到当下的华为事件，本文倒可用申新李国伟的一段话来作为结束。

时年，李国伟通过建立铁工厂制造机器的实践，深刻体会到发展机器制造工业与整个国家的富强是密不可分的。他在总结申新发展机器制造业的经验和体会时撰写的《钢铁与国计民生》一文，发表在 1944 年 5 月的《工业月刊》上。文章痛惜抗战中中国遭受到的巨大损失，认为几年来我们之所以能维持抗战，"实在有赖于自力更生""自经此次敌寇侵略的切肤之痛，国人已得深刻之教训，发愤图强，唯有自力更生……如何能达到此目的，恐舍积极培植工业人才及提倡机器铁工厂外，似无其他根本解决之途"。

大哉斯言，至哉斯理！

李君上述所言之理，何曾过时耶？！

——2019.5.26

轰轰烈烈的宝鸡"工合"运动

容 琳

"工合"新村的成员在进行训练

现代史上著名的"中国工业合作协会"运动（简称"工合"运动），是人民群众在国民党统治区和中国共产党领导的抗日民主根据地开展的一场经济自救运动，是为解决失业工人生活困难和就业问题、生产抗战军需物资而成立的组织和开展的活动。他们生产的大批军用物资和民用物品为支援中国人民抗日战争胜利做出了不可磨灭的、卓有成效的贡献。

1938年，日本侵略者对上海及各大城市狂轰滥炸。当时，中国微弱的民族工业，几乎全被摧毁，东北、华东、华北、华南等大部分地区沦陷。由于陇海铁路修通到宝鸡，便利的交通和优越的地理位置，沦陷区的工厂纷纷迁入内地，大批失业工人和亲属子女流离失所，成群结队的难民逃往内地和宝鸡。当时迁入宝鸡较大的工厂有申新纱厂、福新面粉厂、大新面粉厂、雍兴铁工厂、雍兴纺纱厂、31兵工厂等等。与此同时，西安和沦陷区的流亡学校也纷纷迁入宝鸡地区，如西安西北高级机械专科职业学校迁到凤县之后，相继又有东北竞存中学、竞存小学迁入凤翔。河南大学由开封迁卧龙寺底店、姬家店，焦作工学院迁虢镇，商丘高中迁贾村原大韩村，黄河水利专科学校由河南迁赵家坡，青年职业学校迁益门镇，陆军测量学校迁六川店。此外，还有河南盛城中学、省立西安二中、省立华县农业职业学校、河北小学、浙江小学、齐鲁小学、复兴小学、励行中学等20多所学校和一些新闻单位也先后迁入宝鸡地区。

中国人民的老朋友、新西兰人路易·艾黎和威尔士等一些进步人士，一起讨论如何能为中国人民的抗战事业贡献自己力量时，提出在大后方开展建立工业生产合作社运动，组织失业工人和难民们实行生产自救运动的构想，很快得到美国人斯诺和

艾黎（左一）与养子在一起

他的夫人派克斯诺的赞助，这一建议也很快得到中国共产党的热情鼓励和大力支持。1938年8月，"中国工业合作协会"在汉口成立。路易·艾黎任顾问，负责实际工作的总干事是刘广沛。

"中国工业合作协会"创始人路易·艾黎，系新西兰人，1927年3月，30岁的他，从澳大利亚来到中国，在大江南北调查、走访，看到中国大地千疮百孔、满目疮痍、百业凋敝，劳苦大众穷困潦倒、民不聊生的生活惨状，对国民党政府的反动无能和贪污腐败行为深恶痛绝；看到中国共产党是真正为了广大劳动人民翻身解放赴汤蹈火，流血牺牲，在所不辞，从而坚信只有共产党才能救中国，和共产党的关系愈来愈密切，毫不犹豫地投入到中国人民抗日救亡运动之中。他曾经协助美国著名记者埃德加·斯诺和马海德去革命圣地延安采访，斯诺写出了著名的《西行漫记》一书。路易·艾黎几次受到毛泽东同志的接见，还同宋庆龄同志建立了深厚的友情，并结识了鲁迅、茅盾等文艺界名人。

"中国工合总会"成立后，随即派人分赴西北、西南、东南筹备建立三个大区办事处事宜。1938年8月下旬，总会安排路易·艾黎，带领工程师吴

去非及主任卢广绵，从汉口到宝鸡，于 8 月 23 日在宝鸡成立了"中国工业合作协会西北区办事处"（简称"西北工合"），领导着西安、兰州、天水、南郑、韩城、宝鸡、凤翔、双石铺等 16 个事务所。卢广绵任办事处主任，总会顾问路易·艾黎和工程师吴去非协助卢广绵主任的工作；刘大作任副主任。下设秘书室、视察室、总务科、行政科、会计科、福利科、妇女工作部、教育福利委员会等；又设立了供销管理处、军毯制造管理处、运输处、实验制造厂，以及工合各种培训班、纺毛管理站、儿童俱乐部、工合期刊编辑部、工合金库、工合消费合作社、工合医院、工合食堂、工合招待所、工合子弟小学、工合业余话剧团等附属机构。各附属机构尽心尽力，尽职尽责，努力工作，为各合作社提供各种服务和帮助。

同时，组织流亡在宝鸡地区的失业工人、难民成立各种工业生产合作社。接着聘请工作人员，招收有志青年，组织各种业务和技能培训。很快"西北工合"在西北各地成立的"工业生产合作社"达 2000 多个，安置了近 20 万名失业工人和贫苦农民。成立的合作社有机械、制造、铁器、木器等 40 余种大的产业和行业。

"西北工合"在宝鸡下设了双石铺、宝鸡、陇县、凤翔等事务所。作为"西北工合"所在地的宝鸡事务所成立之初，成立了 264 个生产合作社，时有社员 3500 余人。生产了一部分军需用品和生活用品，生产产值达 1 亿 6 千万元。至 1945 年已设有弹毛厂、纺毛站、织毯厂、采木厂，还开办了织布、铁器、织袜、印刷等合作社。宝鸡生产合作社成立初期，一次就供应给抗日军队价值 10 万元的军用物资，药用纱布、药棉、绷带各 3 万磅，25 万条毛毯，价值 24000 元的服装，千件军用大衣等。双石铺事务所开办了机械、纺织、造纸、制革、砖瓦等合作社。路易·艾黎还在双石铺杨家坪创办了培黎学校。"宝鸡工合"运动不仅解决了一大批难民、伤兵、贫苦农民的就业问题，而且很快为抗日前线部队解决和支援了大量抗战军需用品。宝鸡办事处仅生产军用毛毯达83万条，解决了前方将士的燃眉之急。

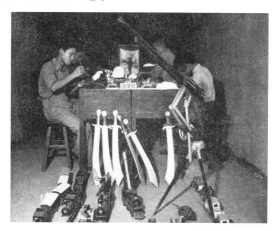

工合运动有力地支持了抗日根据地的经济发展，为八路军、新四军提供了大批对敌斗争的物资产品。1939年8月，"工合总会"及"西北工合"同军政部军需处签订了第一批军用毛毯40万条合同，由"西北工合"承担了30万条。1941—1945年连续签订了三批合同，承制毛毯60万条，总计100万条，其中"西北工合"承担了80万条。1938年，宋庆龄曾一次委托"西北工合"承制10万件军用棉大衣。当时宝鸡、西安等地的纺织、服装工合组织社员废寝忘食、不分昼夜、加班加点赶制军需大衣，终于按时、保质、保量完成了这一紧急任务，打包运送到八路军西安办事处。毛主席曾经对工合在解放区做出的贡献给予了高度评价。他说："在华北游击区和西北接近战区的地方组织建立工业合作社……对我们的斗争贡献之大，将是不可估量的。"

1940年，作家老舍从四川北上抗日前线途经宝鸡，创作了《双石铺——宝鸡》《宝鸡车站》等充满爱国热情的诗篇。1941年10月，作家茅盾路过宝鸡时，感慨万千，写了一篇散文《"战时景气"的宠儿——宝鸡》，足见宝鸡在抗战时期的战略地位和所做出的突出贡献！

　　"中国工业合作协会"成立以来，之所以能够健康快速发展，工合运动遍及西北、西南大后方和各革命根据地，生产出了各种军需民用品，有效地满足了抗战前线的需要和群众生活，毫无疑问得益于国际友人、海内外各界人士的大力支持和帮助，尤其得益于中国共产党的大力支持和帮助。但是，国民党把工合运动视若眼中钉、肉中刺，千方百计打击、破坏工合运动。如1941年夏天，国民党逮捕了"西北工合"办事处副主任、军毯制造管理处主任刘大作和供销管理处经理侯敬民、西安事务所主任徐维藩。在马营"工合"纺织站工作的共产党员章若雾、李怀信、刘维州、乔积玉和工作人员李华，被关押在西安劳动营，工合组织受到严重破坏。1942年，国民党再次逮捕刘大作、"西北工合"妇女部会计董平、宝鸡工合小学教师卢金声3人，关押在西安；又派大批军、宪、警包围工合办事处，掠夺文卷、信札、图书、报刊、杂志几麻袋。路易·艾黎也被特务监视。随后国民党将一批三青团骨干分子安插在"西北工合"各部门。中共组织为了保护这些共产党员人身安全，将他们陆续调离"工合"。从此，轰轰烈烈、有声有色的工合运动逐渐处于低谷状态。

"工合"组织成员在窑洞里纺织生产

　　抗战胜利后，以手工业为主体的，带有民主、民族、民间性质的工合运动，随着国内外政治、经济形势的急剧变化，工业合作社的规模迅速衰落，一部分管理人员和外地工人辞职返乡，大部分合作社交地方管理。1952年，"工合总会"在《人民日报》发表声明，已将其全部档案和财产移交全国手工业合作总社接管。至此，抗战时期轰轰烈烈的工合运动完成了它的历史使命而宣告结束，用它卓有成效的业绩为中国人民可歌可泣的抗日战争谱写出了光彩夺目的历史篇章。

陕西机床厂建厂记忆

范国彬

陕西机床厂是一个具有光荣革命历史、由军转民的老厂，其传承历史之悠久，在如今虢镇、千渭地区现存的大厂中，无出其右者。因此，在回顾陕机的建厂历史之前，不妨先回顾下老虢镇地区近现代工业的源流和发展。

据 1996 版《宝鸡县志》载，从北首岭遗址发掘考证可知，宝鸡县早在 7000 多年前的母系氏族社会，就用手工制作生产工具。

遗址出土 4 座陶窑、900 多件陶器皿证实，当时县境手工业生产初具规模。秦汉时，工业门类增多，品种扩大，烧酒、榨油、米面加工，已朝着工场手工业方向发展。明清时，县城（今宝鸡市区）、虢镇、阳平、贾村、县功等集镇手工业作坊和店铺数十个，行业有烧坊、缝纫、铁器、木器、造纸等，以虢镇源隆祥、福战公、西凤号万亨涌酒坊为最兴盛。民国年间，县境以前店后场为主的手工业作坊数以百计。民国二十四年（1935），虢镇城有坊、铺 52 家，计烧酒坊 15、染坊 6、铁匠铺 10、炉烷 2、铁匠铺 2、笼箩铺 2、鞍具铺 4、木器油漆铺 5、弹花轧花铺 1、磨面坊 2、榨油坊 1、裁缝铺 2，从业人员达 500 多人。民国二

十六年（1937），陇海铁路通达宝鸡后，随着机器大工业逐步内迁，虢镇手工业作坊店铺一时萧条衰落。

而虢镇地区以机器大工业为标志的近现代工业的开端，应是 1938 年开办的官僚资本企业——业精纺织公司。1938 年，王瑞基、刘持钧研究、试验手摇纺纱机成功，遂由宋子文任董事长的中国银行信托部投资 10 万元，拟在西安着手试办手工纺织厂。为避免日机轰炸，后将厂址选在虢镇城内北大街山西会馆（今区招待所址），陆续安装业精式木制纱机 81 台，石丸式织布机 54 台，开始纺纱织布。所纺纱支较粗，只能作纬纱，经纱则向他厂购买。1941 年，业精纺织公司由雍兴公司领导，更名雍兴实业股份有限公司业精纺织厂，同年 9 月迁至惠家湾，1942 年冬落成，将城内原有设备陆续迁往新厂。1943 年春，2100 锭开始安装，7 月安装完毕陆续开车，原有木制纱机全部拆除，到年底布机增加到 202 台，1943 年产 20 支棉纱 239.88 件，各种白布 16981 匹，条格布 4479 匹，线呢 1306 匹，提花布 780 匹，毛呢 28199 码，毛毯 283 条，床单、毛巾被等 2839 条，毛巾 4096 打。1945 年，布机增至 256 台。1946 年，从山西新绛县雍裕纱厂购买普通动力布机 98 台及准备、整理、漂染等设备，另由西北机器厂购进细纱机 5 台（2100 锭）及试验布机 2 台。1947 年，原有各种人力布机均停开，拆卸出售，新添的纱布机均陆续开出，成为一个小型机器棉纺织厂。产品改为以 20 支棉纱和 12 磅白布为主，条格布、毛巾、床单不再织制。1949 年 7 月 13 日解放时，有纱锭 4200 枚，布机 106 台，职工 797 人，由宝鸡市军事管制委员会派军代表接管。1949 年 9 月 1 日改名西北人民纺织建设公司第三纺织厂。1950 年 8 月 5 日晚，周原和惠家湾一带，狂风急雨，洪水顺沟坡而下，铁路桥洞被草、杂物堵塞，水无出路。霎时，惠家湾、高家埝一带全被水淹，业精纱厂被毁，死伤 7 人。同年 10 月被迫并入咸阳西北人民纺织建设公司第一纺织厂，厂址先被西北工人疗养所所占，后为西北冶金修造厂所用。（1996 版《宝鸡县志》所载其"受洪水灾害，被迫东迁咸阳和蔡家坡，分别并入西纱一、二两厂"，因笔者所见资料均未涉及蔡家坡西北纺建二厂，故其一部分并入后来的陕棉九厂一事成为了孤证。）

此外，1938 年，在虢镇木梁市巷，创办有协和新火柴厂，月产火柴 500 多小箱，1954 年停办；1940 年 6 月，在虢镇城内创办有陕西省赈济会难民纺织工厂，安装业精式纺纱机 30 台、建国布机 10 台、16 匹马力发动机 2 部（煤炭热力发动），月产 11 磅细布、条格布、军布、土布，1945 年停办；1945 年，在李家崖迁来国民党三十一兵工厂，1949 年 7 月宝鸡解放时，机器物资人员全部溃撤至四川。

至于酒精厂、啤酒厂、面粉厂、磷肥厂、氮肥厂、西秦酒厂、酱醋厂及其他一些集体工业企业，甚至渭阳柴油机厂、群力无线电器材厂（1956 年始建，1959 年末建成投产，20 世纪 60 年代初，为满足国防建设需要，主要仿制苏联 20 世纪三四十年代的产品，后逐步设计生产密封式小型、超小型继电器）等企业的始建，都已经是 1950 年以后的事了。

言归正传。现今笔者手头拿到的部分资料中，有的将陕机、北动与三十一兵工厂的建厂混为一谈，其实，这三者有着截然不同的发展源流，它们在建厂之初，分别源自共产党、日寇和国民党。

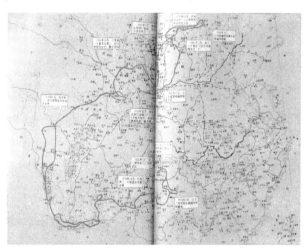

陕西机床厂历史演变图

1927 年 10 月，毛泽东率领秋收起义部队到达井冈山，创建了中国革命的第一个农村革命根据地。为了使人民革命的军事力量不断巩固壮大，1931 年 4 月，在兴国县官田镇创建了红军自己的第一个兵工厂——红军中央兵工厂。我党为了充分发挥在革命力量还处于薄弱期的革命根据地的作用，各游击区相继于 1928 年建立了革命根据地，广泛开展革命斗争。陕西机床厂的前身——红二军团兵工厂，就是 1933 年夏秋之际，诞生在贺龙、周逸群等同志领导的湘鄂西革命根据地的湖南省永顺县龙家寨，成为我党土地革命战争时期的第二个兵工厂。

兵工厂由李子郁任厂长，有职工200多人，主要任务是修理枪械。初建的兵工厂困难重重，既要打仗，又要修械，人员有部队战士，也有从乡下来的铁匠，手艺参差不齐。当时工厂的设备很少很简陋，各方面都给兵工厂以很大压力。修枪械唯有的几把锉刀、榔头、老虎钳和两盘风箱炉，还都是破烂旧货。兵工厂用的材料来源也得不到保证，除了从战场上缴获的破枪零件外，常常要靠工人们冒着生命危险偷越敌人封锁线来弄材料。兵工厂的物质生活非常艰难，老吃红米加南瓜，食盐更缺，常为弄到一些盐而牺牲不少同志的生命。天寒地冻还穿不上棉衣，两三个人合盖一床薄被有时还轮不过来，为了与寒气作斗争，为了修好更多的枪械，同志们夜里身贴身地聚在油灯下坚持工作直到深夜。像井冈山根据地一样，工厂除了生产和学习以外，也要积极开展群众工作，帮助翻身农民、红军家属耕耘收割；乡亲们也为了兵工厂的壮大，送吃送穿，送子到厂，把家里能为修枪械所用的钢丝铁器送到工厂，为多修一杆枪出力，工厂在根据地的摇篮里成长壮大。

1933年，蒋介石发动第五次"围剿"，红军处于极端被动地位，兵工厂此时任务繁重，除留部分工人随军继续坚持修械外，还调了部分精壮工人上了前线。1934年8月，奉中共中央之命，任弼时率领红六军团从湘赣革命根据地突围西征，于10月24日到达贵州东部，与先期转移至这里的红二军团会合于印江县，成立了以贺龙、任弼时、关向应为首的红二、六军团总指挥部，进而又重新开辟了湘鄂川黔革命根据地。兵工厂也即成为红二、六军团兵工厂，此时，不但能修枪械，还能制造地雷和手榴弹。

土高炉出铁

1934年10月，由于王明"左"倾错误，第五次反"围剿"失败，中央红军主力不得不退出中央革命根据地，突围转移，开始长征。遵义会议后，红二、六军团总指挥部，在湘西大庸清算了王明"左"倾错误的影响，振奋了广大指战员的斗志。正当中央红军向陕北开进时，红二、六军团活动的湘鄂川黔革命根据地遭到了国民党反动派的又一次重兵围攻。1935年11月19日，红二、六军团18000余人，撤离根据地，在贺龙、任弼时、关向应、萧克等同志率领下，自湖南的桑植出发开始长征。兵工厂把笨重的机器、设备，有的转交给当地游击队，有的埋了。工人们多数被分散到各师战斗连队，只留下21名工人组成随军修械所轻装随总指挥部修械科启程。在宋树云科长的带领下，只带了几把虎钳和一些铆头、锉刀、钢锯、摇钻及工人们珍惜的稀缺零件，告别战友和乡亲踏上茫茫的征途。1936年3月至6月间，红二、六军团先后渡过金沙江，翻过大雪山，经过无数次的战斗，于7月2日齐集甘孜，与红四方面军会合。红二、六军团奉党中央命令组成中国工农红军第二方面军。修械所随即隶属于红二方面军，这时杨开林为修械所负责人，修械工人只剩下十来个人了。1936年7月下旬，红二方面军与四方面军会师之后，同张国焘"右"倾分裂主义进行了坚决的斗争，两军的主要负责人朱德、任弼时、贺龙、关向应、刘伯承等团结一致，逼迫张国焘取消伪中央，同意与二方面军共同北上。部队在甘孜休整了一个星期，每人准备了10天的干粮，便开始过草地。修械所10来个工人，他们随着部队背上自己的工具、干粮，进入了茫茫无际的毛儿盖草地。

10天的干粮显然是不够了，于是挖野菜，野菜挖完了，发现潭中有鱼，贺龙同志又号召战士们钓鱼充饥，制造鱼钩的任务就交给了修械工人。造小鱼钩，本来是件不难的事，但在浩渺的草地里，缺少设备，没有现成材料，要把粗钢丝拉成细钢丝，是一件不容易的事。他们跑了几个单位，找到了一个煽火用的羊皮风箱，把火炉烧起来，便叮叮当当地开了工。经过半天紧张的劳动，一批鱼钩赶制了出来。这批鱼钩每个班只能发一个，远不能满足需求，但是带的钢丝已经全部都用完了。为了解决最要紧的吃的问题，修械工人提出把备用的机枪钢丝弹簧做成鱼钩，先解眼前之困。又一批鱼钩造出来了，很快发到战士们的手里。小学语文课本中有一篇《金色的鱼钩》的课文，叙述了长征途中红四方面军一位炊事班班长照顾三个生病的小战士过草地，用一根缝衣针烧红了，弯成个鱼钩钓鱼吃的故事，可见由修械工人们赶制出的鱼钩在当时红军中的重要性。

毛儿盖草原上的金色的鱼钩雕塑

1936 年 10 月，在红一方面军的有力策应下，红二、四方面军完成了北上任务，红一、二、四方面军历尽艰辛，会师于甘肃会宁，至此具有伟大历史意义的长征胜利结束。这时兵工厂仅留下杨开林、唐少秋、黄文周、吴成芝、范文清等 10 余人，可以说，他们是人民兵工的奠基者。

1936 年在会宁会师后，修械所先驻庆阳鸭子镇，西安事变发生后又随部队移驻陕西富平庄里。全面抗战爆发后，根据中国共产党同国民党双方谈判达成的协议，我党领导的西北主力红军改编为国民革命军第八路军，以红军第二方面军为主编为 120 师，师长贺龙、副师长萧克、政治委员关向应，师司令部将修械所改为 120 师修械所，同时从部队又补充了一部分人员。1937 年 9 月 11 日国民政府军事委员会按全国陆海空军战斗序列，又把八路军改为"国民革命军第十八集团军"，修械所随 120 师东渡黄河，深入敌后，在晋西北一带开展游击战，修械所在山西神池、岚县一带活动。与此同时，120 师配合 115 师在平型关重创日寇辎重部队，缴获了大批武器。紧接着又出其不意，袭击了日寇的阳明堡飞机场，炸毁敌机 22 架，缴获了大批装备和几台机床，那里的工人也纷纷前来投奔。太原失陷前后，阎锡山太原兵工厂的工人、宁武甚至东北等地的工人也有一批来到了修械所，这时的修械所不断发展壮大，已有七八十人了。修械所的组织机构也进行了调整，杨开林任所长，陈亚藩任副所长，所下面设步枪修理组、机枪修理组、钳工组、机工组、锻工组和木工组等，另外还配备了一个警卫排。那时最缺材料、设备。部队派一个连的兵力与工人们一起隐蔽在同蒲铁路旁，等到半夜，部队的同志分两头掩护，工人们拆卸螺丝，弄下一根铁轨，几十个人一抬就走。材料有了，钳工、锻工相互配合，用土办法自制出虎钳、丝杠、螺母、锉刀等工具。1938 年春，组织上又从太原买回来一部缺胳膊少腿的四尺车床，工人们用手工开齿轮，用坚硬的榆木作床身，上面打上铁板做导轨，将它修复起来，大家高兴地叫它"榆木车床"。

1938 年 11 月，120 师奉命赴冀中平原打游击。为适应游击战争的需要，修械所除老的小的由刘希敏带领继续留在晋西北担任修械外，大部分随军远征。到达冀中后，为不轻易暴露目标，除留副所长陈亚藩带领五六个骨干随司令部担任修械、扩大队伍、寻找设备材料任务外，其他人员由所长杨开林

从敌占区拆铁轨做原料

带领撤出平原区、转移到晋察冀边区的阜平、灵丘一带坚持修械。1939 年 4 月，120 师与日军二十七师团一部激战于冀中齐会，歼灭 2000 余人，缴获许多枪支弹药和战利品，其中一部四尺脚踏车床、一部五尺车床、一部手摇钻床和一部牛头刨床送给了修械所，人员也逐步扩展到 100 多人。1939 年 11 月，修械所用土法成功制造了两挺仿法国哈齐开斯式机关枪，开创了120 师造枪的历史，修械所的工人们把它叫做"太行式"机枪。

1940 年 2 月，为集中晋绥根据地的军火制造能力，扩大武器生产，120 师后勤部根据贺龙师长的指示决定，将 120 师修械所与山西工人自卫旅修造所合并，组建晋绥军区修械厂。厂址选定在陕西榆林佳县勃牛沟。4 月，邓吉兴、陈亚藩带领工卫旅修造所 160 余名工人到达勃牛沟村。5 月，杨开林、温承鼎等率领驻阜平的 120 师修械所和刘希敏带领的随军修械所西迁来到勃牛沟，晋绥军区修械厂正式宣告成立，并定 5 月 1 日为厂庆日。厂职工共 400 多人，厂长杨开林，副厂长陈亚藩、任学侃，政委邓吉兴。工厂的主要任务是制造步枪、掷弹筒、手榴弹、五〇炮弹和修理枪械。

　　1940 年 8 月，在山西兴县蔡家崖晋绥军区所在地，贺龙同志听取了勃牛沟兵工厂厂长杨开林和工厂工务科长郝继唐的汇报，他说："晋绥建立兵工厂是党中央毛主席的决策，也是全面战略部署的一个方面。你们要多生产武器，前方才可以多打胜仗。"当听到兵工厂如何战胜困难建厂时，贺龙同志非常高兴，插话说："要相信群众，人是最宝贵的，只要有人，就无坚不摧，就没有办不好的事情。只要做好人的工作，困难是可以克服的。"这次接见，贺龙同志与杨开林、郝继唐谈了一个多小时，对晋绥兵工的发展、如何生产、怎样解决困难等都作了明确指示。贺龙同志指出："土地革命时期，我们的部队没有武器弹药，斗争很残酷，情况很困难，那是大刀、长矛的时代。但是现在的情况不同了，我们要战胜强大的敌人没有武器不行，你们要把我们的兵工厂办好，要出枪，要生产各种弹药。当然目前我们主要靠从敌人手中缴获的武器来进行部队的补给，但是你什么也没有，怎能缴获敌人的武器呢？俗话说打老鼠也得一根油捻儿嘛！你们可以干的工作很多，做手榴弹、复装子弹、修理武器、生产枪炮等，要大胆地干……"贺龙同志的接见与谈话，对勃牛沟兵工厂的建设以很大的鼓舞，对于后来晋绥兵工及军事工业蓬勃发展起了不可估量的作用。贺龙司令员和晋绥军区的其他领导人王震、甘泗淇、周士第等同志，每次从前线赴延安，路经勃牛沟时，总要到兵工厂去看看，及时解决生产和职工生活中的问题。当发现工厂劳力缺乏时，贺龙同志就下令从前线调回 100 多名士兵来工厂。勃牛沟兵工厂的成立、建设与发展，与贺龙司令员的关怀是分不开的。

　　1941 年冬，因前方战斗越来越频繁，弹药消耗越来越大，部队冲锋时，手榴弹扔不远、威力有限，很需要一种新的武器来掩护步兵冲锋和攻打敌人的骑兵阵。勃牛沟兵工厂拿到一套从日军手里缴获的掷弹筒，

勃牛沟兵工厂

成立了由温承鼎、吴奎龙等人组成的试制小组，开始了仿制任务。工人们在缺少钢材的情况下，把生铁炼成熟铁，锻打盘卷成炮筒，并试制出其他配件。1942年6月的一天，试制成功，经过试射，仿制的掷弹筒射程可达500米，命中率70%到90%、比日军的提高了5%，射速4发每分钟、比日军的提高了一倍。为鼓励兵工厂工人的干劲，军区决定以温成鼎、吴奎龙的名字，命名这种掷弹筒为"鼎龙式"掷弹筒。

随着大生产运动的开展，晋绥根据地于1944年9月调整布局，成立了晋绥军区工业部。勃牛沟兵工厂的厂长杨开林被提升到部里担任了副部长。以勃牛沟为中心，重新调整、扩建和新建了四个兵工厂：晋绥军区工业部第一兵工厂，即勃牛沟兵工厂，人员、设备、产品未变；第二兵工厂，即李家坪炸弹厂，也是勃牛沟分出去的，主要生产手榴弹、地雷等；第三兵工厂，原为勃牛沟兵工厂设在山西临县招贤镇的炼铁试验组，经扩建成为一、二厂两个产品的配套铸件毛坯厂；第四兵工

厂，是设在陕西佳县蟆蝌峪的化学厂，主要产品为黑火药和军用皮革。通过大生产运动，解决了吃穿用的问题，同时也使军工生产得到了大发展。

1945年8月15日，日本侵略者宣告无条件投降。9月2日，日本政府的代表在投降书上签字。9月3日，是抗日战争胜利纪念日。中国人民和全世界人民都在这一天庆祝抗日战争的伟大胜利、庆祝世界反法西斯战争的胜利。在这场斗争中，人民的兵工厂，以自己的顽强卓绝战胜困难和英勇奋斗的业绩，为世界人民的反侵略斗争史增添上了光辉灿烂的一页。晋绥兵工各厂，在抗日战争时期，共制造地雷12619颗，手榴弹282909枚，五〇炮弹129651发，掷弹筒1074门，复装子弹2500发，黑色炸药10220公斤，步枪刺刀3300把，步枪272支，半自动步枪4支，机枪20挺。

自制土设备

1946年4月8日，叶挺、王若飞等8人乘坐飞机由重庆赴延安途中，不幸在山西兴县黑茶山失事，飞机残骸被运回兵工一厂作原料，两个飞机轮子被做成手推车，后随工厂迁移到虢镇，一直使用至二十世纪八十年代初才报废。

抗日战争虽然胜利了，但内战的局势进一步严重，1946年7月，全国内战爆发。为了保存和发展军事工业的生产能力，晋绥边区在黄河以西的兵工厂，奉命迅速搬迁到黄河以东山西吕梁山区的兴县、离石、临县等地。这年冬天，勃牛沟兵工厂先是奉命往李家坪搬迁。1947年3月，又奉命东迁黄河东的山西临县张家沟村。此时，以美国造的小口径半自动步枪作模型，改进枪械结构与七九步枪组合，研制成功一种新式自动调栓的半自动步枪，经对比射击试验，射程比美国的远300米，初速为每秒800米，也比美国的快300米，受到了上级嘉奖。后来原120师的关向应政委逝世，工厂将这种半自动步枪取名为"向应式半自动步枪"。

1947年春，晋绥工业部所属各厂东迁的时候，延安兵工局所属厂也往山西迁，与晋绥工业部合并。迁到临县张家沟村的原勃牛沟兵工一厂奉命改名为晋绥工业部第二兵工厂。

随着解放战争的形势逐步好转，进一步促进了军工生产的大发展，在西北的军事工业迅速地成长壮大起来了。至1948年，工业部已下属12个厂，职工总数近5000人。一厂，厂址兴县车家庄，主要任务是制造军工专用机器设备和修械；二厂，厂址临县张家沟，延安子弹厂职工并入此厂，主要任务是生产复装子弹和雷管，对三厂、七厂的炮弹毛坯进行机械加工；三厂，厂址宁武县馒头山，主要铸造手榴弹和五〇、六〇及一二〇迫击炮弹毛坯；四厂，厂址临县薛家疙瘩，主要生产炸药、发射药和总装手榴弹；五厂，厂址兴县贺家疙台，生产任务主要是制造五〇、六〇炮弹；六厂，厂址兴县后发塔，为军工发电厂；七厂，厂址临县招贤镇，主要任务炼铁及翻砂炮弹毛坯；八厂，厂址柳林县锄沟村，主要任务是修械和生产手榴弹；九厂，厂址临县高家村，生产任务是总装炮弹和手榴弹；十厂，厂址临县寨子坪，生产任务是修炮、做马鞍等；十一厂，厂址晋南河津县，生产任务是手榴弹、炮弹、雷管；十二厂，设在陕北延长县。以上各厂，大部分是由勃牛沟厂分离出而建成，如一、二、三、五、七、八、九厂等，这些厂的领导人也基本上都是勃牛沟厂的老同志。勃牛沟兵工厂，可谓是晋西北军事工业的始祖！除此以外，为军工服务的民品厂，还有毛纺厂、纺织厂、火柴厂、皮革厂、农具厂、石油厂，共有职工 1000 余人，另外还有一所技工学校。

据 1948 年的统计，晋绥各厂全年共生产：七五山炮弹 4300 发，一二〇迫击炮弹 5000 多发，八二迫击炮弹 70000 发，五〇、六〇掷弹筒弹 80000 多发，手榴弹 100 多万枚，复装子弹 15 万发，炸药 15 万公斤，皮革 10 万多张，炮弹专用机床 20 台，轻工业各厂所需的工具、机床，修理前线运回的大炮、机枪等武器不计其数，为解放战争和发展经济做出了积极贡献。朱德总司令常说，你们军工生产战线出现过不少无名英雄，做出了卓越的贡献。在 1947 年底的华北兵工会议上得到了刘少奇同志的表扬。1948 年 2 月，毛泽东在晋绥干部会议上，再次对人民的兵工加以赞扬和鼓励。1948 年 3 月，毛泽东、周恩来、任弼时同志与党中央工作人员东渡黄河离开陕北赴河北，途经张家沟村口，兵工厂的工人们夹道迎送。

晋绥工业部的广大军工工人，为抗日战争和解放战争的胜利，做出了巨大贡献，不少同志在军工生产中流血牺牲。为纪念死难烈士，西北工业部请示中共晋绥分局及军区后勤部批准，于 1947 年在山西省临县林家坪修建"西北军工烈士塔"，翌年"十月

革命节"落成。塔高 6 米许，分三层，八边形体。塔身石板刻着塔记和中共中央晋绥分局以及毛泽东、贺龙、甘泗淇、李井泉、续范亭、高士一、黄新廷、刘忠、范子瑜、董新心、蒋崇璟、谷佑箴、杨开林、寻先仰等领导人的题词。烈士塔苍松翠柏簇拥，显得气势雄伟，庄严肃穆。塔记镌刻在塔身底座的石板上，记录了人民兵工的发展历程，笔者甚觉有必要抄录如下，文称：

"半殖民地半封建压迫下的中国人民，在共产党领导下挺身而起为民族争生存，为自己求解放，与敌人作斗争而光荣牺牲。这些光荣牺牲的同志们，不论他功绩的大小，事迹的轻重，都要被搜集起来而流传，借以表扬过去，激励未来。回忆'七七事变'，我红二方面军改编为 120 师北上抗日，转战大西北。我们的工厂自从红军时代简陋的随军修械所，发展到今天的规模，其间，在战争环境之下从事生产，困难重重。如工厂经常的迁移，原料受到敌人严密的封锁，交通条件又只得以畜力作运输，工具、器材残缺不全，辗转拼凑。生活上有时整年以黑豆充饥，并且得拿起武器来与敌作战。但是，这些困难都不能减少职工同志们高度的阶级热情，我们克服了困难，坚持了生产，而且提高与扩大了生产。这许多年来，职工同志们始终以自我牺牲的精神，在生产战线上来支援了前方的胜利。在为革命胜利而流的光荣的鲜血中，也有了我们的一份——有的同志为工作而牺牲，有的积劳而亡故——他们都是为人民而死。在烈士中间，有为工作粉身碎骨的黄金梁、王金海、渠立珍、高岐祥等诸同志；有因公而伤重身亡的孔昭才同志；有积劳病故的刘修林、王贵、司文彩、左映壁、于淑舟等诸同志。所有牺牲同志墓前，均已单立小纪念碑，这里就不一一详载姓名了。另外，当搜集材料编成传记，永远流传，以志不忘。我们谨向烈士英雄致以颂赞：凛凛烈士，职工之光，解放事业，万古流芳！"

塔的中层是毛泽东同志的题词："为人民而死，虽死犹荣。"贺龙司令员的题词是："晋绥军工烈士们，你们所流的血汗和前方指战员所溅的血光，同是人民解放事业伟烈的贡献！"纪念塔碑文称："职工烈士纪念：工人同志，革命职工。困难既起，热血沸腾。制造弹械，供应军用。日汪已败，美蒋反动。巧思精构，扫灭顽凶。支援前线，昼夜不停。因工致死，爆炸殒命。积劳病故，折骨捐身。解放事业，贯彻始终。山河不改，虽死犹荣。丰功伟烈，千古芳馨。"

1949 年 1 月，晋绥工业部进行扩编，改称西北军区兵工部，工业部二厂改称兵工部二厂。1949 年 7 月 14 日，宝鸡解放。1949 年 8 月间，西北军区兵工部按照上级的指示，将晋西北境内的

10 个兵工厂的职工改编成四个职工大队，连同工厂的机器设备等都做好转运准备，要下山进城接管。二厂和七厂合并组成职工第三大队，队长温承鼎、副队长武斌、政治协理员王尚阳。田培敏和郭有年先期带领职工第一大队于 7 月间到达西安，郭有年和部分同志到达宝鸡虢镇负责建厂筹备处工作。1949 年 10 月 3 日，喜庆的日子刚过，工人们就接到了兵工部要求出发的通知。除了一部分机器和几部汽车留在老区外，大半机器设备都装上船，顺流直放到潼关，再转运到西安、虢镇，剩余的工具、枪械、行李用牲口驮运或挑担前行。三大队的职工 300 余人，从 10 月初开始，徒步、乘船、乘火车，从张家沟经介休、临汾、风陵渡、潼关，于 10 月底在西安集结完毕。11 月中旬，三大队的职工从西安火车站乘上拉煤的火车，于 11 月 18 日来到了关中西部的宝鸡虢镇李家崖，原八厂厂长李凤来成为临时负责人。随着人民解放军向西北、西南挺进，来到虢镇的接管人员日益增多，又在这里重新组编整训，二、四大队的同志也先后到达这里，2000 余人在这里待命。经过五次分配，大部分人员开赴了新的解放区，郭有年到了重庆，留下 300 多名干部和工人在这块废墟上建设新厂。11 月下旬，从山西运来的机床设备到达虢镇火车站，除原二厂的设备外，其他各厂的通用机床设备一部分给了西安农械厂，一部分共计 72 部运来了虢镇。12 月，天津原国民党七十兵工厂和第四修械所的 100 多人和设备，被合并到这里。

根据新的形势，西北军区决定在陕西、甘肃共组建成四个修械厂，修械一厂即后来的西安农械厂，二厂在西安，修械三厂在虢镇，修械四厂在兰州。1950年1月9日，由晋绥迁来，职工三大队为主组成的西北军区军械部第三修械厂在虢镇正式成立。军械部陈仕南部长亲临工厂参加成立庆祝大会。任命李凤来为厂长，武斌为副厂长，霍继文为政治协理员。全厂共565人。从此，由红二军团兵工厂、长征随军修械所开始，到120师修械所、晋绥工业部兵工厂，转战16年之余的兵工工人，就在虢镇安了家。

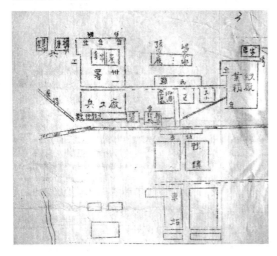

修械三厂安家之地，即国民党兵工署第三十一兵工厂所在地。三十一兵工厂，占地100余亩，东边为厂区，西边为宿舍区，长约5里，原系国民党二十九军所属的一个修械所，随军驻扎在山西阳泉。后来，由于战事，经察哈尔、保定、偃师、灵宝等地多次迁移。1939年修械部迁至陕西兴平赵村，药工部驻马嵬坡宋家庄，当时二十九军在湖北老河口作战，由国民党兵工署接收。李绪凯接任所长后，多次勘察选址，确定在虢镇李家崖筹建新厂。同时接到兵工署命令，将修械所改名为第三十一兵工厂，1945年开始筹建，经过一年多施工，于1946年下半年完成，遂由兴平赵村迁来。主要任务是生产步枪、手榴弹，修造机枪、火炮等，共有工人2000余人。1949年7月虢镇第二次解放，三十一兵工厂向四川溃撤，大部分机器物资被搬走，人员撤离，工厂空空。三十一兵工厂在溃撤时，已将财物洗劫一空，仅留下一台破锅炉，88间土木结构厂房没有一间是完整的，到处是残砖碎瓦、破铜烂铁和乱扔的炮弹，荒草丛生。生产区已全部破坏，宿舍区地势低沉、潮湿不堪，茅草房顶完好的几乎没有，唯有几堵残墙一片天。工人们就在这样一片废墟中开始建设。1950年4月起，开始房屋整修，清除厂区内的垃圾杂物，安装动力设备一套，8月份恢复生产。到年底，仅4个多月时间，就修理机枪230挺、步枪1000支、后膛炮18门，造刺刀2000把、镐5300把、铁锨2500把，还生产农用水车30部。

1950年12月17日，西北军区军械部陈仕南部长来到厂里，要求修械三厂让出东边厂区给上海迁来的五〇一厂，修械三厂全部搬到西边宿舍区重建新厂。五〇一厂，在上海原是日本侵华时于江湾建立的"东支那野战自动车厂"，1945年抗战胜利由国民党第二方面军交通组接收，后改名为国民党后方勤务总司令部上海汽车修理厂（五〇一厂），主要从事汽车修理业务。1949年5月27日上海解放，该厂由中国人民解放军上海军事管制委员会接收，改名华东汽车修造厂，隶属于华东军区后勤部，继续从事汽车配件制造和汽车修理。由于蒋军轰炸上海和抗美援朝战争，中央军委从战略上考虑，决定迁厂。1950年12月23日，五〇一厂由上海迁至陕西宝鸡虢镇，工厂先后定名为"西北虢镇汽车制配厂""西北军区后勤汽车制造厂"，属西北军区领导。1951年8月易名"中国人民解放军汽车修配第一厂"，属军委后勤部领导，是当时军内六大汽车修配厂之一。1953年，改隶第二机械工业部，生产汽车配件和坦克发动机配件，产品除部分供应地方民用外，多数作为军品供部队装备。1961年更名为"渭阳柴油机厂"（即现在的北方动力公司、615厂）。

修械三厂在原址西半部开始重新建厂。西部占地6万多平方米，无生产工房，只有10余栋土木结构草瓦房。职工为早日复工，提出"迁厂不停产，任务提前完"的口号，搭起席棚，白天用作工棚生产，晚上用作宿舍睡觉。1951年底，建成工房和材料库2400平方米，1953年又建成工房4165.8平方米、福利设施9129.6平方米，并建成砖木结构俱乐部一座，打水井10眼，架设8部

五〇一厂职工家属修建厂房、建设家园

水车，供全厂生产生活用水。1958 年 8 月 7 日，为支援地方工农业建设，中国人民解放军总参谋部决定将修械三厂转交地方，由陕西省机械工业局接管，改名陕西省机器厂，当时有职工 700 人，总占地面积 84545.85 平方米，总建筑面积 19055.9 平方米，其中生产建筑面积 6262 平方米，设备 47 台。上级投资 280 万元，扩建厂房，增添设备 234 台，招收新工 800 名，开设技工学校一所。改产 8 呎皮带车床、Y35 简易滚齿机、主轴连杆瓦镗床、罗茨式鼓风机等。1961 年，陕西省机械工业局决定将陕西省机器厂改名为陕西省机床厂，定向生产磨床。在国家经济暂时困难时期，由于生产没有保证，又转产架子车。1962 年，生产架子车 36000 辆，精简职工 300 多名。经过三年调整，经济形势逐步好转，1963 年春，省局投资 2500 万元，扩建厂房，并正式下达生产 M131 外圆磨床任务。厂长赵达孝带领 40 多名技术人员和工人赴上海机床厂学习数月之久，将上海机床厂的技术、产品和管理经验成套搬了回来，当年 9 月，磨床试制成功。1966 年定名为"陕西机床厂"，下放宝鸡市机械工业公司领导。该厂自 1963 年以来，先后研制出 43 个品种 66 个规格的磨床，13 项填补了国内空白，其中有数控端面外圆磨床、高精度万能外圆磨床、球面磨床、镜片磨床、电解内外圆磨床、气缸盖进排气门座锥孔磨床等，产品畅销国内 29 个省、市、自治区，出口 27 个国家和地区，成为机械工业部外圆系列磨床定点生产厂，是全国 69 个重点机床厂之一。

陕机生产的 M131W 万能外圆磨床

1980 年国民经济调整时期，磨床生产任务不足，严重亏损。为摆脱困境，新任厂长任雨水带领领导班子及全厂职工，以开拓创新精神，开始了改革实践。1981 年改革产品结构，起步开发第二产品双鸥牌洗衣机，一年三次改型，年底结构独特、新颖美观的Ⅲ型单桶洗衣机推出市场后大受欢迎，不仅克服了当时机床生产任务严重不足的困难，而且使企业活力大增。1983年改革人事制度，在全省第一家进行厂长"组阁"，建立了强有力的生产指挥系统；当年还进行了企业的全面整顿，一次验收取得合格，保证了生产大干快上，扭转了连续两年亏损局面。自1984年起，先后建成7条洗衣机生产线，5座大型车间。磨床恒温装配车间和大件加工车间投入生产，机床开发速度加快，全厂形成磨床与洗衣机两大"拳头"产品的经营新格局，自此效益大增。

1986年12月10日，任雨水在厂内召开新闻发布会，发布万台双鸥洗衣机专列发运新疆和新型双桶洗衣机研制成功两条新闻，记者30多人参加，发布会后，隆重举行了双鸥洗衣机专列发运仪式，成为当时的一段佳话！

陕西机床厂建厂的故事就讲到这里吧，后来的事，大家就都知道了。老虢镇地区开机器大工业先河的业精纺织厂1950年就不存在了，如果说当时的修械三厂是老虢镇地区近现代工业的开端之一，应该也不为过吧。

——2017.4.11

1=A

陕西机床厂厂歌

（齐唱、合唱）

进行速度　朝气蓬勃地

集体作词
侯玉峰曲

1.陕机工人有力量，长征路上抗日烽火，战
2.陕机工人有志气，兵工传统继承发扬，向

斗岁月百炼成钢，艰苦创业以厂为家，
着未来开拓前进，团结爱厂求实创新，

发展兵　工　　支援前　方。
磨床飞　转　　双鸥翔　翔。

为了　祖国解　放，历尽艰辛，延安
迈步　冲出亚　洲，走向世　界，我们

精神指引我们向前，革命征途　建功立业！
齐心为着四化奉献，陕机精神

永放光辉！陕机精神永放光辉！

陕九建厂记忆

范国彬

冬日暖阳，有霾。

早在去年年初推送陕汽、陕齿建厂记忆的时候，就有了写西机、陕九建厂记忆的想法，直到冥冥中第二次翻看李巨怀先生的长篇小说《书房沟》时，这种想法尤其显得浓烈起来，于是开始四处搜罗相关史料。

虽然我的内心更加认同自己是西机的子弟，但不可否认的是，我同时也是陕九的子弟，身为两厂子弟是我的一种幸运，但当我面对堆得近一尺高的资料和 500 余兆的电子文档时，再想到今日的西机、宝九，内心却有着无尽的惆怅……

提到西机、陕九的建厂，始终离不开雍兴。

中国银行成立雍兴公司办工业，是以"实业救国"为名，而以金融资本控制工业资本、获取优厚利润为目的。我国民族资本

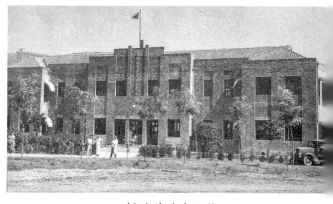

解放前的办公楼

119

的纺织业先天不足，流动资金短绌，经常须向银行贷款，以维持生存。1931年抗日战争开始以来，中国纺织业因受日寇的经济侵略，尤其是华北地区的纺织厂处境岌岌可危，须仰赖银行投资，方可还清债务、渡过难关。中国银行天津分行见对纺织厂投资有固定资产做抵押，比较稳妥可靠且有利可图，遂由贷款到投资，进一步管控企业。天津分行投资并接管的第一个对象是天津宝成第三厂，由时任天津分行副经理的束云章（与国民党要员戴季陶、朱家骅是儿女亲家，后成为当时中国纺织界的巨头，解放后至台湾）直接管理，开中行投资纺织业之先河，并在以后由此途径控制了相当大的一部分民族资本企业。

1937年全面抗战爆发，绝大部分的官僚资本企业沦陷于敌占区。如何在后方重建这些企业，已经提到议事日程上。中国银行在郑州撤退前，把豫丰纱厂迁至重庆小龙坎重建起来。这时，束云章被任命为中国银行西北区行经理，他向宋子文提出创办西北地区中行所属企业的计划，取得批准后，率领一批前天津中行的人员来到天水。他根据中行历年来对西北各省所作的经济研究，并观察了战争和军民的需要，以及考虑到战后如何发展成为垄断性的厂矿企业，提出了经营纺织、机器、燃料工业的计划。从1939年开始筹备公司，以关中-天水为汉代的雍州，命名公司为"雍兴实业股份有限公司"，并于1940年在经济部备案正式成立，宋子文为董事长，束云章为总经理。在实际的发展过程中，因可以动用中国银行的资金，故其一边成立雍兴公司，一边筹建公司下属各企业，发展十分迅速。

1938年7月到1940年10月，孙蔚如率领由杨虎城将军十七路军为老底子的三十一军团（下辖38军，军长赵寿山，和96军），开展了历时三年的中条山保卫战（非1941年4月，17万国军不到20天内全线失守的中条山战役），这支由3万多名陕西"冷娃"组成的队伍，共有2.1万人牺牲在中条山下、黄河岸边。这支军队先后粉碎了日寇的十一次大扫荡，其中以"血战永济""六六战役""望原会战"最为惨烈悲壮，可以说，是2万多名关中子弟用自己的血肉之躯在黄河岸边筑起了一道保卫家乡的钢铁防线，使日寇始终未能越过潼关，进入关中和西北，关中抗战形势渐趋稳定，大西北得以喘息。此时，束云章认为天水局限一隅，从物资集散、吸收职工和交通等条件考虑，远不能适应发展工矿企业的要求，遂于 1942 年前后将雍兴公司和天水分行迁移到西安，银行更名为西安分行。

雍兴公司主要经营棉纺织业，由于资本雄厚，原棉有中国银行所属的中国棉业公司做后盾，收棉打包机构据点很多，豫陕一带的好棉绝大部分都落到了雍兴公司的打包厂。雍兴公司未成立之前，中行已建立起包括当时全国最大、设备最新的咸阳打包厂等企业，后来，中行就把重庆豫丰纱厂、豫丰机器厂、合川纱厂（后建）连同咸阳打包厂、咸阳纺织厂一并交由雍兴公司经营，定为代管厂，以与雍兴公司直接创办的厂矿单位相区别。雍兴公司在发展过程中，先后创办了宝鸡西北运输处、虢镇业精纺织厂、蔡家坡纱厂、蔡家坡西北机器厂、蔡家坡酒精厂、宝鸡益门镇酒精厂、陇县煤矿、广元酒精厂、长安制革厂、长安印刷厂、兰州机器厂、兰州化工厂、兰州面粉厂、兰州毛织厂、新丰纱厂、宝鸡益门镇汽车修配厂（益门镇酒精厂后并入蔡家坡酒精厂，在其原址所建）、私立雍兴高级工业职业学校、蔡家坡化学研究室（设在蔡家坡酒精厂）、蔡家坡机械研究室（设在西北机器厂）、西安雍村小学等二十个厂矿单位。抗日大后方，当时一共才十几万个纱锭，雍兴系统就占了七万多锭，是解放前西北最大的官僚垄断资本企业。雍兴公司在后方兴办实业，无论目的如何，但对解决军民衣着困难和支持抗战客观上起到了一定作用。

1940 年 7 月，时值抗日战争第九年，稍具工业基础、经济较为发达地区多为日本侵略者占据，通讯被阻、交通中断、部分企业被迫内迁。后方常遭敌机狂轰滥炸，物资紧缺，人民担负抗日、生产两副重担，生活极端困难。雍兴实业股份有限公司蔡家坡纺织厂的筹建工作即开始于此时，而《书房沟》中那场燃烧了六天六夜的大火已在一年前即烧毁了整个贴家堡。

同年 10 月 7 日，雍兴公司在蔡家坡纺织厂筹建谈话会上议定，厂址选择要有利于战时防空，距城市较远，交通便利，并有山陵足资掩护为合格。责成李紫东、王瑞基勘觅。初定在宝鸡县罗家坡，12 月改定在岐山县蔡家坡。据民国田惟均（1933-1937 年、1941-1943 年两度任岐山县长）版《岐山县志》载："蔡家坡，在县南三十里，旧名田家坡，西令狐、东永乐，俱在积石原之南麓、渭水之阳，水泉灌溉、地颇肥饶。有镇，名蔡家镇，宋凤翔府知府蔡公名钦，葬于坡北，子孙聚族而居，坡与镇遂因之易名，市廛宏丽、商贾云集，称殷富焉。"厂址位置，选定在 1937 年 3 月 1 日即投入运营的蔡家坡火车站与蔡家镇之间各约一公里处，南靠陇海铁路，北依积石原（积雍原）根，距岐山县城 18 公里。

1941 年 1 月 3 日，蔡纺厂筹备处成立，原山西新绛雍裕纱厂经理王瑞基（解放后曾任辽宁省纺织工业局总工程师）为主任，原山西榆次晋华纱厂工程师刘持钧（解放后曾任河北省纺织工业局副局长）、原雍裕纱厂副经理张仲实（解放后曾任陕棉九厂厂长、副厂长）为副主任。

蔡纺厂厂址选定后，西安中行派韩巨川上下奔走，联系征地。至 1941 年 2 月，始经陕西省政府主席蒋鼎文、宝鸡专区行政专员温崇信，将地价规定为每亩法币 900 元。2 月 11 日，蔡纺厂筹备处派张仲实随同韩巨川邀集岐山县有关人士来蔡研讨征地。17 日下午，县政府派政警队队长邢某率政警八名来蔡协助。18 日晨圈地时，农民百余人聚集拦阻，相持数小时毫无结果。县长王缄三（王金明，绰号"王蝎子"，1940-1941 年任岐山县长；绰号"原子弹"之袁德新于 1946-1947 年任岐山县长）承温专员之命，于 25 日亲自来蔡办理。下午三时召集农民数百人讲话，农民坚持不允，王令捆缚为首者 2 人，并以木棍殴打农民，于是群情愤怒，将韩巨川拖倒在地、外衣撕破、身亦受伤，县长皮袍也被扯破，相持数小时不得解决，政警拿出手枪威胁，搀扶县长等人入乡公所暂避，民众跟踪而至，将乡公所包围，至夜八时始散。后经西安中行向省政府交涉，省政府电令温专员负责解决，有敢阻挠者绳之以法，温即派视察室主任陈达时到蔡，以专员代表身份，邀集士绅磋商。3 月 2 日再次召集民众讲话，到场者只有被征地主人不足百名，陈说："办厂乃民生必需，抗日必备，不容稍缓，地价为政府所定，不能增减，仅可在地价以外要求生活补助。目前必先圈地，俟后再谈其他条件。"至此，民怨稍平，随即从东南北三面有天然界限处撒灰为界，以西面为伸缩余地，以圈足 400 亩为度。自 3 日起蔡纺厂开始丈量，至 13 日量到西边地段时民众再次阻拦，西边高坡水泉地被当地绅士王鸿骞趁机购得。17 日，蔡纺厂在县城请客两桌，又与县长、绅士磋商。18 日，在县政府召开了购地会议，县长、专员代表，有关绅士、科、乡、保、甲长及地主代

表16人参加，经一天讨论，达成九点协议。除地价外，每亩补助60元，青苗每亩补助40元，迁坟每家补助50元，水井每眼大者300元、小者200元，树木双方直接议价，圈地西至水渠为止，以不超过400亩为限。20日，王县长、陈达时偕绅士王鸿骞等再次来蔡，当即将西面水沟之地撒以灰线，东面开始筑墙，购地共计374.99亩。1941年冬至1942年11月，又购置防空洞、仓库、窑场、义地等用地48.28亩，购置蔡三厂公路用地8.44亩，之后又征购西、北门外地11.71亩，共计征地443.42亩。小说《书房沟》也用了近一个章节的笔墨，艺术地演绎了这段即将打破"书房沟"权力格局的征地记忆。

1941年3月20日征地完成后，即破土动工，先建围墙1730余米，四角建碉堡4座。一期工程包括生产厂房、办公厅、员工宿舍于4月初开建，7月底竣工，计建房586间。二期工程包括锅炉房、引擎室、修机间、水塔、员工住宅等于7月相继动工，年底大部竣工，此时全厂有职员50人、工人267人。至1943年底，总计建房122幢1190间，其中生产用房47幢378间，1.2万锭规模厂房工程基本告成。1943年10月，以建设蔡家坡电厂名义，开建1000千瓦电机厂房，1944年1月竣工，8月开机后移交蔡纺厂作为原动部。1946年8月1日开建两层办公大楼一座16间，翌年竣工。1947年春开始，因扩充纱锭，续建部分厂房，至该年底已建成可安装2万枚纱锭规模的厂房，拥有职员53人、工人914人。为减少空袭损失，厂房设计均为仓库式平房，力求简单，疏散排列，房顶用泥草掩护，烟囱缚树枝伪装，除原动房为砖木结构外，其余厂房及

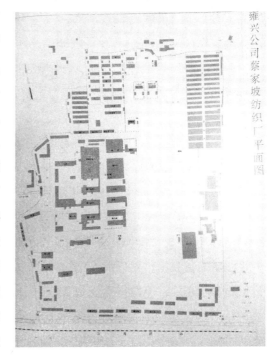

雍兴公司蔡家坡纺织厂平面图

生活用房均为砖木框架土坯墙。厂区北为生活区、南为生产区，东侧为原动房，中间留有相当空地以利发展。

设备方面，1940年10月，购进济南成通公司内迁部分机床及6000纱锭半成品和一批五金材料，除将2000锭留西安修配外，剩余纱锭及材料全部运至西北机器厂修配安装，1941年7月底，蔡纺厂厂房竣工后，西安修配的2000锭陆续运到，10月底安装就绪，西北机器厂修配的4000锭也陆续交货，至1943年1月安装完毕。另外，早在全面抗战爆发前，中国银行就为河南彰德豫安纱厂订购了英国勃拉特纱机3.6万锭，从中拨给蔡纺厂4200锭，1938年运抵香港，因淞沪沦陷，不能直达上海，又转运海防，后运至仰光，太平洋战争爆发后又抢运至重庆，至1942年秋始运至蔡纺厂，该机经辗转抢运，损失严重，修配年余，至1944年10月25日开始装齐开车。摇纱机由西安亚利铁工厂承制，打包机、皮辊机、试验仪器等由西北机器厂承制。至此，蔡纺厂共安装纱锭1.02万枚，基本达到战时设想规模。抗战胜利后至1947年底，又陆续增添西北机器厂仿制之成通、勃拉特、加尔法纺纱机6240锭，至此，蔡纺厂共安装纱锭1.644万枚。

抗战期间，后方原动设备极缺，蔡纺厂所用原动设备，多从郑州、洛阳、西安、重庆等地搜购而来，陈旧破烂、五花八门，经修配后凑合使用。1941年5月，自西安租得75匹马力引擎及30匹马力发电机各一台，另配锅炉一台，作为试产开车之用；11月从西安购到原东北大学100千瓦立式引擎发电机一台，俗称"西太后电机"，光绪年间由英国购来，曾安装在圆明园为慈禧发电照明；同期又购得50匹马力锅炉2台、木炭炉1台；1942年购置废汽车引擎4台；1943年添置50匹马力引擎2台、卧式锅炉2台。为彻底改善原动设备，1943年5月间，租得重庆豫丰纱厂闲置的美国奇异公司所造1000千瓦旧汽轮发电机1台，此电机机身庞大、机件残缺，经多方设法始配备齐全，然仅能发电700到800千瓦，在当时已是蔡纺厂最大的一部电机；8月，还购得英国造3300平方英尺受热面旧水管锅炉1台。最初的锅炉和发电机安装在生产区东侧原动厂房内，木炭炉和汽车引擎安装在纺纱间外，墙上挖洞，直接拖动机器。后1000千瓦电机和英制锅炉运到，

1944年1月底开始安装，至8月5日试车，26日正式发电，至此，除"西太后电机"留作备用外，其余各种杂牌原动设备全部停用。

1947年9月，雍兴公司将新丰160千瓦电机拨给蔡纺厂，并协助蔡纺厂制订三万纱锭扩充计划。1948年4月，中国人民解放军西府出击后，雍兴公司中止了扩充计划的实施，要求疏散剩余机器。蔡纺厂遂将安装未开的加尔法纱机2100锭和从豫丰拨来的勃拉特纱机1680锭一并装箱运走，新丰电机安装也随即停止。依据雍兴公司紧缩计划，蔡纺厂留用修机间机床6台，技工13人、资遣2人，其余18台各种金属切削机床和技工45人拨交西北机器厂。

需要特别说明的是，尽管以现在的眼光看来，当时的西机、蔡纺厂设备十分简陋，但包括这两厂在内的雍兴所属企业，已是旧中国工业落后的状态中不容忽视的棉毛纺织力量。何况西北机器厂除生产纱机外，还生产过全套织机设备。

蔡纺厂的建设采取边筹建施工、边修配设备、边安装投产的办法，于1941年11月1日试车投产，因原动限制，仅开400锭，年底开至800锭，1942年1月1日正式开工生产。1944年底，开1.02万锭，年产20支、16支棉纱7000件（英制重量单位，每件纱重400磅、折合181.44公斤）。1947年底，开纱锭1.644万枚，年产"太白积雪"牌32支、20支、16支、10支棉纱1.1766万件。蔡纺厂只纺纱，没有布机，所产棉纱归雍兴公司统一销售，厂内不作营业，产品销售西北各地，颇著声誉。1949年7月，军代表秦天泽接管移交时，蔡纺厂有男女员工宿舍、职员和技工家属住宅、职员和工人饭厅、子弟小学、医务室、俱乐部、运动场、图书室、幼稚园、浴室、贩卖部等生活福利设施，全厂总计建筑面积38382.12平方米、其中生产用建筑面积24023.67平方米，共有职员57人、工人1195人。

1949年5月20日，西安解放，雍兴公司被收归国有，经过三个月的整顿，9月1日改组为西北人民纺织建设公司，陕甘宁边区政府民政厅派傅道伸(纺织工程专家和教育家,1950年加入民建,是陕西纺织工业奠基人之一)为西北纺建公司经理,蔡家坡纺织厂也随之改为西北人民纺织建设公司第二棉纺厂。1951年7月27日,改名为西北纺织管理局第二棉纺织厂;1952年7月14日,又改名为国营西北第四棉纺织厂;1953年8月6日,再次改名为陕西第二棉纺织厂。1966年12月16日,改名为国营陕西第九棉纺织厂。

1950年,自全国纺织工业会议确定"纺织工业向内地发展"方针起,陕棉九厂历经三万锭迁扩建工程、脱胶厂、罗布麻车间、帆布厂(含棉帘子布)、五万锭迁扩建工程、染整车间、纸布复合纸研制项目及复合车间、引进气流纺纱机、修机车间、锦纶6浸胶帘子布工程、织整车间等十一次改建扩建工程,至1990年底,有生产车间14个,科室48个,职工7543人;环锭细纱机126台,纱锭52620枚,气流纺纱机4台(672头),织机974台,染色防水设备43台(套),复合机4台,锦纶帘子布生产线主机及配套设备4416台(件);占地面积1040.377亩,房屋总建筑面积307334.07平方米,其中生产用房建筑面积136470.02平方米。1951年,首创西北地区20支棉纱每锭20小时生产1.015磅新纪录,创造了孟天禄值车工作法;1953年,建立田生玉温湿度管理制度、推广李甲辰末道值机工作法;1955年,总结出吕桂枝络筒工作法;1956年,总结出焦淑彩并条值车工作法;还先后总结出棉毯值车工作法、帆布场值车工作法、帘子布值车工作法、复合机值车工作法等，均在本厂、陕西省乃至西北地区得以推广。1949－1990年间，生产棉纱 26.4 万吨，棉、帆布 3.6 亿米，棉帘子布 3.9 万吨，实现利税累计 3.8 亿元，累计调出支援其他单位的职工 2147 人，是西北最大的产业用布生产厂，为国家经济建设做出了重大贡献！

再后来，因为一些工人们众所周知的原因，陕棉九厂更名为陕西九棉实业股份有限公司、宝鸡九州纺织有限责任公司，由省属企业变为了市属企业，其现有设备基本处于吃老本状态。这期间，发生过许多许多的事，我已不愿再说，更不忍再说。惟愿老陕九的工人师傅们身体健康、阖家安泰！

——2017.1.19

附录：

张仲实《守厂日记》（摘录）

1948 年

4 月 20 日　晚 8 时，传来消息，武功、扶风、绛帐等地发生战事，同人颇感不安，有连夜收拾行李疏散眷属者。

4 月 21 日　同人借疏散费，因厂中存款甚少，仅能每人借一二千万元（法币，下同），虽如此，亦仅有少数人借到，款即告罄。是月，同人眷属行李出厂，但职员不准擅离。

4 月 22 日　是日天雨，不便集合讲话，只可听之。上午 10 时，忽传三刀岭（距厂东七里）发现共军，全厂员工纷纷出厂，冒雨西行，此时，同人已全出走，我以全厂责任所系，乃决计守厂，不离跬步。我一人独坐办公室，旋有原动部工友数人进入经理室，见我未走，出乎意外地说："你没走呀！"我毫无恐惧地说："我决与全厂工友共生死，以尽我职责。此时，我如果一出厂，厂中立可大乱，公物私物若有重大损失，将来我有何面目见总公司，更有何面目见各工友。"吃饭时，至工友饭厅为工友讲话，告以共同守厂，并说饭后在办公厅发给各工友服务证，各工友鼓掌如雷，表示满意。为迅速计，请能写字的工友帮着写服务证、盖章、盖钢印，我盖私章。室内足迹杂沓，泥水遍地，空气蒸腾，我则汗流如雨，但外间仍须着夹衣，尚觉微寒。

4 月 23 日　闻绛帐铁路被拆毁，火车不能通行。蔡家坡站长及护路队撤退，岐山县城被围，蔡家坡警察分局亦已撤退，此时此地，已陷于无政府状态。工友秩序，尚称安静，警士用命，未有意外。是日晚，在厂中有四位职员共同守厂。

4 月 24 日　下午 5 时，共军到厂，我亲自迎到南门内。共军令本厂立即交出枪械，计交出长枪 36 支、短枪 4 支、手提式 2 支。我向彼要了收据一纸，以免后来的队伍再向我要枪械。我以厂中已无武器，治安堪虞，彼特为厂中留长枪4支，由我开一借据。

当共军官长找我到南大门说话时，杨师长向工友讲话问工友："你们经理好不好？"工友齐声："好！"这一关乃是我生死关头。共军对我非常客气，握手而别。工友之爱我亦至可感也。

4月25日　传闻当地居民有联合七个村镇，将于夜间抢取三厂物资之谣，虚实莫辨，为有备无患计，赶装临时电网，以防万一。工友在围墙内装电网异常迅速，全厂电网约计七百余丈，栽木杆，装三道铅丝，由下午一时作起，至晚已装齐。是夜，全厂员工精神最为紧张，直至天明，安然无事。

4月26日　共军继续西进，又有一部分到厂内向工友讲话。

5月7日　工作如常。

5月12日　今日发给工友护厂奖金，每人800万元，全厂1300人左右，共计90余亿元。

1949 年

5月20日　闻西安市今晨解放，又闻共军已到常兴镇。晚10时我到炮楼上视察，见胡宗南军队沿铁路徒步西行，已无武装，颇为狼狈。夜11：30时，闻炮声震耳，厂中员工皆惊起。人报南门有解放军到，找负责人说话，我急往南门，有数军人在门内喝茶，我与共坐，谈话到深夜2时。军队不住厂，继续西行。

5月21日　上午9时，解放军政委曾光明、主任李恽和、科长纪佛海3人来厂，在工会找我谈话，接收本厂，成立厂务管理委员会。下午一时召集全体员工讲话，当场推举委员7人（职3、工4），公推我为主任委员，工会理事长陆怀运为副主任委员。定名为"中国人民解放军蔡家坡纱厂厂务管理委员会"。3时后，有去年四月曾来厂向工友讲话之杨秀山师长到厂，大家因是旧识，握手道故，陪同到厂内参观一周，5时后去。

5月23日　下午有解放军司令员王震到蔡机厂，以电话邀三厂负责人同到机厂谈话，并以吉普车来厂接我，在机厂谈话甚久，王司令员湖南人，和蔼可亲。谈话后，又同乘吉普车来纱厂参观，至晚辞去。是夜，南山炮声彻夜未停。

5月24日　晨起，炮声愈响愈近。王司令员在纱厂南门内集合队伍，渡渭河到南山作战。

5月26日　是夜，解放军奉命东撤，此间又陷入真空地带。

5月29日　接总公司油印通函云：总公司已经西安军管会接收，派吴生秀为军事代表，自6月1日起开始办公。总公司正办理移交，不日将派员来厂接收。

6月1日　蔡站西闸口外有枪炮声，我在办公室照常办公。

6月4日　前日派往普集镇接军管会人员之卡车两部，今日中午11时回厂。军管会40余人来厂，迎至大楼上休息，40余人分别接收三厂，蔡纺厂15人，以秦天泽为军事代表。

6月6日　以汽车3辆，运往西安棉纱75件，交军管会。

6月9日　附近又发生战事，今日未开工，发动本厂汽车3辆，又借酒厂大车13辆，本厂9辆，共运去棉纱141件，交西安军管会。下午3时，秦代表又召集全体职员讲话：接收人员必要时将撤离，但不久即回来，嘱同人看守此厂，设法保护发电机。

6月10日　炮声愈紧，接收人员均汇集于纱厂，至下午5时撤退，我等送出南门外，握手分别。

7月13日　解放军西进。

7月14日　秦代表等于晚8时到厂。

7月17日　晨7时，秦代表召开全体大会。是日下午7时复工，开车29台。复工后，见军管会人员穿着灰色军衣，对工人很和善，说工人是主人翁，职员与工人同是工人阶级。

西机建厂记忆

范国彬

今冬的第一场零星小雪之后，红彤彤的太阳从雾霾中挣扎而出。

摆在我面前的，是一张黑白老照片——解放前西北机器厂厂景，近处数排厂房在记忆中拔节生长，远处还是沃野平畴……

1940年7月，时值抗日战争第九年，雍兴实业股份有限公司蔡家坡纺织厂的筹建工作即开始于此时。之后逐步开始在蔡家坡筹建机器厂、酒精厂。

雍兴公司主要经营棉纺织业，由于资本雄厚，原棉有中国银行所属的中国棉业公司做后盾，收棉打包机构据点很多，豫陕一带的好棉绝大部分都落到了雍兴公司的打包厂。因而，雍兴公司成立后，短短两三年内，就在西安、咸阳、宝鸡、蔡家坡、虢镇和兰州等地先后经办了十三个厂矿，如果加上代管雍兴享有权益的一些企业，就有二十多个企业。抗日大后方，当时一共才十几万个纱锭，雍兴系统就占了七万多锭，是解放前西北最大的垄断资本企业。雍兴公司在后方兴办实业，无论目的如何，但对解决军民衣着困难和支持抗战客观上起到了一定作用。

民国时期，雍兴公司长安印刷厂门前，着长袍者即束云章。

1940 年 11 月 1 日，雍兴公司开始筹建机器厂。待蔡纺厂位置选定后，决定在其西邻建设为蔡纺厂配套生产、修理纺织设备和零件的机器厂。因抗日时局的急剧变化，当时仅购置土地 116.4 亩，1941 年 3 月破土动工，初建的厂房均是一些简陋的平房、草棚，在不具备生产条件的情况下，4 月就开始承担雍兴公司所属厂修配任务，当时尚未安装动力设施，机械加工全靠人力摇大轮、拉风箱、抡大锤进行生产，工人每天要进行 12 个小时以上的劳动，一月只能休假一天。8 月 1 日机器厂宣告局部投产时，已建成厂房 5126 平方米，拥有职工 200 余人，其中设计人员 7 名、新招学徒工 180 余名。雍兴公司 1940 年 10 月购进的济南成通纺织公司内迁部分机床及 6000 纱锭半成品和一批五金材料，除将 2000 锭留西安修配外，剩余纱锭及材料全部运至机器厂修配安装。另外，安装各种金属切削机 25 台、27.5 千瓦原动机和 6.4 千瓦直流电机各一台、柴油机锅炉等配套设备共计 8 台。主要任务是修配一些残缺不全的生产设备和承修公司所属各厂一些旧纺织机，以及研制酒精蒸馏设备等少量其他设备。至年末，机床设备增加到 60 台，全厂职工总数 480 人，其中职员 56 名、生产工人 297 名、辅助工 127 名，建成厂房建筑 29 幢 413 间 1 万余平方米。

机器厂的征地情形，由于资料所限，尚无法详记。但李巨怀先生在他的长篇小说《书房沟》中，演绎了一段较为鲜活的传说，由此可窥一斑。

大礼帽、文明棍、金丝眼镜、长袍马褂的龙尾乡两个最具声名的头面人物，站在一身中山装矮胖子的强盗头跟前时，他们带来的五六十号武装保丁、家丁还没有缓过神儿呢，便哗啦啦一圈子的神勇兵士们缴了械。中山装矮胖子从公文包里掏出一张陕西省政府的公函在他们俩面前抖了抖，

西机厂二十世纪四十年代生产的梳棉机　　二十世纪四十年代生产的二道清花机

本厂二十世纪四十年代装配工作情况

二十世纪四十年代生产的 36 式精纺机　　　　　试车情形

他们两个人一个字都没看清，人家就噌地收进了公文包。大老鸦贾乡长早已被这阵势吓进了娘肚子，浑身筛糠一样哆嗦起来。王大保长虽说也被这阵势吓得够戗，但他紧咬牙关，硬撑着举起了他的文明棍。

"你、你们在光天化日之下想干什么？这可是我们方圆十几里百姓的口粮田，你们想抢不成？你……"

还没有等他把后半句话说完，中山装矮胖子袖子一甩，上来两个当兵的"咔咔"两枪托就把他打翻在地，眼镜掉了，帽子滚了，文明棍被拦腰一脚踏成两截，王大保长便只有出来的气没有进去的气了。大老鸦贾乡长吓得赶紧跪下来响头磕个不停，满口的致歉声。

"我、我死不瞑目，我、我要亲自到重庆找蒋委员长告你们这伙强盗。"王大保长像是被打断腰的癞皮狗，嘴却没有一点儿认输的样子。大老鸦乡长看着中山装矮胖子定下神时，一番番磕头作揖后，他们一帮人才把王大保长抬回了书房沟。

解放前职员住宅

解放前工眷住宅及工单宿舍

解放前铁工场工作情形

解放前机工场工作情况

1942年，机器厂新的机加工场竣工。

1943年，设计人员由初建时的7人增加到34人，占全厂职员61人的一半多。1944年，设计人员绘制图纸307种7069张，此时需要研制的全程纱机和部分织布机的图纸和模型已基本齐全。1943至1944年，机器厂自制牛头刨等车床15种139台，自制率达92%。为保证纱机产品质量，对细纱锭杆和弹簧代用品等热处理技术均试验成功，建立了热处理室。

1945年，机器厂从解包、清花、粗纱、细纱到摇纱、打包等所有纺纱设备，基本上已都能制造。生产全程纱机初具规模。同时，机器厂用电改由蔡纺厂附属电厂供电，生产和照明用电得到全部解决。年初，职工增至800多人。

1945年9月2日，日本无条件投降后国内经济一度萧条，机器厂解雇职工386人，至1946年因物资供应紧张，重新开始招工。

1947年，全厂职工达到870人，生产设备增加到265台。这时机器厂除能承担全程纺纱机械制造外，开始着手改进老式纱机，开发织布、提花等机械设备，生产效率及纱机精度均有较大提高。据机器厂1947年营业报告记载："……（改进的）J-2式细纱机……与以往制造的成通式和勃拉特式相比，操作简单，出数提高，在国产纱机中，可称最优秀者"，"本厂所制之全套棉纺机器，经各厂装用结果，可与舶来品相媲美"。虽然生产不断发展，但工人们的生活是困苦的，劳动条件恶劣、经常遭受打骂、工资低下、住所狭小、医疗条件差，这些直到解放后才逐步得到改善。

1948年4月至1949年夏初，解放战争胜利在望，官僚垄断集团企图解散机器厂，将100余台生产设备和部分员工搬迁到江苏

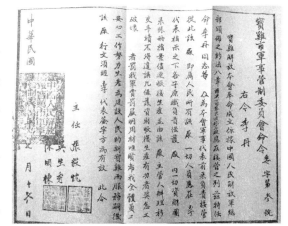

此图为接管西机的命令。陕九的为"委字第贰号"，军代表秦天泽，其余同。

丹阳，后又转运台湾。与此同时，资方在厂内又大批裁减职工，致使工厂生产能力显著下降。在共产党的地下组织领导下，广大工人组织护厂，进行"请愿"斗争，加之当时厂长陈辉汉等个别高级职员、工程技术人员从中周旋，终于使工厂得以保存。1949年7月16日，人民解放军接管时，全厂有职工408人，拥有各种生产设备144台，厂房建筑面积19284平方米。

雍兴公司在与机器厂相邻处，还建有蔡家坡酒精厂，由于当时汽油奇缺，自制酒精，以代替汽油，解决雍兴公司西北运输处120辆卡车的燃料问题。蔡家坡酒精厂，也是由机器厂首任经理杨毓桢（东北大学校办实习工厂首任厂长）负责筹建并兼任酒精厂首任经理，与蔡纺厂、机器厂几乎同时动工兴建。征地100多亩，购置了20马力锅炉等生产设备，部分设备由机器厂生产。先采用干燥法制取，后采用液体发酵法，月生产酒精26万加仑，需用高粱、玉米、大麦等原粮120万斤。还附设有面粉加工，工人最多时为420人。后来汽油有了来源，就停止了酒精生产，扩建为面粉厂，安装了机器厂自制的大型面粉机，日产面粉500袋，供应公司各厂及市面应用，还兼营酱油、味精、食醋、淀粉等调味品。1949年7月16日，人民解放军接管后，改为西北人民面粉厂。随着大西北的解放，1951年5月15日，西北工业部决定将人民面粉厂迁新疆，全部房地产拨给西北机器厂。

雍兴公司为了培养自己的专业技术人员，1942年，在傅道伸（纺织工程专家和教育家，1950年加入民建，是陕西纺织工业奠基人之一）精心指导下，还在今西北机器厂六村所在地，创办了私立雍兴高级工业职业学校，

由机器厂时任经理吴本蕃（纺织机械专家，解放后任纺织工业部机械局顾问、二级工程师等职，1956年加入民盟）任首任校长，内设机械、纺织两科，共历五届，招生300多人，先后在校毕业200余人，大都分派在雍兴公司各厂及中国银行所属的重庆豫丰、合川纱厂服务。

1950 年，高职校迁至咸阳，两科分别发展为咸阳机器制造工业学校和咸阳纺织工业学校，后来两校历经数次更名、与其他中职院校合并、升格，成为陕西工业职业技术学院和陕西纺织服装职业技术学院。2010 年，陕西纺织服装职业技术学院并入陕西工业职业技术学院，历经 68 载，起源于西机的私立雍兴高级工业职业学校终于华丽转身，以现有在校生 2 万余名、教职工 1 千余名的新中国高职院校身份，于百里之外再次团聚，在新中国成立后六十多年的发展历程中，共培养各类专业技术人才 11 万余名，为陕西乃至全国装备制造业、服装纺织业的发展做出了重要贡献。

为了解决蔡三厂员工子弟的上学读书，雍兴公司从 1942 年秋就开始筹办小学，初请扶轮小学在蔡纺厂代办临时班。1943 年公司决定自办学校，附设于高职校，校名为"私立蔡家坡雍兴三厂员工子弟小学"。1944 年因校舍不敷，在蔡纺厂设立本校，机器厂设分校，后又合并。1946 年元月，经陕西省教育厅批准，校名改为"岐山县私立雍兴小学"。1948 年秋，校址迁入高职校内。1950 年秋，西北军政委员会工业部通知西北人民纺建公司(原雍兴公司)：三厂小学分归各厂自办，腾出校舍扩办高职校。至于高职校 1948 年 9月起是否停办、1949 年间有何经历、为何由扩办改为迁办，尚未找到相关资料证实，若能得机缘赴陕西工业职业技术学院档案室查阅，或可知晓一二。

此外，据甘肃经济日报 2012 年 2 月 6 日第八版转载的《抗战时期中国银行对甘肃的贡献》一文知晓，1941 年雍兴公司曾在兰州成立西北机器厂兰州分厂，当时为甘肃最大的机器制造企业，生产设备先进，产品品种较多，满足了甘肃省工业企业的需求。1942 年 12 月建成的兰州面粉厂，其首任经理即是为蔡纺厂选址的韩巨川。

新中国成立后，西北机器厂历经三次较大规模的扩建、改建，科研生产能力在国内同行业中始终占据一定优势。至 1989 年底，占地面积千余亩，厂房建筑 21.3 万平方米，职工 5078 人，其中各类专业技术干部1125 人，生产设备 868 台，为包建、援建新厂向外输出干部工人 2000 余人，可生产半导体集成电路设备、电子元件工艺设备、电真空设备、钨钼丝加工设备、力学环境与可靠性试验设备、电子工业通用设备、电线电缆生产设备、其他设备等八大门类一千个品种的机械、电子专用设备。然而当时间走向 2008 年元月，西北机器厂通过债转股，整体改制为了西北机器有限公司，总部设在了西安高新区，蔡家坡这里，只是成为了公司的加工制造基地。

时光荏苒，对于我们这些从小就生长在西机的孩子，很长一段时间里，没有人会关注和记起厂子的历史，五十、六十周年之于我们，只是几个可以用来炫耀的数字。我们曾经固执地认为我们厂是最好的，我们的职工消费合作社里的东西是最多最全、过年前人气最旺的，我们正月十五的焰火晚会、灯会吸引着三个厂和车站的居民扶老携幼、站满大小操场、灯光球场，尽管那时的礼花弹是一颗一颗打上天的，可在那个年月里却是如西洋景般神圣的存在。我们潜意识里觉得，陕九和 702 都不如我们，93、94、39 那都是山沟沟里的小弟。

以 1997 年左右的经济危机、国企改革、工人下岗为标志，及一些工人们众所周知的原因，我们的西机一天天颓唐了下去，而陕汽、陕齿的发展早已不可同日而语。每当我听到西机工人们的工资，心情总会随着工资数额的增减或喜悦、或低落；每当"雄伟的西北机器厂，矗立在中原大地上，团结拼搏，敢打攻坚仗，求实创新，科技争先锋……我们是电子工业的栋梁，前途无量、前途无量、前途无量"的旋律在脑袋里不知何时便轰然撞响时，还是会忍不住地默然怅惘！

都说"盛世修志"，"治天下者以史为鉴，治郡国者以志为鉴"，当一位陕齿的友人自西安将两卷《法士特厂志》的照片发来时，看着那装帧精美、据说五年一编的厂志，我凝视许久、默默无言，就这么拿着手机呆愣在了那里，胸口有如石堵。真心地希望有那么一天，我们的西机能再现往日的辉煌，能让西机的孩子像曾经的我们那样再次自豪地宣称，我是西机的孩子，我的家在西机，与岐山无关，与蔡家坡无关！到那时，也能认认真真地好好修一部厂志，记录下建厂以来的苦难与辉煌。

——2017.1.10

抗战时期宝鸡的龙泉巷商业圈

宝鸡市档案馆《肇基之路》

宝鸡地处我国南北交通要道，东连关中、中原一带，西接甘肃、宁夏、青海一带，南依汉中、广元等地，北靠陇东一带，是一个天然的人流、物流集散地。近代以来，宝鸡因地处西北内陆，交通不便，经济十分落后。1937 年 3 月，陇海铁路通至宝鸡后，宝鸡工商业发展迅速。宝鸡作为抗战的战略大后方，沦陷区工厂内迁宝鸡，难民沿着陇海铁路大量涌入宝鸡，宝鸡物流、人流量大大增加，商业、金融业、服务业等也得到了较快发展，成为西北地区较大的商业贸易城市。

龙泉巷因巷子中有一股茶杯口粗的昼夜流淌的清泉而得名。泉水也为人们在周围聚居生活提供了便利。龙泉巷，现在名叫群众路，是指从宝鸡老火车站口以北至二十一军军部门前的地段，这里是回族、汉族杂居的地域。龙泉巷是一条不封闭的能够并行两辆马车的巷道。既是一个居住、经商的场所，又是一个运输线的终结点和物资集散地。

抗日战争全面爆发后，时局动荡不安，全国各地人口都在迁徙流动之中，生活所需的物资亦随着人们的流动而流动。

　　龙泉巷商业圈形成于 20 世纪 30 年代中期，陇海铁路通车宝鸡，是龙泉巷成为当地贸易中心的主要原因。沦陷区工厂的内迁，以及"花园口事件"发生后中原地区大量的逃荒者的流入，使宝鸡人口剧增。当时的宝鸡既占有交通要道的优势，又是一个比较平安的避风港。大量从中原各地逃荒而来的难民，都在这里找到了栖身立命之地。

　　当时，龙泉巷由回族、汉族商人经营的大大小小的商行有数十家之多。著名的有天泰生商行、云泰公商行、协和盐店，马如海的天义恒商行、马明义的正义盐店、李自修的金店、马鹏轩的大兴元商行、兰进元父子的祥盛店和源兴店、摆衍的复兴店、麻云贵的同泰和商行、马小文和兰玉林的协丰盐店、李儒波的鼎兴东皮行、赵全喜的豫兴皮行等，有些是西北地区有名的商行。

　　这些商行主要的贸易是促成青海的大青盐，宁夏的天然碱，汉中、城固及四川广元等地的红茶、砖茶、胡茶、碗茶等各种茶类与大米交易。商行是一个交易场所，帮助生意人促成交易，为生意人提供落脚点和信息，兼顾代购、代销、代管、代寻脚力的服务性业务，以交易物资及钱款的数额提取佣金。

　　产自遥远青海的大青盐，宁夏中卫的枸杞，甘肃平凉等地的甘草、芍药等药材、胡麻油（食用油），张家川的粉条、粉面、毛皮等物资，均要经这里交易后周转至关中、中原、陕南等地。红白糖、芝麻、黄花、木耳、蜂蜜、柑橘、布匹、纸张，则经过此地运往西北各地。

　　宝鸡市中山东路的各大小商行、商店的相关货物，也是从这里进货，巷子从早到晚，车水马龙，一派热闹景象。从巷子里进进出出驮载货物的马车、骆驼、毛驴络绎不绝，每天都有几十甚至上百匹不等的驮队，源源不断地把物资运往前线、后方。

　　在那个时代，龙泉巷就是宝鸡的代称，外地商人一到宝鸡，必到龙泉巷看看。

宝桥家属院：东北楼里的三线往事

于　虹

上世纪 60 年代，按照"三线建设"的总体要求，国家从全国各大铁路局抽调 1200 余名职工，在"靠山隐蔽"的宝鸡组建桥梁厂。在这次内迁中，沈阳桥梁厂有 800 人在"备战备荒为人民""好人好马上三线"的号召下，打起背包，跋山涉水，奔赴大西北。跨越半个世纪，肩扛人挑、风餐露宿、机器轰鸣……这

些记忆在宝桥家属院那些老职工心里，依然清晰——

背着煤不远千里到宝鸡

地处秦岭北麓的宝鸡曾经是"三线建设"时期的明星城市，新中国成立初期，大批东部工业内迁，使宝鸡汇聚了一大批"国字号"的装备制造企业和军工企业。也就是在这个时候，宝鸡桥梁厂出现在人们的视野中。

来到宝桥社区，见到了刘玉中、金洪良、王建明、凌传雄四位老人。问起"三线建设"时的故事，这些老人都表现出了浓厚的兴趣，因为当年

的故事在他们心里埋藏已久。

时间回到上世纪60年代。1965年春节假期结束后的第二天，沈阳桥梁厂刘玉中接到上级指示："西北要建工厂，收拾东西，后天就出发。"对刘玉中来说，他只知道要出差，至于和谁、去哪、干什么，他一无所知。

到北京后，他们才知道自己是第一批，到宝鸡去做前期工作。

那年刘玉中30岁，是沈阳桥梁厂的保卫干事，他觉得能被组织选中，是一件非常荣幸的事情。离开家的时候，刘玉中还挺高兴，觉得出来挺好，在火车上和大家说说笑笑地来到宝鸡。

当他们一行人来到宝桥厂址时，这里还是秦岭脚下的一片荒山野地，周围什么都没有。比刘玉中晚到两个多月的王建明，正赶上大家建造工厂。他说，那时人人都是钢铁战士，厂里的电是职工自己从电厂拉线接过来的，冒着大雨，在地上挖一米多深的沟，几公里长。在他的记忆里，那时工作一点儿也感觉不到累，大家都铆足了干劲，不偷懒也不发牢骚。不论是领导还是职工，每个人都是建筑工，啥活都是大家一起干。

随着厂房宿舍修建起来，第二批人马也来到了宝鸡，金洪良就是其中之一。他说，组织命令他们把在沈阳的宿舍打扫干净，拿上行李去宝鸡。那时候家里刚领了当月用的煤，时间太紧，根本来不及处理，他就背着煤来到了宝鸡。

当时生产条件还不完全具备，人拉肩扛，1966年10月，第一个成品就敲锣打鼓装上专运线火车，更是创下了建厂当年生产钢梁1892吨的惊人业绩。

"东北楼"里三线人的坚守

沈阳是东北地区的中心城市，曾经对中国历史产生过深远影响。在那个年代，作为沈阳人是非常有自豪感的，工人住楼房对他们来说一点也不新奇。

今年88岁的凌传雄说，当时他们家就住楼房，煤气已经开通，出门有公交、电车，蔬菜水果随处可以买到，生活可以说很方便。可是他们来到宝鸡后，这里除了夏天的暴雨，还有冬天的西北风。那时候宝鸡冬天阴冷，宿舍楼里没有安装暖气，睡觉时他们只能抱着热水袋，蜷缩着身体，把被子捂得严严实实。除了住宿条件不好外，出门没有公交，吃的只有面，没有米，更别说菜了。

对于吃惯了米饭的沈阳人来说，宝鸡的面条里只放辣子、醋，怎么也接受不了。于是，每个月领完面后，他们就会骑自行车或者赶火车去有米的地方换大米。金洪良就是其中一位，他说，那时候宝成线已经开通了，每次去换米他们都会结伴出行，大家坐上火车到阳平关。那时候没钱买车票，他们就晚上扒货车，白天到达目的地，换好大米又赶晚上的货车再回来。每次换大米，他们都会带一些火柴、灯泡等日常用品，因为这些物资在农村很难见到。

除了要换大米外，他们每天吃的菜都是换来的。王建明回忆道，那时候附近村里很少种菜，种的也是辣椒之类，他们就只能去天水，换一些土豆回来。除此之外，每天做饭用的蜂窝煤炉子，对这些外乡人来说，也是非常陌生，一度他们连做饭都成了大问题。他们家里用的都是煤气，就算用煤也是大块的，而这种蜂窝煤他们都没见过。他们常常是下了早班回到家，饭架在炉子上，到了下午该上班了，炉子里的火才上来，又只能封了炉子去上班，下午，肚子叫的声音在车间里此起彼伏。

这样艰苦的日子并没有持续很长时间。刘玉中介绍，随后家属楼盖起来了，也建了学校、医院、商店等等，大家不用走太远就能满足平时生活所需。可以说，宝桥家属院形成了一个属于他们的圈子。那时，厂里人与当地人很少交流，平时下班了就在厂子里和工友们在一起。大家基本都是沈阳人，每天下了班，一群小伙子也没什么可做，就回到宿舍唠嗑，回味大家在家乡时候的生活。在刘玉中看来，与当地人不来往，还有一个原因是语言上的障碍，"他们说话我们听不懂"。

厂里人与当地人接触最多的是在集市上，当地人就在家属区楼下摆摊，在沈阳人眼里，这里的农副产品不是一般的便宜。在

这个集市上，厂里人的粮票与人民币一样在市场里流通，粮票可以换鸡蛋、蔬菜、水果，当然也可以换老母鸡。

那个时代，工人的生活条件相对较好，家家都有自行车。一段时间内，宝鸡桥梁厂在宝鸡多家三线企业中名声最响，待遇也最好，让宝鸡人羡慕不已。

随着城市的发展，昔日惹眼的宝桥家属区已显得破旧，居住的多是厂里的老职工。但当年热闹的场面依旧，这些第一代三线人仍然在这里坚守着。

"宝鸡是我们的第二故乡"

宝桥社区是宝鸡桥梁厂的家属区，这些楼也是企业红火时盖的。如今，社区里还住着不少东北人，在这里，东北话几乎是官方语言，下棋、聊天，爽朗的欢笑声和热乎的东北方言融成一片，东北味儿十足。用金洪良的话说，"秦腔、白面不习惯，秧歌、酸菜才过瘾。"多年以后的今天，操着东北话的第一代三线人虽然嘴上还在说无法入乡随俗，但在他们心里，宝鸡已经悄悄地成了他们的第二故乡。

那时候，让他们感到最孤独的就是过年，东北过大年特别热闹，提前很多天就张罗包饺子、包黏豆包、贴春联，从除夕到正月初五每天早上都要吃顿饺子。在宝鸡生活了50多年，他们也习惯了宝鸡人的生活方式，以及宝鸡人过年的习俗：清扫屋舍、拜亲友、压肘子。

凌传雄的儿子和孙子都在宝鸡桥梁厂工作，虽然自己不习惯宝鸡人爱吃辣子、醋的习惯，但是自己的孩子们却爱上了这口儿，他们生在宝鸡、长在宝鸡，爱吃辣子、醋和擀面皮，和宝鸡人已无两样。

回想起以前，金洪良一直都忘不了妻子带着孩子下火车的那一刻，妻子看着满眼的荒凉，眼泪止不住地流下来，他们没想到这一来就扎根在了宝鸡，一晃52年过去了，他们早已熟悉了这里的一切，而沈阳却离自己越来越远……

陕汽建厂记忆

兵　兵

兵兵说：陕汽厂47年的风雨征程，一代又一代的陕汽青年用热血铸造了陕汽的金字招牌，书写了无数感人肺腑的故事。走进历史，缅怀过去的青春故事，对当下追梦的我而言，是一种向上的激励！二十世纪六七十年代，在没有大型基建设备参与的情况下，一砖一瓦，一石一沙，无不凝结着建设者的汗水。从结束"有炮无车"的历史，到1985年斯太尔项目，再到2002年与德国MAN公司的全面技术合作，我们从三线小厂逐步变成中国重卡市场一支不可忽视的力量。这背后不知有多少人把青春奉献给了这个大家庭。

三线建设——一场迫不得已的工业迁徙

故事要从上世纪六十年代说起。

1960 中苏关系急剧恶化，苏联撕毁数百个中苏经济技术合同，撤回全部在华苏联专家，在我国北部边境陈兵百万，形成对我国的半月形军事包围，与美国南北呼应；而盘踞在台湾的蒋介石政权也妄图反攻大陆；两年之后，印度在中印边境挑起事端，直接导致了当时的中印军事冲突。

而实际的形势，远比我们想象的更严峻。

当时中国 70% 的工业分布在东北和沿海地区，一旦战争开始，中国的工业将很快陷入瘫痪。面对战争的威胁，中央毅然决定在中国中西部地区的 13 个省、自治区进行以工业、交通、国防基础设施建设为主的三线后方建设，从此开启了中国经济史上一次大规模的工业迁移。

有炮无车——谁来填补重型越野车的空白

当时，国内自产仅有解放 CA-30 中型卡车，此车牵引能力只能覆盖到

| 20 世纪 60 年代阅兵火炮牵引方式 | 解放 CA-30 卡车 |

2~3 吨重的炮体。对于 122mm 口径等重达 5~6 吨的火炮牵引任务，国家只能斥巨资进口诸如法国 GBC 等卡车来承担。一边要发展国民经济，一边要提升国防实力应对战争威胁，中国急需发展重型卡车。因此陕汽诞生的历史使命之一就是结束我军"有炮无车"的历史。

选址风波——麦李西沟本不是第一选择

1966 年，国家计划委员会发文将北京新都暖气机械厂内迁，作为陕汽厂的基础。新都厂很快选定了宝鸡市西北的南关村，作为陕汽的厂址。后来，由于种种原因，新都厂迁建工作流了产，随后第一机械工业部决定由北京汽车制造厂重新筹建陕汽厂，并组织复查

小组实地勘测了原选厂址，发现南关村地域狭小、水源不足，且有地方病，不宜按原方案建厂，于是沿秦岭北麓重新选址，最终选中了岐山县渭河南岸的麦李西沟。不得不说这是个好地方，这里距西安 150 公里，且地形良好，地下水源丰富，具有靠山、分散、隐蔽的优势，很符合当时的选址要求。

然而最终确定麦李西沟作为陕汽厂址还经过了一番唇枪舌剑，时任陕汽厂筹备组副组长的吴智平在一篇文章中谈到了当时的选址情况，文章说：

当我们把选址结果上报陕西省时，省上不同意，说是在麦李西沟里面已建有地方军工厂，不适合建设小三线。我说你们不给，我们就去甘肃搞，后来他们同意了，但有个条件，就是要修建蔡家坡渭河大桥，通往蔡家坡火车站，我们当即拍了板。当时陕汽和陕齿

（今天的法士特集团）都在争麦李西沟，官司一直打到了一机部军管会，最后军管会同意陕汽在麦李西沟建厂才算平息。

1969 年 7 月，陕汽厂第一次创业在麦李西沟破土动工，开始书写属于它的汽车传奇。

越野之王——"暖气厂"背后的秘密

隶属于公安部的新都暖气机械厂始建于 1950 年。就是这样一个看似与重卡毫无关系的机械厂，自 1956 年起就根据捷克斯洛伐克提供的部分技术资料，组织专人测绘太脱拉 T111 重卡的关键配件，并开始仿制。1965 年 12 月，新都厂拼装出了两辆，被命名为"XD250"载重车。1967 年 5 月，该车通过了一机部鉴定，正式投入批量生产。随着时间的迁移，新都厂变更为后来的河北长征汽车制造厂。

至于太脱拉，在这里我也简单说一下。它是有着当今"越野之王"之称的捷克卡车品牌。令其引以为豪的全独立悬架、全时全驱系统，使其拥有了可以媲美履带式车辆的越野能力；独有的风冷式发动机能让它在−40 摄氏度的恶劣环境下正常启动。20 世纪 80 年代，我国进口过一大批太脱拉 T−815 型的自卸卡车，凭借其强劲的越野性能和通过能力，自如地穿梭在矿山、建筑、水利水电工程、筑路工地上。时至今日，仍会在不经意间看到这些新中国建设的先驱。

花落谁家——援建陕汽的幕后英雄

正当新都厂迁建计划实施之际，"文化大革命"爆发了。新都厂因系劳改企业的缘故，遭到了激烈的迁建反对。

1968 年，一机部决定将新都厂内迁的基建投资、技术材料和生产设备移交给临时成立的陕西汽车制造厂筹备处。同年 6 月，一机部汽车局发文：北京汽车制造厂包建陕汽厂主生产线；南京汽车厂发动机分厂（为主）和杭州汽车发动机厂包建陕汽发动机厂；由北汽、南汽、济汽、杭发、长春汽车研究所和国防科工委 12 院的工程技术人员组成联合设计组，负责车型的设计开发工作。

尘埃落定

1968 年 2 月 28 日，"陕西汽车制造厂筹备处"印章正式启用，通讯地址——陕西省宝鸡市 93 号信箱。

随着援建工作如火如荼地进行，北汽支援的技术工人骨干、国家分配的大中专毕业生，以及从北京招收的 1500 青年员工、复转军人也陆续来到麦李西沟，担负起了基地建设和试制样车的任务。当时在沟里还发生了一件令人忍俊不禁的趣事：

1969 年 7 月在麦李西沟破土动工的基建场面

一天下午，接待处负责人接到消息，有一位从杭州来的姑娘被沟里的村民围住了！他径直向沟口走去，远远看见一位穿着红色连衣裙、手里提着旅行包的姑娘向沟里走来。村民们簇拥着她，眼睛直盯着她身穿的红色衣裙，像看什么稀奇古怪。姑娘被盯得不好意思，低着头走路，脸蛋红红的。负责人快步向她迎上去，小声问：

"来报到的吧？"

姑娘点点头。

"从哪里来？"负责人又问。

"杭州。"

不管生活多艰苦，始终保持乐观精神。图为在基建工地，演出文艺节目

负责人接过她手中的旅行包，领她去报到处，村民们这才散去。

杭州姑娘的红色裙装，羡慕得村民眼睛红红，不停地啧啧称赞。她们真是没想到，山外的人还有那样生活的，今天算是开了眼了。

杭州姑娘的红色连衣裙，给予了五丈原古老文明以巨大冲击，在村民的心中激起了阵阵涟漪……

150 天攻坚——"万国牌"样车整合诞生

1968 年 5 月，北汽成立了 5 吨军车设计组。6 月，设计组和国防科委十二院共同组成调查组，到中国人民解放军、兵种领导机关和几大军区炮兵部队进行了深入的调研，详细了解了部队当时配备的进口 5 吨级越野军车的使用情况和战术要求，并根据部队要求初步拟定了基本设计原则。之后，设计组认真研究了乌拉尔、贝利埃、小戴高乐、太脱拉等进口车的优缺点，并结合当时我国的技术、工艺水平，才慎重地确定了设计方案。

1968 年 12 月 30 日，SX250 第一轮样车试制完成。

1969 年初，4589 部队接到样车，并将其与法国 GBC8MT、苏联乌拉尔 357 汽车做性能对比试验。试验结果表明：样车的主要性能基本满足部队战术要求。将士们竖起大拇指：样车，样车，好样的车！

消息传开，北汽人，陕汽人为之振奋！

1969 年 4 月，"六吨半牵引车实验座谈会"在石家庄市召开，对样车进行了全面而客观的评价。认为它具有动力大、越野性能好、转弯半径小、机动灵活等优点的同时，也存在高、大、重，发动机烟尘大、噪音大、加速性不够好等缺点。随后，北汽为了进一步优化样车性能，开始了第二轮试制。

几十年过去了，很多人会想起、问起：当年的第一辆延安战车（样车）安在？

答曰：第一辆样车在演绎了中国军车的春秋之后，最终"献身"于原子弹试验场。

或者，应该说，它永远活着，安在每一个陕汽人心中，永远高大、威猛却又让我们倍感亲切。

迎接使命——麦李西沟加快建设步伐

1969 年 3 月，在"边施工、边建设、边安装、边生产"的方针指导下，第一批生产建设者进入西沟办公，办公室就设在沟口临时工棚。

3 月，连接西沟和蔡家坡的渭河大桥开工。

这座于 1970 年 5 月 1 日通车的渭河大桥，40 多年来，一直坚守着自己的岗位，凝望着陕汽的发展壮大。

7 月，陕汽厂破土动工，开始了通路、通水、通电、平整场地的"三通一平"工作。

9 月，沟里的第一座桥梁单身楼桥开工并完工。

10 月，第一批家属楼和单身职工宿舍楼开建。

11 月，开始了第一个生产车间工具车间的建设……热火朝天的建设，只为迎接陕汽人自己历史使命的到来。

一位参加当年基建的女青年，写下了这样的回忆——

那时我们从北京来到麦李西沟，报到那天就参加到了基本建设的队伍中。晚上，基建指挥部发给我们每人八块红砖，我们用这些红砖在

道路修建

通往西沟的渭河大桥

河中取沙

渭河滩上铺起一张张床，作为我们住宿的地方。我们睡在床上，数着满天星星，看着山影，感觉这生活还挺浪漫，充满诗情画意。我们向爸妈写信，要他们放心，告诉他们这里就像电影里的画面，请他们来这里欣赏。我们唱着自己编的歌曲："背上那个行装，轰鸣的列车，把我们带向远方，去那祖国最需要的地方，离开心中的北京啊，见到那渭水万顷浪，喜闻西沟麦李香……"

第一炉铁水——浇铸"毛主席万岁"

1970年8月4日，厂军管会向铸工车间下达了当月15日前化出第一炉铁水的命令，为即将进行的样车试制做好准备。职工们在资源极缺的困难下，积极创造条件组织生产——

浇铸用的化铁炉是借来的；

风机是废弃除尘机改装的；

三个铁水包是用一块薄钢板敲出来的；

浇口棒以竹棒代用；

氧气罐是从蔡家坡拉回来的；

铁丝是两位女同志步行40里从沟里背回来的；

没有型砂，他们就地取材，用脸盆从沙滩搬回十余吨沙子，没有碾砂机，就掺上煤粉、黏土用手搓。

仅仅用了8天时间，第一炉铁水提前出炉，浇铸出时代最强音"毛主席万岁"五个金光闪闪的大字。

土炉、背篓精神——让"没有"变成"有"

1970 年 9 月 9 日，第三轮试制战役在工具车间开始。

"一无厂房，二无设备，三无工具，四无材料"，在这样困难的条件下，第一代创业者充分发挥主观能动性，创造条件进行生产。没有厂房露天干，没有设备土法上马，没有工具自己造，没有材料自己找。

急需几样锻件，就近买不到，远购又耽误时间，怎么办？老工人张占熬、邢彦池、于书来二话没说，在车间砌起炉子，甩开膀子，硬是用手锤和铁钳将锻件打了出来，职工们管这叫"土炉精神"。

在加工零件中，没有工具箱，青工们以货筐代用，上班背来，下班又背回宿舍，职工们管这叫"背篓精神"。

陕汽第一代创业者用他们的勤劳与智慧，让数不清的"没有"都有了，无数催人泪下的创业事迹至今仍在流传……

由于资料有限，当时工具车间的试制场景已无法还原，但仅有的这些

黑白老照片，仍能将思绪带回那个年代，我仿佛还能听到榔头叮叮当当的敲打声、看见那时青年脸颊上滑落汗水后的印迹……

1970 年 12 月 26 日，陕汽厂自行制造的第一辆汽车，从工具车间缓缓开出。一年的时间，在历史的长河里只

1970 年 3 月建起广播站，及时报道各种新闻信息，节目丰富多彩，图为小主人广播节目在播音

是短暂的一瞬，就在这一瞬，麦李西沟却发生了翻天覆地的巨变！

一位两年前出远门的西沟老乡，归来时正赶上样车出厂的场面，眼前的一切使他茫然，他以为自己走错了地方。围观人群中一位中年妇女一边盯着他，一边用力挤出人群，喊了他一声："娃他爸，你回来啦！"他惊呆了，难以相信，妻子为何也来到了这"陌生"的地方？从来只会长麦子的西沟，居然长出了这样的铁家伙来！

来源：陕汽青年，综合自《你不知道的陕汽》系列，主讲人：兵兵。

我的陕齿建厂记忆

时　空

编者按：时间如梭，春华秋实，不知不觉中四十多年的光阴倏忽而过，一个个老厂经历过初创的艰辛、苦难中的辉煌、国企改革的阵痛，逐渐成为一个地区、一个行业或灿烂、或蒙尘的地标。这些老厂发展到今天，无论是好是坏，都曾经有那么一群老一辈创业者，以火一样的激情、坚定的信念和团结协作、无私奉献的精神、面对各种艰难险阻的果敢作风，顽强地奠定了今日中国的基础。他们如今都已两鬓斑白，他们或许就是我们的父母和祖父母，他们正变得越来越模糊……记住和珍惜这历史的一瞬间吧，让这些宝贵的瞬间能在我们的记忆里筑起一座丰碑。

2015 年 9 月 3 日上午，北京天安门广场宏伟庄严，纪念中国人民抗日战争暨世界反法西斯战争胜利 70 周年大会隆重举行。习近平主席发表重要讲话并乘红旗车检阅受阅部队，他亲切的问候与受阅官兵的响亮回答声震长空。

现场数万观众挥动着五星红旗，庆祝 70 年前经过艰苦卓绝斗争所取得的伟大胜利。

气势磅礴的胜利大阅兵拉开序幕：伴随着军乐团激昂旋律的解放军进行曲，英雄的抗战老兵乘车方队首先出场，英模徒步方队高举军旗步履铿锵，各种国产最新主战装备精彩亮相，歼击机护航预警机拉着彩烟凌空飞过……以接受习主席和祖国人民的检阅。气势如虹排山倒海的大阅兵，彰显了中国人民铭记历史，捍卫二战成果，坚定不移地维护世界和平的坚强意志与决心！

我和亿万观众紧盯央视屏幕，关注着阅兵中的每个进程。

当地面装备方队经过天安门，当一辆辆威武雄壮的导弹车和军车越来越近时，我激动得热泪盈眶：为祖国的强大和国防的信息化感到自豪！为难以忘怀的三线建设与建厂记忆心潮澎湃！

导弹车与军车上装备着我厂——陕西法士特集团公司最新的重型变速器和取力器。其中凝聚着我和数万名员工、近千位陕西知青、数百名北京知青、厂领导和工程技术专家40多年的心血，几代陕齿——法士特人的不懈努力与辛勤的汗水，甚至于宝贵的生命！

此时，我的思绪不由地回到了40多年前……

1971年7月16日，是我永远不能忘记的日子。这一天我离开了插队近三年的陕西省宝鸡县八鱼公社杨庄，告别了朝夕相处的知青朋友和乡亲们，踏进了工厂的大门。

那天阳光明媚。知青同学李泽普、王紫平、杨捷等和老乡们，拉着架子车把我们一直送到十几里外的潘家湾。我和八鱼公社的9位知青（西安市第37中同学）上了一辆解放牌卡车，与车上的陇县知青们一起，随车向东奔驰。经过一个多小时的风尘颠簸后，汽车沿着公路向南拐去，前面就是秦岭北麓的同峪沟。

一条从秦岭发源的小河弯曲

地流经公路旁，这是陕西省宝鸡县与岐山县的界河。

河的西面是宝鸡县。宝鸡，古称陈仓。当年，汉高祖刘邦通过"明修栈道，暗度陈仓"，顺利挺进关中，开创了汉王朝的大业。汉武帝派张骞出使西域，历经艰辛开辟了举世瞩目的丝绸之路。宝鸡为炎帝故里，是中华民族的发祥地之一，还是中国青铜器之乡。宝鸡县天王公社的钓鱼台，相传是姜子牙当年钓鱼的地方。

河的东面为中国千年古县——岐山县，周朝的首都，古称西岐。"凤鸣岐山"的传说，《封神演义》的故事就发生在这里。西周著名的政治家文王、武王、周公、召公都出生于此，县城北约十五里处建有周公庙。县城南约四五十里处有五丈原诸葛亮庙，这里因我国古代伟大的政治家、军事家诸葛亮星陨于此而闻名于世。五丈原距离同峪沟约十几里。

汽车沿着公路向同峪沟前进，隐约看到一个东、西侧是塬，南面是秦岭的三线建设工地。

三线建设，是毛主席和党中央在 20 世纪 60 年代，针对当时严峻的国际军事形势，为了加强战备、建设内地工业基地、形成中国威慑力而作出的一项重大战略决策。中国的三线建设在世界军事史和经济史上是史无前例的。

从 1964 年开始，中国的国际环

境很不好，已处在多方面的威胁当中。首先威胁中国的是苏联。20 世纪 60 年代初，中苏两党之间的矛盾扩大到了国家关系的领域，两国的边界争端不断发生，苏曾试图对我国正在搞的核设施实行"外科手术"式的打击。第二个威胁中国的是美国。朝鲜战场失败以后，美国仍然把中国当作它在亚洲的主要敌人。1964 年 8 月，美国开始轰炸越南北方，把战火烧到了我国的南大门。第三个威胁来自印度。当时，中印边境紧张，印度军队不断蚕食我国领土，在中印边境东西两段向我发动武装进攻。

1964 年 6 月，毛主席第一次提出了三线建设，要把沿海一些重要的工业向西南、西北省份转移，并划出了三道线：一线为沿海地区，二线为中部地区，三线为西南、西北地区。同时提出了"靠山、分散、隐蔽"6 个字的三线建设选址原则，并在年内开始贯彻执行。1965 年中央工作会议作出了"以国防建设第一，加速三线建设逐步改变工业布局"的战略决策。

1968 年，根据我军急需重炮牵引车的现实和第一机械工业部的指示，经过汽车专家和技术人员艰苦的考察，确定在陕西岐山五丈原附近建设我国首个军用重型越野汽车厂——陕西汽车制造厂。与此同时，一机部汽车局、北京齿轮厂的领导和第一代创业者张学孟总工程师等，在秦岭北麓翻山越岭，辛苦地多方考察比较，选定在同峪沟建设与陕西汽车厂配套的重型军用汽车齿轮与变速器生产厂——陕西汽车齿轮厂，代号：陕西蔡家坡 94 号信箱。

"快到了。"随着司机的声音，同峪沟越来越近，弯曲的窄长地形，东西窄南北长。从沟底到两侧塬顶呈斜坡，覆盖着黄土和植被。南侧是郁郁葱葱的秦岭。

当汽车开进早已向往的工厂时，我们看到陕齿厂区竟神奇地横跨在宝鸡、岐山两县之间！同峪河把厂区分成了东、西两块：已盖好的 3 栋单身楼和模具车间在河西岸，加工和机修车间在河

东岸。一座公路桥成了连接的纽带。很多生产车间、动力系统、办公楼等都有待建设。

1971年前后进入陕齿厂的：有陕西老三届知青近千人（数百位北京知青是1972年进厂的）；有包建厂——北京齿轮厂的领导和技术人员、职工；有大学生和复转军人；还有勘测设计、建筑安装公司的师傅等。人数众多但仅有3栋楼，怎么住？厂领导根据工厂必须加快建设的指示，作出了"先生产，后生活"的决定：让技术人员、大学生和女知青等住到单身楼，我们这些男知青则住进了刚盖起的大车间。

那天，我随着报到的知青领到麦草垫子，背着农村插队时的破旧被子，提着箱子进入磨具车间。当时宽大的车间里已经睡着许多知青。这是我从未见过的大地铺：记得有四排，每排睡几十人，整个车间就有数百个地铺。睡在宽大的车间里，头顶是刺眼的照明灯，周围是数百人的知青，打呼噜聊天的，看书听收音机的都有。好在那时年轻竟能睡着。住在大车间里的我们，艰难地度过了酷暑和寒冬。

当时厂里设有驻厂军代表，实行准军事化管理。每天清晨，随着嘹亮的军号声，大家赶快起床洗漱，吃过早饭就去干活。我们这些知青们被编为三个学员连，连长多由复转军人担任。每个连以下设排和班，排长与班长由知青们选举产生。我们的班长是李有才，西安市第22中知青，在宝鸡县插队。他说着一口标准的西

安话，个头中等，虽算不上强壮，但却义无反顾地带领我们班的十几名知青，开始了紧张而艰苦的基建工作。

当时国家经济基础薄弱，施工机械很缺。不少现在要靠大型工程机械干的活，那时是靠学员们拼体力去完成的。我们首先干的活是挖沟，也就

是挖车间、变电站、锅炉房等深度超过3米，长度达几十、上百米的大地基坑。沟里是生土，非常坚硬，一锄头挖下去震得两手生痛，挖的时间久了有人手上磨起了水泡，疼痛难忍。但学员们谁也不叫苦，大家紧握着铁锨、锄头、十字镐拼力挖深沟。当沟的深度超过身高时，一个人是无论如何也无法把土铲到地面的，只能由其他人分层接力传递，才能完成任务。

那时工期紧，夜晚也需要加班。一天夜里，学员石锦章班挖主管道地基坑，当深度超过3米时突然出现大塌方，把张虎林等三人整个埋在土层下面。眼看一起进厂的学员生命危在旦夕！学员们争分夺秒地赶紧抢救。由于事故发生在夜里，看不清具体的位置，又不能使用铁质工具，只能够用双手。有人边流泪边用双手刨土，有人手指都磨出了鲜血，但大家全然不顾这些，只有一个念头：快！再快些！经过约一个小时的抢救，这些奄奄一息的学员先后被救出，经半个多月的治疗后逐步恢复了健康。

秦岭北麓地质情况复杂，厂房与大楼的施工比平地艰难得多：首先得用推土机把坡地推成一级一级的平地，土方量非常大。为防止塌方，许多地方都要包坎，就是在斜坡上用水泥、沙子和大石头砌墙加固。当时热处理车间已经准备吊装立柱，挖大型设备坑时才发现一块巨石，用定向爆破的方法才把石头炸掉。

每天，从平静的地质测量到隆隆的推土机声，从学员连打夯、竖电杆的号子声到拉土、运砖的车轮声，从照亮夜空的电焊弧光到吊装大梁的频繁指令，每个人都为建厂发出不同而相互协调的声音。伴随着工地上高音喇叭里传来的"我们走在大路上，意气风发斗志昂扬……"的嘹亮歌声和建厂简报，一场热火朝天、你追我赶的三线建设场面在秦岭同峪沟全面铺开。

学员崔义同在厂里设备安装公司干电工。每天，他们要爬很高的梯子，在车间顶部进行母线排的电器安装，这是一项既累人又危险的工作。当时没有现代化的电动工具，全靠人工来锯、錾，预埋固定支架、螺栓等，工作量非常大。40米高锅炉房烟筒上的避雷针也是他们安装的。最累的当数

锻工重跨的活：为了保证工程质量，每根巨大的车间钢梁都要校直，全靠人的体力，抡起18磅大锤千百次地捶打。下班累得倒头就能睡着。

锻工车间焊接钢梁时，学员们协助师傅将被焊钢梁对在一起。当电焊弧光燃起后，由于刚进厂不懂其危害，有的学员不由自主地想看一看，结果眼睛被强烈的电弧光灼伤，火辣辣地疼痛。但他们谁也不肯休息，硬是坚持工作。

有天傍晚快下雨了，机修车间外面还有许多水泥在露天放着，大雨一淋可是要板结报废的。当时，险情就是命令！在场的我和全体知青包括女学员们，每人扛着100斤的水泥袋快步卸到车间，又返回接着扛，直到所有的水泥赶在大雨之前进了

车间。此时，大家精疲力竭，头身沾满了水泥，眼睫毛上都是灰，脸上的水泥伴随着汗水往下淌。

当年，学员们吃着棒子面窝窝头，穿着再生布工作服，不畏酷暑寒冬风吹雨淋，哪里需要奔向哪里，比学赶帮建设三线。学员们经受了广阔天

地后的再次艰苦磨炼，凭着对祖国的忠诚，以坚强的意志、青春的热血和辛勤的汗水，为陕齿的建设与发展，留下了光辉的一页。

至今，我都深切怀念首任厂总工程师、我国著名齿轮技术专家张学孟。当年他离开首都北京，主动要求来到秦岭脚下。在"文化大革命"打倒"崇洋媚外"和"臭老九"的声音中，他在陕齿选址、规划、建厂、引进国际上最先进的生产设备和研发、定型第一代产品中兢兢业业地倾注了毕生的全部精力。临终前他留下遗嘱："不开追悼会，将骨灰撒在祖国的大地上。"张学孟总工永远活在祖国与人民的心中！

当年艰难的创业，感人的事迹和对摄影的热爱，促使我把这些难忘的瞬间定格。在紧张的施工间隙，我抓紧时间拍摄了学员连的基建、安装焊接和吊装车间钢梁等瞬间，还用超焦距俯拍了正在基建中的陕齿厂全景。

斗转星移，岁月如梭。

40多年过去了，陕齿已经由当年的普通三线工厂，成长为拥有西安、宝鸡、咸阳和泰国四地8厂和10余家控、参股子公司的中国最大的重型变速器生产基地——陕西法士特集团公司。重型变速器年产销量连续九年稳居世界第一。产品随军用重型越野车和导弹车参加了对越自卫反击战、国庆35周年、50周年和60周年阅兵，受到了党中央和国务院的嘉奖。党和国家领导人胡锦涛、温家宝、习近平、李克强等先后莅临法士特公司视察。

带领与创造这些奇迹的，正是当年参加陕齿建厂的陕西老三届知青的杰出代表，其中包括：时任法士特集团公司董事长李大开，时任党委书记崔维克等。是他们和历届、现任厂领导带领广大员工艰苦奋斗，顽强拼搏，开拓进取，创造出了中国奇迹，并为实现伟大的中国梦而奋斗！

40 多年过去了，适逢 2015 年是中国三线建设 50 周年。为了记录那段波澜壮阔的艰难历史，中央电视台开始拍摄 10 集大型文献纪录片《大三线》。央视摄制组多次深入法士特公司，采访拍摄了公司诞生地宝鸡厂区和参加建厂的知青代表。为了重现历史镜头，建厂时期原厂合唱队和乐队的退休师傅们（绝大多数都是陕西知青与北京知青），在法士特西安厂区合唱建厂时曾经演唱过的《长征组歌》，再现了百名知青齐声歌唱三线建设激情岁月的壮丽画面！

40 多年过去了，我当年拍摄的照片在陕西法士特集团公司建厂 45 周年影展中获得一等奖，现已陈列

在法士特标志性建筑——宝鸡厂的长晟塔里，同时收入建厂影集《绚彩华章》，还随着建厂专题纪录片《足迹》在陕西电视台播出。

作为陕齿建厂的亲历者，我已经两鬓斑白，离岗退休。从因陋就简艰苦奋斗的三线建厂到西安基地二次创业，从工厂发不出工资主动下岗到重返企业再次工作，从法士特集团的重组腾飞到自己亲手发出参加阅兵产品，回忆往事真是感慨万分！

可以说，祖国、企业和个人之间息息相关，同呼吸共命运。

艰难、坎坷、奋进和担当，是我，也是部分知青共同的人生经历。

我此生有幸能够为祖国的强大，贡献出自己微薄的力量感到无限欣慰与无比自豪！

难忘五二三

李润林

难忘五二三厂，诞生在特殊时代。20 世纪 60 年代，世界形势风起云涌，我的祖国内忧外患。党中央从"备战备荒"战略高度审时度势，长远谋划，开始了热火朝天的大三线建设。作为战争爆发后承印人民币及各种重要文件资料的印刷厂，经陕西省文化厅一行专家周密勘察，五二三厂终于选址在岐山县孝子陵公社粉王大队。这里依坡傍水，既十分隐蔽，又靠近岐蔡公路交通线，距离蔡家坡火车站仅十几公里。经上报中央批准，1967 年正式开工建设。经过三年艰苦紧张奋战，共投资 900 多万元，终于在偏远而荒凉的漳河川道建成了一座崭新雄伟的现代化印刷厂。企业排版、印刷、装订设备齐全，引领全国同行业先进。职工队伍主要是从北京、上海、西安等大中城市选拔的能工巧匠，省印刷技校毕业生，复转军人，新招的知识青年，对调回原籍的工人等。1969 年底正式开工生产。印制的第一批产品是毛泽东 1942 年 5 月 23 日发表的《在延安文艺座谈会上的讲话》单行本，因此工厂被正式命名为"国营五二三厂"。

1984年，五二三厂研制成功的书刊平装联动生产线

难忘五二三厂，创业十分艰难。建设开始，工期一再要求提前，但各项基础设施极差。为了修建专线公路，先期到达的工人们，组成突击队，昼夜大干。为了兴建篮球场，大家自觉参加义务劳动。为了建设一座美丽花园，共青团员们放弃休息日，开展社会主义劳动竞赛。为了补给粮食，工厂在岐山县安乐公社石头河边开荒建农场。为了安装设备，工人们肩扛手拉，将排印机器一台台安装定位。为了赶印第一批产品，工人们在车间支起火炉子，给机器加热，防止油墨冻结。为了早日实现大规模正常生产，工人们住在工棚，吃在车间。为了生产生活，工厂先后建起了食堂、澡堂、商店、菜铺、俱乐部，兴办了储蓄所、邮电所、医院、学校、幼儿园。工厂内部专设了木工班、电工班、机加工车间、水工班、车队、发行处、转运站等。后来又建起了职工家属厂、职工技协装订厂等集体企业，做到生产生活配套齐全，应有尽有。

难忘五二三厂，向祖国和社会献出一部部经典。五二三厂在首批产品投印成功后，便接到党中央与陕西省委接二连三的印刷指令，先后承印了《毛泽东选集》、马恩列斯著作、《周恩来文选》《朱德文选》《邓小平文选》《中共党史人物传》（1—50卷）《新华字典》《汉语词典》《西游记》《红楼梦》《三国演义》《水浒》《三言两拍》《鲁迅全集》《现代诗歌精选》《现代散文精选》《历代名家书法大全》《医学经典》《美术经典》等

精品图书，承印了当时十分珍贵的各种票证。20世纪90年代，承印了国家增值税专用发票，为分税制改革、壮大中央财政实力作出了贡献。特别是工厂获得全国中小学教材印制定点资质后，先后承印了数以亿计的大中小学教科书，为祖国的教育事业发展作出了巨大贡献。值得一提的是每年承印春秋两季教材，正值隆冬与酷暑时节，工人们为确保产品周期与质量，坚持不畏严寒加班加点，挥汗如雨夜以继日。几十年来，大批量产品从未误过周期，确保了课前到书、人手一套。工厂先后荣获全国优秀印刷企业、陕西省精神文明标兵单位、全国模范职工之家等称号，荣获全国五一劳动奖章，成为陕西乃至西北地区的领先企业、陕西省印刷人才培训基地。企业拥有激光照排系统、胶印印刷、装订联动线、精装联动线、商标印制等设备，长期领先陕西，叫响全国，引以为骄傲。企业共有上百种产品获得全国优秀印刷品殊荣。

难忘五二三厂，创造了企业文化的辉煌。五二三厂既是国家大型工业企业，亦是影响深远的文化产业。工厂自建厂便确立了自力更生、艰苦奋斗的企业精神，立足实际，实干苦干。20世纪80年代，又提出"埋头苦干、赶超一流"的企业精神。企业内部党政工团齐心协力。党委配合生产经营，主抓党的建设与思想政治工作，企业宣传更是富有特色，坚持每天举办广播与闭路电视本厂新闻节目。创办《情况简报》，做到上情下达，下情上报。行政全力以赴抓生产经营，开拓市场，提质增效，先后在西安、北京、宝鸡设立经营处，广泛承揽社会活件。工会切实关心职工生活，扎实开展各种形式的劳动竞赛，充分利用生产淡季或工余时间，组织职工开展系列文体活动，有乒乓球赛、篮球赛、象棋扑克赛、家庭趣味运动会、各种知识技能大赛、秧歌舞比赛、卡拉OK比赛、拔河比赛、越野赛等。特别是关心职工无微不至，职工一旦生病，工会马上派专人陪护到医院，住院期间购买慰问品或带上慰问款千里万里赶去看望。一旦职工家中有红白事，组织会全力以赴帮办。职工一且在工作生活中遇到困难，领导会及时做好思想工作，并想方设法予以帮扶。企业开通了到蔡家坡的班车，方便职工家属外出办事购物。整个企业，如同一个温暖的大家庭，互敬互爱，人情味浓厚如春华秋实。

难忘五二三厂，拥有雄厚的红色文化资源。几十年来，五二三厂的产品，本身就是红色文化经典。无论是领袖人物著作，还是传统文化名著，都是社会巨大的精神财富，始终引领人们积极向上，美化灵魂，奋发作为。特别是数以亿计的教科书，成为千百万莘莘学子驱除蒙昧、获得知识与文明的法宝，成为改变命运、提高素质、增长本领的天梯与魔杖。几十年来，五二三厂风雨兼程，却保持了完整的企业原貌。当年的铅排车间，当年的铸字工房，当年的大型照相机，当年的排印装设备，当年的图书文件照片影像资料应有尽有，活生生记录与展示了现代印刷工业的巨大变化。企业完整保留了当年三线建设中修造的俱乐部、电影院、职工医院、子弟学校、职工食堂、简易楼、储蓄所、邮电所、幼儿园、煤场、招待所、商店、菜铺等，成为激情燃烧岁月艰苦创业的历史见证。五二三厂依坡傍水，风景秀丽，绿树成荫，道路宽阔，环境安静，是夏日避暑的胜地，是休闲养生的福地，亦是对青少年进行爱国主义教育的基地。

难忘五二三厂，永远魂牵梦绕的地方。五二三厂先后有上万人工作生

活过。他们有的调往大城市，有的回到原籍，有的退休随子女迁移，还有一部分选择留下，至今生活在厂区。最令人怀念的是许多听从党的召唤远道而来支援三线建设的元老们，献了青春献生命，永远长眠在五二三这块创业的热土上，时刻看望着自己呕心沥血的企业风雨巨

变。五二三厂的一草一木，已成为许多远在千里的游子们的怀念与牵挂。他们把人生最美好的年华无私奉献给企业，企业的今昔变化令他们像父母对儿女一般地牵肠挂肚。五二三厂的生活与经历，成为许多人心中最美好的记忆。回到五二三，再看一眼企业当年的场景，成为许多人的最大愿望与最好安慰。祝福企业长盛不衰，是所有五二三人的赤诚愿景。

难忘五二三厂，重返故地看看这历经沧桑老容颜。高高的东坡上，也许还留有你踏青赏春的脚印；子校的教室里，也许还留有你琅琅的读书声音；俱乐部里，也许还闪动着举行大型演出与召开全厂动员誓师大会的精彩情景；邮电所里，也许还留有你鸿雁传书的激情；储蓄所里，也许还留有你养家糊口勤俭节约的深情；篮球场里，也许还涌动你那生龙活虎的欢声笑语；生产车间，一定能寻找到当年热火朝天大干的身影。雍川河边、

芦苇丛旁也许还烙印着你谈情说爱的温馨。那位精神矍铄的是离休干部老苏，那位精神抖擞的是省级劳模老杨，这位运筹帷幄的是当年分配到厂的大学生，如今企业的老总。这位是我当年亲自招收的青工，如今担任着车间主任。门卫值班的老李曾是我的好邻居，在艳阳下下棋、打麻将的一伙老人都是我当年同甘共苦的师兄师弟。握着一双双温暖的大手，激动的话怎么也说不完。看着当年完好的车间与厂区，谁能不眼中噙满泪花。抚摸着那顶天立地的法国梧桐树，仿佛又回到了那战天斗地的岁月。请天南地北、男女老少的五二三厂的人们，利用这大好时光，到人生与事业的第二故乡来看一看，走一走。赏赏满河川道的金黄菜花，采摘冰清玉洁的槐花，把浓郁的香味带到海角天涯。甚至到新修建的庵里村资福宫游览一番，到古刹南坡寺赶赶庙会，到太子村赴趟婚宴，品尝口齿留香、舌尖快活的岐山臊子面。到南塬北坡登高望远，尽收千里风光。唤醒美好的回忆，重温激情的岁月，抒发人生的豪情，交流生活的感悟，留下美好的祝福。

难忘你啊，梦魂牵绕的五二三厂！

蔡家坡故事

范国彬

蔡家坡，位于积石原（又名积雍原）下，宋代起已为集镇，明代有土城一座，周长3里许、高2丈。彼时蔡家坡镇区周边的村庄，虽仍以农业、种植业为主，老百姓们依然过着饱受土匪劫掠、乡保盘剥的日出而作、日落而息的日子，但镇区逢双日有集，集镇上商业兴旺，一条不到五百米的街道，分布着大大小小的各色商铺、作坊、旅馆、饭馆，光烟馆、妓院就密密麻麻地矗了二十多家。

1937年3月，陇海铁路西宝段正式通车，蔡家坡火车站投入运营，四里八乡的老百姓成群结队前赴后继跑到火车站看不用马拉还跑得飞快的火车。自此，"车站"这一特指火车站周边商业街区的地理名词，遂被蔡家坡人沿用至今。火车站的投用，带来了大量的人流物

流，也将这个小镇与西安、武汉、上海等大城市连接起来，使这个西府地区屈指可数的热火埠头更加繁荣。从西安到宝鸡的闷罐子火车，在这里一天竟有两趟停点，三教九流都一个猛子扎了下来，外省客商纷纷涌入，车站地区商业发展迅速，蔡家坡的外号"小上海"也在关中道上慢慢地响起来。可以说陇海铁路的通车，正在逐步地重塑起这座小镇新的历史风貌。

火车拉来的，不仅有人流物流，还有先进的思想、外面的世界，更重要的则是以机器大工业为代表的先进生产力。宝鸡，一座火车拉来的城市，一座原籍人口仅有 4.6 万余人（1946 年统计，外籍人口则为 4.5 万）的农业县城，正是得益于陇海线上的列车，众多的内迁工业和充足的劳动力聚集于此，奠定了日后工业立市的基础。宝鸡如是，蔡家坡更如是。

列车的呼啸将时光拉回 1940 年的深秋，李紫东、王瑞基出发了，他们带着雍兴公司的指令，一路向西，用脚步丈量起关中道上的每一寸土地，他们左顾右盼，上台原、下沟壑，走走停停，时而展开地图四下张望，合适的地方倒是有几处，可到底应该选在哪里呢？

他们知道的，是雍兴公司在 10 月 7 日的谈话会上形成的决议——要有利于战时防空，距城市较远，交通便利，并有山陵足资掩护——他们不知道的是，他们的决定或许将会改变一个小镇未来的发展轨迹。寻寻觅觅间，时间已到 12 月，他们的目光最终锁定了一处地方：距蔡家坡火车站与蔡镇之间各约一公里，南靠陇海铁路，北依积石原根，距岐山县城 18 公里处。在他们选定的地方，雍兴公司将在这里建设一座现代化的纺纱厂。而借由他们选定的蔡家坡，从此便走上了工业化发展的轨迹。

蔡纺厂厂址选定后，1941 年 1 月 3 日，蔡纺厂筹备处成立，王瑞基为主任，刘持钧、张仲实为副主任。1941 年 3 月 20 日征地完成时，即破土动工，于 1941 年 11 月 1 日试车投产。1942 年 1 月 1 日正式开工生产，此时全厂有职员 50 人、工人 267 人。

1940 年 11 月 1 日，雍兴公司开始筹建西北机器厂。待蔡纺厂位置选定后，决定在其西邻建设为蔡纺厂配套生产、修理纺织设备和零件的机器厂。1941 年 3 月破土动工，初建的厂房均是一些简陋的平房、草棚，在不具备生产条件的情况下，4 月就开始承担雍兴公司所属厂修配任务。8 月 1 日机器厂宣告局部投产时，拥有职工 200 余人。

在今西北机器厂西厂生活区（现三村），当时还建有雍兴公司生产汽车动力用酒精的蔡家坡酒精厂，酒精厂与蔡纺厂、机器厂几乎同时动工兴建，工人最多时达到 1000 人。酒精厂初建时，以白干酒蒸馏酒精，除了自己土法发酵日产白干酒 1 万斤外，还从齐家寨、眉县、柳林、金渠镇等地大量收购白酒，因此，这些地方的酒坊次第出现，但仍满足不了酒精厂的需求，客观上刺激了周边地区的酿酒业发展。后来汽油有了来源，就停止了酒精生产，扩建为面粉厂，日产面粉 500 袋，供应公司各厂及市面使用，还兼营酱油、味精、食醋、淀粉等调味品。

自此，蔡家坡"三大厂"的工业格局开始形成。一个公司，从东到西，在蔡家坡最肥美的土地上，建起了一座工业新城，镇区亦随之向西南扩展，遂成新区。

在火车站和"蔡三厂"的带动下，1941 年开始，蔡家坡集市上陆续出现照相、西药、书报、机器、缝纫等新兴行业。据当年《陕西银行汇刊》称，蔡镇有大小商号 73 家，行业涉及百货、杂货、清酒、药材、粮食、油盐、木器、染织、书纸、屠宰、缝纫、布匹、麻业、蔬菜、编织、照相和银匠炉等。据《抗战以来的陕西岐山》记载：抗战以来工商企业内迁，"商人乘机贩运，利辄十倍，无论行商店商均有活泼向上之气，蔡镇接近铁路，尤有生气"。

及至解放前夕，因货币不断贬值，物价动荡，店铺纷纷歇业，集市贸易又复萧条，但蔡家坡的工商业基础骨架已搭建完毕。需要特别提及的是，此时宝鸡的工业企业存者无几，尤其是重工业企业硕果仅存者，唯宝鸡机厂、申四铁工厂及蔡家坡西北机器厂。

雍兴公司蔡纺厂、机器厂建成后，相继购置发供电设施自行发电，自用自管，开岐山全境电力事业之先河。1954 年，纱厂电厂经更新扩容后，向火车站及其附近供电，直至 1959 年 2 月，蔡家坡 110 千伏变电站建成，才关闭了该电厂。

"二五"时期，1960 年 2 月，国家为适应电子工业发展需要，减轻整机工装配套负担，四机部决定在蔡家坡火车站西 1.5 公里、陇海铁路以北、书房沟下，筹建渭河工具厂，指令两年建成投产。1961 年，国家经济出现暂时困难，加之建材供应不足，工厂停建。全厂职工为渡过难关，在停建停产情况下，发扬艰苦创业、自力更生精神，利用主体工程刚完工的两幢厂房，安装了土镗床及其它设备，搭起了油毡棚作翻砂间，安装一座外厂废弃的小化铁炉，用骡子拉石碌碡碾压耐火砖和焦炭末开始生产。当年生产出标准模架 4000 套、劈刀和白钢刀 1 万多把，不但解决了职工的生活问题，还实现了利润 18000 元。与此同时，工程技术人员同工人一起，将模架的垂直精度由 0.015% 提高到 0.01%，试制出高精度模架。1963 年 2 月，四机部批准渭河工具厂重新上马，投资控制在 1000 万元左右，职工人数控制在 1000 人之内，并颁发了生产大纲。1965 年 8 月正式验收投产。当时总占地面职 332348.33 平方米，建筑面积 7188 平方米；各种设备 374 台，其中金切设备 66 台、锻压设备 67 台、动力设备 27 台、检测设备 27 台、精大稀设备 5 台，有职工 758 人。至 1989 年时有职工 2035 人；主要产品有钢钻头、手用丝锥、圆板牙、白钢刀、模架等。1965 年 2 月，渭河工具厂受四机部委托筹建"西北精密齿轮厂"（882 厂），于 1966 年 9 月建成投产，主要产品有雷达、通讯机用各种精密小模数齿轮，后合并为该厂的一个车间。

自此，镇区再一次向西拓展至县境西界，西机、702、纸厂等数厂环抱下的零胡集贸市场、自立路和建国路路边集市愈加繁荣。而 702 家属区内那座落成于 1987 年 8 月，颇具苏州园林韵味的"园外园"，几乎成了那年西机子校的小学生们春游的必去之地。

"三线"建设时期，1968 年 4 月 11 日，一机部汽车局批准在麦李西沟建设重型汽车制造厂，6 月 15 日决定陕西汽车制造厂由北京汽车制造厂包建，发动机车间由南京汽车制造厂和杭州发动机厂包建。北汽和南汽支援陕汽 1100 人，并由北汽代陕汽招收学员 1500 人。1969 年破土施工，1975 年投入批量生产。1989 年时有职工 5994 人。

1966 年，一机部决定在陕西建设 5 吨军用越野车生产基地，陕西汽车齿轮厂分工生产所需的变速器、分动器、助力器和绞盘等四种产品总成及三桥齿轮。1968 年陕齿厂由北京齿轮厂包建，按照"靠山、分散、隐蔽"的方针，4 月 11 日一机部汽车局批准厂址选定在宝鸡、岐山两县交界的同峪沟。1969 年上半年破土兴建，1979 年正式交付生产。1989 年时全厂职工总人数 3399 人。

除部属的陕汽、陕齿外，蔡家坡周边地区，省属企业还有位于原孝子陵乡曹交陵村，1966 年 8 月 6 日始建、1970 年 8 月 15 日投产，1989 年时有职工 1187 人的陕西省先锋机械厂；位于原曹家乡金家磨村，1967 年自黄陵县迁入、1970 年投产，1989 年时有职工 1434 人的陕西省前进机械厂；位于原孝子陵乡粉王村，1967 年动工、1970 年投产，1989 年时有职工 883 人的五二三印刷厂。

岐山县境内所有的省部属企业，全部被安置在了蔡家坡及其周边地区。

县属企业还有 1959 年 3 月兴办的岐山县红旗机械厂（1989 年时有职工 293 人，下同）；1974 年 10 月投产的岐山县磷肥厂（417 人）；1977 年 12 月投产的岐山县化肥厂（670 人）；1961 年更名、我们曾去参观过生产线的岐山县蔡家坡纸厂（412 人）；1956 年 2 月在 6 家作坊合并的公私合营蔡家坡酒厂基础上扩建的生产五丈原牌 60°特酿凤鸣酒的岐山县酒厂（102 人）；1978 年投产、位于安乐乡、生产抗病毒注射液等的岐山县制药厂（374 人）；1959 年接管、1980 年迁至铁中西侧、后来生产过华丰方便面的岐山县糖业烟酒公司食品加工厂（46 人）；1956 年由西机酱货厂和

1973年蔡家坡火车站前街

蔡家坡镇酱园合并组成的公私合营酱货加工厂（1981年交岐星村）；1985年建成的岐山县综合加工厂（7人）；位于自强路的岐山县蔡家坡服装厂（132人）；起源于1956年的岐山县蔡家坡制鞋厂（156人）；起源于1956年的岐山县塑料皮革厂（184人）等。

上述这些企业，伴随着他们自身厂区、家属区各项配套的建设、发展，在它们自己的一亩三分地上迅速实现工业化、城镇化的基础上，也必然地承担起了厂子周边地区现代化基础设施的建设、保养和维修，并带动了周边的商业繁荣。一片片工业新区在蔡家坡的土地上如雨后春笋般拔节生长，彻底地改变了蔡家坡地区的城镇风貌。

除以上这些工业企业外，还有百货批发公司、饮食服务公司、五金交电化工批发公司、蔬菜公司、食品公司、石油公司、纺织品批发公司、曹家综合商店、药品器械公司、百货大楼、劳动服务公司商店、工业供销公司、粮站等国营商业单位址设蔡家坡。不是县城，已胜似县城。

回过头来再看人口。1949年7月16日，市军管会代表秦天泽接管移交蔡纺厂，此时有纱锭1.644万枚、职员57人、工人1195人；至1989年，陕九职工6957人。1947年西北机器厂职工数曾达到870人；市军管会代表李丹奉命接管该厂时，全厂有职工408人；至1989年底，职工5078人。酒精厂在市军管会接管后，改为西北人民面粉厂，随着大西北的解放，1951年5月15日，西北工业部决定将面粉厂迁新疆，全部房地产拨给西北机器厂，面粉厂职工最多时达到420人。至于三厂家属人数，因资料所限，尚未找到详实数据。

1949年，岐山全县总人口177570人，其中非农业人口8689人，蔡家坡非农人口估计占全县的半数以上；1982年全县390068人，其中非农业人口50002人；1989年全县420740人，其中非农业人口56405人。

蔡家坡1964年总人口39922人；1982年总人口53648人，人口密度每平方公里1551人，为宝鸡市区人口密度的1.73倍。据1982年人口普查，蔡家坡及周边地区的西北机器厂、陕棉九厂及后迁建、新建的渭河工具厂、先锋机械厂、五二三厂、前进机械厂、陕西汽车制造厂、省建二公司三处等国营企业总计30930人，占全县非农人口的约五分之三。

从以上人口数据体现出的规模和构成上来看，足以说明蔡家坡的工业地位的。蔡家坡的工厂既有接收企业，也有"二五""大三线""小三线"企业；既有轻工企业，又有重工企业；既有机械制造企业，又有专用电子设备和工模具企业；既有省部属企业，也有县属企业，几乎涵盖各种类型。不出小镇，衣食住行的各样物品甚至可以自给自足。

一部蔡家坡的工业史，几乎就囊括了它自陇海铁路通车以来80余年发展史。

蔡家坡的工厂天然地形成了二至三代的"厂子弟"。对于西机和陕九，解放初是第一代，二十世纪六七十年代接过父辈们的班的是第二代，八九十年代出生的是第三代；对于702、陕汽、陕齿来说，则错后了一代人，且只有两代。随着八零后一代人陆续考学远走、历经国企改革后的阵痛，这些厂子的新鲜血液已主要来自向外招聘，这些厂子弟中的绝大多数再也没有像他们的父辈那样接过上一辈人手中的锤头。厂子弟，如今已即将成为具有着特殊记忆和基因留存的一个历史名词。在这些共和国秩序最紧密的地方，厂子弟的身上不可避免地被印刻上了懂规矩、识大体、甘奉献、能吃苦、不折腾、近木讷的"子弟气质"。702厂子弟、青年作家段路晨说："对于厂子弟而言，内心的故乡不是某个小村庄，而他们的故乡，便是相似又不同的'我们厂'"——这，或许会是厂子弟故乡情结最贴切的形容——当别人问起我们是哪里人时，我们更习惯说我家在某某厂，与岐山县无关，甚至与蔡家坡镇无关，因为进入那个厂门，我们就是一个独立的世界，我们有一个独立的生活空间。"我们厂"，承载着几代人关于工作、奋斗、生活和家庭的或美好、或辛酸的人生记忆，衍生出了各自特有的工业文化，还曾带动一个地区工业化、现代化的进程，甚至它们自身的存在就是所在地区工业化、现代化的开端。每一个大厂，都值得尊敬、值得纪念！

蔡家坡的工人作为先进生产力的代表，也引领着蔡家坡地区先进文化的前进方向。无论是解放前的"蔡三厂"，还是702厂建成后形成的"三大厂"以及虽不在蔡家坡镇区、但在心理上和生活上更趋近、认同于蔡家坡的陕汽、陕齿、前机、先机、五二三，它们都在各自能够影响的范围内，引领了周边地区的时尚潮流和文化娱乐活动。甚至它们家属区的大门开在哪里，都能决定哪条街道的繁华程度，比如曾经西机家属区南门的自立路和如今东门外的解放路。这些来自天南海北的工人，更是直接将逢年过节探亲时接触到的沿海发达地区的新鲜事物，以火车的速度，迅速带回到了这个关中城镇、秦岭沟峪。

无论对于宝鸡，还是对于蔡家坡的历史文化而言，因路而兴、因工业而兴是不遑多让的事实，工业文化始终应是一项不可或缺的重要内容。十里铺长乐园上，依托申福新的老建筑，正在筹建"十里荣耀"景区和抗战工业遗址博物馆，希望蔡家坡道北地区也能得到提升改造，辟一方小小的土地，或者就干脆将西机幼儿园坡下的那座颇具年代感、建成于1954年的大礼堂改造一番，建起一座蔡家坡工业历史博物馆，并将几近荒废的西机四村、五村及老龙池至书房沟一带结合北坡森林公园的建设，一并打造成休闲健身、颐养服务、文化创意、民俗旅游集中区，再根据小说《书房沟》排一部实景演出，为这座小镇在道北地区留下一些初生时的工业记忆和历史情怀（道北地区的提升改造不需如道南般追求高大上与现代感），让蔡家坡的孩子都能忆起他们出发时的原点，功莫大焉！

——2018.4.8

宝鸡工业奠基和发展的三次高潮

容　琳

宝鸡近代工业起步于 1937 年陇海铁路修建之后。抗日战争爆发后，随着陇海铁路的建成，沦陷区的一批民族工业先后迁入宝鸡，主要有陇海铁路宝鸡机车修理厂（今宝鸡石油机械厂）、荣氏家族汉口申新第四纺织厂（今陕西第十二棉纺厂）、西北机器厂等 17 家工厂。抗战期间，工业合作运动也在宝鸡蓬勃兴起，先后建成了炼铁、采矿、采煤、纺织、服装、酿造、机器制造等 20 多个生产合作社。1949 年 7 月，宝鸡的工业企业达到 85 家，其中机器工厂 7 家。当时为了促进工业生产，解决战时物资需求，在外国友好人士的倡议和各派抗日进步力量的共同努力下，全国第一家工业合作社——"大华手工铁器合作社"在宝鸡成立。宝鸡市的命运由此悄然改变。

1953 年 5 月 15 日，中苏两国在莫斯科签订了《关于苏维埃社会主义共和国联盟政府援助中华人民共和国中央人民政府发展中国国民经济的协定》。协定规定，到 1959 年，苏联将帮助中国新建和改建 141 项重大工程。9 月苏联决定帮助中国建设 156 个工业项目。党和国家为了改变旧中国工业布局不合理的状况，在生产力的布局上实行了均衡发展的方针。中国政府把苏联援建的 156 项工程和其他限额以上项目中的相当大的一部分摆在了工业基础相对薄弱的内地建设。宝鸡一地，就得到其中 10 个重点工业建设项目。

"第一个五年计划"（1953—1957）重点建设时期，从 1953 年起，国家在宝鸡投资建成了宝鸡仪表厂、长岭机器厂、宝鸡石油钢管厂、宝鸡酒精厂、烽火无线电厂、群力无线电器材厂、陕西机床厂、渭阳柴油机厂等大中型企业，形成了以机械、电子工业为重点的西北工业基地，这是宝鸡工业在新中国成立后的第一次大发展。这一时期，国家在宝鸡的投资占到宝鸡工业总投资的 70%以上。到 1957 年，宝鸡的大中型国有企业达到 26 户，全市工业企业发展到 408 户，完成工业总产值 15098 万元（当年价）；工业总产值在工农业产值中的比重，由 1952 年的 36.6%上升到 52.3%，标志着工业主导地位开始在宝鸡确立。其中，宝成仪表厂、长岭机器厂、宝鸡石油钢管厂均是国家 156 个重点建设项目之一。

"三线建设"是党中央和毛泽东主席于 20 世纪 60 年代中期在中苏交恶和美国发动侵越战争、从南面方向对我进行战略包围的大背景下作出的一项重大战略决策；是在当时国际局势日趋紧张的情况下，为加强战备，逐步改变我国工业和生产力布局的一次由东向西、重点是向西南和西北内陆纵深转移的战略大调整；是从 1964 年起至 1980 年，贯穿于三个五年计划的16 年中，在属于三线地区的中西部地区的 13 个省、自治区进行的一场以战备为指导思想的大规模国防、科技、工业和交通基本设施建设；是中国经济史上一次极大规模的工业迁移过程。投入了占同期全国基本建设总投资的40%多的 2052.68 亿元巨资。当时 400 万工人、干部、知识分子、解放军官兵和成千万人次的民工，在"备战备荒为人民"的时代号召下，打起背包，跋山涉水，来到祖国大西南、大西北的深山峡谷、大漠荒野，风餐露宿，肩扛人挑，用艰辛、血汗和生命，建起了 1100 多个大中型工矿企业、科研单位和大专院校，为备战备荒、调整工业布局、加快中西部地区经济社会发展做出了巨大贡献。

宝鸡被国家列为国家三线建设重点地区，一批沿海企业的内迁和一批国防企业的兴建，使宝鸡工业建设迎来了又一次发展的高潮。这一时期，国家在宝鸡建设了 39 个项目，共有 27 户大中型企业在宝鸡建成投产，包括宝光电工厂、秦川机床厂、宝鸡桥梁厂、宝鸡铲车厂等，使宝鸡在机械、电子等工业方面的优势更加突出，奠定了宝鸡工业经济的雄厚基础。经多年的发展，宝鸡市逐步形成了机械、电子、食品、有色金属加工四大优势产业和门类齐全的现代化工业体系，为宝鸡经济实力的增强、社会经济的发展和人民群众生活水平的提高做出了功不可没的重大贡献。

交通

记忆中的老宝鸡

行 路 难

杨宝祥

千里之行始于足下，旧时代的宝鸡人步行是出行的主要形式。平日里赶集、走亲戚、赶庙会朝山烧香一般以步行为主。遇上天雨，家道殷实的富家子手执油纸伞遮雨，普通人家戴斗笠、草帽子、披蓑衣不一而足。地面泥泞湿滑时，贫家小户之人怕走坏鞋子便挽裤脚光脚深一下浅一下地艰难行走，讲究些的踩着个泥屐（也叫泥蹄子）宛如踩高跷。对于夜行，我们的先人似乎除了借助月光再没有更好的手段，因而他们使用的阴历就相当管用，月亮的圆缺始终熟记在心。人们习惯把星月作为参照物，甚至坐标原点，比如北斗七星和北极星。古人将北斗七星命名为天枢、天璇、天玑、天权、玉衡、开阳、摇光，每一星都赋予不同的寓意和作用，从天璇通过天枢向外延伸一条直线，就可见到一颗和北斗七星差不多亮的星星，这就是北极星，这些星星位于天空的位置就可以轻易地给人们指明方向。但在戏文中，人们却夸张地将这些星宿任意变换方位，实现了物换星移。在传统戏曲《霍去病赶鞑子》中，当霍去病长驱直入，将鞑子兵赶过北方大漠回头一看时，那北斗七星竟然出现在南边天空，这才罢手回兵。

当然月光之外还有一种气死风灯在清代已经相当流行，至今我们还能在西府农村的葬礼上看到。这种铁质框架的灯笼，其形状为四方形，高约四寸，宽不足三寸，四面镶有玻璃，中间使用油灯，尽管其亮度十分有限，但至少能在月黑风高之时，使人有借助的微光。这种奢侈品在宝鸡的渭河南岸则被松明或者火把所代替，毕竟山民自有其生活法则。步行的效率十分低下，是造成先辈们生活节奏缓慢的因素之一。就拿从宝鸡下一趟四川来说，即便是经验丰富的脚户、驮夫们也牢记"七褒城、八勉县、十二十三到广元"的口诀，不轻易错过逆旅。试想一下，如今我们驱车广元，只需一天便可往返，而古人们则要整整走上二十四天，这是多么巨大的差距。

说到古人的行路速度，最快莫过于驿站间传递官府檄牒或者军事文报，那样的速度绝非寻常商旅攀比得了。驿站间的距离一般为二十里。据《大唐六典》记载，唐代鼎盛时全国有一千六百三十九个驿站，专门从事驿务的人员达两万多人，其中驿兵一万七千人。邮驿分为陆驿、水驿、水路兼并三种，各驿站设有驿舍，配有驿马、驿驴、驿船和驿田。驿站在明清以后设置成了铺，一般十里路设置一铺，铺驻扎有铺兵，养有铺马。清代时，宝鸡县境内有陈仓驿和东河驿，陈仓驿在县署以东，"内有马神祠三间，卷棚三间，马房二十三间，住房差房并抄号木料房六间，内号房三间"，陈仓驿、东河驿一直运行到民国二年裁撤。铺又称作铺递，宝鸡县当时有桑园铺、大湾铺、杨树湾铺、二里关铺、观音堂铺、底店铺等。

旧时驮夫赶脚讲究很多，最典型的莫过于杨公忌。据说杨公忌为出门忌日，始于宋代术士杨救贫。杨公忌在一年中总共有十三天，分别是正月十三、二月十一、三月初九、四月初七、五月初五、六月初三、七月初一、七月二

十九、八月二十七、九月二十五、十月二十三、十一月二十一、十二月十九。驮夫在家歇息时遇上月圆之夜，要烧香拜月，并留下古训"在家不拜月，出门遭风雪"。至于路途中遇上庙观寺庵，也要轻言轻语不敢有半点唐突，恭敬事之，以祈求护佑平安。

旧时宝鸡慕仪里官路旁无量庙门口有一对石狮子就是赶路人必敬的神

物。从长安下汉中入川，不论商贾还是官吏兵弁，途经慕仪里必敬无量庙，更少不得在石狮子嘴里抹上准备好的菜籽油，否则不是马失前蹄就是车轴折损，所以赶脚人走到慕仪里一丝都不敢马虎。

旧时关于征途的古训很多，其中一首五言诗便道尽了家人的嘱托和路途必须遵守的规矩。

> 记得离家日，尊亲嘱咐言。
>
> 逢桥须下马，过渡莫争先。
>
> 雨宿宜防夜，鸡鸣更相天。
>
> 若能依此语，行路免迍邅。

旧时长途行脚人必然要歇店，店有多种，有专供驮夫及车队的车马店，也有专供行人的歇脚店。歇脚店被文人们称作逆旅，即客舍、旅店。其种类繁多，有上好的馆驿（类似今天的指定接待），也有豪华的酒店，既可住宿又可吃酒看戏狎妓，也有中下等的小客栈，更不堪就是被称为鸡毛店的歇脚处。鸡毛店多为没有铺盖行囊的穷汉下苦人所开，只需少许几个钱就可以入住，歇脚处没有炕、没有床，只有遮风挡雨一大间房子，地上全是鸡毛，睡觉时，睡在鸡毛上，再往身上盖些鸡毛便可取暖。据老年人说，鸡毛店之外还有一种歇脚店，连鸡毛都没有，只有大炕一面，炕上没有席枕，只有细沙，冬季这种沙炕备受欢迎，蜷在热乎乎的沙子上，照样可以解除疲劳，睡一夜好觉。

对于拖家带口出行，则需要借助畜力。小脚女人是不适合走长路的，一匹骡马或者一匹驴子，通常会给女性出行带来无限方便。骡马不仅可以骑人，还有很强的驮物能力，通常放在马背上或者驴子背上的口袋叫作捎马子；而搭在人肩头叫褡裢子。宝鸡人不做详细的区分，统称捎马。逢会赶集时，满路的行人全背着捎马，捎马上则各有各的标记，不论钱物、干粮、购买的日用杂货一应盛放其中。妇人家则高高地跨骑或侧坐在牲口背上，回避着路人的眼神。城里的富人或乡间的财东家里自有一种高档的行脚工具——轿车，宝鸡乡人称其为"金筒轿车"。轿车为木制，外观工艺精致，内饰华丽考究，配上高头大马，坐上小姐太太，显得奢华至极。轿车之所以豪华、金贵，其造价不是一般人家能承受得起。宝鸡有句俗语：

"家有余钱买马骑。"家资不丰厚者绝对消受不起轿车。据说打制一辆轿车的时间为一年，请匠人、择日子自不必说，购头材料动工之外，还得准备匠人的烟茶饮食一应等等。慢工出细活，耗费时间自有其道理，单就轿车的轮辐一项，要先将制作轮辐的木头选好，清油浸透，再进行加工，加工好再用戥子去称，所有辐条的重量须分毫不差，制作出来的轮子方能达到平稳和平衡的要求。我们无从查到制作一辆轿车的工钱几何，仅一个匠人加一个小工的工费而言，已经绝不少于如今的一辆合资紧凑型轿车的价钱。

轿车之外还有一种比轿车粗犷、既能载人又能载货的大车，俗称"硬脚轮子"车。如今的民俗旅游景区不乏这类民俗物件。这种大车盛行于清代，直到民国时期还在使用。木制的轮子直径五尺左右，车轮上外沿铁皮包裹，间隔有增加耐磨性的铁制凸起，轮毂及轮辐均有铁质箍圈，若非牲口们的合力，这种庞然大物人力是无法撼动的。大车在道路交通不便、物流运输不发达的清代自然发挥了巨大的作用，对道路的倾轧、破坏亦显而易见。笔者在陈仓周原某村采风时，看到过一件石器，其长近八尺、厚半尺、宽一尺有余，似翁仲又不具人形，形状怪异，询问多人，均不能识辨。正当众人不得其解之时，不远处皂荚树下慢吞吞走来一位老人，老人一番话顿使笔者茅塞顿开。原来这个长石条是该村老堡子城门下的门槛，门槛两端的凹槽为大车出进门洞磨损造成。石头尚且能磨出深槽，何况道路，于是行走大车的路上就留下很深的车辙。宝鸡人称车辙为车渠，有"前车碾下渠，后车不沾泥"的俗语。

渭河水·艄公

苟文华

民国时期的宝鸡胶轮马车运输

家门朝北，门前一片场圃，靠门首一绺高大的柿子树，柿子树下堆积柴禾。场圃的中间，夏收时候碾小麦，秋天时候摔打稻子。平日里鸡狗猪羊，成群结队在场圃里溜达觅食。场圃的北边，一道被渭河冲刷出来的三丈多高的悬崖，悬崖边上密密实实生长着野酸枣、野枸杞和结着红绒球一样果实的枸桃树。悬崖以北，五六里之遥，便是渭河水冲积起来的广袤的渭河滩地，生长着大片的芦苇、水稻、玉米以及白杨树。紧贴悬崖，310国道从东向西蜿蜒而去，连接着西安跟宝鸡两座城市。国道上极少汽车通过，所过车辆无非一些四匹骡马所拉的乡村胶轮马车，咯吱咯吱地行走在上边，偶尔传出几声骡马的嘶鸣和车户抽打牲口的清脆鞭声。

小时候，父母管束极严，轻易不让我走下家门前的悬崖之下，怕被芦苇园里的狼吃掉，也怕被渭河的浊浪冲走。不去村南原坡上放羊的日子，在村中的集市上逛腻了，就在场圃里追猪撵狗，在崖边摘吃枸桃和野酸枣。站在崖边朝北望去，渭河滩地和渭河就会清晰地展现在眼前。冬春时候，滩地的一方一方稻田就像一块一块的玻璃镜子，闪烁着耀眼的光芒，而渭河就如一条银白色的丝带，白而绵细，温顺而轻缓地向东飘去；秋夏之际，渭河滩地的田野里，稻谷飘香，绿的是玉米，黄的是稻子，色彩斑斓。渭河涨水，浊浪汹涌，河床宽阔，远望去，渭河水犹如一条土黄色的巨龙，桀骜不驯地朝着东方，头也不回地飞奔而去。

渭河从甘肃的渭源县鸟鼠山流淌出来，蜿蜒曲折，一路东流，在甘肃天水，第一次冲刷出一片开阔平坦的谷地，秦始皇的先祖在那一带为周天子放牧牛马，孕育了秦文化的雏形。渭河经天水，过北道区，在甘肃流淌将近 300 公里而至凤阁岭。凤阁岭是陕甘交界处，也是陕西最西端的一个乡镇。在凤阁岭，渭河首次汇纳了从北向南奔腾而来的陕西境内的第一条河流——通关河。秦岭西部延伸段和千陇山脉在凤阁岭形成一条东西走向的峡谷，这段峡谷为宝鸡西部山区的拓石、胡店、颜家河、坪头、固川、晁峪、甘峪、硖石诸乡镇，地理学上称之为"宝鸡峡"。峡谷两边山势并不高峻，但是足以挟制渭河乖乖地向东流去。渭河在宝鸡峡中经历了一百多里的困兽般的左突右冲，终于在宝鸡西郊的林家村结束了峡谷流程，立即恢复了它原有的野性，以其凶猛和锐不可当的威猛力量，冲积出一片开阔而又长远的关中谷地，从宝鸡峡口的林家村到潼关，遥遥八百里，坦荡无际，被陕西人骄傲地称之为八百里秦川。八百里秦川是渭河创造出来的奇迹，渭河是关中秦川儿女的母亲河。

我的家乡就在渭河中游南岸上，很早很早以前，渭河的流水就是从家门前的高崖下边向东流淌，经咸阳，过西安，一直到潼关，涌入黄河。家乡的那绺悬崖，就是渭河的流水千百年冲刷所形成，至今，崖畔上还有渭河的积沙和流水冲刷的痕迹。在我的家乡境内，从秦岭北麓由西向东依次有两条河流北流而注入渭河，一条磻溪河，一条伐鱼河。这两条河流不断地将渭河的流水向北推移，尤其是伐鱼河，水势汹涌，终年不断，在距离我们村五里的地方冲进渭河，渭河水从伐鱼河入渭口处斜流向北。渭河水每向北移动一次，村祖们就不失时机地将河堤向北推移一次，久而久之，渭河就被村人赶到了距高崖五里之外的地方。这片原本是渭河河床的所在，现在已经被乡亲们改造而成播种庄稼的广袤的土地，终年积水的地方种植水稻，淤泥淤积成为旱田的地方种植小麦、玉米、棉花和西瓜，水丰地肥，五谷充盈。

十岁那年，我已经能够独自背着竹篾编的小背篓，一次从渭河滩里背回来三十斤青草，这种举措让父亲感到意外和惊喜。放暑假的时候，我便像一只羽毛刚刚丰满的小鸟，被父亲放飞到渭河滩里去经风雨见世面了。父亲给我在背篓鋬上缠扎上一层厚厚的棉布，怕背青草的时候背篓鋬压破我的肩膀。爷爷在豆青色的磨石上给我磨利了月牙一样的镰刀，又从旱烟锅子里挖出一疙瘩黑糊糊的烟油涂抹在我的腿上。爷爷说，蛇这种东西最不喜欢闻烟油的味道，在渭河滩的稻田和玉米地里割草，蛇只要闻见烟油味，就会立即远遁，不会遭到蛇咬。我同伙伴们一起上渭河滩给生产队的牲口割青草，暑热当头，大家并不着急割草，而都成群结伙上渭河耍水。

渭河在我们家乡那段，水流平缓，河床宽阔两里。暑夏时候，暴雨频仍，大量的泥沙从上游冲刷下来，在河床的中间淤积起一片泥沙地，人称"夹心滩"。夹心滩将河水分流成两半，一半沿南岸流淌，宽近一里；一半沿北岸流淌，宽仅几十米。平日里，南岸水深一两米，靠岸跟最深，即便是成人，水亦足以灌顶。而北岸水深仅挨膝盖，赤足涉水便可通过。遇到上游山区暴雨，山洪下来，水头浪高数米。乡语说："暴雨隔犁沟。"往往是上游山区暴雨时候，我们这里却依然赤日炎炎。夹心滩上的泥沙被骄阳暴晒，干成一片细沫。洪水下来，不仅两边河水涨满，就连夹心滩也为洪水覆盖。洪水经流夹心滩，前浪拍起土沫，噗噗噗，烟尘四起，遮天蔽日。浪涛落下时，哗啦哗啦的水声惊心动魄，声传河两岸数里。洪水中常挟裹大树、木料、箱柜、牲畜和大量柴草，这些上游百姓的财产，就在渭河巨浪中漂浮游荡。

生长在渭河边的人并不惧怕洪水，他们大都从小就在渭河里遨游，练就了一身好本领，犹如浪里白条一样，可以在渭河的洪水中肆意往返。听到渭河里传来的"哗啦——哗啦——"的浪涛声，一些娴熟于凫水的壮年男人就朝渭河堤奔来，在河堤上，他们瞅准漂浮物，快捷地脱掉衣裤，一个猛子跳进滔滔浊流中，挥动着胳膊划水，很快地逮着漂浮物，骄傲而又得意地游回堤岸上。在大家的一片喝彩声和艳羡声中，他们一次次地跳进洪水中，打捞木头、树木和其他有用的东西。洪水将大量的柴草卷到了岸边，胆小的男子就在岸边浮游，捞取柴草拉回家当柴火烧。我的父亲，在渭河涨水的时候，一直游到了河中央，打捞上来一具柜子，乡亲们从河堤上围拢过来，好奇地打开柜盖，想看柜子里面装的什么宝贝东西，没料想柜盖打开，里面却站起来一个老人。这个老人在洪水冲进屋子的时候，自知无法逃脱，就钻进柜子中，这样连人带柜子被水一只冲到了河滩。大家先是一惊，然后都哈哈哈大笑，对着柜子里洪水中逃生的老人说："你老人家真是福大命大造化大，要不是我们捞着你的柜子，你就会被水冲到咸阳吃挂面。"

　　洪水退却之后，河水依然很大，但是河床中间的夹心滩就全部暴露出来。长长的夹心滩上，洪水不但漫上去厚厚的一层新泥，而且还将许多东西遗留在上面。大人们都上田地里干活去了，我们孩子们就脱掉衣服，一个个赤裸着身体，欢呼雀跃着跳进渭河里，像泥鳅，像青蛙，连翻带滚地游向夹心滩。

　　渭河上极少桥涵，从宝鸡算起，1938年，国民政府在宝鸡渭河上修起第一座大桥，连接川陕公路，宝鸡人称之"老桥"。解放之后，政府又修一座钢筋水泥

宝鸡解放后修复通车的南引老桥

大桥，名曰"胜利桥"。宝鸡市区渭河上就可怜兮兮只有两座桥可以行人走车。二十世纪六十年代，从宝鸡到咸阳将近二百多公里的渭河上，仅只有四座大桥。二十世纪七十年代末期，从宝鸡向东三十里，有卧龙寺渭河大桥，又东行四十里，便到我们村。从我们村再东行三十里，有高店到蔡家坡渭河大桥。桥涵既少，距离又远，两岸往来全靠船只。宝鸡渡口为陈仓古渡，物资集散频繁，为渡之首。一九三八年宝鸡渡口有二十吨大船四艘，七吨小船六只，往来运送货物和军需。二十世纪五十年代，渭河宝鸡地区段有大小船只四十多只，渡口二十余处。宝鸡至我家乡，沿途有姬家店渡口、小庵渡口、杨家店渡口和凤鸣渡口。距凤鸣渡口二十里，就是我们村的渭河渡口。陇海铁路从渭河北岸伸展过去，我们村渭河大堤正北对岸便

是陇海铁路阳平火车站，附近十里八乡化肥、煤炭等等农村所需物资都由阳平火车站集散，渡口就修建在我们村河堤之上，有大木船两只，船工十八人。船为杉木板钉成，长约十米，宽不到四米，舱深一米五，无顶棚。船首安置大舵一把，作掌握方向之用；船尾系胳膊粗麻绳一盘，绑长镐一柄，船靠岸，长绳就在堤岸上的高大白杨树上牢系船只，以便装卸货物和上下行人。船行河中，一个莽实小伙子身背大绳，肩扛长镐，随时准备扎镐固定船只，其作用类似于轮船上的铁锚。

我们在渭河里游水玩耍的时候，不免要爬上木船。艄公都是本村乡亲，不是大叔就是大伯，也没有人阻挡我们。老舵手康老三，身披一件破蓑衣，头戴一顶黄中发黑的烂草帽坐在船头的木梆子上一锅子一锅子地抽旱烟，偶尔摇动几下大舵。每船八个撑篙的，一边四个，均匀排列，俱是村里谙熟水性的青壮年男子，乡亲们称之为"船家娃"。船家娃并不是船家的娃娃，船是村上的，开船的都在生产队记工分，叫撑船的为"船家娃"

渭河胜利大桥通车典礼

加宽前的渭河胜利大桥原貌

只是习惯而已。这些船家娃成天在浑浊的河水里翻爬滚打，衣服都被泥水弄湿弄脏，为了便于工作，船家娃平时在船上并不穿衣裳，赤条条在船上来往，一身泥水，走动的时候，裆里的那玩意就一摆一摆地跟着动弹，样子十分可笑。但是大家都已经习惯于船家娃这样，所以也并没有人讥笑，反而认为他们成天在泥一样的河水里辛苦，有这样不雅的样子也没有什么可奇怪的。有妇女来渡，她们会自觉地走到船尾的小庵棚里去坐着，斜了眼睛看其他地方或者低头看河中的流水，并不拿眼偷瞟船家娃的裸体，所以，即便是有女人在船上，秩序也不会乱。货物和行人都在船舱里装载好了，老舵手站起来喊声"开船"，分管大绳的青年从白杨树上解了绳索，一个箭步跳上船，两排撑篙的船家娃"嗨——"的一声吼，老舵手轻摇几下大舵，船便离岸，缓缓地向河中央的夹心滩驶去。

渭河里的流水平缓的时候，大家会鼓动老舵手康老三吼几句秦腔。渭河上的艄公没有号子，也没有船歌，他们要唱就唱秦腔戏。康老三将旱烟锅子在船梆子上轻轻地一磕，咳嗽两声，梗直了脖子就开始吼：

"手拖孙女好悲伤，

两个孩儿都没娘。

一个还要娘教养，

一个年幼不离娘……"

背大绳的船家娃立在船尾接着唱：

"庙堂上高坐龙王像，

枉叫人磕头又烧香。

背地里咬牙骂老蒋，

狼心狗肺坏心肠。

你是中国的委员长，

为什么你的联保军队大小官员，

一个一个似豺狼……"

背大绳的船家娃显然比康老三底气充足，吼唱的时候，额头上青筋暴起，两眼鼓得像牛眼睛，厚嘴唇一张一翕，气冲霄汉。河面上几只野鸭嘎嘎嘎叫唤着扑棱着翅膀向远处的沙渚飞去。船舱里的一头毛驴摔摔尾巴，耸耸耳朵，昂头嘶鸣起来。渡船的人面露喜色，一起呵呵大笑，船左右摆动。康老三手按大舵，两眼笑得眯成一条线，但他仍然没有忘记招呼大家保持安静，小心踩翻木船。大木船就在这样的说笑

民国时期的渭河十里铺渡口

声和秦腔声中，被船家娃一篙一篙地撑到了夹心滩跟前，背大绳的船家娃腾地跳入水中，大绳就被他拉展开，几个船家娃也跟着跳入水中，一起将船拉到夹心滩边的土塄前，铁镢拖着大绳一直扎到了夹心滩中间干硬的地方，船系稳当了，卸载货物，行人也一齐下了，船就静静地泊在那里，等下一趟开渡。

夕阳将血红的光彩洒落在渭河水中，长河落日照映着船只，照映着艄公。渭河浑浊的流水变得像胭脂一样红润，哗啦哗啦极有节奏地拍打着漂浮在河水中的木船。两岸稻田中的青蛙咕哇咕哇地鸣叫，河堤上树林里的蝉亦开始了晚唱，渭河沉入到夜晚的静寂之中。

古代一个没有能够留下名姓的文化人站在渭河大堤上，面对乡村美好的景物曾经吟咏出了这样的诗句：

> 晚来清渭上，
>
> 疑似楚江边。
>
> 渔网依沙岸，
>
> 人家傍水田。

现在的人每读到这首诗歌的时候，都以为诗人是痴人说梦。渭河真的曾经这样美好过吗？

其实，诗人所见所咏，都是渭河当时的真实存在，一点也没有假。

从西安到汉中（节选）

李镜东

六月五日　令人沉痛的咸阳古渡

我这次为了长途旅行，今天起床特别早。

饭后，我们——洋县吴县长夫妇，西乡杜县长太太，及他们的属员勤务等，一行十余人，在七点钟时，到西安东北隅，新城附近，西凤公路（西安到凤翔）车站去乘车。

西凤公路车站和西兰公路车

站相连，站基有几十亩大，但荒草绵绵，并未刈（割）除，破车废物，又是到处乱抛，仅在站北一隅，有五六辆细小破旧的汽车，乃是西凤公路上的交通工具。

八时汽车离开车站，出西安北门，折向西行，速度逐渐提高，车内的乘客像不倒翁似的摇摆不定。当它驶到凹地的时候，会将乘客弹起半尺多高。因这条公路，并未修筑，仅照原有的大车道上，稍加宽拓，所以高低很不平均，弯度坡度，也极不合适。

193

汽车弯弯曲曲地行驶了一点钟光景，就到渭水了。

渭水河面，约有半里宽，并未架设桥梁，来往的汽车，大车和行旅们，都由民船摆渡。我跑出汽车，举目远眺，渭水北岸，咸阳城的雉堞城楼，倒映在河水中。欸乃的船声，清脆可听。

咸阳古渡

南岸一带绿油油的白杨，在微风中接腰摇摆。那长方形的古旧的渡船，每次摆渡，可装二三辆汽车，四五辆大车，和数十名行旅。十余个脱得精光的船夫，全身晒得黝黑，像印度人一样，有些立在船上用木棒撑着，有些浸在水里用力推着，"杭育"不断的呼声，是何等的悲惨和沉痛！这一切景物，点缀成"咸阳古渡"的美景。

我们很不凑巧，汽车到时，渭水南岸已停着八九辆军用汽车。照渭水渡河的"惯例"，需把军用汽车渡完，然后摆渡商民的汽车。这种惯例，自然不能改变，只好等着。心想：这不是什么惯例，而因那些汽车上坐着"守土安民"的士兵罢了。

等渡摆渡，约莫有二小时，总算渡过渭水，绕咸阳东北西进，经过阿房宫故址（应为秦咸阳城故址），那"五步一楼，十步一阁"的壮观，已成一堆瓦砾，徒增过览者的凭吊而已。

过阿房宫故址，许多周代的陵墓，或方或圆，分散在公路的远近。几十里长的马嵬坡，屏障在公路的北面。

由此西行，过兴平县城，至马嵬坡将尽处，路北有唐杨贵妃墓，一圈土墙，残缺不全；因忆"回头一笑百媚生，六宫粉黛无颜色"，那样绝代的美人，也是成了一抔黄土，不觉恻然久之。

下午一时，抵武功，城墙还算坚厚，商业亦发达，饭店中的蔬菜酒饭，也不十分昂贵。哪知饭后乘车时，我们的车内，又增加几位"武装同志"。本来这样细小的汽车中，坐着十八个人（规定的人数），已无放脚的余地了。如今又加上四五个人，真是挤得水泄不通。车站管理员请他们搭下班车，可是他们说出"剿匪"紧急的大道理，使各人哑口无言。

自武功西行，太阳既烈，兜头风又大，车内灰尘飞舞，同伴们的脸上额角，早已蒙上一层薄薄的灰土，头发眉毛，也渐渐变成灰黄了，白的衣衫变灰，黑的服装变黄。到扶风，在西北十余里处，为汉王莽故都；其旁有雄伟的法门寺，耸立烟灰中，遥遥在望。过岐山不久，路旁有"周文王故里"石碑，南边太白山岭，还可看见乳白的积雪。

西凤公路共长三百六十里，至午后五时，才算到了凤翔。

沿途经过的县城村镇，都贴着新生活运动的标语，筑着大小不一的碉堡。旷野中很少看见绿荫满枝的树木，除橙黄的麦垄外，就是开着种种颜色的罂粟，有些已经结成锣槌似的果实，随风摇摆；兴平武功一带，（罂粟）几乎占了三分之一的麦地。

心想：这些罂粟如果是唤醒中华民族的警钟槌，那么国家决不会忍受着"长期抵抗"，而要"振臂一呼"；老百姓们也不会被苛杂兵匪的糟蹋，而能过着安居乐业的生活。

凤翔是陕西西部一个最重要的县城，西去陇南，西南到四川汉中的交通要道，都要经过这里，商业也很繁盛，而且在历史上早已著名的了——秦穆公曾建都于此。现在汽车站，旅馆，饭铺……都集中在东关。不过我们投入西北旅社时，颇觉惊奇——旅

凤翔县城东门

社中一大半房间，都被那些花枝招展的神女据了，如在京沪苏杭，那样摩登的姑娘，并不稀罕，可是在这文化低落的凤翔，不能不算是少见的。

后来才知她们是随着陇海路西展，先在潼关，后迁西安，最近才搬到这里的夜度娘。我们的队伍中，除吴君年纪较大外，其余都是二三十岁的小伙子，幸得有两位镖师（吴、杜二太太）保护，才算平安无事，否则难免有不测之忧。

凤翔有著名的特产"贵妃酒"，亦称"西凤酒"，据说因杨贵妃在时很欢喜喝它而得名。今天适逢端阳佳节，又遇这种名酒，谁都想尝它一下。我们跨进饭馆，点菜酌酒，大嚼大喝，意兴极浓；而那又醇又香的贵妃酒，别有一种独特的味儿，绝非其他的名酒所能媲美的。

六月六日　残破的凤翔古迹

今天我们本来可继续西行的，但前几天，有大军过境，所有车辆，均为军队"借"用，只有羁留凤翔，再作计较。

昨夜询问旅馆的掌柜，知凤翔有一个著名的胜迹——东湖，就在东关，城内也有几处古迹。所以我们决定上午先游东湖，再观其他的胜迹。

我们亻亍地出了旅社，找到诱惑我们的东湖，跨进台门，就是两行碧绿的杨柳，几乎掩蔽了当中的甬道。"天下为公"的牌坊，还是一二年前建造的。牌坊南边，有苏东坡祠，正对祠门，有喜雨亭，也是新近重修的。

苏东坡祠（凤翔）

凤翔东湖喜雨亭

另有一丈多高的土堆，上面筑着一间四方的小亭，便是凌虚台的故址。东坡的书画石刻，另在一所房内；旁边院落的壁上，有许多名士诗人的诗词石刻。苏公祠前面，有二三十亩大的湖，是苏东坡所凿，据说从前有荷花极多，并有小舟可以荡漾，现在荷死湖塞，已无划舟采莲的兴趣了。

湖畔杨柳槐树极多，均为千余年前的遗物。湖心有君子亭，每边缀着古圣贤的格言；又有玲珑小巧相并的鸳鸯亭，都用曲栏相通，也有美观之点。总观东湖全景，如在江浙等省，并不怎样秀丽，但在凤翔来说，不愧称为胜景了；我游罢东湖，作如是感想。

循城下北行二三里许，有两个丈余见方的相连的小池，即所谓古代神凤饮水的凤凰泉，除泉水清冽，蝌蚪成群外，别无可欣赏的景物。

进北门，折向南行，有八角开元寺，系唐开元时所建，门内的八角亭虽已经颓毁，但仍未失掉古代建筑的雄伟的姿

凤翔县城城墙

态。寺内有摩诘手痕石刻，惜字迹模糊，不能辨认。寺旁有宋名儒张横渠祠，其中有一所初级小学，坐着六七个小学生。

城内东南隅，有秦穆公的陵墓，黄土一堆，荒草丛生；听说曾被某要人发掘，挖出许多古董，发了不少横财，怪不得现在许多要人，都想发掘陕西的古墓。

凤翔城内的市面，不如东关那样繁盛，各商店的陈设装潢，全没有资本主义都市的形式，而是极古旧的。县政府前面，白粉墙上，写着长篇的"保甲公约"，各处贴着"肃清土匪"，"铲除贪官污吏，打倒土豪劣绅"，以及"禁止鸦片烟"之类的标语。然而街道上许多店铺门前，挂着椭圆而有横格的络儿，却是售卖鸦片烟的标记。

秦穆公陵（凤翔）

奉旨敕建的节孝坊、贞节坊，和某某府君德政碑，在凤翔的街道上，

到处都可看见，黑底金字的文魁武第的匾，高悬在许多住宅的门头。还有"喜报贵府令郎官印某某，今在某小学毕业……"的报单，也张贴在门前墙上。这些金碧辉煌的浓厚的封建色彩，迷惑了凤翔人的心。

傍晚，县政府代为雇了两辆大车，明天送我们到宝鸡，再雇滑竿（与南方的轿子相似）。旅馆掌柜告诉我们：西安的铜元票和十文二十文铜元，西去不能使用，需在这里调换四百或二百文的大铜元，五元的钞票，也难得兑换。掌柜的厚意，我们只有感谢而已。

六月七日　从摇晃的汽车到滑竿

今天要走九十里路，各人在大清早时都已起床，整理行装，交给大车夫装在车上，我们几个年轻的人，就经凤翔西门，先期徒步出发。

西北初夏的晓风，含有不少的寒意，金黄色的朝曦，照着旷野熟透了的麦穗，和红黄紫白的罂粟花，另有一种美景。沿途的村庄很多，但人民所住的地方，都是土壁间凿成的窑洞居多；有些挖得很整齐，有窗有门；有些却极粗陋，仅在洞前遮着一张草帘。我们走了三十余里，两脚也走累了，就坐大车上。但因道路极不平坦，车身摇摇摆摆极不舒适。

关中乡村

十二时，我们到了虢镇，已行四十五里，询知前去并无卖饮食的村镇，故在此打尖。虢镇有十余户居民，路旁有二三摊卖凉粉，馒头和寸多厚的锅盔，都算是上好的食物。

饭后继续西行，沿途的风景也较好，绿油油的胡桃树上，已结着累累的果实。过陈仓故址以后，风景尤为佳丽，高原中流出的泉水，比汽水还要甜美，我们走着喝着，饱餐着农村的美景，步行之苦，早已忘掉了。

　　五时半，我们几个先锋队，已到宝鸡，在东关找到欧亚旅社，作为住宿之所。本来想到宝鸡城内去观光一下，但我们没有"良民证"，不能进城，只有"望洋兴叹"而已。城门上的军警，搜查行人极严，因近来谣言正盛，恐怕不肖之徒，混入城内，故除本地的居民，外人一概禁止进城。

　　宝鸡东关，也和凤翔一样，大商店旅馆，都开设在这里；欧亚旅社，是天字第一号的客栈，然而内部的陈设和装置，上海的起码客栈，都要比它好些。菜馆饭店，在这里是找不到的，所有足以充饥的食品，是锅盔、油茶、麻花、大饼之类，所幸我们都有雄赳赳的气概，而且各人的肚子早已饿了，洗过脸脚，就大吃一顿。

　　掌灯时，掌柜费了九牛二虎之力，为我们找到四乘滑竿，言明抬到汉中，每乘二十五元，酒资随意赏给。轿行掌柜拿出一张粗皮纸，写着"立票据某某……此据"的字据；并说"到凤县留坝，随时可以雇到华（滑）杆（竿）"。十多

宝鸡街景

华杆（滑竿）

秦岭山中

件行李，由骡子驮负，每天六角，按日计算，现今正农忙，驮侁比较昂贵，若在平时，还要便宜。

由宝鸡至汉中六百四十里，都是高山大岭，路上很不平静，时有匪徒出没，这我们在西安时早已知道了。听说南星留坝之间，近来不大平静，然而我们连轿侁驮侁在内，一共二十余人，三五个打闷棍的匪徒，也许不敢下手吧？

六月八日　苦力　鸦片

天刚光的时候，旅馆门前有几个说着四川口音的人。

掌柜喊起我们，说是滑竿到了。

我走出房门，七八个衣衫褴褛、鸠形鹤面的穷光蛋，正在绑扎滑竿，一看见我们，便不住地喊着"老爷"。

心想他们骨瘦如柴，在几百里的路途上，哪里抬得动呢？这种东西哪里可以乘坐呢？可是也会出人意料的，他们在两根竹棍上系着篾床，把被褥枕头装成藤椅一样；又在前面吊着一根短棍，作为搁脚之用；再把被单扎成弧篷遮蔽太阳。整个滑竿，这样就算绑扎妥当，没后（最后）吊上他们不可或缺的两袋吸鸦片的用具。

他们吸饱鸦片，抬起滑竿，开步上路，一气就是二十余里。

坐在滑竿上，可躺可坐，左右前面，随时都可领略风景。而且轿侁遇着人物，便前唱后和地说着颇有音韵的对白。如"天上亮光光，地下一口塘"，遇女人也；"左边一个，驮靠右偏一下"，遇牲口也。

这些轿侁，平日所赚的钱，一大半都花在吸鸦片上，在半路上休息时，无暇燃灯吸鸦片，便将小指粗细半寸长的生烟，塞入口中，也不会中毒。

宝鸡

我们是在早晨六时出发的，由宝鸡渡渭水，到益门镇十五里，都是平坦的野原，罂粟仍然很多。

过此南行，已进秦岭山谷，清姜河蜿蜒而北，两岸绿荫缤纷，农舍亦不少，所谓"山明水秀，风景天然"。西汉公路（西安至汉中）正在修筑，曲曲弯弯，向山上盘绕。

入山愈深，村庄愈稀少。十一时半，抵杨家湾，村舍数间，破落不堪。略坐片刻，继续前行，至二里关，已一时三刻，购买锅盔鸡蛋充饥。

自二里关南行，满谷野草杂树，鸟语花香，溪涧中的潺潺流水，清冽可爱，整个心灵，已被大自然的美景所陶醉了。

由此经大散关，形势颇险要。至松树梁，路旁有古松二株，可三合抱，浓荫满地，坐下休息，倦意全消。再行五里，至秦岭最高峰，已是夕阳西斜，游鸟归林了。下岭行五里，即东河桥，居民三十余户，为栈道大站之一，是夜即宿于此。

总计今日共走七十里，或乘滑竿，或徒步缓行，并不疲倦，

《益门镇》

西汉公路修筑现场

大散关附近

这也许所过的道路，都是倾斜的山坡，而未遇到陡峻的高山吧？

东河桥的住户，多半是开客店的。这种客店，房屋非常古旧，污物垃圾，到处皆是。清洁卫生，在这里是谈不到的。客店后院，关住牲口，前院每房有一个大土炕，便是行旅们睡觉的地方。不过价钱很便宜，住宿一夜，连晚饭茶水在内，只要一毛大洋。而掌柜娘子招待旅客，也颇周到，烧茶煮饭，一应都是她照管的。

六月九日　初夏火炕

时令虽入初夏，但在秦岭山巅，入夜气候极冷。掌柜娘子在炕内烧起火来，故不觉得寒冷。可是臭虫、跳蚤、蚊子，就大举进攻，弄得一夜不能安眠。

我躺在炕上，看见晨光慢慢地从壁缝中偷进时，伏头已在叫喊掌柜娘子烧燉茶水了。而他的伙伴们，也都点起油灯，吞云吐雾地抽足鸦片，才慢慢腾腾地装起滑竿，准备上路。

秦岭人家

清晨的晓风，掠过我的耳边，却像当头泼了一盆冷水。路旁草上枝头，凝着一层乳白的薄霜，宛似晨妆初罢的少女，愈加明媚而皎洁。一会儿金黄色的太阳，从山峡中爬起，照遍了山谷大道，那乳白的薄霜，凝成一颗颗的珍珠，凝在草上枝头，闪烁发光。

九时至黄牛铺，已行三十里，有居民数十家，商店十余片，宝鸡、凤县，即以此为分界点。镇上食物尚多，以鸡蛋滚酒酿为最可口，下坡行三十里，至红花铺，也有一二十家住户，但充饥的食物很少，只

陕南布币

有苞谷汤，每碗约大洋一分，而大铜板已不能使用，另有油布印成一串二串的"汉中帖子"，也称"钱留"当辅币。

自红花铺南行，山谷狭小，柳丛悬密，酣睡其下，舒适无比。至草凉驿，仅五时许，参观初级小学，学生们还在念着诗云子曰。三十余家居民中，也和东河桥一样，半数开着客店。

六月十日　借力山神

今晨五时半出发，经五星台，白家店，黄家台等处，都是七八家破落的小村，惟道路尚属

石门东侧

秦岭山中的苦力

平坦。下午沿金沙湾南行，羊肠鸟道，山径崎岖，而重峦叠嶂，形势至为险要。在两山耸立中，横阻一座石山，其上筑有石门关，栈道经过其下，真有"一夫当关，万夫莫人"的形势。

路上遇到苦力极多，他们有些挑着食盐（自凤翔购买，每百斤九元左右，挑至汉中各县售卖，可得一本一息，但往返需十七八日），有些背上驮负上大下小的大

篓，各种货物就装在里面。他们行至山巅，常把一片石块放在山壁上，询问原因，才知因担负疲劳，将重量寄交山神，此后可健步如车的继续行

凤县全景

走，他们如此愚蠢，可笑又复可怜！

四时半抵凤县，住宿东关，计自宝鸡至此，已行二百十里，此后南行，都是高山大岭，而且每站都有八九十里以上，我们虽然轮流坐滑竿，但毕竟是文弱的人，经不起连日步行，于是决定再雇两乘滑竿。

凤县的城池，筑在凤岭北麓，城墙尚属坚厚，东门城头，写着"古凤州"三字，我们没有"良民证"，不能进城游览，殊觉遗憾！所幸东关，有酒有肉出卖，喝酒吃肉，于愿已足。

六月十一日　凤县古迹

通过南天门后景色

晨五时，沿凤县城东行数十步，即入凤岭的土谷中，纡回陡峻的山路，步步高升，虽然天气还很寒冷，因为上岭步行的缘故，满身热汗横流，寒意全消。

上岭二十余里处，有一所三四里长的石级，直达山巅，便是南天门。我到了山巅，翘首观顾，但见四处的山脉，像波涛汹涌似的横卧山下；陈仓山脉嵯峨苍翠，屏障其西南，诚所谓"天

险之地也"。南天门上，南面有古朝庙，清果亲王所书残碑，字画苍老劲健，倾倒庙前，庙内塑着一尊泥像，是满清政府时代凤县的正堂，不知在何年代，却无从考证。

由凤岭山巅南行二三里，下岭经新红铺，三义驿，都是重重叠叠的石山，而道路为山洪冲毁，年久失修，非常难走，爬山过岭，都要亲自行走，虽有滑竿，也不能代步，真是"行不得也哥哥"。

下午至留凤关，路旁有"楚项羽封章邯处"的石碑，古庙数间，匾对辉煌。自此上坡南行，又是鸟道青山。至南星，已经夕阳西下了。

南星有五十余家居民，是数日未曾遇到的大市集，有初级小学校一所，民团十余人。我们住宿客店内，民团就来检查护照，询问来头去路，客店中已无土炕，而代以两凳搁板的床铺；其中污秽奇臭，与前数日所住的客店，一模一样。

秦岭俯瞰

……

本文最初发表在《旅行杂志》1936 年第 9 号上，标题是《从西安到汉中》。李镜东，即李文一，时为申报派驻陕西的记者。

陇海铁路奠定宝鸡近代工商业基础

佚 名

宝鸡，古称"陈仓"，"明修栈道，暗度陈仓"的典故就出自这里。在大唐中期，这里出现一个"石鸡啼鸣"的祥瑞，皇上一高兴，就把陈仓这

个地名改成了宝鸡。在地理位置上，宝鸡位于关中平原的西端，地处陕西、甘肃、四川等省的结合部，是西北地区连接中原、西南重要的交通要塞。但直到陇海铁路通达以前，宝鸡只是一个僻处关中的内陆小县城。

陇海铁路修至宝鸡后，宝鸡逐渐成为西北工商业的荟萃之地，发展为关中西部的一个重要都市。1937年全面抗战爆发后，伴随东部工商企业沿陇海线的大量内迁，宝鸡更是加速发展，逐渐成为抗战大后方的交通枢纽和工业重镇，是近代中国铁路交通枢纽型城市崛起的典型代表之一。

首先，陇海铁路在陕西的修建，奠定了宝鸡在关中乃至西北地区的交通枢纽地位。初建成的陇海铁路宝鸡车站有站线4条、货物线2条。1937年3月1日正式运营，每天从宝鸡开往西安的客、货运列车各一对。

至抗战中期，宝鸡站每日开行客车2对，客货混合列车1对。1945年12月，宝鸡至天水支线开通后，客货运量进一步增长。至1949年，宝鸡车

站每天到发客、货列车各 2
对，客车每列挂 9 节车厢，货
车每列挂 20 节左右。

据统计，1935 年陇海铁路
年旅客发送量为 189.5 万人次，
宝鸡站投入运营后，陇海铁路
全线旅客发送量激增至 278.6
万人次，极大便利了关中的人
员与物资交流。

依托陇海铁路大规模的转
输能力，宝鸡迅速成为关中西
部重要的物资集散地。20 世纪
30 年代，西路商货咸集宝鸡，
再集中东运；东路商货则先在
宝鸡落地，再发往川、甘、新
等地。由此也打破了传统以凤
翔为关中西部货运集散地的格
局。抗日战争全面爆发后，宝

1941 年宝鸡街道两旁，有很多汽车停靠

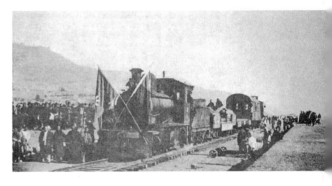

鸡作为陇海铁路的西端终点，更成为东通中原与华北战场，南与川滇后方
相连，西北与甘宁青相接的物资周转枢纽。

其次，陇海铁路西线的通车与运营，也促进了宝鸡城市工商业的繁荣。
陇海铁路西线通车前，宝鸡城内仅有零星作坊，生产方式仍以传统的手工
制作为主。1936 年陇海铁路通至宝鸡后，洛阳机车修理厂随即迁至宝鸡城
东关铁路南，改建为宝鸡机车修理厂，成为近代宝鸡机器工业之始。

1937 年后，宝鸡因有铁路交通之便，成为东部厂矿企业内迁的主要
目的地之一。如汉口的申新第四纺织厂、福新第五面粉厂就迁至十里铺。
时人对此也寄予厚望："宝鸡自陇海铁路通车及汉口申新纱厂移往后，
一般人颇以为本省（陕西）将来工业区预期。宝人亦颇以未来江苏无锡
自负。"

此后，汉阳的洪顺机器厂、河南漯河的大新面粉厂、许昌的裕华烟厂、陕西华县的泰昌火柴厂、西安的润记汽车修理部相继迁往宝鸡十里铺等地。西安军需局、华业铁厂等也陆续在十里铺建厂，宝鸡十里铺逐渐发展为各类厂矿汇集的新兴工业区。

据统计，至 1949 年，宝鸡有各类厂矿 500 余家，涉及机械、纺织、烟草、发电、造纸等 9 个门类，工业总产值 3114 万元。年产卷烟 200 箱，棉纱 2614 吨，发电 836 万千瓦时，机制纸 432 吨，原煤 1078 吨，起重设备 309 吨等，宝鸡作为关中新兴工业城市的地位由此确立。

民国时期宝鸡陇海饭店门外，小贩商店林立，显得十分热闹

在商业领域，自陇海铁路西线贯通以后，宝鸡城市商业迅速发展。当时的《大公报》就指出，"宝鸡在陇海铁路未到达前，仅一普通县城，至为僻陋，城内不过有资本微薄之商号百余家"。1944 年即猛增到 1030 户，1946 年更是增至 1350 户。此时的宝鸡不仅商贾云集，还成为关中西部重要的金融中心。

铁路通车前，宝鸡仅有陕西省银行设立的办事处，从事地方金融业务。至 1941 年，宝鸡城内已有中央银行、中国银行、交通银行、中国农民银行等 6 家银行。到 1948 年，宝鸡新设立的银行与私营钱庄更是达 17 家之多，逐步形成以四大国有银行为中心的区域金融体系。

最后，陇海铁路延伸入关中平原，还推动了宝鸡城市人口的增长，也促使城区范围进一步扩展。陇海铁路通车前，宝鸡城只是关中地区的一个小县，城内人口只有六七千人，且工商业者仅占其中一小部分。陇海铁路西线通车后，宝鸡站日吞吐旅客达 2300 人，伴随人流的集聚输转，宝鸡城市人口开始急速增长。特别是卢沟桥事变之后，东部逃难者乘坐火车蜂拥而至。

作为陇海铁路的终点，宝鸡也吸引了东部地区的党政机关、工厂企业、高等学校的迁入。因此，人口的迁移增长成为这一时期宝鸡人口增长的主要动力。据 1946 年的统计，当年宝鸡城区共有 91872 人，其中本地人口 46344 人，外籍和流动人口 45528 人，绝大多数是因抗战迁入的企事业单位职工及其眷属。与此同时，陇海铁路在促进宝鸡城市经济繁荣与人口增长的过程中，也促使宝鸡城区范围的外向型发展。

陇海铁路通车前，宝鸡城市范围仅有近三里长，城区范围仅限于城墙之内，未形成有街市的城郭。铁路通达后，宝鸡城东门外火车站新市区开始形成。至 1941 年，为适应城市发展的影响，还拆除了东城门和部分城墙，拓宽了城内大马路，东城内外商户林立，商店云集，成为宝鸡最繁华的闹市区。1942 年宝平公路竣工后，大批商号和行栈在火车站以北涌现，与城东的商业区连成一片，城区面积较原来扩展数倍。

此外，抗日战争爆发后，伴随申新、大新等工业企业相继迁至宝鸡旧城以东的十里铺，很快在这一区域内形成一个宝鸡新城区。

至 1949 年，宝鸡城区范围扩展至 6.7 平方千米，城区街道总长 7.44 千米，并铺设路灯、排水等公用设施。1941 年，著名作家冰心先生途经宝鸡，十分感慨宝鸡城市的变化。在

当年宝鸡城东门，一辆人力车夫正经过

《西北三日》一文中，她这样写道："在抗战以前，这里是个不大出名的小

县，而今却成了西北工业的中心。"

在短短十几年的时间里，因为陇海铁路延伸入关中平原，宝鸡从一个僻处关中的小县城，快速发展为西北地区的新兴工业城市。时人姚维熙在《宝鸡社会概述》一文中这样写道："自陇海铁道西展以来，本县轮樯辐辏，市廛栉比，全国工商学各界来此经营者如过江之鲫。于是地方藉交通以繁荣，交通赖地方更重要……宝鸡骤跻而为后方之重镇，故不惟为战时物品输送出纳之汇点，亦为我陪都所在与大西北整个联系之枢纽。"

换言之，利用陇海铁路修筑所带来的交通区位优势，不仅方便了战时人员的往来和物资的集散，还为宝鸡城市工商业的发展带来了新的动力。正是陇海铁路的通车，宝鸡迎来了近代工业发展的黄金期，宝鸡的城市职能也得到加强，并带动了关中区域社会经济的发展。

从历史经验看，铁路交通自诞生以来，无论是社会生产的增长、工商业的繁荣，还是城市的兴衰，莫不与铁路有着密切的联系。早在1919年，德国著名政治经济学家韦伯就明确指出："铁路是历史上最富革命性的工具。"无独有偶，孙中山先生也曾指出："交通是实业之母，铁道又是交通之母。"铁路作为一种先进的新式交通工具，不仅对近代中国社会经济的发展提供了保障，还推动了中国城市近代化的演进。

陇海铁路原名秦豫海铁路，是以清末光绪年间开始修建的汴洛铁路为基础，不断扩展，逐渐延伸而成的。其间受经济成本、技术条件与社会政治局势的限制，一直修修停停，断断续续，艰难维持。

直至 1927 年南京国民政府成立之前，陇海铁路只修到河南灵宝。此后，在国内知识界"开发西北"浪潮的影响下，陇海铁路的西延问题逐渐成为国内舆论的焦点，如著名学者马宵石就认为，要开发西北，首先要在"最短期间完成陇海路线"。

在广大知识分子的积极宣传下，陇海铁路的西延建设很快提上国民政府的议事日程。1928 年 10 月，南京国民政府铁道部正式发文，决定继续扩建陇海铁路。从 1930 年底破土动工，经过六年的艰苦建设，至 1936 年 12 月 7 日，陇海铁路由河南灵宝一路向西延伸至陕西宝鸡。陇海铁路西延工程全线贯通，堪称抗战爆发前西北交通建设的最大成就。

在近代陕西经济社会发展史上，陇海铁路在陕西境内的兴建，无疑是一件开天辟地的大事！不仅改变了陕西的交通运输格局，方便了人员的往来和物资的集散，还有力推动了铁路沿线城镇的发展，加速陕西社会经济的外向化与近代化。其中，宝鸡城在抗战时期的崛起，就是陇海线延伸入关中平原，从而提升城市区位优势的显著一例。

（来自网络）

宝天铁路的前世今生

于世宏

早在 19 世纪的 80 年代，时任直隶总督的刘铭传就向清政府上《奏请筹造铁路折》，明确提出在西北建设铁路，其中"北路亦由京师东通盛京，西通甘肃"。光绪三十一年（1905 年），陕、甘部分在北京的官员就曾建议设立铁路公司，陕西巡抚曾与甘肃省的地方官洽谈过筹办陕甘铁路之事，后因陕西巡抚曹鸿勋奏请清政府获准设立的"办路事务所"无所成就，修筑陕甘铁路的愿望更无从实现。1935 年 11 月 18 日，国民政府五届三次代表大会通过《限期完成陇海铁路案》，指出："交通为各项建设事业及军事政治先决之问题，而西北关系国家存亡甚大，西兰公路虽具雏形，然汽车运输究有限制，而西北过剩之粮食及煤铁等矿不能赖汽车转运，故欲开发西北、巩固边防、调剂国产，必速完成陇海铁路，否则一切俱属空言。"但是由于国民政府缺乏资金，未能动工。

抗日战争爆发后，连云港、徐州相继沦陷，郑州以东铁路中断，陇海铁路管理局为了维护西段仅存的命脉，同时安插东段撤退的员工，提出西展宝天之拟议。遂于 1939 年 5 月成立宝天咸铜工程处，安置员工 764 人，同年 12 月将河南中牟至白马寺

一段桥梁炸毁，其钢轨器材西运作为修筑宝天、咸铜线之用。终因财力不济，开工后仅就已有的人力、物力先做些开凿隧道及部分桥涵工程，没有全面的施工计划。

抗战爆发后，华东华北大片国土丧失，西南西北作为战略大后方，地位陡升。1940年，国民政府计划将陇海线由宝鸡向西展筑至天水（北道埠），并在计划修筑宝天铁路的同时，着手勘测兰新线。至1941年底，国民政府鉴于日本帝国主义气焰正炽，豫西一带已为敌寇侵占，深恐敌军冲进潼关，进入关中平原。为了凭借宝天险峻地势据守或后撤，便做出完成宝天铁路的决议。交通部拿出两年竣工的计划，陇海铁路工程处又陆续招工17000余人，准备大举兴工。然而国民政府对筑路举棋不定，又拟全力以赴赶修西南铁路，未将宝天段列入1942年度预算之内，遂停工，并将招募的工人遣散。至1942年2月，又以西北大后方交通未可偏废，且玉门一带又发现油矿为由，重新决定赶修宝天铁路，并另成立宝天铁路工程局，设局于天水，凌鸿勋被任命为宝天铁路工程局局长。1944年4月，宝天铁路工程局曾征调天水、秦安、武山、清水、甘谷等县民工3万多人协修天水段路基。

宝天铁路工程局局长兼工程师凌鸿勋通过实地考察，制定较为科学的规划，建议"宝天铁路积极赶成"，然后逐步修筑天成路、天兰路、兰肃路、肃塔路。他的意见得到了蒋介石和交通部部长张家璈的认可与支持，故宝天铁路成为国民政府建设西北的重要工程。

宝天线循行于渭河峡谷，河身曲折，沿途岗峦起伏，沟壑纵横，多峭壁陡岩，加之当时国民政府资源委员会拟在宝鸡峡筑坝修建水库，要求铁路抬高路基，需增加大量路基桥梁工程。尽管工程艰巨，亦应按照陇海干线的统一的技术标准设计，采用10‰的最大坡度和300米的最小半径。但宝天铁路工程局接办以后，鉴于该线盘旋于崇山峻岭之中，地质坚硬，施工难度大，尤其处于抗战时期，人力物力不足，限期完成，困难重重。为此将标准降低，最大坡度仍为10‰，但尚未动工的困难地段改用230米的最小半径，以减少隧道与土石方数量。又因购运钢材与水泥困难，沿线的粗砂砾岩质松而脆，不能用作石料，为竭力减少桥工堤垣，大量采用泄水洞代替高桥梁，以砖料代替石料，利用陇海东段拆下的桥梁拼装，以减少水泥及钢材用量。

宝天段于 1945 年 12 月通车，1946 年 3 月移交陇海铁路管理局。共设 18 个车站：福临堡、林家村、固川、坪头、石门（后改颜家河）、东沟（后改东口）、胡店、柿树林、石家滩、拓石、凤阁岭、建河、葡萄园、元龙、渭滩、伯阳、社棠、天水（北道埠），其中林家村、东沟、柿树林、石家滩、凤阁岭、建河、元龙、渭滩、伯阳、社棠车站均为 2 股道；福临堡、固川、坪头、颜家河、胡店、葡萄园均为 3 股道；拓石为 4 股道；天水为 5 股道，155 千米。施工期间开行工程附带营业列车，每列可挂车厢 5 至 6 节，最大载重量 240 吨，但行车不正常，宝鸡至天水往往超过 24 小时。如遇塌方就在车上等候，雨季大塌方时，通车即中断，恢复通车更无日期，因此旅客视宝天段为危途。故该路流传着"宝天路，瞎胡闹，不塌方，就掉道，三等车卖头等票，啥时有车，站长也不知道"的民谣，也确实是当时宝天铁路的真实写照。

宝天铁路通车以后又因陇海东段复路，将该段的五个车站的部分钢轨拆走，仅余一股道，不能会让列车。因为工程简陋，塌方断道屡屡发生，1946 年 5 月进入雨季，全线塌方 120 处，坍塌土石方 43 万余立方米，清理 7 个月，至年底才重新通车。1947 年共塌方 42 万余立方米，1949 年再塌方 64 万立方，成为"宝天盲肠"。

战时修筑的宝天铁路付出了惨重的代价，一次甘肃民工从对岸过渭河准备施工时，由于水急将船打翻，100 余民工被山洪卷走，无一生还。宝天铁路存在诸多问题，主要有以下几个原因，一是地质特殊工程艰巨，地下水是造成宝天线事故频发的主因；二是技术条件和设备落后，施工材料短缺；三是选线多次改动，使铁路工程质量大打折扣；四是抗战特殊时期重重困难，物价飞涨致使预算更难掌控；五是政治腐败、管理失职，以及与地方协调不力等因素，导致地方社会不支持甚至阻挠施工。

为了维持通车，陇海铁路管理局曾作了局部整修。1946 年，全段木便桥除通关河等 3 座外全改成钢梁，计架设钢梁 88 孔。1947 年，添补石碴 164.45 公里，抽换钢轨 108 根、枕木 21924 根。1948 年，凤阁岭车站增铺股道 1 股 250 米，坪头车站股道加长 60 米，全段刷方改坡 290128 立方米。

新中国成立前夕，国民党胡宗南部为了阻止解放军西进，将宝鸡至林家村一线破坏，并将东沟以西 14 座桥涵炸毁，致使全线瘫痪。1949 年 8 月 3 日，天水解放。9 月，中国人民革命军事委员会铁道部郑州铁路管理局西安分局派李伯海为军事代表，正式接管天兰工程处，主要任务是抢修陇海铁路宝天段，并为天兰段做复工准备。1950 年 4 月，经中央人民政府政务院批准，西北铁路干线工程局（以下简称西干局）成立。当时新中国刚成立，国民经济正在恢复，施工初期，西干局只管线路的测量、设计、发包、验收，不承担施工任务，除一小部分由局工程处负责施工外，大量工程均由私商承包。这些商人投机取巧、偷工减料……1951 年 5 月，西干局召开了第二届工程会议，决定取缔私人承包。

宝天铁路的改建工程和天兰铁路的修建工程改由铁路职工和六十四军等部队承担，抗美援朝开始后，部队奉命赴朝作战，西干局遇到了施工力量不足的难题。当时，他们首先在陕西的安康、商洛和甘肃的天水、定西四个地区各组织了 1000 多人，共计 4000 多人的民工队伍，随后又采取了铁路修到哪里，就在当地吸收一些民工参加的办法。

为纪念解放军第十九兵团六十四军修建宝天铁路的丰功伟绩，悼念在筑路中光荣牺牲的 56 位烈士，1952 年，国家修建"宝天铁路烈士纪念碑"，碑面朝向宝天铁路方向。

经过四年的改造施工，线路质量得到提高，全段列车运行时间由解放初期 12 小时缩短为 5 至 6 小时，运输能力由 80 万吨提高到 200 万吨。但是由于本段沿线地质复杂，山体多为古老的变质岩，岩层杂乱，多断层破裂，沙土相间，极不稳定，加之渭河水流湍急，流向不定，虽经整治，但滑坡、崩塌、坠石、泥石流、路堤变形、隧道坍塌、河岸冲刷等病害仍不断发生。1954 年 8 月阴雨连绵，水害冲毁路基 359 处，路堑坍塌 14.3 万立方米，路堤冲垮 69 万立方米，泥石流 4685 立方米，中断行车 1080 小时。

鉴于此，宝天线于 1955 至 1958 年、1958 至 1962 年、1963 至 1965 年、1966 至 1980 年先后进行了 4 次改造工程，平均每公里改造费用 118.21 万元（不含电气化改造投资），超过了修建时的造价。究其原因，主观上缺乏长期的总体规划，零敲碎打，修修补补，治了塌，塌了治，重复整治，虚耗了资金。全段 84 个河岸防护工点新建、重建、整修、加固 255 次，平均每个工点整治过 3 次，个别工点达 9 次。

宝天段经过多次改造和整治，线路质量得到提高，直到 1962 年铁路病害逐渐减少，行车安全得到保障。但由于隧道密集、坡度大、曲线半径小等原因，行车速度、牵引定数、通过能力都受到限制，不利于蒸汽机车牵引。1975 年，双机牵引运输能力 600 万吨已达到饱和状态，远不能适应日益增长的运量要求，成为西北通道的"卡脖子"区段。

为了改变运输被动局面，1975 年，铁道部决定对宝天段进行电气化改造。1980 年 12 月 5 日宝天电气化铁路正式通车。开通以后，运输能力提高两倍；牵引定数上行由 1700 吨提高到 2600 吨，下行由 1400 吨提高到 2400 吨，提高 61.3%；列车速度提高 44%。缓解了西北地区运输紧张状况，增强了线路抗灾能力，显示了山区铁路电气化的优越性。但 1981 年夏秋之际的特大水害，使宝天铁路遭受到更严重的伤害，工程部门立即投入了水害修复和病害整治施工。

经过 5 年的水害修复及技术改造后的宝天段取得好的经济效益：1982年，由每天 10 对客车、9 对货车增加到 10 对客车、11 对货车，到 1983 年已恢复灾前水平。1984 年从天水口接入 709.8 万吨，移交 613.9 万吨，比灾前的 1980 年增加 15.1%，全年比电气化前多运送旅客 342.8 万人次，多运送货物 213.6 万吨，增加收入 1420 万元。

从 1950 年至 1985 年。国家先后投资 3.59 亿元，用于宝天段的病害整治、电化建设、水害修复和技术改造，平均每公里投资 233 万元，从根本上改变了线路质量差的状况，使运输能力大幅度提高，昔日的"陇海盲肠"从此变通途。

2000 年 1 月，宝兰二线工程开始修建，全长 487 千米，为国家 I 级双线电气化铁路。这条铁路工程艰巨，尤其是宝兰二线宝天段，全长 126 千米，穿越88 座桥梁、53 座隧道，线路总长占全线的四分之一，但投资占全线的近二分之一。宝兰二线开通后，新老线共设福临堡、坊塘铺、晁峪、东口、马家湾、新拓石、新建河、元龙、社棠、天水、石家滩、颜家河、坪头、固川 14 个车站，其中东口为双线车站。关闭林家村、胡店、柿树林、渭滩、伯阳、小川（后设）6 个车站。

2003 年 6 月，宝兰二线工程建成通车，至此，连云港至兰州的陇海铁路全部实现双线贯通。但遗憾的是宝兰二线不知何因建为单线，没有一次性建成双线，旧线继续留用，致使新旧两线长度不同、速度不同、运营时间不同，在技术、资金都不是太大问题的情况下，甚为憾事。

修建宝成铁路时的那些事儿

容　琳

　　曾经作为通往西南的第一条铁路，也是国内最早的电气化铁路——宝成铁路，是连接西北西南地区的最大运输动脉，但如今却越来越落伍了，特别是北段宝鸡到阳平关段至今仍是单线，每天客运能力不超过 40 对，不论客运货运已经跟不上时代的要求。特别是西（安）成（都）、兰（州）渝（重庆）客运高铁的开通，宝成线的地位更加尴尬，是否会进一步减少客车开行对数，转入货运为主？的确，因这里特殊的地形地貌，无法修建复线，加上经常塌方断道，如今宝成铁路确确实实被边缘化了！宝鸡是一座因路而生的城市，是否也因宝成铁路不再有直达成都客运列车而被边缘化呢？不管你愿意不愿意，反正宝成铁路老了！它已经不像我们认为的那么重要了，对于全国而言，它甚至已经变成可有可无了。

　　宝成铁路虽然老了，但修建宝成铁路时的那些事儿和它给沿线经济发展和人民群众生活带来的变化，仍然深深地留在人们的记忆里……

　　历史上曾经打算修建宝成铁路，无论是勘测还是设计，都几经周折。1913 年，北洋政府倡议修建大同至成都铁路。1915 年，先行勘探宝鸡至略阳段地形地质；次年，又勘探西安至昭化的比较线。1920 年，提出西绕天水再过秦岭的方案，均因工程浩大、无力修建而搁浅。

1936 年，国民政府陇海铁路管理局派员航空勘测宝鸡至略阳间选线，形成 5 条线路方案，最终没有确定。1939 年，修建陇海铁路宝天段的同时，派员勘测天水至徽县段，认为此段线路较宝鸡至凤州段易建。1940 年，成立天成铁路工程局，拟筹资动工，但力不从心。1945 年，再度定测，仍因财力困难而不能开工建设。

与此同时，1936 年 6 月至 1937 年 2 月，为了服务全国抗日战争大局，当地政府动员民工组织修建了川陕公路，以解燃眉之急。为补充宝鸡至双石铺汽车运输能力不足，修建了宝（鸡）双（石铺）军用轻便铁路：1937年，国民政府军事委员会后方勤务部派铁道兵团施工，自陇海铁路宝鸡站起，沿川陕公路南行，渡渭河经益门镇、观音堂、越秦岭至东河桥，经黄牛铺、草凉驿、凤州而达双石铺，全长 106 公里，铺设轨距 60 厘米，轨重16 磅/码，是年 8 月建成，1945 年 7 月拆除。

中华人民共和国成立后，1950 年，由原铁道部天成铁路第一、第二测量总队以略阳为界，分南北两段勘测设计。后改由原西南、西北设计分局分工设计，1952 年 7 月完成初步设计。经分析比较，最终决定放弃天成铁路，修建宝成铁路。

宝成铁路坡度大、隧道多。其中宝鸡站至江油站段几乎全部处于山区，由宝鸡出发后需要跨越秦岭、巴山和剑门山，地势险要，工程相当艰巨。宝成铁路需打穿上百座大山，填平数以百计的深谷，单填土石方就有 6000 多万立方

米，按高宽各 1 米算，土方可绕地球赤道一周半以上。

1952 年 7 月 1 日，在庆祝成渝铁路通车时，毛泽东主席题词："庆贺

成渝铁路通车，继续努力修筑天成路。"7月2日，天成铁路（1953年更名为宝成铁路），从成都动工。

宝成铁路宝鸡至广元段，采取承发包形式组织施工。由原铁道部第二、第六基建分局为发包单位，以甘肃省徽县黄沙河为界，分南北两段发包，双向施工。原铁道部调集全国近二分之一的施工力量和施工机械投入工地，原第二、第四、第六、第一工程局和隧道工程、通信信号工程公司以及原中国人民解放军铁道兵部队的一部分先后参与施工。

沿线工程地质以变质岩、闪长岩为主，花岗岩出露面积相对较少，受弧形构造影响，岩体破碎。当年开山修路主要靠人工作业，仅配有少量的小型施工机具。土方工程量浩大，用寻常机械开挖，将旷日持久，延缓工期。施工时，前苏联专家随原铁道部部长滕代远前来视察，中外专家协议采用大爆破方法开挖土石方。

青石崖车站站场，原是边坡坡顶高达122米的3个山头和1条深沟。开挖采取炸山平沟的办法，在3个山头挖药室36个，最大药室容量为83立方米，共装炸药334吨。

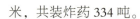

观音山车站也是用炸药炸出来的车站。1955年9月27日，经地方政府安全转移附近农民3万余人后成功爆破，前国务院第六办公室副主任郭洪涛现场指导。这次爆破扬弃石方8万多立方米，松动和填入山谷石方18万多立方米，缩

短工期 4 个月，节约投资 67.5 万元。

　　铁路隧道工程是关键工程，多而密集，宝（鸡）广（元）段共计有 271 座，总延长 78.51km。在艰苦条件下，铁路建设者用双手打通了秦岭隧道群，特别是穿越嘉陵江和清姜河的秦岭隧道，其地质为寒武纪花岗岩、片岩、片麻岩三接触地带，北口为深谷堆积、渗水严重，南口石质风化严重。施工采用煤油灯照明，人工打眼放炮，人力搬运出渣，排烟排尘用的是手摇木风扇。1954 年 2 月开工，经过原第六工程局精心施工，于 1956 年 3 月竣工。

　　1954 年 5 月，中共陕西省委号召宝成铁路所经县、市、区，乃至全省人民，大力支援修建宝成铁路，木材、燃料、粮油、肉蛋、运输车辆等物资分批送到了工地。

　　1956 年 7 月 12 日，南北两端于位于甘肃省徽县的黄沙河桥接轨。次日上午 10 时举行了接轨仪式，接轨时间比设计文件规定的日期提前了 13 个月。1956 年 10 月起，办理临时运营业务。

　　宝成铁路施工艰巨复杂，难度举世瞩目。铁路沿线群山毗连，重峦叠嶂，山势雄伟，桥隧相连，铁路高悬山腰，宛若长虹，极为壮观。灵官峡是嘉陵江上游第一道峡谷，也是宝成铁路穿越秦岭的险段之一。

　　修建宝成铁路时，著名作家杜鹏程来此采访，他将那个机器轰鸣的风雪夜里，筑路工人顶着严寒风雪忘我劳动、舍身奉献的时代精神凝于笔端，书写下饱含着血与火般炙热情感的散文《夜走灵官峡》，经《人民日报》发表后，在全国产生了巨大影响。后来《夜走灵官峡》被选入中学语文教材，给几代国人留下了不可磨灭的记忆。

　　1958 年元旦，隆重举行了宝成铁路全线通车典礼，时任国务院副总理贺龙元帅亲自剪彩，聂荣臻元帅和原铁道部第一任部长滕代远出席，陕西、甘肃

国务院副总理贺龙为通车剪彩

第一层
第二层
第三层
第四层

宝鸡

仙台国学天池

省代表团参加。

宝成铁路走向由宝鸡市南关过渭河，沿清姜河谷，盘旋于秦岭北麓群山峻岭之中。过任家湾站后，即以 30‰ 的纵坡上升，过杨家湾后，接连形成两个马蹄形展线（一种用于爬坡的铁路线路）；过观音山向南再转弯向北，跨越清姜河上游，形成第三个马蹄形展线；接着穿过高山群脊，在枣园沟与灯台沟，用"∞"形迂回展线，线路回转 360 度，层叠 3 层，高度相差达 817 米，即为著名的观音山展线。在观音山车站，可以看到三层铁路重叠的景象。列车上坡时需要 3 台机车前拉后推驶上秦岭站，下坡时一路刹车，火花四起，蔚为壮观。

解放前宝鸡的建桥史

李春林

1.益门石桥

是陕西省在宝鸡市建筑最早、设计合理、工艺精湛、结构坚实的单孔坦拱石桥。净跨 26.2 米，矢高 4.6 米，桥面宽 5.5 米，全长 40.84 米。民国二十一年（1932 年）12 月开工，翌年 8 月建成，计用铁条 700 余块，木料 4150 立方尺，水泥 348 袋，石砌料 2850 公斤，人工 8000 余工，工程费

用 3.5 万元。至今 80 多年，屡经洪水冲击，至今傲然屹立于清姜河之上。

2.渭河公路木桥

民用木桥：地处昔日南关外渭河渡口处。抗战爆发后，陕西为战略要地，川陕公路为西南、西北交通要道。民用木桥于民国二十七年（1938 年）建成，系木排架，钢轨梁木板面。桥分四段，各段之间为沙滩，桥梁跨度为 7 米，共计 65 孔，桥身全长 455 米，桥宽 4 米，载重 7.5 吨。

军用木桥：建于民国二十八年（1939 年），在民用木桥下游 600 米处，北与市区汉中路相接，南接长益公路。全桥 103 孔，孔跨 5 米，桥长 566.5 米，桥宽 4 米，载重 7.5 吨，为南北军车专用桥。

3.西汉公路金陵桥

始建于民国二十三年（1934年）4月，在沿河街十八孔桥下游处。钢筋混凝土过水桥，桥12孔，全长188米，面宽3.6米，载重7.5吨。1958年修通虢十公路，千河桥通车后取代，凤翔经陈村、贾村到宝鸡的路段，由市工程处接管，改名为宝凤桥。

4.金陵河木桥（店子街老街口处）

民国二十九年（1940年），为完善金陵河铁路桥管理养护和斗鸡台厂矿企业往来县城需要，由工务段搭建，桥长100米，桥宽4米，桥高2.5米，可供载重5吨车辆通行。

5.硖石桥

古时硖石河两岸石崖对峙，断壁千尺，明成化年，邑人王福信、李镇、牛道士捐资，架砖石为桥。民国三十四年（1945年），陇海线西延天水在硖石桥废基之上修建铁路铁桥至今，老桥废弃。

6.石桥（金河镇7公里处）

民国三十四年（1945年），县知事方大柱维修宝平路金陵川车道时添修，12月动工，县建设科征工，宝平路公务段派刘刚毅督查整修，为今宝平公路埋设涵管工程之一。

7.硖固桥（硖石至固川六川河入渭处）

六川河桥，民国二十八年（1939年）至三十四年（1945年）改建为铁路桥。主任工程师张景汉为建此桥付出艰辛努力，铁路局为怀念他忠于职守，命名此铁路桥为"景汉桥"。

8.渭河桥（今称老桥）

始建于民国三十七年（1948年）11月，次年5月竣工，5月15日举行通车典礼。桥长576米，桥72孔，孔跨为8米，桥面宽9米，载重为20吨，总造价金圆券1048亿元，为当时陕西省第一座现代化大型公路桥梁。解放前夕，国民党南逃时，炸断桥梁7孔，后经抢修，于1949年12月13日通车。

地标

记忆中的老宝鸡

JIYIZHONGDELAOBAOJI

闲谝宝鸡西关

邹新社

关，即关口、关隘，是指古代在险要地方或国界设立的守卫处所。大的关，关系一个国家的安危，如嘉峪关、山海关、武关、大散关；小的关，关系一个城池的安危。古代的城池均设东、西、南、北四关，因而，凡是古代城池延续到今天的城市，都有叫东关、西关、南关、北关的地名或区

域。宝鸡也不例外。

宝鸡人通常把中山西路到宝福路沿线周围的区域叫西关，东到红旗路北口，西到福临堡，北到陵塬、马家塬半腰，南到长青路，也就是现在西关街道办事处管辖的区域。

宝鸡西关的文明史最早可追溯到仰韶文化时期。福临堡遗址、高升堡遗址、纸坊头遗址、长寿山遗址便是证明。福临堡遗址是陕西省1957年5月31日公布的首批重点文物保护单位。遗址牌立于村口，引渭渠南边。福临堡遗址为仰韶文化的中、晚期，稍晚于北首岭遗址。福临堡遗址北边，现在的叉车四厂，还发现了春秋墓葬区。

紧临西关的北坡及塬上，唐朝以前山体植被好，水源充沛，常有鸟群栖息，落下的羽毛铺满塬坡，叫羽山，秦武公曾在今马道巷建羽阳宫，有发现的羽阳千岁瓦当为证。大唐秦王李茂贞葬塬上后，才开始叫陵塬。为让人们记住羽阳这段历史，在西关上塬路广场立了一块石头，上面刻了两个字：羽阳。纸坊头还发现了青铜器，据考证是古鱼国的墓地。这些都是西关文明史的见证。

福临、太平、长寿、高升，光听听这地名，便可感到这块土地远古以来就是适宜人类生存的地方，也可感受出古人对美好生活的向往。

宝鸡西关这一块儿，实际也就是宝鸡老城所在地，是宝鸡历史上第三次建城的地方。宝鸡第一次（秦文公四年，公元前762年）、第二次建城（三国时期的魏明帝太和二年，公元228年）在戴家湾附近，分别史称陈仓上城及陈仓下

城。魏将郝昭在筑陈仓下城的同时，在今中山西路修筑了兵营和城堡。过了338年后，北周武帝天和元年（566年），在郝昭所筑城堡处修建了城池，时称留谷城，主要用于军事防卫；又过48年后，隋炀帝大业十年（614年），将陈仓县治所从陈仓下城迁入留谷城，从此，这里便成为关中最西边的县级政治、军事及经济中心。又过了143年，唐肃宗至德二年（757年），陈仓县以"鸡鸣之瑞"的传说改名宝鸡县。宝鸡县城唐至清历经9次大的修缮。1937年3月1日，陇海铁路正式运营，铁路的最西端就在宝鸡老城东门外二里许。1941年陕西省第九区督察专员公署从凤翔迁至宝鸡，这里成为宝鸡的首府和中心。1949年7月14日宝鸡解放后，11月5日，宝鸡县人民政府由中山路迁址于虢镇。

自隋炀帝大业十年（614年）至今，一千四百余年来，宝鸡西关，见证了宝鸡城市发展的历史。这里，可以说是宝鸡城市发展的缩影。1937年铁路通车后，宝鸡西关比以前更热闹了，更繁华了。1940年的宝鸡，被著名

作家茅盾誉为"战时景气"的宠儿，宝鸡的许许多多事，都可以在宝鸡西关找到踪影。宝鸡的许多第一、许多城市的记忆都发生在西关，这些让人回味的城市印象，或留存于文字或图片，散见于各种文史资料、回忆录、影像资料，或残存于一段城墙、一块石碑，或浓缩于一个路名、一个巷名、一个成语，或留恋于老西关人的舌尖，或变成口口相传的民间故事，伴随着西关的不断变迁，由寂寞到繁华，又归于平静。

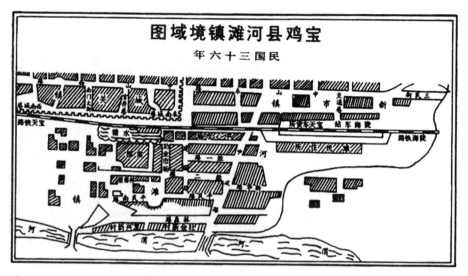

宝鸡老城东临金陵河，西至玉涧河，面朝渭水，背靠陵塬，地理位置险要，易守难攻。民国时期，城内的面积不到 1 平方公里，在城墙上走一圈不到 3 公里。有城门 3 个：东城门（今红旗路与中山路交会处）名曰"迎恩"，西城门（今宝鸡西关家美佳超市附近）名曰"来远"，南城门（今南关路立交桥北端）名曰"鲜阜"。随着铁路修到宝鸡，先是拆了东城门，又随着城市的扩建、引渭渠的修建，拆除了所有的城墙。宝鸡老城唯一留存的夯土城墙遗迹在今北坡公园大踏步中间小体育场两侧，是宝鸡老城的耳城，史称"风匣嘴"，呈东西走向，东西长 150 米、高 4.5 米、基宽 3 米。

城，在古代，首先是一个军事要地，是首要的攻击目标。以中山西路为中心的宝鸡老城，为关中平原的西大门和内地通甘入蜀的交通要冲，素有"秦蜀襟喉"和"关陇锁钥"之称，历代为兵家必争之地。宝鸡历史上发生的 70 多次战争，大都把宝鸡县城和中山路作为攻取与占领的目标，或作为出击和进攻的根据地，有名的"明修栈道、暗度陈仓"的故事，就是宝鸡历史上誉满中外的著名战例。解放战争时期的"西府战役"和"扶眉战役"，敌我双方把防卫和夺取宝鸡作为作战目的。

最能代表一个城市风韵及文明程度的莫过于教育，近代以来，西关对宝鸡最大的贡献就是教育，宝鸡最早的小学、中学、大学皆发源于此。西街小学、宝鸡第一中学、陕西机电职业技术学院、宝鸡市委党校现已成了许多宝鸡学子、宝鸡干部寻味成长历程的追梦地、心灵深处的芳草地。

宝鸡城区建校最早、历史最悠久、校址一直未变动的小学，便是西街小学，宝鸡人昵称"西小"，始建于清光绪三十一年（1905 年），现在已有114 年的历史，连同其前身金台书院共有 257 年的历史。宝鸡市区最早的中学——大华初级中学，即宝鸡中学的前身，创建于民国二十九年（1940年），校址先在北坡八角寺，后移中山路城隍庙（今印刷厂），最后迁至今宝鸡第一中学校址（距离西街小学不到 500 米），2003 年迁建到宝鸡高新区。现在的宝鸡第一中学，即宝鸡人昵称的宝一中，传承了宝鸡中学的文脉，是宝鸡教学质量最好的初中。上世纪七八十年代，八角寺曾是宝鸡市财政干部培训学校所在地，是许多宝鸡财政人的母校。现在为金台森林公园管理处，院中梧桐树笔直挺拔，成为一景。八角寺后曾有一汪泉水，是附近居民的饮用水源。紧邻宝一中，宝中路最西端，便是宝鸡市委党校（宝鸡市行政学院），是宝鸡市党政干部成长进步、补钙强筋的摇篮。虽然，党校将搬迁到蟠龙新区，但西关的烙印永远印在宝鸡干部心底。

长寿山北麓，陕西机电职业技术学院所在处，解放初，宝鸡市委党校建在这儿，现在看来是个不起眼的地方，却一直是宝鸡育人授业的书香福地。在父辈人眼中，宝鸡长寿中学是解放后宝鸡最好的中学。宝鸡长寿中学建于 1956 年，是把宝鸡中学的高中部单独划出来成立的，选址在党校迁走后留下的地盘，学校先后曾用过"宝鸡市第二中学""宝鸡大学附属中学""陕西第十高级中学"等校名，1978 年撤销，共存续 22 年，是当时唯一在宝鸡地区所属各县区招收中考优秀毕业生的高级中学。1978 年金台区又在此易址建设金台区长寿初级中学，一直延续到 1998 年，共存续 20 年。宝鸡大学 1958 年在此创建，1962 年撤销，前后存续 4 年。1975 年又在此创建了陕西师范大学宝鸡分校，1978 年就地改建为宝鸡师范学院，1984 年迁建到石坝河。1984 年宝鸡教育学院从现宝一中后边引渭渠岸，搬迁到了宝师院的校址上，2012 年整体搬迁到宝鸡市教育中心。1986 年陕西省电子工业学校落户宝鸡，该校的历史可追溯到 1956 年创办的"咸阳无线电工业学校"，是新中国最早实施中等职业教育的学校之一，先租用宝鸡教育学院校舍办学，1995 年，在宝鸡长寿中学原址上开办，2001 年并入迁来的陕西电子工业职工大学（黄河机器厂职工大学、陕西彩虹厂职工大学、长岭机器厂职工大学、西北机器厂职工大学等 4 所职工大学合并组建而成），2016 年更名为陕西机电职业技术学院，目前是宝鸡唯一的一所省属公办全日制普通高等职业院校。长寿山，最终能承载陕西电子类学校办学规模之翘楚，是积历次教育机构持之以恒耕耘之大成。

宝鸡西关的长寿山，自古以来，就是一个人杰地灵的地方。在宝鸡曾有"渭水千回以金台观为最胜，秦山百媚数长寿山为最佳"之说。山下有

一座寺院——长寿观，又叫牛头寺，因其地形似一牛头而得名。全真派七子之一马丹阳（扶风人）曾在此修炼。近几年，随着美国人雪莱在抗战时拍摄的一组宝鸡老照片（拍于 1941 年）的曝出，寻找宝鸡抗战故事活动的开展，《金台地名故事》的推出，才使长寿山进入更多人视线，原来抗战时期，长寿山、中山西路曾经发生过许多鲜为人知的故事。

抗战一开始，战场伤亡很大，国民党就把在上海成立的

第三荣军残废院（后改为第三临时教养院）于 1937 年底转移到宝鸡，在宝鸡分设了 9 个队，一直到宝鸡解放。西关的西大街城隍庙、长寿山分别有 1 个队。1938 年初，临教院开始收容从淞沪抗战、台儿庄抗战及中条山战役中负伤的西北军伤病员。全面抗战八年，宝鸡第三临教院共收伤兵 1500 名左右。死亡的战士安葬于长寿山道观下面的荒坡，并在此建了坟园、纪念塔。后来，坟头被推平，纪念塔、墓碑被毁，只有他们为国捐躯的忠魂永远安息在长寿山下。

宝鸡被誉为"工合城"，是因为中国的第一个工业合作社——大华手工铁器合作社，1938 年 8 月 26 日诞生于宝鸡，地点就在现在的胜利路，原来叫大华巷，西北工合办事处就设在中山西路原解放西路 60 号。1939 年工合在宝鸡长寿山下建设了工合新村，长寿观也成为网袋合作社的生产场地，许多伤残士兵到工合新村参加了合作社的手工制作。同时，创办了"中国工业合作协会西北区贝利纪念工徒学校宝鸡分校"，这是工合创办的最早的一所培黎学校。时隔 47 年，长寿山下又成了培训技术人才的地方，而且，档次更高，规模更大。历史在这里得到了传承，九泉之下的路易·艾黎先生会为此而感到特别的欣慰。

宝鸡西关，在抗战期间，还发生了一件鲜为人知的大事。唐初出土于宝鸡、有中华第一文物之称的石鼓，为避战乱，由南京经徐州、郑州、西安，于 1937 年 12 月 8 日运至宝鸡。时隔八百余年，石鼓在战乱之中回到了娘家，又因宝鸡时遭空袭，不得不离开了故土。什么时候，宝鸡人能在中华石鼓阁一睹石鼓的风采，让宝鸡城区附近出土的文物重器石鼓与何尊来一次最亲密的对话，这可能是所有宝鸡人最大的愿望，也必将成为古城宝鸡的一件盛事。

宝鸡是一个因路而兴、因工而富的城市，1937 年通火车后，十里铺、福临堡率先形成了新的工业区。虽受地形限制，福临堡工业区规模不大，但却一直在宝鸡工业领域占有一席之地。这里有以"中国电力机车第一段"之誉载入史册的宝鸡电力机车段，现在成为南车集团的一个分公司；有我国第一家生产叉车的专业化企业叉车四厂；有曾经为宝鸡做出巨大贡献的水泥厂、焦化厂。

宝鸡西关的"白菜心心"就是中山路了，从20世纪40年代到80年代初，中山路一直是宝鸡地区的行政中心和最繁华的商业街。中山路原名为大马路，1927年以孙中山先生之名命名，1967年更名解放路，1986年恢复中山路名称。中山西路一带，自隋唐以来，是历代县衙所在地。解放后，一直是宝鸡地区专署（20世纪60年代迁经二路）、金台区政府、区人大机关所在地。中山东路临近火车站，以商铺林立而繁华，尤以百货大楼、华通商厦、人民电影院、解放电影院、曙光照相馆、龙泉浴池、实验食堂、南方菜馆、清香斋、三好食堂、宝鸡大酒店、凤鸣春最有名气。1986年1月，随着宝鸡火车站由中山路转向经二路，之后，又随着市区东扩、南移、北上，行政中心由经二路迁移到戴家湾，中山路逐渐被边沿化，大的商铺被迫转型。中山路于2008年经过大规模的仿古改造，虽然商业人气指数依旧，但老城基本设施更加完善，宜居、宜学指数大大提升。

2004年建成开放的北坡森林公园，较好地保护了风匣城遗址，彻底治理了滑坡塌方，恢复了北坡植被和铁马秋风、金阁流霞、鹰骛云霄、金顶

春色、长寿探幽等五个景区，从东到西，从南到北，从低到高，从上到下，风格各异，站在亭台或塬边观景台，宝鸡全城尽收眼底，置身公园中，观景、休闲、健身、娱乐，心旷神怡。北坡森林公园把市区与陵塬的西府天地、西府老街用绿色的屏障连接在一起，成了宝鸡人休闲的好去处、宝鸡城市的绿肺。受益最大的还是西关人。

　　为了留住城市的记忆，2012 年，市政府利用西关上塬路北坡遗存的 20 世纪 50 年代修建的 70 多孔窑洞群，建成百年宝鸡城市建设图片展览馆，1000 余幅珍贵的照片，集中展现了宝鸡城市百年沧桑的发展和变迁，反映出宝鸡城市从小到大、从贫瘠荒凉到繁荣富强的历史巨变。

　　西关，宝鸡上世纪 20 后、30 后、40 后、50 后、60 后、70 后的精神家园，年龄越长，留恋越深，记忆越深刻。只要陕西机电职业技术学院、宝鸡第一中学、西街小学、宝鸡市中医医院（西关医院）依旧在，西关的人气依旧满满。

中山路老街道

容 琳

宝鸡市中山路，位于陇海铁路北侧，是 20 世纪 40 年代到 80 年代初，宝鸡地区最繁华的商业街。中山路东起新华路，西至长青路北端（新宝路），与宝福路相接，全长 3600 米。原为南北朝时留谷城内仅有的一条大街，旧称"大马路"，明清时称东、西大街。1927 年以孙中山先生之名命名，并以东门口为界（今红旗路北口），分为中山东路、中山西路，1938 年向东延伸到人民街东口。直至新中国成立，中山路一直是宝鸡县城内唯一一条主干街道，沿路商铺林立、市场繁荣、人流如织。1967 年更名解放路，东西两段亦改称为解放东路、解放西路。1978 年，人民路并入解放东路。1986 年恢复中山路名称，仍分东西两段。

中山东路一带，是抗日战争时期形成的新兴商业街市。1937 年 3 月陇海铁路通到宝鸡，宝鸡火车站就在这条街道的东门外，这是上下火车的必经之地。街道是土石路面，坎坷不平。当时流传着"电灯不明，路灯常停，道路不平，马路泥泞"。沿途建筑简陋，门面陈旧。解放后扩建整修，增设路灯，面貌一新，中山东路的路段内，商业网点集中，是当时宝鸡市区最为繁华的路段。这条街上商铺林

立，老字号遍布，是那个年代宝鸡人购物的天堂，休闲游逛的首选之地。

中山东路有曙光照相馆、红星食品店、红旗女子商店、邮电局、新华书店、羊肉泡馍馆、葫芦头泡馍馆、人民电影院、解放电影院、三好食堂、红星浴池、五金交电、车站口医药门市部等，还有个很有名气的二层楼式的国营宝鸡百货大楼，一楼主要出售体育用品和文化用品，二楼出售布匹、毛线一类的生活用品，犹如现在的宝鸡商场、人民商场、华通商厦。老百货大楼的斜对面是南方菜馆，当时在宝鸡是很有名气、很有特色和档次的菜馆了，物美价廉，食客很多。

中山东路宝鸡大酒店旁边的清香斋羊肉泡馍馆，是那时候宝鸡只此一家的国营性质的泡馍馆，那个年代也根本不允许开办私人商店、饭店。那时候要吃羊肉泡馍只能到清香斋。因味道鲜美，吃的人很多，每天都要等好久才能吃得上。

特别值得一提的是在中山路上的三好食堂。那里面的馄饨和茶酥被顾客交口称赞，馄饨是白皮大馅，热乎乎、香喷喷，小碗一两粮票一毛六分钱，大碗二两粮票两毛三分钱，先付款后吃饭，吃得人满头大汗，一碗也就吃饱了。还有茶酥，声名远扬，色泽金黄，外皮酥脆、内层松软、油而不腻，色、香、味俱佳，特别惹人喜爱。

再往西有一家"亨得利钟表商店"，是隶属于宝鸡市百货公司的国营店面，是当时为数寥寥的专营手表闹钟的商店。国产的手表有上海手表厂生产的"上海牌"和天津手表厂生产的"梅花牌"手表；国外的手表很少，据说只有罗马牌表一种。在那个年代，手表是非常名贵的物品，在当时也是高档消费品，有相当长一段时间是凭票供应的。当时干部、职工的工资普遍很低，能买得起手表的人寥寥无几，只有家庭经济条件特别好，或参加工作后省吃俭用攒够了钱的才能买手表，或准备结婚的极少数青年给女

朋友来这里郑重其事地买一块手表，以表达情意与心意。

中山西路一带，原为宝鸡县城旧址，自隋唐以来，是历代县衙所在地。当时路段内驻有宝鸡地区专署、宝鸡市经委、市计委、市财政局、市公安局、市物资局、市外贸局、金台区政府、区人大机关单位等；有市委第二招待所（西府宾馆）、市人民印刷厂、市针织厂、市第二印染厂、市工农服装厂、铁路四总队等工交企业和西街小学、西街幼儿园等。

1986年1月，宝鸡火车站由中山路转向经二路以后，以及市区东扩南移，新的街市不断增加和涌现，中山路商业街渐次冷落，一度人口稀少，生意萧条，失去了往日的繁华和风采。从2008年3月开始，市政府对中山路进行了大规模的改造，整条街道整洁有序、道路平坦、绿树成荫、清爽宜人。整个街面突出周秦文化特征，古韵十足。仿古门头和牌匾，从西周青铜器上拓印的精美图案，把门头装饰得古香古色，富丽堂皇，赏心悦目。

改造后的中山路，重塑了商业街的新形象，使其既保持了传统风貌，又注入了适应时代的新元素，成为集百货、餐饮、住宿、文化、娱乐、休闲、旅游、观光为一体的新型街市，人气指数日复一日不断提升中。

永远的马道巷

麻　雪

马道巷是一条商业街，如今依旧繁华，只是少了原有的那份喧嚣。花岗岩的街道上，精美的雕塑静静地听着南来北往的脚步，漂亮的楼群静静地看着东张西望的笑脸。现代化的景象让人们欣喜这里的沧桑巨变，横亘在马道巷上空的铁路，却和老宝鸡一样怀念着那条曾经车如流水马如龙的旧街。

马道巷，在宝鸡人眼里有着太多说不完的故事。

1939
繁华如梦的马道巷

提起马道巷的历史，应该说它是和宝鸡城相伴而生的——老宝鸡城东城门外的地理位置和宝鸡城的地形地貌，决定了它要在漫长的岁月里，承担起这座古城商品集散地的历史使命。任何城市，城门口都是最热闹的地方。而宝鸡的地形——南面临河，北面倚塬，西面靠山，只有东面豁然敞开，这就使东门成了出入宝鸡人流量最大的通道，东门口也就顺理成章地成了宝鸡最大的集市。

在老一辈的记忆之中，马道巷起初的名字叫码头坡。之所以叫码头坡，是因为出了宝鸡老城东门向南到渭河边的一道长长的缓坡与渡口相连。后来，陇海铁路宝天段修建，铁路从码头坡上方穿过，码头坡被一分为二，铁路以南称建国路，以北成了马道巷。

"马道巷"其实是新中国成立前对这条街的称呼，虽然后来已改名为"建国路"，但是在老宝鸡们的心坎上，"马道巷"一直存在。

据这里的老住户说，马道巷是旧宝鸡城墙边上的马道，这条路曾经紧贴着老宝鸡城东门的城墙，在上个世纪的 40 年代，这里曾经是宝鸡最繁华

的地方，聚集着从农村赶来卖山货和农产品的人的摊位，后来在东门外还有老凤祥金铺和一个茶庄。每天从清晨到黄昏，这里总是熙熙攘攘，俨然老宝鸡的集贸中心。上世纪 50 年代，自由的商品交易成了禁区，马道巷的繁华戛然而止，直到 1979 年的那个春天。

1979

生机重现的马道巷

"我们家就住在马道巷，在门口铺块布，上面把袜子、围巾这些小杂货一放就行了。"

1979 年，个体经济的概念开始取代"投机倒把"，虽然大部分宝鸡人还在鄙视"二道贩子"，但也有一些人战战兢兢地踏入商品经济的浅滩，集市贸易重新在马道巷萌芽。

"上世纪 70 年代末，这里有了零星的几家小地摊，到 1981 年的时候逐渐多起来，我父亲也是那时摆起小摊的。" 56 岁的周师傅说。

周师傅是土生土长的马道巷人，从出生到如今他一直生活在这里。周

师傅家兄妹 7 人，生活压力很大，父亲 1980 年就退了休，退休金很少，根本不够一家人生活。看到家门口的街道上有人摆摊挣钱，周师傅的父亲也摆了个卖袜子、围巾的小地摊。没想到这小地摊的生意还不错，最好的时候一天可以挣 10 块钱！要知道当时猪肉只有七八毛一斤，这个小摊一下子就解决了家里好几口人的吃饭问题。

如今已经是 83 岁高龄的常大爷和周师傅家是邻居，他和周师傅的父亲同一年开始"练摊"。

常大爷回忆说："我们当时都是退休工人，开始卖东西也是因为家里人口多，生活所迫。好在我们家就住在跟前，在门口铺块布，上面把袜子、围巾这些小杂货一放就行了。"

虽说当时生意不错，但人们并不敢放开胆子做。国家政策的逐步地推行是有一个过程的。虽然记不起一天能挣多少钱，但是一个细节的回忆足以说明当时的收入情况。有一天他把 2 块一张的蓝票子整理了 100 张捆在一起，恰巧被女儿的同学看到，这下可不得了，这位同学到处宣扬常家是如何有钱。其实现在想来最多不过 200 块钱，可是这个数字在 1981 年时，以现金形式出现已经很惊人了。厂子知道了他"投机倒把"的事，不但给予了严重的"批评教育"，还因此扣去了一年的退休金。

1983
车水马龙的马道巷

没有哪个宝鸡人不知道马道巷，可以说那就是西安的骡马市、北京的王府井。

在老宝鸡的记忆里，马道巷的鼎盛时期是从 1983 年左右开始的，一直持续到 1997 年。据渭滨区建国路工商所统计显示，1982 年，建国路市场的交易额为 593 万元，到了 1983 年

就达到 1055 万元，仅一年时间就增加了近一倍。外地的人来逛宝鸡，马道巷是必去之处。

马道巷由两部分组成，中间由一个铁路桥洞分开，铁路桥洞以南以卖小吃和衣服的居多，北段就是鞋袜和小杂货，再往北就是一些"高档的"有门面的小餐馆了。

马道巷的商铺搭建都很简单，地摊、架子床、防雨棚，好点的铺面就是马路边的砖瓦门面，大门是那种老式的刷着绿漆的木条门。当时马道巷的两旁有很大的梧桐树，夏日的树荫下，飘溢着臊子面、擀面皮、油糕、麻团、豆花、搅团、扯面混合的香味；听着服装、鞋袜、配钥匙修锁的小贩的吆喝声；还时不时飘出当时卖收音机的小店里一些流行歌曲声，伴着这些，人们愉快地购物、消遣。

在马道巷里，小商贩们基本分成四行，路两边各两行。这街道本来就不是很宽，这样一来中间可供人行走的道路就只有不到 2 米的距离了。马先生回忆起来说："当年我正是小伙子，经常到那里去逛，用摩肩接踵来形容一点也不为过。"

如此多的逛街者促使马道巷里货物的吞吐量也大得惊人。时任建国路农贸市场管理所食品卫生检疫员的叶炳田回忆说，1984 年他负责对各地运来的猪肉的检疫工作，一天下来，光他检疫的猪就达 300 多头。许可中是从 1984 年开始在马道巷卖衣服的，由于他是上海知青，所以有着非常便利的条件，从上海趸来了大批代表当时时尚潮流的服装。先开始他摆了一个小摊卖衣服，新潮的款式吸引了不少年轻的顾客，没几个月他就攒够了钱租了一个小门面，就是当时的"芳雅上海时装店"，现在一些三四十岁的人还依然能清晰记得这个服装店的名字。许可中说，当时店里的生意好得惊人，有时顾客还要排队、登记才能买得上，一天卖 50 件不成问题。

正因为有了当时的积累，如今的许可中已经成为宝鸡市一家知名服装城的总经理，"回忆起来，当时的经验、资金和顾客的积累是必不可少的，马道巷对我有着特殊的意义"。

现在有很多老宝鸡人依然能记得起这个叫卖声，"米线——，米线——"执著而又迫切，最妙的是，他那个"线"字是吹出来的，而不是喊出来的，像极了吹哨子的声音。有拖腔、有回声，响脆而又悠长。这个卖米线的人叫路长见，1989 年他开始在马道巷卖米线。当时的他是个小伙，个子高高的，脸大大的，经常穿一身白衣服、戴个卫生帽叫卖，如今的路长见也快步入不惑之年。

路长见说，当年在马道巷上卖米线的人很少，他又是头一家，所以生意也格外好，一天能卖 300 多斤米线。生意最好的是在 1993 年左右，当时很多县区和外地的人都来吃，米线里要放一点臊子来调味，光做这个臊子一周就要杀两头猪。最好的一天，营业额能达到 2000 块钱。

"盘盘香面皮"是宝鸡很多人都知道的，它是注册了商标的名牌面皮，它的开创者就是潘义祥。潘义祥从 1990 年起在建国路与经一路相交的路口处卖面皮，由于味道好，"老潘家面皮"也是声名鹊起。"1 块钱一碗的面皮一天能卖两千到三千碗，净利润是二百到三百元，那时候很不错了。"老潘回忆起来依然是洋洋自得。老潘说，当时他家的摊位前几乎每天都是挤满了人，桌椅不够用，人就站着吃；碗不够用，人就拿个塑料袋捧在手里吃。每天光辣子面就能用掉 20 斤。

"那时的场景现在已经没有了，虽说现在这个面皮店生意也不错，但是和那时是不能比的。"从 1997 年马道巷开始拆迁、规划，老潘和他的面皮店就几经转移，虽说现在也有了一定的成就，但是回忆起来他还是不无感慨。

2010
现代文明的马道巷

上世纪 90 年代中后期，宝鸡市一些大型的商场和超市开始在经二路兴起，它们代表着一个城市商业的现代化、文明化的进程，而马道巷那窄小的街道、雨棚搭成的小店已经不能适应城市发展的需要，于是在政府拆迁、改造的政策大环境下，马道巷离开历史舞台。

现在在建国路工商所工作的杨喜荣回忆说，从 1994 年开始，政府就陆续在经一路上建起了 101、103、104 这些小商品和服装集散商场，原来在马道巷上经营的小商贩们陆续搬迁至商场内，当时给他们的租价都很低，每平方米只有 8 到 10 元。在如此优厚的政策下，很多人离开了经营了许久的老地方。

潘义祥说，他们当初一起经营小吃的几户，到现在还经常联系，不时在一起聚聚，还说起当年的马道巷的许多事，当初谁抢了谁的顾客，谁占了谁的地盘，如今说来都是付之一笑，感叹良多。一位马道巷的老住户说，2002年时，有一位从周边县上来的老太太问他，马道巷在哪里，她想领外地来的亲戚去逛逛。当老太得知她现在所处的位置就是马道巷时，她摇摇头，只说了一句，"乡党，你别哄我了。"

城市发展、时代进步，马道巷在完成了它的历史使命后，已经渐渐隐退，年轻一代的宝鸡人，已经将时尚的脚步，轻快地踱在了经二路以及围绕经二路的商圈上。2008年建国路开始拓宽改造，让这条古老的街道又开始焕发出新的生机，现代、时尚、文明的气息也开始在建国路上弥散，一场呼之欲出的繁华，正在这古老的街道上新鲜上演。

现在，马道巷的名字已经被它解放初的学名——建国路取代，这是一条以特色餐饮和精品服饰为主的新街，花岗岩的步行街上矗立的精致街灯被漂亮的坐椅连接在一起，间或有现代的街景雕塑栩栩如生。以前挂满蓝裤子白衬衣的经一路，现在成了糖酒、儿童用品、理发用品和厨房用具的批发市场，它和建国路一纵一横，搭起了经二路、中山路间最繁华的市区商业中心。周边的火锅城、酒吧街彻夜笙歌，点亮了新宝鸡的夜空，在隆冬和盛夏的梦里，继续着马道巷的商业传奇。

斗鸡那条街

孙虎林

斗鸡作为地名，听起来有点怪异，但全国叫此名的地方却数不胜数。究其原因，这与一种源于亚洲的斗鸡游戏有关。这种专门用于竞赛和娱乐的斗鸡颇为著名，它们擅长搏击，天性好斗，两雄相遇，便会斗得你死我活。宝鸡市区东边紧靠北塬的一片地方泛称斗鸡地区，地名起源却与神鸡有关。

斗鸡有一条东西向的长街，人烟辐辏，生机勃勃。上世纪三四十年代，这里名声大振，享誉海内。1938 年 9 月，民族资本家荣德生的女婿李国伟将原在汉口的申新纺纱四厂迁到宝鸡，厂址就选在斗鸡北边的半塬处，随后面粉厂、发电厂、机械厂也相应配建起来。一向荒凉岑寂的斗鸡台地区一下子繁荣起来。很快，战时的宝鸡成了民族工业重镇，这些厂子便是日后斗鸡工业的前身。今斗鸡街道东段，好大一片地方都为陕棉十二厂厂区，其前身就是当年的申新纱厂。

十二厂北边为台塬地带，地势起伏，林木葱郁，这就是著名的长乐园。高低起伏的坡坎上，时见颓圮落寞的老建筑。在一片空旷的地方，高大围墙圈住了一栋老宅，这就是保存至今的乐农别墅。这座中西合璧的二层小楼始建于 1943 年，以荣德生的号为名。历经几十年沧桑，其风采依旧，青灰色的外表古雅大气，虽说墙皮剥落，青苔密布，但一色的青砖显得尤为坚固，不经意间透露出曾经拥有的气派与繁华。

那天傍晚，在同事小徐的引领下，我第一次探访这里。小徐是十二厂子弟，祖籍无锡，与荣德生是同乡。他童年时住在这儿，对这里的一草一木颇为熟悉。他娓娓道来，如数家珍。小徐的生动讲述，让我眼前仿佛重现了那个年代这里的辉煌。暮色苍茫，透过长乐园茂密的树林间隙，我看见塬下高楼林立，又隐隐听到城市的喧嚣声。是的，斗鸡这条街，如今越来越热闹了，作为老城区，虽有点逼仄，但人气却越来越旺了。

盛夏时节，斗鸡街道绿荫蔽日，凉爽宜人。当年在西安上大学时，我钟情于南门城墙根下的书院门一带。那儿，中国槐巨大的树冠营造了一个清凉幽雅的世界，槐香绿荫里，隐藏着驰名中外的碑林博物馆。与书院门翰墨书香的文化氛围不同，斗鸡那条街上的国槐更为亲民，你看，老街两边的国槐主干粗壮，欣欣向荣，繁茂的枝柯在半空交错成一条绿色的拱桥。粗大的枝干或耸入云天，或侧身偃伏，或旁逸斜出，或屈身俯就，千姿百态中自由伸展，性情毕现。每年春夏时节，青槐树老枝新叶，郁郁青青，斗鸡街道也因之绿意盎然，令人陶醉。这些美丽的老青槐，也为老街增添了独有的魅力。正是因为风格独具的树木，才使得一座城市显示出别样的风采，就像桂林街上无处不在的桂花树芬芳了这座秀山丽水的名城一样。真的，在宝鸡，要想找到像斗鸡那样长满青槐树的街道，还真不容易。

大学毕业后，我来到这座城市，闲暇时常骑自行车去斗鸡购物。在最初的印象里，我觉得斗鸡跟一般的小县城一样，都是灰暗陈旧的楼房、狭窄拥挤的街道。但有一点不同，这条街上时常可以看见许多青年女工。她们穿着长及膝盖的白围裙，戴着洁白的工作帽，操着不同方言大声谈笑。她们是十二厂的纺织女工，人称"纱女儿"。那时，能当上纺织女工也挺令人羡慕的。她们奔走在斗鸡这条街上，活力四射。可以这样说，斗鸡街道的兴盛是与陕棉十二厂分不开的。

但斗鸡街上的本地居民并不多。人们称宝鸡为"小河南"，是有来历的。当年，成千上万的河南流民挑着担子逃荒，两只箩筐里，一头坐着孩子，一头装着行李，他们沿着陇海铁路一路奔波。到宝鸡后，他们就此落脚，斗鸡一带便成了河南人的聚居地。人说河南人是中国的吉卜赛人，一点儿都不假。确实，他们吃苦耐劳，生存能力极强。于是，在斗鸡街上，你时常可以听见河南话。二十世纪八十年代，宝鸡风行河南话。炎炎夏日，走在斗鸡街道上，每每看见大青槐树下，几位老人支起麻将桌，他们用河南话大声叫牌，不亦乐乎；身边的地上则放着一台收音机，里面不时传出悠扬苍凉的豫剧唱段。众多河南人要么进了斗鸡街上的工厂，要么摆摊做生意，他们在这远离中原故土的西府名城生活得有滋有味。

还有，抗战时工厂内迁，斗鸡这块闭塞的地方由于大量外来人口的涌入，一下"洋派"了起来。当年，申新纱厂落户斗鸡，随工厂来了许多南方人。这些清秀精明的江南人生动了憨厚质朴的西府土地。从这点来说，斗鸡也算是移民区了。多种文化的渗透交融，使得斗鸡兼容并蓄，各地人和谐共处，经济日益繁荣。

斗鸡这条街东起宝鸡油毡厂、新秦造纸厂，西至斗鸡中学、解放军第三医院。街道两边店铺林立，生意兴隆。这些店铺店面偏小，大多售卖日用杂货。冬天的采暖炉、大烟囱，夏天的竹凉席、芭蕉扇，四季用的家用电器、水暖配件、床上用品、洗涤用品，乃至大商场里难觅踪影的针头线脑，都能在斗鸡街上找到。而一年一度的清明节庙会更是小商品的巨大集散地。其时，街上人头攒动，热闹非凡。每年临近年关时，斗鸡街上摆满了琳琅满目的年货，大红的灯笼、喜庆的对联，将斗鸡街道映衬得红红火火。

在这条不太宽敞的街道上，欢快地跑着几路公交车，不时可以听见公交车到站时提醒路人避让的提示音。从斗鸡街道西头转弯北行过铁路涵洞后，再西行就到了斗鸡台。多年前，这儿还是宝鸡铁路东站。1981年冬天，我的母亲从宝鸡返回西安时，就是从斗鸡台车站上的火车。那时还是蒸汽机车，火车进站时汽笛长鸣，白色的蒸汽、嘹亮的汽笛，将斗鸡渲染得生机盎然。

由于地方局促，斗鸡街上没有经二路上那些豪华大气的商场，也鲜见高端商住楼开盘。将来有一天，它也许会被大规模拆迁改建。但我以为，一座城市如果没有了老街，也就没有了历史。从这一点来说，斗鸡那条街朴实生动，耐人寻味。况且，如今的斗鸡愈来愈有魅力，大街上熙来攘往的人流，积聚起了兴旺蓬勃的人气。这点，恰好是斗鸡最吸引人的地方。

难以忘怀的老工人文化宫

容　琳

　　宝鸡市工人文化宫位于宝鸡市经二路与文化路口十字东南角，坐南向北。1956 年始建，1958 年 7 月对外开放，隶属宝鸡市总工会领导。大门正对面是大礼堂，礼堂楼顶上方原是几个方方正正的红色大字："全世界无产者联合起来"，后来换成了"工人文化宫"5 个醒目大字。大礼堂由舞台、观众厅、演员化妆室、演员休息室、电影放映室组成。观众厅内设座席1030 位。此剧场系一综合性演出场所，演戏并兼放映电影。剧场建成后荀慧生、常香玉等著名演员曾来此献艺。当时宝鸡市一些重要的文艺演出活动、群众性重要会议和报告会都在这里举行。

　　大礼堂外东西两侧分别是几排砖木结构的瓦房，用作展厅和活动室，常年举办各种展览与文化娱乐活动。院子里栽种了棕榈和其他各类树木，绿树成荫，环境优雅。长年累月人来人往，熙熙攘攘，一派热闹繁荣的景象。

　　1958 年 7 月宝鸡市工人文化宫建成后，吸引了成千上万的宝鸡人。人们一有空闲时间，就会纷纷来到这里，周边县镇的村民也纷纷来此观看电影、休闲娱乐。因为文化宫有宝鸡市当时唯一的电影院，随时可在文化宫看一场电影或文艺演出，如果没有单位发的团体票，在售票窗口要排很长时间的队。当时能在电影院里看一场电影是一件非常高兴愉快的事情，也是当时一件比较奢侈的享受。除了电影院，文化宫里还有游乐场、游泳馆、溜冰场、露天舞场、碰碰车、乒乓球、台球，还有文艺汇演、书画摄影展览、收藏展、擂台赛、游园活动、猜灯谜等活动。文化宫还经常举行篮球、排球以及摔跤、象棋、歌咏等比赛。

虽然叫工人文化宫，但她以博大的胸怀迎接着不同阶层、不同职业和不同年龄的朋友，给大家带来欢乐、提供了展示才艺的天地、满足了各类居民求知的欲望。在那40多年激情燃烧的岁月里，她同许多宝鸡人结下了不解之缘。工人文化宫的文化氛围，还吸引了许多家长把孩子送到这里来学习舞蹈、声乐、歌唱、书法、绘画等。有许多老宝鸡人，就是从这里走上了领导干部岗位，走进了音乐、美术、文艺创作、收藏、教育的殿堂。当年宝鸡青年找对象的时候，到文化宫看一场电影是必选项目和必经程序。

在长达40多年的时间里，只要一提起"工人文化宫俱乐部"，很多职工群众会露出一脸向往、无比幸福的表情。因为对他们来说，那里是一座精神乐园，不仅带给他们的是业余生活的丰富和快乐，而且有许多人的爱情就发生在那里。可以毫不夸张地说，工人文化宫是一个时代和几代人娱乐生活的代名词。

作为公益性文化事业单位，工人文化宫是社会主义精神文明的重要阵地，是工会组织联系广大职工和社会各界群众的重要载体，也是工会组织贯彻工作方针，维护职工群众精神文化权益的重要途径。在计划经济时代，工人文化宫以其先进而丰富的文体活

动充实着职工群众的业余生活，满足了职工物质文化生活需要，因而成为最具活力和最有吸引力的地方。文化宫以给社会各界群众提供多项服务而备受城乡居民的一致好评，成为宝鸡人心中的圣地。为此，它也获得西北五省唯一的全国首批示范文化宫、全国十佳文化宫等光荣称号，成为不少地市学习的榜样。

岁月似流水，弹指一挥间，40多年过去了！随着时间的推移，时代的变迁，运作机制的更替，以及人们娱乐方式的多元化，曾承载了几代人幸福的业余生活的宝鸡市工人文化宫，已失去了往日的优势和耀眼的光环，在不知不觉中淡出了职工群众的生活。2006年下半年，宝鸡市工人文化宫被拆除。现在，宝鸡火车站对面已经崛起了另一座巨大的商业建筑。

被遗忘的服务楼

容 琳

"宝鸡有个服务楼，半截钻在云里头。"这是在 20 世纪 60 年代末、70 年代初很多老宝鸡人熟悉的一句顺口溜。说它半截钻在云里头，是形容它的高。"服务楼"到底有多高？其实只有三层高，也就在 12 米左右吧。因为它当时屹立在宝鸡的市中心，又是宝鸡最高的建筑，同时集理发、照相、餐饮于一身，所以，在 20 世纪 70 年代的宝鸡，"服务楼"还真小有名气。在它的周围，全是低矮的平房、毛毡房和土房，商业餐饮寥寥无几。它的建筑风格在那个年代看起来很美；人们走到"服务楼"前，对比周围的平房，也就只有"仰望"了。

"服务楼"位于现在的经二路"宝鸡国美商城"这个地方。之所以叫"服务楼"，是和那个年代"全心全意为人民服务"分不开的。"服务楼"共有三层，每层分南北两侧大厅，中间是过道和楼梯。我记得一楼左侧是理发服务，当时的理发相对现在要好理多了，像我这么大的小孩，基本上 5 分钱理一个"茶壶盖"就可以了。所谓"茶壶盖"，也就是自耳朵以下基本推光，耳上的头发基本不动，这两个"基本"一结合，头发很像茶壶盖的样子。那个年代头发最好剪的还是女性的头发，上了30岁的妇女一般剪成齐耳短发，女孩子一般是把辫子剪短剪齐，稍做修理就可以了。男的则以"偏分头"居多，偶尔也见过"会计头"和"干部头"，但没有见过吹、烫、染的"现代头"，这些基本上被破了"四旧"。

"服务楼"二楼大概是餐饮服务，具体我是不记得了，印象最深的是三楼的照相服务馆。我家1970年搬到宝鸡时，父母做的第一件事情是带着全家8口人，很郑重地到"服务楼"照了个全家福。照相自然要穿上最好的衣裳；我印象最深的是，大哥胸前特意别着一支钢笔作为"亮点"；二哥穿的是大哥穿小后淘汰的衣服；我还不错，没拣着二哥的旧衣服穿，穿在我身上的，是老爸穿烂的劳动布工作服改制而成的中山装。照相时，父母慈祥地端坐在正中央，我的三个姐姐站在父母身后，两个哥哥在父母旁边，我因为是"小不点"，直直地立在父母的前面，成了"焦点"。这张照片，至今还珍藏在我这里，那可是金不换的。

那个年代的人是很少去照相的，照相算是一件比较大的事情，大多在同学毕业才很郑重来这里照张合影作为留念。女同学一般是齐刷刷的小辫，男同学喜欢戴解放帽。人人佩戴毛主席像章，手拿《毛主席语录》。底片上写着"风华正茂""恰同学少年"等相互勉励的话。

五十多年过去，弹指一挥间。老宝鸡人非常熟悉的"服务楼"在宝鸡市突飞猛进的发展中消失了，在它的原址及其附近，一座座高入云端的摩天大楼拔地而起，繁华的商业和饮食业连成一片，宽敞的经二路上车辆川流不息。当人们穿着时尚的衣服，梳着各式染烫的发型，手拿数码相机、智能手机从曾经的"服务楼"前款款而过时，有几个人还会想起这里有个服务过宝鸡人民的"服务楼"呢？

游走长乐园

李巨怀

一直对宝鸡的长乐园怀有深深的敬畏之情，因为那一段辉煌，那一抹生命，更因为那满眼的苍凉。

曾经无数次流连于这个曾经的民族工业的根脉之地，只为一睹它一息尚存的悲壮和执着。

长乐园原本叫陈仓峪，旧《宝鸡县志》载，"（陈仓峪）在县东十五里北阪中。其地前凸后凹，上依高原，下临峻坡，天然营垒，实为凭险奥区。"正因这天险奥区的地利之势，汉高祖二年（前206年），刘邦用萧何计拜韩信为将，

出师东征，"明修栈道，暗度陈仓"，藏兵此峪。后人将此峪称为"陈仓汉址"，并列为宝鸡八景之一。陈仓峪口有清泉一眼不涸不溢，名跑马泉，传说为韩信跑马蹄踏而成。因其渊源，遥想追溯韩信那段武盖史册、彪炳华夏的不世之功，是何等的恢宏和灿烂！一代枭雄韩信豪气干云、策马勒缰于这注定要名垂青史的陈仓古城，兵戈所指，气吞万里如虎。正因有了这次中国古代军事史上最为绝妙的神奇一袭，才成就了刘邦四百多年的大汉天下。

祥瑞之地自有祥瑞之人紧相跟随。正是因了北枕蟠龙，南面秦岭，脚临渭水，头顶白云，一望无际这风景旖旎、抱朴守拙的风水宝地，民族资

本家申新纱厂老总李国伟当年买下这片地方作为企业的福利区，把学校、职工宿舍建在这饱经沧桑却依然吉星高照的福慧之地，从此拥有了一个美妙祥和富有诗情画意的新名字。就这么一方二三百亩的形似龟背之地，繁华尽奢时却聚集了五六千人，而且一路风采五十年，孕育了像国画巨擘黄胄等无数民族栋梁。也正因了李国伟的远见卓识，民国三十三年（1944）申新四厂就有员工近四千人，年产棉纱一万四千件、棉布十六万匹的骄人业绩。也正因申新四厂的羊群效应，在长乐园的周围聚集了大大小小织布厂近两百家，拥有布机两千多台，日产布匹约三千匹，占据了抗日大后方同质产品十分之一的生产份额。在面对日机的狂轰滥炸时，建造了钢筋水泥结构五十五立方尺能容纳发电机的原动部和两万纱锭设备的窑洞车间，为中国现代工业史谱就了一曲惊天地泣鬼神的宏伟篇章，也为老宝鸡赢得了战时宠儿大后方的紧俏之名。

就这么一个雄奇璀璨的人文胜地，20世纪90年代初，随着国有企业的改制步伐，长乐园的铿锵脚步走到了它新的历史契机点，一夜间在世人猝不及防中没落了，而且没落得一败涂地。原住居民转瞬间十室九空音信全无；学校转眼间关门大吉，师生无踪；大小单位竞相裁撤，一钥锁前程。几年的光景，人没了，地荒了，房塌了，光阴就此停顿定格在它最后挣扎的二十年前的那个刹那间，任风吹雨打、岁月斑驳。

正因了它过往的繁华，也正因了它无丝毫还手之力的没落，十几年来，我总爱呼朋唤友或一人驱车前去凭吊。最喜欢秋日时分的长乐园，有种静谧中不知魏晋的安宁和踏实。漫步在草长莺飞、古树参天的肃穆中，小兔般雀跃的世俗之心陡然间便会安静下来，除了秋蝉鸟鸣、几声犬吠，仿佛置身于一个大户人家废弃的后花园，可肆意行走，而无须担心主人提醒。若不是精致典雅的成排别墅依然顽强地捍卫着它曾经的尊严，若不是独门独栋满眼荒凉却不失尊贵的乐农别墅，真还会忘记贺龙元帅挥师大西南时曾经在此栖息过。若不是偶尔撞见孤寡老人形容枯槁默默静坐的身影，若不是刻意径直去寻觅那些与野狗野猫和谐共生流浪汉般的收破烂的残疾人，真有种恍若隔世、后背发凉的后怕之感。

这几年不知是有意还是无意，去长乐园的次数明显多了起来，一年四季总要去上那么一两次，最难忘最惨不忍睹的还是冬日的长乐园。那种荒远那种肃杀正迎合了它万劫不复的毁灭感。整个长乐园就似一间大限将至的百年老店，随着主家的有心无力、百无聊赖，明显加快了坍塌渐逝的步履，有种一不小心稍一触碰便会轰然倒塌的惊恐感。即便这样，

我还是愿意一次次携友并行前去向它告别辞行，只是因为内心的恐慌忐忑，一个人徜徉默行的次数少了许多。

现在每次去长乐园，总爱去三处地方看看。一是乐农别墅，那么中规中矩却千疮百孔的西式小洋楼，在它的怀抱发生了那么多精美绝伦的人间盛事，就是担心一梦间它突然抛下无情无义的我们撒手人寰。再者便是看望一下街边小厦房里的那位老大娘，多少年来，只要有阳光的日子，不论何时上去，她总是一个人坐在一把老竹圈椅中，身裹一袭薄棉被，

雕塑般落寞，风过她在，鸟过她还在。再后者便是去看一眼长乐园西北角母子室旁门洞的那盏白炽灯，这么多年，不论何时瞧它，它都日夜不舍地亮着，没有主人可照亮，它只好照亮自己，或是有意或是无意……

冬日漫步长乐园

范国彬

总有那么几处犄角旮旯，会是你心心念念、心向往之，却长久以来每每都无法走进的地方。

于是会挣扎，于是会遗憾，于是会自己给自己寻找诸多借口。

初冬的周六，午后暖阳，空气清透，碧空如洗。

中午加完班，原想着回去吃点儿东西，再睡一觉。可行至小区门口，透射进车窗的一束温暖阳光，嚯然间便敲醒了那个沉睡的意念，该去一次了。于是，饿着肚子，一脚油门，车稳稳停在了福新申新大楼前。

这栋砖木结构带地下室的两层"大楼"，于今看来，是无论如何都不能称其为"大"的。从外观的喷涂与塑钢的推拉窗上判断，这里后来应该作为公安派出所之类使用过，弃用应是最近数年的事。当我来到这里时，楼内已空无一人，楼前大门紧锁，两侧窗户破损，左右棕榈灰头土脸地耷拉着叶子，一派萧条之色。暖黄色的阳光直射大楼，静谧，空远，唯有陇海线上列车的呼啸与陈仓峪下腾起的山风一如当初。大楼默默无言矗立，从未计较过它的身躯已布满灰尘，也从未埋怨过那扎眼的涂装很有可能会使它再也无法恢复昔日容颜，只是像卫士一般，瞪起它一双六边形的眼，静静地注视着时间洪流中那些在它面前倏忽而过的光影，只消一眼，便是74年。

1941年9月，申新工程师王秉忱绘制了这座大楼的图样，次年1月破土动工。大楼楼顶为双落水单瓦屋面，以女儿墙掩护。通体清水砖墙，水泥嵌缝，入口处用磨砖圆角，建筑精致。楼的正门上方刻着"福新申新大楼"几个字。大楼前厅曾陈列有一颗炸弹，以木质底座相托，为1940年8月31日日机轰炸时投下的一枚哑弹，由工兵起出后倒出了火药，后藏于宝鸡博物馆。

1943年春，大楼竣工，国民政府主席林森题赠"增饰崇丽"4字额书。楼上入口处悬挂黑底红字匾额，上书"福新申新大楼"6字，为国民党中央监察委员吴稚晖所题。4月14日，各主要办公室迁入大楼办公。

也是在这一天，申新的主人在这栋新楼内迎接了他们的几位同行伙伴：西安大华纱厂（陕棉十一厂）经理石凤翔、雍兴蔡家坡纺织厂（陕棉九厂）副经理张仲实、雍兴咸阳纺织厂（陕棉八厂）负责人刘绍远。当这些人一同登上台阶，转身回望间，时光已近百年……

大楼东南侧是福新五厂旧址。当时宝鸡仅有的一家近代机器面粉厂，是位于申新厂区南边，自河南漯河内迁的大新面粉厂，1939年秋开工生产。宝鸡福新面粉厂则是第二家。

1939 年 5 月，在陈仓峪西坡挖了几个窑洞，准备将制粉工场设在窑洞内，但没有成功，后来便建了地面厂房，于 1941 年 11 月 8 日开工生产。现存建筑薄壳工场位置曾是一排用以堆放小麦的麦栈。

这排建筑通体黑灰，外立面统一，民国建筑特色鲜明，身临其中，远望之下，顿生一种历史的穿越感，一个念头随即突然从脑后冒出：如对外立面稍加修饰，这里，可是一条现成的 1941 商业街啊！何需复制出一座连宝鸡的"雞"字都会弄错的火车站？

只可惜它对面的那排输送原粮的麦栈已被拆得七零八落，不然这一街两巷的街区必会更加完整。而曾经的制粉工场也已被拆成了一片空地。已经拆成了这样，那拆就拆吧，把现有的保护利用好，再复制一台平汉 404 火车头，置于数行铁轨间，将这片空地复建起曾经的十里铺火车站如何？这里一墙之隔处，本就是座真实存在过的火车站啊！一声火车汽笛响，数行铁轨向远方，昏黄路灯下的行旅之人，站前广场上的熙来攘往，装载物资支援前方与内迁而来卸下申新 3000 千瓦透平发电机的车厢……当然，还有自河南挑担而来逃荒至此的难民。

宝鸡，一座火车拉来的城市，一座原籍人口仅有 4.6 万余人（1946 年统计，外籍人口为 4.5 万）的农业县城，如果没有陇海线上的列车，哪里来这么多的内迁工业，哪里有这么多可资使用的劳动力，哪里能奠定日后工业立市的基础？

小城故事多，充满苦与乐。将这些意象予以展示和纪念，不是因为它们属于民国，而是因为它们属于宝鸡这座城市的共同记忆，尤其因为它们代表着宝鸡工业之肇始、抗战工业之典型、民族工业之根脉！当申新的纱锭和 3000 千瓦电机迅速运转起来的时候，它不仅直接让本厂生产出大量物资以供军需民用，还带动了这一地区人口的增加和经济的变革。工厂上班时的汽笛，不仅使数千工人整齐划一，还在周边聚集起了一百多家小织布工场和西北工合的生产合作社，菜市街和西闸口有了商业和服务业。号称"海味斋""京沪饭庄"的大小饭馆开了八九家之多，"明星""白玫瑰"等理发馆陆续开张，十里铺一带有了五家"成衣局"、一家"振兴西服社"、一家邮局……"秦宝工业区"从此闻名全省，国民政府经济部长翁文灏为申新题词："立秦宝工业之基础，为中国经济之先导"。

　　拾阶而上，蜿蜒的小路尽头豁然开朗，一栋四面圈有围墙的二层建筑格外醒目，荣公馆，也被称为"乐农别墅"，几乎不需以眼辨识，只需遵从自己的内心，你就会认识这栋长乐园中建设标准最高的核心建筑。"忠"字5号甲种住宅，是李国伟为"乐农先生"荣德生建造的。1943年2月由王秉忱设计，于同年8月3日落成，这一天正是荣德生69岁生日，依荣德生旧居仍称之为"乐农别墅"。乐农别墅为砖木结构的两层楼房，清水砖墙，青瓦屋面，砖柱，松木楼板，苇箔平顶，仅雨篷使用水泥。建筑材料平常，但家居所需设施却十分齐备。

　　站立于别墅西侧正门的台阶之下，我抬头仰望，窗户与楼顶俱已残破不堪，一束束彩条布从楼顶倒垂而下、随风飘荡，院内杂草丛生，已无半点人气。四下看毕，曾萦绕心头的那个疑问也便忽然消解了——为什么从百度卫星图上会看到一栋屋顶白花花一片的建筑？原来，就是这座别墅，为防雨水侵蚀，在楼顶之上覆盖了一层彩条布，可如今连这一点彩条布也已残破零落。呜呼！彩条布……

　　默哀吧，不是因为你即将湮没，而是期待你的涅槃！

　　得益于交通和地理条件的限制，在新中国成立以前即建厂的这几个老厂中，还有老建筑保留如此之多、还能有所保留的，恐怕也就是你们这儿硕果仅存了吧，也算是不幸中的万幸了。长乐园共有申新高级职员住宅八

栋，期待有朝一日，违建拆除完毕，你与它们，还有那些中低级职员住宅一道，都能得到加固修缮和良好的保护性开发利用，熬过这个冬季，焕然新生！

长乐园另一个显著的特色是树木与花草。自1940年2月始，申新及其后来成立的农林股即开始在厂内及周边、山坡、长乐园、背后塬顶植树造林、栽花种草、美化环境，栽植有杨树、柳树、洋槐、梧桐、榆树、合欢、枫树、楸树、楝树、椿树、柿树、木槿、柏树、核桃等多种树木和迎春花、牡丹、石竹、菊花、三色堇、蔷薇、碧桃、梅花、海棠、小叶女贞、丁香、金银花、紫荆等花卉。1941年6月，申新聘用刚从西北农学院园艺系毕业的林兴为农林股股长；1943年1月，又聘用

了毕业于河南省立园艺专科学校的汲县人杨五洲为农林股职员；林兴辞职后，1944年3月，聘用毕业于法国公立农业大学的浙江孝丰人蒋宗三为申四总管理处计设组畜牧技师兼宝鸡厂农林股股长；4月，聘毕业于浙江大学附设农药专修班的萧山人俞仲杼为农林股助理员。这几位科班出身的技术人员和几十名河南籍农民，在近10年的时间里，用心血和汗水浇灌了申新数百亩土地，使杂草丛生的荒坡上长满了

10 万株以上的树木花草。

长乐园的职员区，曾布置花坛 14 个，栽花万株；在童工宿舍和女工宿舍及工人住宅区栽植草花，以后年年月月都有农林股工人不断栽培、修整。申新全厂，道路旁有行道树、建筑物周围有草坪和花坛，到处如花园，四时有花看。经理、厂长的住宅都派有专门花匠。李国伟住宅的花坛是由王秉忱设计布置的，园中以牡丹为主。1943 年 4 月 28 日，李国伟邀请流落宝鸡的文人名士十数人"雅集"长乐园观赏牡丹。

1944 年 4 月 20 日，李国伟又在他的公馆举行"牡丹嘉会"，文牍以上职员被邀观赏。他的牡丹园里有十数本名贵的黑牡丹，购自洛阳。申新各地的外庄及联厂给农林股的园艺师搜求花木珍品以便利条件，从天水采购到水仙及荷包牡丹，从成都购到了玉兰……1945 年春，由王秉忱设计，在李国伟的宅后建起一座六角亭，周围分别栽植桂花、紫荆、海棠、玉兰和红、绿梅花。东北竞存中学、东关小学、西街小学、凤翔师范均有师生先后来厂参观。

就是这样的长乐园，就是这样繁花似锦、绿树成荫的长乐园，就是这样举办过文人雅集、招徕过名师学子的长乐园。

漫步于长乐园，除了静谧便是肃穆，唯有三三两两的流浪狗相伴，偶尔会有小车驶过主街。街边小厦房里的那位老大娘或许还是一如往常，在这个阳光尚好的午后，一个人坐在树下的石凳上晒太阳，回忆、凝望，或者什么都没有去想。乐农别墅东南角的一株树下，清清浅浅汇出两处相连的小水坑，走近之时，忽然咕嘟直响，水面翻腾，寂静的氛围中突然来此一出，惊惧不小，平添了一把冒险的乐趣。细看之下，坑内似无活物，人近则翻、人远则静。难道是人的重量改变了地面的压力？是泉，还是气？

移步前行，眼见那些树冠足以遮天的古树与依稀可辨的花草，虽分布参差不齐，倒也各色谐和、错落有致，那是一种精致的园林景观所无法比拟的原始而灵动的美，明明是人工栽植，却不见半点雕琢之气。不念其它，只是游走于这样的树荫之下、芳草之上，怎一个舒畅了得！

那些科班出身的前辈，不知费了多大的脑筋，才营造出这样的美，甚或他们根本就没有去刻意设计，只是遵从自己的内心？

最担心的，就是所谓的保护性开发会忽略了这些树与花草，而将其砍伐铲除，反而按照很多人工古镇的套路进行商业开发和园林化的设计，再赋予这种设计一大套的说辞。这样的"古镇"太多了，虽各具少许特色，但不免同质化，更怎能比得上这里的自然天成。在这里依托老建筑建立宝鸡抗战纪念馆和宝鸡工业遗址博物馆及文化创意区、建设养老服务设施，何妨依托这些树木花草营造出一片中小规模的森林公园，用以休闲养心，不需费劲设计规划，只需恢复修剪养护即可。

感怀长乐园，未来还不可知，但曾经生活在这里的职员都已经真实地离开了，

十室九空，老房在一间间地朽烂，一户门前依旧悬挂着的一对灯笼已褪去红妆、落满灰尘，唯独他们当年种下的树，已成参天，粗壮倔强，年年如故，证明着这里也曾家长里短地喧嚣过、也曾人来人往地繁荣过。

1941 的初冬，周边的村庄到了夜晚漆黑一片，唯有十里铺各厂灯火通明。从川道向北坡上的长乐园望去，橘红色的灯光星星点点，温暖而祥和。下了班的工人们一路走，一路哼唱着属于她们的歌谣："十一月，雪飞扬，忙把假请上。打了门票出了厂，鸟儿今日展翅膀。腊月过了就过年，受苦一年回家转；过了潼关过洛阳，过了洛阳是家乡。哎呀，是家乡！"

2017 的初冬，我来到这里，并不是一个看客。我是西机与陕九两厂的子弟，1939 年申四副经理章剑慧到宝鸡督促建厂，两手空空，是从雍兴公司束云章的手里首先借到了 150 万元法币的贷款才得以兴工；西北师大是我的母校，长乐园的惠工中学 1942 年秋聘江苏无锡人濮源澄为校长，他曾在国立西北师范学院任教导主任；申新曾从河南鄢陵引进月季花和牡丹植于厂区和长乐园，具体是鄢陵县一个叫做"姚家花园"的地方——这是我从小就经常听母亲提起的一个地名，那是我的母系血脉之地！

历史是有温度的，当你在某一个不经意抑或闲适的午后，细细品咂、慢慢回味起那些共同的记忆，它丝丝索索间总会有那么一根，能够牵动你的神经，让你心内一痒，让你热泪盈眶；历史也是有重量的，尤其是那些曾经辉煌过的历史更会显得沉重，因为我们不愿、不忍看到它扛不住时间的考验，而无法永葆荣光，无可挽回地走向没落和衰败，以至于我们会选择逃避，以至于我们的每一次面对，都要鼓足勇气。正如曾将长乐园演绎进《书房沟》的李巨怀老师，曾不止一次地问我："（长乐园）你敢去吗？你就说你敢上去不？"是啊，所谓无知者方才无畏，当你知道得越多、越清楚，面对它，就会越发显得艰难！

来时的路上，想着如果能遇到几位老者，一定要和他们坐下来聊聊，聊聊过往，聊聊这里的曾经。然而，当一个人在这方远离嚣嚷的天地中游走过之后，一杯苦荞、一根烟，坐在曾经申新职员住宅的残砖之上，我沉默良久，不再想打扰这里的任何人、任何物。

悄悄的我走了，正如我悄悄的来，我轻轻地颔首，默默地与她作别。

饥饿在催促我返回，或许，我还会悄悄地再来，带上那张老地图，一次会是在雪天，一次会是在夜晚……

——2017.12.01

上马营的前世今生

于世宏

上马营，形成于明清时期。清乾隆五十年（1785 年），宝鸡县编乡、里、联、村，为川联东第一联，隶属宝鸡县宣明乡正己里。清《宝鸡县志》中出现上马营、樊家滩（黄家村）的地名，后逐渐形成黄家村、上马营、晏家庄、东岭村 4 个自然村。

上马营位于金台区东风路街道办事处和陈仓镇辖区内，范围在金陵河东、渭河以北、东风路南侧。东西长 3.4 公里，南北宽 4.6 公里，总面积约 15 平方公里。关于上下马营之名称的来历，有一种说法。相传明末清初，这里曾是镇守大散关骑兵牧马将军指挥营驻地，后军马营迁至渭河南，故渭河北称上马营，渭河南称下马营。

广义的上马营范围在蟠龙塬南麓以南，渭河以北，金陵桥宝烟路以东，宏文南路、东岭路以西地区，主要由职工住宅小区及各企事业单位组成，是宝鸡市较大的城市组团之一；狭义的上马营地区仅指宝铁社区一带，是宝鸡铁路运输生产单位最为集中之地，因此，上马营成为宝鸡铁路的代名词，声名远播。

明、清时期，上马营一带，地处渭河河漫滩和渭河一级阶地，地势低平，在东西两端河漫滩过渡至一级阶地各有一道冈阜，地势稍高，在铁路医院至东站货场一带有西冈阜，侍郎坟即坐落于此。20 世纪五六十年代，建设宝鸡铁路枢纽时，西岭不复存在。在 6501 库至陆军三医院东岭一带为东冈阜。东站货场以南，晏家庄以东至黄家村一带地势低洼，为水网地带，多泉眼沟渠水塘。在今上马营公交车站以南和蔬菜批发市场以东公路北涌出多处自流泉眼，各源出一条小溪，蜿蜒流经上马营、晏家庄、黄家村、东岭村、张家村等村和十里铺地区苗圃、戴家湾一带。

明清以前，宝鸡县城东南的渭河滩涂，因地势低洼，易遭水淹，普遍荒芜，少有耕作。明清时期，渭河北上马营一带的渭河滩开始有人挖土平整滩地，引渭河水漫滩，筑堤垦田，居民零星分住。清政府实行"新开荒地免税六年"政策，鼓励垦荒造田。北坡无地、少地农民，外地流落灾民，聚集在渭河滩涂上，选择冈阜处定居，围滩垦荒，漫滩造田，种植庄稼，终因沿河无堤防，屡遭水淹，收获微薄，艰辛创业，至清末民初，逐渐形成上马营、晏家庄、黄家村、东岭村4个自然村，俗称南四村。

居住河滩的四村村民，开渠筑堰，引渭河水漫滩，淤地造田。漫滩时，先将荒滩分成若干小块，再将渭河水引入小块地中。经过一段时间沉淀，将积水排干，河水携带的泥沙便沉淀在滩地上。须经多次漫淤，方有适耕土地出现，再经数载辛勤劳作，终于耕耘成旱涝保收宜耕的麦田、稻田。民国中期，南四村耕地基本连片。这里盛产小麦、稻谷、黄豆、鱼鳖虾蟹、河蚌、莲藕，是当时宝鸡县少有的"鱼米之乡"。

新中国成立后，20世纪50年代初，由于宝成铁路建设，上马营开始走上了历史舞台。50年代初期的上马营，人迹罕至，坟丘遍地，蒿草丛生，狼狐出没，蚊虫肆虐，十分荒凉。1953年11月，为建设宝成铁路，各个建设单位云集宝鸡。1954年初，刚从朝鲜归国的东北铁道工程总队与铁道部第八工程局共同组建铁道部基建总局第六工程局，局机关就选在当时一片旷野的上马营，旋即投入到宝成铁路北段的铁路建设高潮中。上马营从此成为宝鸡铁路职工家属聚集区。

上马营的变化始于建国后第一个五年计划时期的1954年。从1950年开始，国家对宝成铁路南北两端进行勘测设计。1952年7月1日，在成渝铁路通车庆典上，贺龙宣布宝成铁路建设开工。为修好宝成铁路，1953年11月到1955年1月期间，当时驻在上马营的铁道部第六工程局，在宝鸡石油机械厂以东、陇海铁路以南、宝鸡钢厂以西、东风路以北，分7批共购置了285亩土地，在这里建起机关、办公室、专家别墅、职工宿舍住宅楼以及俱乐部、医院、学校、商店、煤场、粮站等大批建筑，形成了庞大的上马营铁路职工及家属的生产生活片区。与此同时，今中铁电化局宝鸡器材厂生产生活区也落户东风路南北。

1954年修建宝成铁路时，考虑到宝成、陇海两线交会后的运输编解作业，铁道部第一设计院就提出在宝鸡车站以东的上马营地区修建货车编组场的技术设计。随着宝鸡凤州段电气化设计一并送苏联鉴定，1955年根据苏联专家鉴定意见做了枢纽的总布置设计，1956年开始在宝鸡车站东3.5公里处兴建一个横列式一级二场15股道的编组场（亦名新场），1957年建成并开始办理各个方向的货物列车到发、甩挂、编组作业，形成未来的宝鸡东编组站的雏形。此时，宝鸡新场仅是宝鸡车站辖属的一个运转车间。新场建成后，车机工电辆各部门进驻。

上马营处处留有铁路的印迹，就连毗邻的宝鸡石油机械厂历史上也曾隶属于铁路大家族。20世纪50年代初，在上马营铁路地区中部修建了一条1华里多长的街道，沿街两侧栽种了悬铃树（法桐），建起办公室和10多栋苏式两层木板楼，还有3栋苏联专家别墅、2栋木板楼招待所、职工食堂、俱乐部、铁路小学、铁路粮店、商店、医院等生活后勤设施。两层木板家属楼上下共4套，干部职工待遇分明。科级干部1家住1套，五六十平方米，住房相对宽敞。职工2家住1套，每家20多平方米，共用厨房卫生间，住房紧张，不方便。一般干部和职工住砖木平房，面积20平方米左右，铁路公房虽然条件设施简陋，但都是铁路单位的，以同事为主，认识时间都比较长，邻里关系非常好。许多职工分不到住房，干脆搭建"干打垒"临时住房，凑合先住下，倒也其乐融融。

宝成铁路通车后，第六工程局转战西宁，离开宝鸡。1958年9月，西安铁路局成立。当年12月，在宝鸡设立铁路办事处。次年7月，办事处正式成立，负责处理陇海线普集镇站至福临堡站、宝鸡站至凤州站间铁路运输生产相关事宜。1959年5月，兰州局天水分局撤销，陇海线林家村至社棠间划归西安局管辖，宝鸡办事处工作范围扩大。

20世纪五十年代至九十年代期间，宝成铁路作为国内第一条电气化铁路和西南西北的重要交通大动脉，国家、铁道部极为重视。为解决秦北段坡度大运能紧张问题，提高运输效率，采用电力机车牵引。国家动用外汇进口电力机车，随后来了一批外国专家。在上马营街道路过会偶遇不少外国专家，除了苏联专家，还有法国、罗马尼亚等国专家。1961年夏天，上马营铁路招待所住进4位卷发碧眼的法国专家，随之而来的是从法国引进的25台6Y2电力机车；1972年后又引进2台罗马尼亚电力机车和40台6G法国电力机车，罗马尼亚、法国技术服务人员也住在上马营招待所。

上马营地区继铁路系统进驻后，其他单位接踵而至，建成区面积不断扩大。1954年，粮食部投资建设1003国家粮库，1956年建成并投入使用；1955年，商业部投资扩建6501国家储备库，1957年竣工；1958年，宝鸡市木材公司贮木场建成；1959年，石油机械厂建成东厂区；1965年9月，宝鸡机车检修厂进驻上马营；1968年，陕西铸造厂迁入上马营；1973年，宝鸡市建材公司水泥散装库兴建，1976年开通使用；1980年，宝鸡市金属材料公司货场建成。

二十世纪六七十年代的上马营，除铁路、石油等单位集中于上马营西部，1003库、6501库等单位集中于上马营东部，中间地带和今金台大道以南地带基本为耕地和水网地带，种植小麦、玉米、水稻等农作物。随着城市扩展，地表水消失，许多农田改种蔬菜。1970年12月1日，宝鸡铁路分局在上马营正式成立，隶属铁道部西安铁路局。1985年，设在上马营的宝鸡铁路分局机关科室、部多达46个，二等站段以上下属单位41个，在职职工达26174人。在这一时期，上马营的马路得到整修，重建了铁路文化宫，新建了当时宝鸡唯一一处室内篮球场，上马营铁小西侧的平房住宅和铁小校舍也进行了加层。地区职工食堂、浴池和行车公寓等设施，也都进行重建或翻修。

1975年7月，随着宝成全线实现电气化，略阳地区撤销，其管辖线路和单位移交宝鸡分局，宝鸡分局管辖范围进一步扩大，

管辖茂陵至社棠、宝鸡至冉家河间铁路 1138 公里，营业里程 779 公里，车站 66 座，基层单位 22 个。1981 年 8 月，陇海、宝成铁路遭遇历史上罕见特大洪水，宝天线和宝成线北段行车中断。铁道部在上马营设立两宝抢险指挥部，组织抗洪抢险工作，在铁路工程部门和地方政府的大力支持下，历经坎坷，两线相继抢通，受到上级表彰和好评。

宝鸡车站及其后的宝鸡东站自 1936 年建站至 2003 年期间先后历经 6 次站场扩能改造，站场类型逐步形成单向混合式二级四场站型。现站内设客站站线 10 条；编组站到达场线路 10 条，编组场线路 25 条，北场到发线 5 条，南场到发线 9 条；货物装卸线 8 条，共 6 大作业场区，专用线 8 条（含段管线），站内铺设各种线路 96 条，线路总延长 100 多公里，占地面积 1514.6 亩。宝鸡铁路枢纽的形成经历了 50 多年的历程，是祖国铁路交通事业发展的缩影，是宝鸡铁路交通发展壮大的历史见证。

在昔日的上马营一级阶地上，一座现代化区域性铁路编组站纵贯于宝鸡市区中部，宝鸡铁路交通枢纽的地位得到进一步增强。如今的宝鸡东站，运输繁忙，平均 7 分钟接发 1 趟列车，干部职工坚守岗位，履行职责，努力完成当班工作任务。入夜，十里站场，灯火辉煌；运转、调车、机务、检车、工务人员各负其责、各司其职，紧张有序的作业场景，构成了一道靓丽风景线。

1995 年，宝中铁路建成通车。2003 年 6 月，宝兰二线建成通车。宝鸡枢纽南北宝成、宝中线为单线电气化铁路，陇海线为复线电气化铁路，运输效率得到提升，运输能力得到增强。

宝兰二线开通后至 2019 年的 16 年间，宝鸡既有铁路再无大的建设项目。随着生产力布局的调整和铁路发展之需，宝鸡枢纽诸如宝鸡机务段、宝鸡车辆段等一批铁路基层站段相继合并撤销，铁路运输资源东移，宝鸡铁路交通呈现边缘化趋势，宝鸡枢纽的作用逐渐弱化，地位开始下降。

宝鸡是一座因路而兴、因战而兴、因工而兴的古老且年轻的城市。对于宝鸡而言，铁路的发展对宝鸡城市发展至关重要，举足轻重。上马营不仅是宝鸡城市建设的缩影，同时也是宝鸡铁路发展的缩影。铁路兴，宝鸡兴、马营兴。2011 年，国务院关天经济区规划和陕西省政府 53 号文件相继出台，为宝鸡巩固提升综合交通枢纽城市地位、推动关天副中心城市建设带来新的契机。陇海客运专线西宝段的开通，标志着宝鸡开始进入高铁时代；宝兰高铁的贯通，使宝鸡融入高铁网络之中，视野更加广阔；规划中的法门寺至宝鸡的城际高铁也在积极建设当中。相信今后宝鸡的铁路发展定会谱写新的篇章。

陇海铁路通达宝鸡后，在抗战中发挥了重要的作用。新中国成立后随着铁路的发展，这里逐渐成为铁路枢纽和铁路系统机关、职工家属聚居之地。随后周边机关、工厂、商店、居民住宅楼逐渐增多。60多年过去了，当年城乡接合的上马营片区已成为宝鸡主城区，宝铁红卫路上栽种的悬铃树已经长成参天大树，根深枝繁叶茂，浓荫蔽日，郁郁葱葱。上马营百年渐行渐远的历史，永远值得铭记。上马营曾作为宝鸡铁路发展的中枢，为宝鸡城市的崛起和经济建设、交通运输发展做出了重大贡献。但是这里上世纪建设的老旧住宅很多，城市基础设施不完善，且面临许多新的问题，亟待进行改造。相信随着国家社会的发展、改革的深化，居住在上马营的铁路人明天会更加美好。

斗鸡台火车站与票房后

于世宏

清末风气渐开，天下皆知铁路之益，秦人的铁路之梦也于斯并有焉。当时，修建开封至洛阳铁路，当局向比利时借贷 2500 万法郎，准允比利时公司把铁路接展至西安府。这一重大新闻传出，各界大为震惊，纷纷酝酿上议。因为向外人借款，陕西人就失去铁路控制权。1905 年末，陕西巡抚曹鸿勋按照三秦父老的意愿，奏请朝廷，陕西铁路由陕人自己修建。当时陕西承担着部分辛丑赔款，实在难以筹集修筑铁路的巨额经费。在此情况下，陕西依然决定开征"铁路捐"，计划征收白银三百万两。此时正逢关中连年大旱，瘟疫流行，农民逃亡。铁路捐难以筹措，秦人铁路之梦未能实现。民国始建，陕西一直动荡不安。白朗入陕震动关中，靖国军大举攻州夺县，刘镇华暴虐秦地，紧接着民国十八年（1929）大旱，秦人更是饿死近三百万。故此陇海铁路陕西段修筑异常艰难。民国十九年（1930），铁路通到潼关，土方工程筑止华阴，因资金匮乏受阻而被搁置。中原大战之后，陕西相对稳定下来。杨虎城担任陕西省政府主席，他对修筑境内第一条铁路关怀备至，慷慨疾呼："陕西交通还十分落后，对外界贸易和交通往来，主要靠车马陆运和渭河水运……陕人要改变这种落后状况，尽快把铁路从潼关筑入西安是我心中迫切的意愿，是在座的乡亲乡党们共同的意愿……"适逢财政部长宋子文莅临陕西，杨虎城趁机与其协商筑修铁路的资金问题。民国政府铁道部拨款 229 万元，陇海、平汉、北宁、津浦、正太各铁路管理局拨款 140 万元，向上海的中国、交通、盐业、金城、中南等银行借款 450

万元，另由铁道部拨借 50 万英镑。随着款项逐步落实到位，1934 年，陇海铁路开始由潼关向西安展筑。1935 年元旦举行通车典礼，5 月，交陇海铁路管理局运营。陇海铁路西宝段于 1935 年 6 月开工，1936 年 12 月 7 日铺轨到宝鸡，1937 年 3 月，正式交付陇海铁路管理局运营。

斗鸡台车站位于宝鸡县陈宝乡境内，东邻卧龙寺站 5 公里，西距宝鸡车站 5 公里。民国时期为三等站，隶属于陇海铁路管理局长安车务段，1942 年后隶属于陇海铁路管理局宝鸡车务段。斗鸡台因有陈宝祠祭祀陈宝而得名。清乾隆四年（1739）重建陈宝祠于南崖壁下，殿前挂有"祀鸡台"匾一面，正殿前有一尊"祀鸡台"等铭文字样的铁香炉，上有东社西社字样，这些物件都是当地老人亲眼所见。后人们忌讳"祀"，且与"死"谐音，阴差阳错将祀鸡台叫成斗鸡台，延续至今。斗鸡台车站遂以地名命名之。

民国二十三年（1934），苏秉琦先生在发掘斗鸡台戴家湾遗址时还见到"神龛前有祀鸡台等字样铭文的铁香炉"。可见直到解放前这里仍称"祀鸡台"，但斗鸡台地名亦也流行开来，并为官方所沿用，如时任陕西绥靖公署主任的杨虎城和时任陕西省政府主席的邵力子分别题写"斗鸡台隧道"石匾，苏秉琦考古报告也采用斗鸡台地名。

秦文公设在陈仓古城内的祀鸡台遗址，在修筑陇海铁路时已夷为平地，城垣亦无踪可觅，但于城址内考古发现有粮仓遗址和屯粮遗迹。20 世纪 30 年代修建陇海铁路时，恰逢北平研究院在此考古发掘，特殊的时代背景促使陕西地方军政长官杨虎城和邵力子审慎行事，陇海铁路管理局西段工程局为了保护"祀鸡台"文物，摒弃大断面开挖方案，确保台地遗址结构完整的情况下，在遗址下方开凿通过。此隧道称为"斗鸡台隧道"，为西宝段唯一的一座隧道。

　　陇海铁路西宝段设站时本未设立斗鸡台车站，1938 年 8 月，为适应东部工厂内迁，拟建十里铺秦宝工业区，陇海铁路管理局遂在宝鸡、卧龙寺两站间增设斗鸡台车站。初时的票房仅为 3 间居民的简陋茅草屋，后来才建起正规的站房。车站当时为两股道，地势较高，上票房还要跨上几步台阶。票房与站房连在一起，票房位于正中，面积不大，但比较高。票房北侧大门正上方题写有汉隶"斗鸡台车站"的站名牌，站名系申新纺织厂书法家张子岐撰写，笔法质朴、自然。靠南侧是欧式圆拱门外廊建筑，开有 3 个拱门，在西北地区非常少见。1939 年夏，借助申新纱厂的发电机，斗鸡台车站安装了电灯，这在陇海铁路管理局管内车站都是极为罕见的。站内有两股道，两座土站台，还有货场、仓库。车站北侧是申新公司的货栈和织布场，依次是西栈房、煤院、织布场、晒花场、麦栈。票房后（巷）是一条东西弯曲狭窄的土街道，票房东西两侧各有一条南北向巷子连接主要街道，雨时泥泞不堪，晴时坎坷不平。街道两旁住满了住户，还有商店、饭馆、旅馆、茶馆，进出站旅客较多，票房外停有人力黄包车接送旅客。票房后（巷）东西两端与东闸口和集贸市场连成街市。

　　车站以东约 200 米是东闸口申新商业区，这里有申新员工消费合作社，理发店，商店、饭馆居多，昼夜服务，为进出厂区主要道路，人流众多。车站以西 200 米是十里铺粮食街集贸市场。在陇海铁路运营的十余年间，斗鸡台车站客运繁忙，十里铺及周围渭河南、蟠龙塬上的人都在此坐车，货运量也占据着相当地位，甚至比宝鸡车站货运量还大。抗日战争爆发，宝鸡已是东西要道之枢纽，南北通衢之汇点。抗战期间，斗

申新纱厂搬运工在窑洞前搬运货物

鸡台火车站更承担煤炭、棉花、纱、面粉、纸等物资的运输和物资搬运。这里云集着宝鸡最早的人力搬运工人群体，逃至宝鸡的河南部分难民为谋生糊口，出卖苦力在宝鸡和十里铺为工厂、商行和火车站装卸搬运货物，初有数百人，至宝鸡解放增至千余人。陇海铁路通达宝鸡后，宝鸡成为关中西部的物资集散地。陇海铁路未达宝鸡之前，关中西部及陕南、陇东等地商货，以公路运抵西安火车站再转铁路东运；东路商货则在宝鸡落地，再行发送川、甘、新等地。全面抗战爆发后，宝鸡更成为军需民用物资的重要中转站。"宝县及邻县凤县、两当、徽成三县，清水、张家川等地之羊毛、皮革、火柴、麻、药材、煤、铁、木料、石膏等，均由天宝路可以运出，故宝鸡为战时后方输出物品集中地"。同时，宝鸡作为"陇海路之终点，川陕出入之要道。自武汉沦陷后，所有陕甘川农工商所需要之物品，亦均由宝出入。如花布、洋货、火柴、纸烟、卷烟、黄表、水烟、洋油、烛、白糖、药材及日用物品皆是"。

　　1937年，日军大举进攻上海。集中全国近70%工厂的上海沦陷，工厂机器设备落入日本侵略者之手。武汉告急之时，荣氏集团将汉口申新纱厂设备拆卸搬迁宝鸡十里铺，建立起宝鸡申新纱厂。与此同时，福新面粉厂也从汉口迁十里铺；大新面粉厂亦从河南漯河迁十里铺；宝鸡机车修理厂由连云港、徐州等地拆迁来宝组建。宝鸡十里铺又筹建容量3300千瓦的发电厂，其后并陆续建起了宏文造纸厂、申新机械厂、太华纱厂、维勤纱管厂、振兴染织厂等大机器生产工厂。抗战期间迁入宝鸡的大工厂达24家。曾经狼狐出没、荒芜千载的十里铺，变成电灯日夜闪烁、机器轰鸣的秦宝工业区，人口达到2万余，超过原县城人口的两倍，形成了繁华的街市。这里不仅有了小学、中学，而且有昼夜营业的医院、商店和其他服务业。迁宝工厂的投产，首先为解决抗战急需及民用工业品生产，打下了坚实的基础。据1945年公布的资料表明，当年十里铺地区迁宝工厂，生产棉纱14000件，布60万匹，面粉50万袋，纸5300令，铸铁170吨。发电厂的建立，不仅解决了十里铺地区的生产用电，还为宝鸡城区提供了能源，宝鸡的用电照明也从这时开始。

"票房后"承载着宝鸡市民、尤其是十里铺居民的历史记忆，"票房后"的故事随着斗鸡台火车站的设立逐渐多起来。

先是纱厂职工，其后是其他厂职工、铁路职工、小商小贩开始聚集此地。尤其是大批河南人沿着陇海线来到这里。为了逃避战乱和自然灾害，大批河南人离开自己的家园，一路逃荒流落到关中铁路沿线各城镇。多少年来他们乡音未改，胡辣汤、烩饼依旧是他们热爱的美食。他们各自的后代，以及他们与陕西人共同的后代，早已和宝鸡这座城市融为一体。

当时的斗鸡台火车站刚刚设立，车站周围都是荒地，这些河南人便依附铁路两边，看到申新纱厂的职工在车站票房以南建起几间小青瓦房住，不少河南难民学样也跟着在周围临时搭建草屋落脚。空荒地上建房，谁盖起来就是谁家的。有的人为了省工省料，能很快住人，建地窝子，在地上挖个坑，用挖出的土拌上麦草摔成泥块干打垒成矮墙，搭上人字形麦草顶先住进去，在矮墙上留两个通风洞，住处问题就解决了。大家伙盖屋建房，房屋之间的空隙就成通道。不长时间，盖起来的麦草房连成片，房与房之间的通道就成胡同，胡同又多又乱又杂，拐来绕去如同走进迷宫里，外面来的人不识路进去后转来转去，不问路，都走不出来。只有住在这里的人熟悉路，知道往哪走能走出去。人们将他们聚居的棚户区唤作"票房后"。后面人越来越多，房子也一间一间盖起来，逐渐形成了以后的"票房巷"。票房后面积2.5万多平方米，东西长140余米，南北宽约170余米。由票房后棚户区引伸，十里铺陆续形成新市巷、张家村、菜市街、刘家湾、张家底等多处棚户片区。

解放初期票房后居民住宅区，照片中部烟筒以东那3孔拱门便是斗鸡台车站票房

　　票房后的意思，就是火车站卖车票的票房后面的地方。新中国成立后，斗鸡台车站直属郑州铁路管理局西安分局，其间短暂交付宝鸡运输段管辖；1955年2月，斗鸡台车站成立装卸作业分所，1965年8月撤销；1961年9月归属西安铁路局咸阳车务段管辖；1973年12月，斗鸡台车站划归宝鸡东站。1978年，票房后更名为票房巷。过去叫票房，现在一般叫售票处。叫的时间长了，票房后就成了地名。票房后都是棚户区，无公厕无下水道，白天还好说，到了夜里，为解决小便之急，棚户区住户家家都有陶瓦尿盆，一大早把倒净的尿盆放在家门口，有人据此起了一个不雅的地名，把这里叫"尿盆街"。"尿盆街"叫响后，住在票房后的人们倒也不在乎，但是老叫尿盆街也总不是个办法，于是，有人想到大上海，上海繁华热闹，街道庞杂，去上海也易迷路，票房后胡同多道路杂，进来也易迷路，跟上海一样，何不也叫上海。但这地方小，干脆，就叫"小上海"吧。"小上海"雅号的确好听多了。

　　斗鸡台车站票房后附近房屋大多为简陋的棚户区，年久失修，环境较差，形成了十里铺最为集中的棚户区。草房条件更差，天长日久，遇雨小尚可，雨大屋漏如筛，苦不堪言。后来屋顶换上油毛毡，漏水问题基本解决了，但屋内潮湿的问题始终难以解决。排水、排污只能依靠片区中的大土坑，一点点渗到地下。到了夏天，这里臭气熏天，蚊蝇滋生，因此有了"臭水坑"的诨名。1984年3月15日，经历了40多年的风雨沧桑，存续46年的斗鸡台火车站客运停运，终于结束了它的历史使命。随后车站被拆除，改建为宝鸡东站货车到达场。

　　昔日的火车站、票房早已荡然无存，只留下票房后这处地名，仍然记忆着那一段曾经发生的故事。1997年，票房后原址成为职工住宅小区，昔日的棚户区被拔地而起的楼房所替代，面貌焕然一新。

　　斗鸡台车站所在的十里铺及其周边地区在抗战中的作用不可小视，这里凝聚了宝鸡近代工业的发展史，是宝鸡工业肇始之地。这里为宝鸡城市的形成和扩展奠定了基础。打开历史尘封的往事，触摸那段岁月的历史沧桑，感受先辈们在战争年代实业救国的孜孜情怀，主要是对后一代开展爱国主义教育，昭示未来的时代。当我们推开这扇厚重的历史之门，寻觅先辈们创业的足迹，留给我们的是心灵的敬畏。

八十多年的风尘，千里迁徙、祖孙数代、起落沉浮、悲欢离合、国仇家恨、快意恩仇……生活在这片土地上的人们，每个人的故事都可以写成一本书，每本书都可以冠名《票房后》!

我的麦李沟

李巨怀

　　曹家乡，是岐山县最南边也是最荒远的三个山区乡之一，因其乡政府曾坐落于曹家村，故名曹家乡。其地理坐标应处秦岭名山石榴山正北，南与太白县接壤，西与老宝鸡县相傍，就一纯粹地道的簸箕状深山区，因扩镇并乡曾改名曹家镇，现为西北第一大镇我之故乡蔡家坡镇一区域矣。

　　曹家乡是我开始参加工作一直羁留了整整七年的地方。人一生有几个七年？它也是我生命旅程中歇息最为长久的四个地方之一。说是山区，其实它有着岐山县平原川道农业乡镇根本无法同日而语的繁华和富庶。就是因为它是"三线"建设时期两大工厂陕西汽车制造厂和前进机械厂所在地，两个厂子也是沿一沟两汊的麦李河畔所建造。全乡满共两三万人，三分之二为这两厂人口。

　　陕西汽车制造厂乃北京汽车厂迁移援建，该厂自然以北京人居多。皇城根儿的遗民，工厂生活景况北京味儿必然俯拾皆是，满山沟正儿八经地地道道的北京老腔普通话。连沟口的厂子招待所饭店名都为西单餐厅，就一原汁原味的小北京。现在该厂主体部分都已迁移到西安高陵县，只剩下些维持根据地的部分车间。前进机械厂却已十分不堪入目了，因屡次改产失败，已经沦落成野猫野狗的乐园。前两年回访，这个曾经凝结了自己热忱汗水的地方早已面目全非，不忍驻足，开着车竟然找不见去前进机械厂的道路，那个二十多年前在我眼中不亚于城市洋马路的主干路早已淹没在乱搭乱建的农村民居之中，好不容易八方搜寻到后方才发现，怎么还没有村村通公路宽广笔直？

一个人漫无目的地在厂子里行走，没膝的荒草叫人有一种后背发凉的恐惧感。学校早已不见了踪影，厂区内也早已失去了往日的喧闹，占地上百亩的生产区，除了个别被外租为民营企业生产车间外，一色的沉寂和无趣。进生产区时连门卫都懒得问一句的厂子，有汪洋中一条小船般的流离感。好不容易碰见个无精打采的工人，连我正眼都没瞧完，就径直走了，一脸的沧桑和木讷，显然他的饭碗也不大好端。二十多年前这两个厂子却是我突破命运禁锢最为向往的理想高地，不仅仅是我有此一目了然的梦想，也是全乡一百多名公办乡村教师心头共同的奢望。在这个乡工作的公办老师无外乎三类，一类是家在附近农村，图个方便；一类便是像我这般无门可拜被发配到那里的新老教师；还有一类便是家属在这两厂当工人曲线救国准备借缘调入两厂子校的教师。

那个时代，工厂子校教师工资明显比我们高一大截，福利又好，工厂本又是个小社会，衣食住行都有人管。不像我们这些乡村教师一出校门两眼一抹黑，每月就那一二百块大洋，一下雨两腿泥，媳妇找不下，住房无处寻，天天身心处在一种黑云压城城欲摧的悲凉无奈之中，哪个心智正常之老师不想逃离？除了条件十分艰苦外，因自己从事一种全乡性的教育管理工作，那时的日子尚还自由些，喝酒打牌便是我们打发无聊时光最为现实的选择。性格使然我牌打得相对少些，那时流行一种"飘三页"的游戏，人数不限，每人随机三张扑克牌比大小，每晚大家都十分寂寞难耐，便自发凑在一起瞎玩，筹码便是饭票，输赢也就一两块钱，实际上就是穷乐，打发日子而已。被迫参加了几次却从未赢过一次，一看牌小了一脸凄惶，牌大了喜形于色，不大不小坐立不安，稍有心机者一眼洞穿，自然三两回下来便自知与打牌无缘，逃之夭夭。

生活中哪有那么多正事可消磨，焦虑不安满心的困顿总得找个方式去排解。在那个天一擦黑就四顾茫然的山沟里生活，喝酒吹牛皮便成为最后的选项。我那二愣子的性格终于有了用武之地，年轻好胜所向披靡，在那个小山沟自然间有了一帮志同道合的酒友，并美其名"酒协"。有乡村领导干部，还有驻乡的七站八所头头脑脑，因姓氏不一，吹起牛皮震天响，还乐队般各有雅号，什么金唢呐、扬琴等等，我为李号，且当酒司令时居多。现在回望，真是不知冷不知热不知万千愁苦在何方。在这个人情薄如纸的世俗中，有些时候你必须和大家一样世俗甚至于有过之而无不及，反而才有安身立命的自由灵魂。那个时代，酒是一种友谊的催化剂，厮混久了，工作无形中就少却了许多人为阻力。那几年工作一直干得顺风顺水得心应手，还真得感谢那些劣质白酒。

依然记得乡中学的校长为了讨工资与我一同请乡长喝酒，最后不胜酒力，酩酊大醉，是我和乡中学的几位老师找了辆平板车拉回去的。我们还在凛冽寒风中高歌不断，有着壮士凯旋的豪迈兴致。记得很分明，乡长也被灌得一塌糊涂，我们却讨回了已拖欠多半年的工资。那时的乡村教师就是一群穿着较为体面的农民工而已。

几年前曹家乡一老友儿子结婚，终于回到了阔别十年的青春之地。老友相见，分外亲热，刚

一坐定便被曾经的"老战友"们围定，场面分外热闹，总管只好组织那些和我苦水里滚爬多年的教师们三人一组，轮番向我敬酒。那天真是英雄了得，恍惚间回到了热血沸腾的年轻岁月，整整喝了十几拨酒还未休战，只好给司机使了个眼色借口上厕所从侧门逃走了。然而螳螂捕蝉黄雀在后，在那个山路弯弯行走不易的地方，刚下了山一上大路，就被乡上的另一拨好友拦住了车。转眼间便被朋友绑架至他的私立医院，在他的小食堂一桌酒菜早已备齐，就等着请君入瓮。谁曾想，怕我再溜走，一进院门，他就收缴了我们的车钥匙，手一扬扔到了他的平房顶上，酒醒便是天明，我醉司机醉。

就是那么一个浅浅乏趣的小山沟，我竟然乐呵呵地在不知魏晋不关风月中生活了六七个年头，现在回想起来，却是生命最为踏实最为纯粹的时期。是那里的孤独山水让我学会了孤独，也是那里的质朴百姓让我学会了质朴。台湾曾仕强教授曾说过这么一句意味深长的话："经历过复杂后仍保持单纯是大智慧，没经历复杂的单纯是愚昧。"二十多年后再仔细品味，真是无言以对、悲喜交加，有着一种恍若隔世、无地自容的悲怆之感。活着老着，老着丢着，那个透明如水的自己跑到哪里去了呢？

千年遗迹丈八寺

范国彬

大约是在 2008 年"5·12"前后吧，一则消息不胫而走——西机生产区北门外丈八寺发现北魏石佛窟龛。作为西机的孩子，初听此消息，不觉有些莫名其妙，因为在那条上学的必经之路上，那尊高大的貌似土坯的佛像和众多窟龛里的石佛伴着生产区围墙上"丈八寺滑坡地段，行人注意安全"的刷白标语一直就静静地伫立在那里，寒来暑往，注视着从他脚下匆匆走过的工人和孩子，也被工人和孩子一遍遍地凝视，就是在夏季植物最繁茂的时候也未曾将他们遮蔽，何谈发现?!

据现存《重修丈八寺碑记》记载，丈八寺始建于唐贞观年间。上世纪40 年代，当时的西机建厂时，丈八寺从原址迁出，留下窟龛在此。窟龛群最西边的石窟供奉的是被称为"丈八爷"的大佛，据说当年丈八寺就是因"丈八爷"而建。"丈八爷"石窟有 5 米多高，"丈八爷"佛像高约 4.1 米，与一丈八基本吻合，想来应该是寺庙名称的由来了。大佛左侧一个小洞，

那就是烟道，它与石像后的洞相连。据专家考证说，从前来上香的人非常多，难免烟熏火燎，有了烟道既能保护大佛，又能让上香人免受烟熏之苦。石窟外边遗留的一些小洞和碎砖瓦，是过去搭建石窟檐的遗迹，也起到了保护大佛的作用。

虽然窟龛距今已有1600多年，加之风吹日晒，窟龛中的石雕风化得非常厉害，但个别窟龛里还能看到雕刻精美、栩栩如生的人物、动物造型的雕像。一处石窟中就发现了一只猫型的石雕，这只猫有凸凸的眼睛、胖胖的身体和可爱的尾巴，呈现蹲坐姿态，一只前爪放在地上，另一只爪子似乎在向人招手，像极了现今的"招财猫"。据说禅宗有时以猫来比喻对佛法茫然无知的人，也以"依样画猫儿"来代表只注重仿效外相，却无法掌握精髓的人。这或许能解释猫雕像出现在北魏窟龛群里的原因。

有专家认为，北魏窟龛群雕刻石质系钙质熔岩，虽然容易雕刻，但比较粗糙，纹理间孔隙太多，石质密度小不够坚硬，用它雕刻佛像难以抵御自然的剥蚀，所以现在看到的佛像，身上"千疮百孔"，基本"面目全非"

了。但从另一个角度来说，这个窟龛群是在关中川道的钙质熔岩上雕刻的非常有代表性的石刻造像，它有着重要的历史意义和保护价值，也填补了窟龛在关中地区的空白。

据老人们讲，上世纪五十年代末寺院还有残缺的围墙，两处破败的庙宇，不时有虔诚的香客祈拜。大寺门前有一口井，西侧住着一个道长；寺里的佛龛供着一尊鎏金弥勒佛，一九六五年一个上学的中午被一个绰号叫老虎的学长给捅下来摔得粉碎，撒了一地不知什么年代的铜钱，被大伙一抢而光。大寺东侧十米的地方有座小寺，就是现在能看到的那尊佛像，上世纪 60 年代初还有色彩，一九六六年破"四旧"时被砸掉了佛头，七十年代被人用泥糊上了缺失的头部。山上也有一处寺院，有好几处精美的壁画，有的慈眉善目，有的青面獠牙，时有求子和祈求平安的妇人前来上香。该寺院曾经是薛家村孩子的学校，后被西机改为半工半读学校。

如此重要的历史遗迹，就连凤凰卫视也在《重走西游丝绸之路》中进行过专题报道，并拍摄了专题片。可是，我们就生活在他的身边，及至外出求学，又回来工作，为什么那么长时间以来我们却对他的前世今生茫然无知？

记忆里，大佛的上面有一方不小的平台，挖掘有众多的防空洞群，那里也是胆大的孩子们暑假里探险的绝佳去处，最经济和普遍的做法是"偷走"家里的蜡烛和火柴进洞。也有调皮的孩子会搜集来一大捆的笤帚把子挨个点燃，可想而知，进去后没多久就会被烟熏火燎着嘻嘻哈哈跑出洞来，像极了《西游记》里小妖扎堆出洞的情节。如果你能从家里捎出手电筒来，你一定会被当作探险队的队长；如果你能把当时刚刚流行起来的应急灯带来，日

光灯管发出的明亮光线顿时就会让你被其他孩子奉若神明、紧紧跟随。满地大土块的乱石滩、几乎直上直下的天梯、既长且始终不敢走到尽头的黑洞、墙壁上挂满水珠地面松软的蝙蝠洞……这些也不知道是谁命名的洞穴，只要有了应急灯，就没什么闯不进去的地方。虽然家长们知道后都一再地警告我们不要去，害怕塌方，也有锻炼路过的退休工人来驱赶我们，但好像那时的我们就不知道"害怕"二字怎么写，现在想来，多亏了当初挖洞前辈的好手艺。

防空洞的上面，是一片更大的平台，平台的南缘处有一棵歪脖子的松树或是柏树，根须紧紧抓住岩面，看起来遒劲而苍凉。这里是周边的制高点，没有电线干扰，是个放风筝的好地方。记得厂里好像还多次组织过登山比赛，终点就是这里。每次父亲和我从那里下来，都会领着我去看看那些佛像。小时候的记忆里，大佛还是有鼻子的，个别最东边的石龛里还能看见彩绘，有一处低于地面的洞穴里还有一尊卧佛，要俯下身子探头观看。而那棵歪脖树上，曾经还悬挂着一口硕大的铜钟或是铁钟。有人说，钟是从古代流传下来的，也有说是二十世纪六十年代从诸葛亮庙拉回来挂上的，还有说是西机自己铸造的，总之当年战备防空时，是为了敲响能让周边都听到，同时期还挖了许多防空洞。后来，这口钟在二十世纪八十年代中后期悄无声息地丢失了。

还有一则在西机广为流行的传说，我是从父亲口里听说的。丈八寺坡上有个黑风洞，父亲还带我在东边一处坡面上找到过一个深深的洞口，洞口处能感觉到从地下冒出的阵阵凉风。这个就是了，父亲笑着指给我看。传说这里的黑风洞，就是《西游记》中唐僧取经路过此地降服黑熊怪的地方，而《西游记》中那个贪恋锦襴袈裟的老住持所在的观音禅院就是以丈八寺为原型的。当然，我无从考证，但西机的孩子多少都会听到过类似的传说。有人说，此洞深三十多里，与周公庙相通；也有人说，那个洞能站人的地方不到二十米，后面就是更小的洞，只能单爬进，不能转身，人爬着爬着就没法再向前，就是个普通的溶洞。父亲还说，沿蔡家坡塬坡上还有许多古迹，东边现在殡仪馆的位置，就是三国古战场三刀岭，是魏延攻打司马懿时砍过三刀的地方，岭上就是司马懿的点将台，而渭河的对岸，就是诸葛陈兵的五丈原。

关于这个地方，儿时还做过一个梦，并迷失在了梦中。

南侧的崖面上雕刻着精美的造像，"丈八佛"慈祥地观照着山下的村庄，山脚下一座简朴的小庙守护着身后的大佛，村庄里飘起缕缕炊烟。西侧的坡面划出一道优美的弧线，向着远方延伸，坡脚下一座茅屋，几群鸡鸭，柴门边上一只黄狗正在酣睡，茅屋的周围是一片小树林，晨光透过薄雾穿过一片片树叶，给每一片叶子镶上了一圈金边。一眼泉水自坡面的北侧向南缓缓流淌，粼粼的水波跳跃着温暖的阳光，带起层层轻薄的水汽，就这样一涌千年……

后来，在一位醉心于西府民俗文化的长者潜移默化的影响下，才渐渐想通最初的那个问题。

那些大大小小的各类自然山水，总是要留下些各个时代的文化和文人的脚印，才能将自然山水融合为一种人文山水，这是中国历史文化的悠久魅力造成的。只有来那么一二个有悟性的文人一站立，站在这些古人一定站过的那些方位上，用与先辈差不多的黑眼珠

打量着千年来或多或少有所变化的自然景观，静听着与千百年前没有多少差异的风声鸟声，这山重水复、莽莽苍苍的自然景观才能将封存久远的文化内涵哗地奔泻而出；文人本也萎靡柔弱，只要被这种奔泻所裹卷，倒也能吞吐千年。结果，就在这看似平常的伫立瞬间，人、历史、自然混沌地交融在一起了，文化人的发现也就充满了力量，把普通变为了不普通。

　　既然"发现"了，就好好地保护起来吧，一千六百年的时光和风烟，谈何容易?!

怀念老龙池

范国彬

如果你是西机的孩子，应该都还记得那个地方——爬上四村的大坡（尽管现在看起来是那么矮），一直往北，穿过时常被砸破的界墙，或是沿着砖砌的台阶穿过黑黢黢的涵洞，就到了弥漫着泥土芬芳的另一方天地——一个三面临崖的小盆地，我们都叫它"老龙池"。这方小小的天地，不知留下了多少西机孩子有关假期的童年记忆。

"东龙泉，西龙泉，中间住的是神仙"，东龙泉即老龙池，西龙泉即书房沟龙泉寺边的泉眼。老龙池的得名，相传很久以前，此地农田龟裂、井水干涸、百姓生活悲惨，老龙王路过，心生怜悯，甩下一滴水而去，水滴落处遂成清泉一眼。明朝时，为

祭拜方便，村民在泉眼处以黢黑的石条砌成水池，又在北面土崖下盖起白云寺，在东边土崖上开挖洞窟，一时香火极盛。水池呈八角形，对角约丈五长，每角有根石柱，柱顶雕有瑞兽，石柱间以青石板相连，石板上方横压雕有各种花纹的细长条石，围成八角石栏。水池正南石栏下，有一石雕龙首，龙首上仰，龙嘴大张，泉水从龙嘴内吐出，跌落在正前方一方形石斗中，溢出后涌向东边，顺渠南流。后来，白云寺被拆，洞窟因滑坡坍塌。20 世纪50 年代，因兴修宝鸡峡引渭渠时需挖渠倒土，为保住泉水，施工队便在水池上砌起涵洞，让泉水从涵洞内流出。而老龙池原有的石板石条便被拆毁。

我们这些孩子之所以能找到这片对当时只有十岁左右的我们来说已是非常遥远、已出了西机厂界的地方，印象中源于一位很爱在体育课上教我们跳交谊舞的付老师的带领。他带着我们爬上四村的大坡，站在坡顶指向南边的秦岭，告诉我们，看，那就是"太白积雪六月天"。这句俗语，想来就是第一次在这样的场合下听说并牢牢钉在了记忆的深处。现在回想，估计我们的父辈们也曾经在那里愉快地玩耍过吧。

工作以后，才慢慢听说，"老龙池"所在的地方解放前曾是冯玉祥部第二十九军的一个留守处。"卢沟桥事变"爆发时，二十九军将士在卢沟桥抵抗日军，后来，由于蒋介石采取"攘外必先安内"的不抵抗政策，"卢沟桥事变"后，二十九军的许多将领来到了蔡家坡，名曰让这些将领留守休息，实则排除军内异己。抗日战争的第一战喜峰口战役，就是由这支部队打响的，后来以这一战役为背景创作的《大刀进行曲》广为传颂。1940 年 4 月 5 日，原二十九军军长宋哲元在四川绵阳病逝，留守军官得知宋哲元在弥留之际，还勉励他的老部下要"努力奋斗，收复失地"时，大为感动。本来他们商量准备前往四川绵阳悼念，因路途遥远，加之交通不便，终未成行。后经商议，许多将士纷纷捐款，修建起了衣冠冢和纪念亭。纪念亭的四壁上镶嵌着4块石碑，分别有亡人的身份、落款，亡人的生平、国民政府的追认令，捐款人的姓名和建亭原由。衣冠冢和纪念亭完工当天，官兵们眼含热泪，鸣枪致敬。衣冠冢旁还有两间拱形的房子，是供守冢人居住的。只是当我们这一辈在那里玩耍时，似乎再也没有人发现过衣冠冢的痕迹了。再后来，听说那里又重修了碑亭，将发现的衣冠冢石碑立在了亭前。

在亭子重修以前的童年时光里，那里是我们周末和暑假里必去的"秘密地"。约上三五好友，一路向北，清潭和溪水在呼唤着我们，几排池子里的蝌蚪在等待着我们，总之可以开发的玩法有很多。

春天的时候，池塘里面鲜嫩的水草开始拔节。因为去的天时不同，可以捞起一串串晶莹剔透的青蛙卵，可以捉蝌蚪，可以逮还留着小小尾巴的青蛙，时不时也会有一只硕大的癞蛤蟆突然冲出水面，惊得围拢在一起的伙伴们四散奔逃，一脚踩空掉入池塘的有之，慌不择路踩入溪沟的有之，湿漉漉地回去，被家

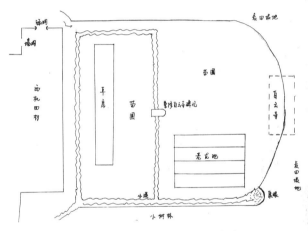

长一顿训是少不了的。捉回去的无论是卵，还是蝌蚪、小青蛙，都保存在玻璃罐头瓶或高橙瓶中，鲜有养活的，也因此，曾在思想品德课上讲到爱护动物和益虫时，遭遇同学们互相之间的口诛笔伐，令班主任匆忙间难以评判。

崖坡上的麦田也是个好去处，几个人围一堆，可以打牌，可以聊天，可以发呆，可以放风筝，可以顺着麦田打滚，甚至可以有现在景点很流行的项目——滑草，只是我们的得叫滑麦苗。有好事的同学会跑来劝说，"粒粒皆辛苦"，也有同学反驳说，听家长说这时候的麦苗就是要踩，踩了长得才更旺盛。呵呵，这场辩论没什么结果，直到工作后站在"三夏"的地头，还在想向忙碌的老农请教一二，但终未好意思开口。

暑假对于那时的我们总是充满无尽的欢乐，不像现在的孩子被各种各样的培训班填满。家长们上班一走，伴着广播里传出的"雄伟的西北机器厂矗立在中原大地上"的"拉尾"声，那些没被反锁在家里的孩子一窝蜂地

跑了出来，电影院后院的铁皮箱、大操场、灯光球场、西门口、俱乐部门口都会成为我们的集结地，晚上还会拿出手电筒去异味弥漫的单身宿舍楼前的树下捉知了，当然还有"老龙池"。

"老龙池"的夏季无论阳光如何耀眼，似乎都不曾有一丝暑热，因为那里有一渠清清的泉水，日复一日以几乎恒定的水量流淌着。拱形的涵洞口凉意习习，其下汇成一汪青潭，清泉漫溢又形成一道清浅的小溪环绕着盆地中央的苗圃和菜地。据说后来有专家说这泉水富硒富锶，水质澄澈甘甜，是天然的饮用矿泉水，于是西机厂里还专门在这里埋了条管道引向俱乐部，并改建了个矿泉水厂，只是后来没什么市场，草草关停了。

那时的我们最爱做的事之一，就是用手捧起清凉的溪水，擦洗一块横卧着被当做渠面的"石板"，因为我们无意中发现这"石板"上有字。很显然，这件事我也做过，并且有一次在我和几位小伙伴一起擦洗时，有位长者一直站在旁边端详。后来，北面的崖面开始大兴土木，生生挖出一个豁口，盖起了一栋三间平房的寺庙，名曰"白云寺"。新庙"开张"的庙会上，我也去了，功德箱里留下了我辛苦攒下的五元零花钱，因为我始终觉得，很可能就是那位长者促成了新庙的修建。而那块被我们擦洗过的"石板"——《重修白云寺碑记》就立在了庙门口。多年以后，引同事故地重游，方才仔细观看了那块刻有白云寺形胜的碑文，弄清了这块碑的年代——清嘉庆二十一年岁次四月吉日立。

拜营建白云寺所赐，我们又发现了一种新的玩法——挖何首乌。挖断的崖面下滚落出无数的何首乌，大人们纷纷去捡了回来，而那段时期正是港剧《八仙过海》和《新白娘子传奇》同步上映前后，张果老逮住千年首乌精并烹吃成仙的故事恰恰给了我们无尽的想象空间。于是，拿上小铲、提兜，要么约上伙伴，要么拽上父亲，一路小跑奔赴崖面下开挖。何首乌藏得很深，并且冒出地面的枝条往往和根茎不在一条线上，顺着枝条往下挖，会挖出又大又深的土坑，这或许就是人们总说首乌会跑的原因吧。大大的土坑破坏了崖面的平衡，坡上的土会连同麦苗一起滑下来，所以挖宝的同时还要惶恐不安地提防着附近的农人前来咒骂、驱赶，一块首乌挖到手，也确实惊心动魄了。如果不幸屡遭驱赶，我们还会去拔大蓟、摘桑叶，说是把这些药材拿回去卖给药店换零花钱，但最终弄回去的首乌都被父亲泡了酒，而桑叶和大蓟都被当作了垃圾一扔了之。也曾突发奇想按照医书上的方法和玩伴于兄制作蜜炙桑叶，因为觉得制桑叶可以卖更多的钱，于是很轻易地浪费了于兄家里半瓶子的蜂蜜，于叔回来后黑着脸把我们一顿狠训。慢慢地，新鲜劲儿过去了，也就没有孩子再去挖宝了。

秋天能干的事貌似就比较少了，最有意思的或许就是爬到坡顶边缘处去摘酸枣。男生们和女汉子不顾手背捌出的一道道血口子，把红红的酸枣装满口袋，然后塞进嘴里、眯起眼睛，咀嚼着、品咂着酸味十足的薄薄的枣皮。美味之后，枣核也是有用的，随着一句"图吧黑尔"，将圆圆的枣核互相追逐着喷吐了出来。

冬天的时候，孩子们都在忙着等待过年，已经鲜有人去"老龙池"了。

前些日子，有朋友说要去蔡家坡零胡村吃饭，几经描述下，地点竟然就在"老龙池"！只是，这里早已没有了记忆中的样子，代之的是某山村庄园，虽然遗憾，倒也别致。

与其让这里依然保持着记忆中的模样，我宁愿看到我的家乡一点点地进步和发展、看到乡人们一点点地富足。因为那里有着我们生命之初的DNA，有着我们回不去的青春记忆，有着我们与这方土地早已融为一体的先人魂魄。

越深入这片土地，越会眷恋这方故土，青春能与故乡同成长也是一番幸事了！

追寻艾黎窑洞

张占勤

提起路易·艾黎，许多人都知道他是一位诗人、作家、翻译家和社会活动家，是一位伟大的国际主义战士，是中国工合运动的创始人之一。但却很少有人知道，在陕西凤县双石铺还有一处艾黎窑洞。

73年前，英国记者乔治·何克在他的著作《我看到了一个新的中国》中这样写道：在宝鸡以南约100公里陕甘川三省交通大动脉的秦岭腹地，眼尖的旅行者会发现远处山坡上有一孔窑洞，那就是众所周知的"艾黎窑洞"。

一个春日的午后，我怀着崇敬的心情，与几位朋友一起再次拜访了艾黎的窑洞故居。当然，作为一个初来乍到的旅行者，现在站在嘉陵江畔，你想一眼看到窑洞已经不可能了。双石铺林立的高楼已经挡住了你翘望的视线。甭急，只要你在大街上稍微留意，就会发现路牌，上面就标着"艾黎路"。沿着艾黎

路，你会毫不费力地找到故居。它静静地掩映在一个叫做柏家坪的山坡上。

艾黎当年在创办工合之初，就将自己仅存的一点积蓄几百美元寄给了双石铺工合，要求给他盖间房子，因为艾黎在其他地方都没有家，对于这个他经常路过的工合中心，他所要求的只不过是有一个带壁炉的单间宿舍。美国人格兰姆·贝克在他的回忆录《一个美国人看旧中国》是这样表述的，一路上艾黎吹嘘说，他已经是一家之主了。可当他们来到双石铺的这个家时，工合的负责人才说出了实情，他们用艾黎的钱投资盖了六大间房子，由于艾黎一直没有来住，房子全部分配完了，现在正准备重新给艾黎建房子，艾黎只得苦笑一下。艾黎的房子后来确实也建好了，可为了创办培黎学校，他的家又成为校舍了。何克成为双石铺培黎学校校长之后，就和学生们一道在柏家坪挖了四孔窑洞。从名义上说，这是艾黎的窑洞，但其实这也是何克的家。艾黎还收养了中共地下党员聂长林的四个儿子，他们也都住在这里。现在我们看到的中间两间相通的窑洞是艾黎的卧室和办公室，最西边的是聂氏兄弟的卧室，艾黎卧室旁边是厨房。窑洞冬暖夏凉，在那个物资匮乏、冬天只能靠火盆取暖的年代，这无疑是最实用的住所。

午后的阳光直射进窑洞，屋里顿时显得很温馨很别致，我们默默地移动着脚步，窑洞里摆放着艾黎和何克的照片和画像，靠近窗户的墙上还有老照片。在这个不到一人高的厨房里，现在还能看到那时的炊具，熏黑的窑洞顶还残留着那个年代的气息。走出窑洞，不远处就是嘉陵江，滔滔流水声仿佛向我们娓娓诉说着艾黎和何克先生在双石铺的创业史。

艾黎从 1939 年开始断断续续地在这里住了 6 年时间。在工合运动的后期，他将这里作为自己真正的家。他的处境使他的许多外国朋友大为不解，很多朋友出于好心，想来"改造"艾黎这个家，想让艾黎能和当年在上海工部局任职时一样，过上体面风光的好日子，即使能恢复到当时的一半程度也行。可是这些人通常只能黯然离去。有些不怀好意的人竟然说："那个可怜的艾黎已经沦落为流浪中国的白人穷鬼。"还有些外国人给他们的国内朋友写信说："艾黎的家太原始了，太简陋了，这里没有门铃，也没有门环。那些可爱的中国人可以随便地进进出出，就像自己的家里一样。"

不管别人怎么说，艾黎始终是一个乐天派。在这孔窑洞里，艾黎的日常生活是什么状况，我们还是来听听与他朝夕相处的何克是怎么说的。只要学校不上课，他的房间里总是挤满了学生。他们中间有看画报杂志问这问那的，有跟着留声机哼唱歌曲的，有撑着艾黎的肩膀练跳鞍马的，有被艾黎提着双脚练倒立的，有光着屁股靠在炉子上取暖的，有让艾黎灌肠剂的，更有甚者，有的还揪着艾黎腿上的汗毛，拧他的大鼻子。艾黎常说："哪儿的孩子都一样，要是在新西兰，这些孩子也会过得逍遥自在！"艾黎从不肯承认，在窑洞地面上欢蹦乱跳的跳蚤是从学生们洗澡时脱在地上的衣服里蹦出来的。

窑洞不但是孩子们的乐园，而且是中国工合运动的见证者。在艾黎的带领下，双石铺建立了机器、制革、纺织等 17 个合作社，他们的合作社不

但能够制造枪支，而且还为前线制作军毯。在嘉陵江畔安装了水力发电机，使双石铺第一次使用电灯照明。在双石铺，他建立了工合小学、幼儿园、招待所和工合医院，周恩来夫妇两次赴重庆，还住在工合招待所与艾黎先生交流。抗战期间，他从这里出发多次赴延安视察工合，三次得到毛泽东的接见。在这里，他会见了毛泽东派来的刘鼎、陈康伯、黎雪等商谈工合；在这里，他用玉米棒子蘸蜂蜜来招待英国科学家李约瑟，筹划培黎学校的搬迁大计。

这几孔窑洞也见证了艾黎辛酸的历史。国民党特务一直监视艾黎，把他当做危险人物。艾黎因为在东南支援新四军，被国民党第三战区司令长

官顾祝同宣布为东南区不受欢迎的人。一次他在宝鸡益门镇公路检查站，警察认为艾黎从延安带来了"危险物品"，竟然搜查了他的所有行李。1942年9月21日，就在这孔窑洞里，他接到重庆发来的电报，国民党政府撤销了他的职务，后来得知撤销他职务的主要原因是"与共产党秘密交往"。1943年8月19日，国民党陕西省政府向凤县政府发出密令：外侨艾黎，行迹诡秘，即交由新镇长秘密监视，并电报中央设法调离该地。

由于当时严峻的政治形势，艾黎最终决定将学校迁往甘肃山丹。电影《黄石的孩子》讲述的就是这段不同寻常的历史。1944年的一个冬日，第一批33名学生离开了双石铺，路上寒风刺骨，滴水成冰，他们翻山越岭，克服了难以想象的困难，终于在12月25日到达了山丹。何克带领的最后一批学生则是1945年1月10出发的，经过长途跋涉，3月上旬到达目的地。

如今，艾黎窑洞已经成为凤县文物保护单位，县委县政府准备在此建设中国工合纪念馆，作为爱国主义教育基地。据考证，艾黎窑洞是目前中国工合运动唯一的不可移动文物，艾黎窑洞必然会成为中国工合运动的一种精神象征。

诗人臧克家曾经说过：有的人死了，他还活着。路易·艾黎将会永远活着。艾黎从30岁时来到中国，直到他90岁去世，60年时间都在为中国的革命和建设操劳，始终为中国的穷苦百姓奔走。1983年是艾黎86岁寿辰，诗人臧克家写了一首诗，题目是《给路易·艾黎》，我想用这首诗作为本篇文章的结尾：

对您这样一位

八十六岁高龄的长者，

我们不称先生，

亲热地呼一声：

艾黎同志！

同志——

仅仅两个字，它像两只大手

紧紧地握在一起！

五十多年前，您把自己的祖国，

撇在千里万里之外，

踏上了中国苦难的大地。

想当年，黑暗像铁板一块，
使人透不过气。
是您，是您呀，
凭着热情和正义，
凭着手里的一支大笔，
把中国人民的呼声
传遍当世！
您和我们并肩战斗，
含辛茹苦，千万座难关
也挡不住您勇敢的脚步！
您走着，大踏步地走着，
和我们一道走到了胜利。
您的满头的银丝，
就是条条战斗的记忆，
您抖擞的精神，
透露出内心的欢喜。
尊敬的艾黎同志，
半个世纪里，
您写下了一千首诗！
诗篇里充满了激情，
和中国大地，
和中国人民的革命，
热乎乎地凝结成一体！
路易·艾黎同志！
您是一位老诗人，
您是一位老战士，
您是我们的患难之交、
忠实的朋友——
亲爱的、尊敬的，
路易·艾黎同志！

味 道

记忆中的老宝鸡

寻找老宝鸡的味道

巨 侃

老宝鸡的味道是啥？80后说是建厂局东闸口门市部里的糖果香，提着鼻子吸气永远也吸不完的芬芳；70后说是曙光路照相馆里那喜悦又稍带点拘谨的氛围，咔嚓一声，你的回忆装进了老相册；60后说是中山路南方菜馆里酒香和菜香的混合味，那种浓郁的味道，吸引你走进去，然后提着半瓶"西凤"一摇三晃地走出来；50后在怀想，一段青砖路，几盏路灯，梧桐，老房……让我们一起去寻找那些溢满各种味道和气息的老宝鸡。

老宝鸡气息——解放商场

社会变迁，城市东扩，现在中山路已成为名副其实的宝鸡老街。20世纪80年代以前，这条路上那些曾经非常著名的地标都不见了，比如实验餐厅、南方菜馆、快活林和亨得利钟表店，等等。要说老宝鸡的味道，依然能看得见、摸得着、闻得来的，当属至今还存在的解放商场。

解放商场的特点是门脸朴素，前后贯通，布匹天下。从二马路穿过商场可直接上到中山路，不长的距离有种穿越老宝鸡的感觉。

从二马路商场后门进去，在右手一溜布摊摊主热情的注目下往里走，登上两个小台阶，再上一个大台阶，就到了它的核心区域，左右，前后，各种布品和丝织品，花花绿绿。那种布品发出的气息不是扑面而来，而是包裹着你，就像摸着布料的手感——绵软，让你不由得想起小时候跟着妈妈走进布店的情景，心变得又宁静又踏实。这种感觉，这种气息，不正是老宝鸡的味道吗？

我有幸见到了一位在解放商场工作了 28 年的老职工。55 岁的赵秋凤，她说话像她经营的丝织品一样绵软温和，一身裁剪合体的毛衫让她更显神采奕奕。她说她是 1990 年，也就是解放商场成立的第二年进来的。最初解放商场经营百货、针织和化妆品，后来专营绸缎、针织、布匹和床品。刚来时她做柜员卖布，后来当布料组组长。1997 年，承包布料组一直干到如今。

"解放商场能存在这么多年，除了我们这些老人的坚持外，主要是回头客多，老宝鸡人认我们的布料。有位我们二十几年的老主顾，可以说是爱布成癖，每周都要来一次，有时一次扯上好几千块钱的布放家里，我问她你不做衣服呀？她说不做，放箱子里想看了，就取出来欣赏一下，这就够了！"

赵大姐此言得到了一位正在柜台上挑选花布的女顾客的认同，她点头说："我看花布时感觉心特别宁静。我喜欢扯块布，让裁缝师傅按自己的想法做衣服，这个期待的过程很像过去老宝鸡的慢生活。"

在随波逐流的快节奏中寻找慢生活，这想必是宝鸡人喜欢解放商场的一个心结吧！

老宝鸡味道——实验食堂、南方菜馆和清香斋

实验食堂、南方菜馆和清香斋，是 20 世纪 60 至 80 年代中山路上响当当的三个餐饮店。虽然这三个店都不在了，但在"老宝鸡"的记忆中永远不会抹去。

"实验食堂在华通商厦的对面，中山路和群众路的交会口，过路口往南不远处就是老车站出站口。我记得我的结婚酒席就在实验食堂办的。"今年 68 岁的"老宝鸡"马青回忆，她 1969 年新婚时，男方在当时很"牛"的国营食堂——实验食堂里办了一桌席，招待双方的亲友。虽然只有一桌席，虽然总共只有七八个菜，但在那个年代已经很不错了。"实验食堂是地道的大众菜馆，拿手菜是红烧肉、过油肉和小酥肉，招牌菜是卤猪蹄。卤猪蹄总是限量供应，平时不容易买到。因为我们有个熟人在实验食堂里面当服务员，事先打了招呼，所以结婚那天才吃到了卤猪蹄这个菜。"

今年 78 岁的巨积让说他印象最深的是南方菜馆，"南方菜馆的位置就在现在的中山路口腔医院那里，也是宝鸡的老字号，据说大厨是一个南方人，擅制各类菜品，最有名的是小笼蒸饺，门口常常排队买蒸饺。"说起小笼蒸饺，老人讲起一件事：那是 1976 年 10 月，他的父亲在医院病逝前夕，他问父亲想吃点啥？父亲说想吃蒸饺。"我骑着自行车从医院赶到南方菜馆，当时大概上午 10 点左右，买蒸饺的顾客排了个长队。我排了一会队，等不及，就进去给开票的师傅说，希望能给照顾一下。开票师傅一听是这情况，马上给我先取了一份蒸饺带回去。蒸饺是大肉馅的，父亲只吃了一两个就吃不动了，让我们趁热吃。我咬破蒸饺的口，里面的馅香味溢出来……"

"那时候，要吃羊肉泡馍就得到清香斋！"网名叫"酒闻侯哥"的"老宝鸡"说，中山路宝鸡大酒店的东邻就是名噪一时的清香斋羊肉泡馍馆，那时候的宝鸡只此一家国营性质的泡馍馆。而现在宝鸡其他新生代的泡馍馆，可以说都是清香斋改制后，流走的师傅们另起炉灶的结果。"清香斋的羊肉汤鲜肉香，那时候人日子过得朴素节俭，会过日子的人，专门去买一碗羊肉泡，然后多要一碗汤装进绿皮军用水壶带回家，一家子几口人泡馍吃。"

除了实验餐厅、南方菜馆和清香斋，许多生于上世纪 70 年代的"老宝鸡"都说中山路西街还有个"三好食堂"，"三好食堂"的馄饨和茶酥好吃。馄饨白皮大馅，小碗一两粮票一毛六，大碗二两粮票两毛三；那茶酥，色泽金黄，惹人喜爱，外皮酥脆，内层松软，油而不腻……今天我们幸运的是，依然可以在西府老街看到正宗的茶酥。

老宝鸡影子——曙光照相馆

解放商场往西走一点，就是红旗路北口的曙光照相馆。曙光照相馆现在叫曙光艺术影楼，店面规模比以前印象中的小了许多。摄影师韩长庚是"曙光"的老人，他说 2008 年他刚接手时，"曙光"曾改了个洋气十足的店名叫"喜多坊"，改了半个月，老客户都说曙光咋没了，生意受了影响，又改回来了。

他介绍说，1973 年，市饮食服务公司创办曙光照相馆时，馆内设有业务大厅、四间影棚室、三间暗房，还有修相室、化妆间等功能区，占地面积 4000 多平方米，员工最多时有七十多名，"我们自己做的放大机，最大能放大 6 寸底板，宝鸡其他地方是 3 寸。机子拉开有三四米高，就搁在和防空洞相连的地下室里。"1985 年，"曙光"在全市第一家开始拍彩照，当时能照还不能洗，派人去西安洗，住一晚上拿回来。1990 年前后引进了日本彩扩机，照片冲印实现了自拍自洗。2005 年数码开始后，照相设备也与时俱进，由最早的轮式座机、胶片机、单反机，换成了数码单反机。

"那时照个全家福得排队叫号，如果赶上春节的高峰期，顾客甚至要等待四五个小时。上门照相要预定时间，时间到了，天下刀子也要去。记得 1986 年夏天，上门给凤县银母寺铅锌矿的工人拍身份证照，为防见光，捂在五床被子里换胶片；那时胶卷金贵，单位规定百分之五损耗，照一百张只能下两个'双板'。照相师每次照团队集体照时都特别小心，出来时闭眼的、歪脑袋的太多，就得返工重拍，不像现在，照多少张也不觉得浪费。所以按快门是个技术活，也是个经验活。"

韩长庚在回忆"曙光"的过去时，也承认随着市场放开，竞争加剧，"曙光"的规模已不如从前，"现在'曙光'主要作为宝鸡商业街区一个老地标存在着。'曙光'是个响亮的文化符号，代表了几代宝鸡人对美好生活的追求。这几年，不时有县上的人来看，一问，原来是曾在'曙光'培训过的学员，来怀旧；上次有个四五十岁的人，进摄影厅看到了一只婴儿凳，这只婴儿凳在照相馆'服役'好几十年了，漆皮包浆都有了。他仔细观察后，说他小时候的百天照就在'曙光'照的，没想到这么多年了，这只婴儿凳还在用……"

我们要感谢曙光照相馆，我们也要感谢已经消失、但在宝鸡人心中同样留下印记的"蓝盾"、"红光"和"服务楼"等其他照相馆，正是由于它们的努力，让宝鸡人的生活多姿多彩！

老宝鸡感觉——新马路

新马路这个地名，50 岁以下的宝鸡人没有几人知道。

但对曾居住在北坡一代的老宝鸡人来说，那里曾是一段热闹的街衢。

"狄家坡上过去有个新马路，就是现在的大通巷和神武路之间的那段土路。"居住在大通巷老金台中学家属楼的退休老教师卫天社说。

新马路是咋得名的不得而知，据他讲，大约解放初期就有这名字了。抗战时期，大批河南人逃荒至此。其中最著名的一个河南人叫常香玉，当时还很年轻的常香玉曾居住在狄家坡新马路一带，以那时的条件推测，她住的不是窑洞就是油毡房。这条路的东头，也就是老金台中学家属楼的南面洼地里，据说曾住着一名国民革命军的团长，现在还能看到青砖砌护的残垣断壁。

因为河南人的大量涌入，新马路一带迅速发展起来。"从胜利巷上去都是商店，有卖油条的，有理发的，人都住满了，开始是牛毛毡搭的棚，密密匝匝挤着挨着，后来是砖墙，再后来就是小楼房。房子虽然挤点，原住民和外来人口之间倒也其乐融融，闲时互相串串门、下象棋啥的，河南人很快融入了宝鸡的生活。宝鸡叫'小河南'，正是从这里叫响的。"北坡老住户贾文杰回忆说。

这样的生活一直持续到北坡改造。从 2004 年开始，为全面绿化北坡，金台区政府实施减灾防害生态保护工程，北坡居民整体搬迁。随着居民陆续迁出，昔日的新马路变成了森林绿化带里的一条小路。

贾文杰现在是新马路的守护者之一，他租住在一座遗存下来的三层老民居的一楼，整日搞他的木艺活，时常有友人来探望他。他的邻居是住在二楼的一名环卫工人，当一楼的烟囱里冒烟时，二楼的邻居已经下坡过渠，在自己负责的地段开始作业了。没有电视，没有网络，没有煤气，也没有暖气，但两人都说，很喜欢这里简单而安静的生活。

油 坊

吕向阳

点灯没油，千村长夜难明；上锅没油，万家满面菜色；膏车没油，战车轴折辕断；造船没油，舟船见水倾覆。缺油的饭菜清汤寡味，缺油的堡子死气沉沉，缺油的三军腰长腿短。锅里漂油花，男人的胡须比韭菜长得

快，女人的腰身比棉花软，娃娃的脸蛋比桃花嫩，战士的劲头比牛犊猛，连荤腥不沾的和尚道士也红光满面。有了油，盐就分外香，亲戚就格外亲，媳妇回娘家时脚下也是一阵风。有了油，宫廷厨师的手艺就能招来龙引来凤，帝王将相、才子佳人才有了酒足饭饱、油头粉面、油嘴滑舌、富贵荣华。要是某家红白喜事待客没油水，即使响再多的鞭炮，请再大的戏班，也要被人骂作"呼隆大、白雨小、干吱哇"。然而，若问今天城里孩子油从哪里来，十有九个肯定说来自超市，剩下一个说来自油菜呀、花生呀、玉米呀，再问下去，恐怕连大人也不知老先人几千年吃的用的油，都是从老油坊压榨出来的，至于压榨的方法、器具，则鲜有人能够说出个五门六亲来。

曾经润滑了中华几千年的老油坊倒塌了，大关中只留下礼泉袁家村、

扶风关中风情园几处新造的老式榨油床子，像出土的恐龙骨架摆着样子。我四处打探老油坊，寻找油坊大把式二把式，终于打听到一位风烛残年的八十多岁的老翁，他十多岁就泡在油坊，没等掌握全部技艺，油坊就被机械化一脚踢得半身不遂。提起油坊，老人火气不打一处来："别提老油坊，那不是人干的活儿，我这辈子也差点被那牛马都出不上力的榨油床子榨干了老骨头！唉！不过现在的油，吃到口里呛喉咙，咽下肚子生臭屁，不晓得哪个天杀的胡日鬼在作孽！"

乙未年头伏的一天，我回乡探亲，不知不觉来到曾经年年飘着香气令人难以忘怀的"老油坊"，昔日神秘而热闹的窑洞已经坍塌了，一人搂抱不住的油梁也不见了踪影，无主的刺槐与枸树叶片的拍手声，替代了油老大的斥喝声、拉下手的号子声，村子排出的污水在这里窃笑着，散发着刺鼻的味道。油坊倒塌了，农民老喊叫鼻子失灵舌头失灵，昔日甜香的油条、油饼、油糕，吃到嘴里的后味像吃了泥土一样怄人。油坊，我魂牵梦绕的油坊，就这样从这个世界上抹去了。而要闻到油坊的特有香气，只能是梦境中的事了。

我的家乡位于西周京城的当当也就是中心，在京当镇政府东南方位，有条像黑狗吐出的垂涎欲滴的长舌头一样的浅浅沟壕。二十世纪六七十年代，沟壕内曾是"聚宝盆"：农械厂、棉花加工厂、老油坊等"大中型企业"依次摆在这里，把十几孔窑洞塞得满当当的，这就是公社时期从小到大的家底，也是全乡人"实现农业机械化"的梦想和希望所在。镰刀、锄镢、牛铃、铁绳出自于农械厂，农械厂终日叮叮咣咣，像与时光吵架拌嘴不知歇息的泼妇。棉花加工厂机器破旧，嘎吱嘎吱似喜鹊在呼朋唤友，捆扎得像军人背包齐整的棉花包，如卷成的雪团，如铸就的银锭，马车架子车运往纺织厂；油坊不时传出石锤砸击油砣的咚咚声和油梁用力榨油的咯吧声，酽酽的、浓浓的菜油香，熏得村民像馋嘴猫一样惺眼迷离昏昏欲睡。而不劳而获、油光发亮的老鼠，是油坊最忠实的常客，夜深人静时钻进油坊，个个喝得像个油葫芦；窑洞下时常站满了一群群想给黑馍上蘸几滴油、偷几片油渣解解馋、过过瘾的孩子，为了吸几口油香，蹭几点油星，他们整个冬天都在油坊前后扎堆踅摸着，而忘了自己鼻子上总挂着两溜碍眼的鼻涕。农械厂是勤劳人常去的地方，棉花加工厂自然是女人们常去的地方，而油坊是"馋嘴懒身子们"常去的地方，村里人把有事没事去油坊遛的人叫作"黑狗迷住了油罐子"。

关中老油坊榨出的油金灿灿、清汪汪、香喷喷，泼出的辣子能勾魂，炸出的豆腐赛金砖，炒出的肉片泛银光。有了老油坊，老井清冽甘甜，砖茶回味悠长。没有了老油坊，油变得像掺了水的酒，加工出的食物一股子馊味，人都像隔了奶、离了娘、丢了魂一样坐卧不安。当一斤油比有的瓶装矿泉水还便宜，当油从润滑剂变成增肥剂，膘肥肚圆的我们，就长不出像犍牛一样一身的疙瘩肉，就缺了像虎狼一样的勇猛，记性也越来越差，比如淡忘了油类作物亩产量最低，淡忘了种地人黑水汗流，没有假日没有补贴也听不到"同志们辛苦了"的问候。缺油的日子干巴巴，把油当水一样挥霍的日子必然黏糊糊——脑满肠肥。而油坊的倒闭不仅葬送了先人最好的独门绝技，而且酿制了"食无味"的永恒悲剧。老味道是人类最顽固的基因，新中国成立后培育成功的杂交油菜，百姓们就敏感地反映说它没有老油菜香。后来大面积种棉花，人们多吃棉籽油，就更嚷嚷着油不香。没有了老味道，作家的小说就信马由缰胡里颠倒，诗人笔下的诗行，净吆喝些失恋失眠单相思，而我的乡愁，多少也是变味变质变色的。

关中的老油坊是中华民族顺应自然、改造自然的杰作之一，是与治水、草药、纺织、冶铁、造车、火药、开凿盐井等载入中国科技史的伟大科技发明。以谷物为主食的我民族，之所以人口繁盛，与发现、种植油类作物和压榨、食用油品关系密切。中国种植油菜的历史久远，考古学家从西安半坡遗址挖掘出的陶罐中，发现了一撮炭化的芥菜籽，这说明6000年前，先人们就种油菜，并开始用油菜籽提取油料。夏代的历书《夏小正》曰："正月采芸，二月荣芸。"芸就是今天的油菜。《吕氏春秋》曰："菜之美者，阳华之芸。"油菜伴随着我们的祖先一起成长，也滋润着我们的祖先体壮力大。翻检古籍，油菜的别名不下二十种：青芥、紫芥、白芥、南芥、旋芥、花芥、石芥……这亦说明，我国是油菜的发源地和最早种植国与加工国。如今中国油菜产量占全球三分之一，也充分说明祖先的智慧与远见是独具匠心的。

油脂油膏是养生的精灵。人类从一诞生，就尝试用各种办法提取膏油补充能量。牛、羊、猪、虎、豹、狼身上可提取脂膏，而油菜籽、芝麻、花生、核桃、大豆甚至柏籽、油茶籽皆为榨油的主要原料。油缸养育滋润了国人，油菜花也点燃了诗人的灵感。温庭筠有诗曰："东郊和气新，芳霭远如尘。客舍停疲马，僧墙画故人。沃田桑景晚，平野菜花春……"杨万里有诗曰："篱落疏疏一径深，树头花落未成阴。儿童急走追黄蝶，飞入菜花无处寻。"乾隆有诗曰："黄萼裳裳绿叶稠，千村欣卜榨新油，爱他生计资民用，不是闲花野草流。"黄灿灿的油菜花与黄种人肤色一致，先祖们是否从色泽上悟到：此籽补气补血，良种也。国人善良，吃五谷、蔬菜、植物油为主，欧美人种则是肉食动物，机警而狡黠。没有油物，国人体质将何等差矣，甚至连纺车轮子、大车轱辘也早就转不动了，舟船也因木板缝隙漏水无法远航。

关中是油菜花盛开的沃土，也是击撞发明之火的火石。榨油术至少可追溯到西周。相传文王治理西岐时，公侯成、公侯功兄弟俩发明了榨油法，开了个油坊。文王闻讯，便给其封采邑在今扶风县天度镇丰邑村一带专门从事榨油。可惜历代史学家、文学家竟少有人为之纪事绘图。到了明代，科学家宋应星一部《天工开物》，才弥补了这一缺憾，书中虽多取中原之称谓，多载南方之技巧，但总体来说还是承袭古法的。该篇从总论、油品、法具等章节，记述了这一历史悠久、精微至极的科技成果。他在总论中说："草木之实，其中蕴藏膏液，而不能自流。假媒水火，凭借木石，而后倾注而出焉，此人巧聪明，不知于何禀度也。"介绍油品说："凡油供馔食用者，胡麻（亦名芝麻）、莱菔子（泛指白菜型、芥菜型油菜）、黄豆、菘菜子为上。""燃灯则柏仁内水油为上。芸薹子次之，亚麻子（陕西所种，俗称壁虱芝麻，气恶不堪食）次之。""莱菔子每石得油二十七斤（甘美异常，益人五脏）"。记述法具说："凡取油，榨法而外，有两镬煮取法，以治蓖麻与苏麻。北京有磨法，朝鲜有舂法，以治胡麻。""凡榨，木巨者围必合抱。""撞木与受撞之尖，皆以铁圈裹首，惧披散也。""榨具已整理，则取诸麻菜子入釜，文火慢炒，透出香气，然后碾碎受蒸。"宋应星叹息，人们东奔西走，依靠的是车和船，假若没有榨油法，就好比婴儿没有奶吃而啼哭一样。

合上《天工开物》，我隐约回想起儿时乡间设在深窑或大房中的油坊，可惜已无法完整无缺地说清它的原貌。油坊榨油的上百件器具，本来缺一不可，各有各的用场，可我只记得概略。乡里有个谜语，是专门说油坊榨油的辛苦的：远看一头象，近看一堵墙，用力撞一撞，胯里似汪洋——问是干啥的？原是榨油郎！油坊窑洞深二十多米，大房五开间，长十五六米、周围一搂还抱不住的油梁，是油坊最显眼的器物。油梁是无节无疤的巨木，像故宫大殿上的通天柱。老人说，油梁樟木、檀木为上，但价钱金贵且不说，仅长途搬运，就愁得庄稼汉挠破脑壳，所以只好用秦岭西山的松木、楸木替代。寻找合抱之木，得求山里的"钻山豹"；砍伐合抱之木，得请川里的"巧木匠"；而要把巨木运出来，须翻山越岭顺溪水，找山向，有的还要趁着结冰溜冰槽，再用几辆马车同时拉，最后上百号人喊着号子抬进油坊，其难度无异于蚂蚁搬山。两根碌碡粗的木梁重约三千斤，壮汉们费尽吃奶的劲立起巨木，用方方正正、层层叠叠的青石条把油梁夹在中间，大梁上半截压的石头叫坐山石，下半截压的石头叫砝码石，再用碾盘大的碌碡做支点放上油梁。两柱的上面是方孔，用于加进枣木楔子给油梁加压。油梁的细端用绞车操纵，在窑顶或房顶架起辘轳一样的天轮，在地上支起水车一样的地轮，天轮的绳子勾引着大梁，多像大船上调风帆、把方向的桅篷，蓦然一看，油坊仿佛是一艘即将扬帆出海的巨轮。

榨油的原理说起来是杠杆原理，也是秤杆原理，但这套乡间最大的器具，却有许多钩心斗角、四两拨千斤的奥妙。出油的地方外行是看不到的，在大梁的右端下挖个深坑，从两三个铁圈箍成的油渣砣中渗出油，再从油鳖嘴中吐到油缸。榨油的程序有晒料、锅炒、蒸笼、吃风、包坨、上梁、压榨等，件件都是技术活、体力活，也是榨油人聪明诚实的良心活。比如炒油菜籽就是绝活，出油多少，关键要看火候是焦是嫩，火急了皮焦里生，有煳味，火慢了里外俱嫩，出油少。比如蒸料，一定要一鼓作气蒸熟蒸透，若中间停火慢火，出的油颜色发青味道发涩。再比如用八磅锤砸实油坨，是农村最重的体力活，八磅锤一般人挥三五十下便气喘吁吁，而抢大锤的油匠师傅，个个都是一餐吃升半粮的"吃货"，有一身扳倒牛的霸王之力，油香或许就香在这千百次重重击打中。油墩包扎好后，放在油鳖上，大梁开始发力，壮汉往大梁上不断加楔子，加一个楔子，油墩就压缩一层，油就像出汗一样往下渗，一会儿汉子们往上提一下铁圈，用粗绳在油墩上缠一圈，一直到油墩成了一个圆鼓，第一道工序就算完成了。再把油墩用八磅锤捣碎填进铁圈内夯实，用大梁重复逼压四五次，耗时一天一夜，直到把油墩"吸干榨净"，成了干酥酥的油渣砣，榨油人才能坐下来长舒一口气。

油坊是榨油的，榨油人的油也会被榨干。无论三伏三九，他们赤着身子，肩膀上搭条毛巾，围在蒸锅旁搅动着，人像刚从洗澡间捞出来一样。在人民公社年代，榨油人都是从壮汉中挑拣出来的。他们一天要挣两个人的工分，额外补助一两毛钱。京当乡油坊有个叫霍德钱的，一米八的个头，抡八磅锤若挥斧头一样轻巧，全公社几万斤油都要从这里榨出，公社的头头也十分抬举他，年年将他评为吃苦耐劳的先进。他身上似乎有用不完的气力。可是抡了十二载八磅锤后，终有一天口吐鲜血倒在大梁上。在油坊干活的人不爱吃油，闻惯了油味一吃油就恶心。特别是熏蒸芥菜籽，像烤辣椒一样呛得人直喷眼泪。在油坊干几年，再膘肥体壮的人也都成了"瘦猴"。

油坊在大讲阶级斗争、提倡大公无私的年头，也是最惹事的地方。一般人轻易不敢到油坊串门闲逛，怕背上偷油揩油的罪名被批判。但也有嘴馋者怀揣小瓶，乘人不备灌油就跑，有心机的则啃着冷干馍，装着不小心掉到油缸里，三捞两不捞，便渗走了半两油。所以在油坊干活的，手脚干净才能学艺。当时公社看油坊的叫乔六娃，他因口吃一辈子打着光棍。一些俊俏的婆娘一到吃油时，袖筒中攥着小瓶，站在他面前飞眉抛眼，可他总是说："去、去、去，离远、远点！"有一次，碰到一鬼大者一见面就说："乔叔，你娘倒在玉米地了，不知得了啥病？"六娃箭也似的向村里飞去。那个鬼大人除喝了半碗油还拎走了一瓶油。乔六娃被人哄了一回后，有人说你家里失火了，也有人说你家被贼偷了，他就吼道："放、放、放你的屁、屁、屁……"1973年，关中大旱，麦子歉收，油菜也基本绝收，不少村子每人分不下二两油。一看油坊的老汉半夜让婆娘接应，灌走半斤油，刚到村口，便迎头撞上开完批斗会的民兵，问她半夜干啥哩，她吞吞吐吐，惊慌失色中油瓶从袖筒落地。人赃俱获，这还了得！婆娘吓得回家喝了老鼠药丧命，老汉第二天也跳崖身亡。那个时候油分得很少，家家炒菜时用筷子抡几滴，也算是开了荤。家里来了客人，锅底有麻钱大的油，全村人闻见就直翻肠子。分油后，家家第一件事就是炸顿油条吃。有一户短欠户，年年分油排队尾，分的油根子刚遮罐子底，他发下毒誓："哪天分得三斤油，一定要油搅面，烙油馍，油煮面，油煎荷包蛋！"而谁家打了油罐子，就没了和睦日子。那时上县城看干部，拎一斤油，就是比当今送虫草还要金贵的重礼了。

艰苦创业的年代油尽管少，却很地道。油倒在锅里直冒烟，油香能远飘两三里。据专家化验，老油坊榨出的油含有很多成分，是机械榨不出来的。而昔日老油坊出的油渣，上到西瓜秧，红的黄的沙瓤西瓜甜死人，辣椒歪得像雷神，葫芦长得比斗大。现在色拉油、玉米油、大豆油，据说过滤了多种有害物质，加进了不少有益的添加剂，样样清亮得像城里的女人，倒在锅里很少冒烟，但硬是没有老油坊诱人的香味，更有昧良心者用死猫烂狗猪内脏臭泔水加工出地沟油，不知祸害了多少无法鉴别真假的消费者！

从缺油盼油、富得流油到怕油恨油，人们拖着说不清道不明的病身子，开始怀念老油坊的本分与专注。现在所谓的土法榨油，虽然也顶着一个"土"字，却明显缺了先选后筛、先炒后蒸以及冷锤猛击、大梁巨石重压等物理变化、化学变化过程。至于用的什么油料作物，其中掺杂了哪些其他油品，更不得而知。若是老关中还有一处像隆隆吼雷一样的老油坊，别说榨油可发大财，仅申遗卖门票，就门庭若市了！而哪位艺术家能给关中老油坊画一套类似《天工开物》的法具图，或画一幅类似《清明上河图》的画卷，谁就立下了不世之功，也不用托人情套近乎，作品肯定是要被中国国家博物馆当作珍品收藏的。

虢镇烧锅与西凤酒

杨宝祥

　　虢镇烧锅在清代名闻四方。民国间尚有十五家之多，分别是同心福、万亨涌、兴茂亨、永兴昌、西凤号、崇德海、福盛源、正盛茂、同义丰、复兴源、积丰协、万成海、福茂昌、志盛丰、恒顺和，这些烧锅一年的白酒产量大约为一百三十五万斤。这些白酒的酿造则至少需要四五百万斤粮食来支撑。将大量的优质粮食用于烧酒是否得到了朝廷的允许呢？姑且拿一份清代的公文来找答案。川陕总督庆复于乾隆十年的奏折中有一段话，虽然所指为川省，但可以看出地方官对酿酒大量耗费粮食所产生的弊端之恨。

　　"川省素号产米之区，而耗散之处亦多。如各省烧锅多用稷秫杂粮，尚以民食攸关，不时严禁。今查川省则纯用稻谷开烧。访有射利之徒，每于春夏之间即赴各乡，先用贱价购买，俟收成取谷，无论时价若干，总照所发价值计算。愚民贪图现银花哄，每堕其术，及至收获谷石，尽为贪徒贱价所得，以致家无担石，转用贵价买食。无论年岁丰歉，总属拮据。虽伊自失所算，但烧锅原系例所当禁，若稍疏纵，则每岁耗费粮石动盈千百，而民间即少千百石之积贮矣。粮少价贵，势所必致，臣已出示严禁。"

　　虽说庆复明令禁止以稻谷烧酒，此前也属"例所当禁"，但"疏纵"之事与地方课税收益相关，当然就屡禁不止了，一切皆可赖在民间士农工商对酒的需求上了事。

　　虢镇烧锅沿用传统的"井中水、驴磨粮、风箱火、木锨扬"手工酿造，但由于地气、水质、粮食诸多因素，在山西汾酒制作工艺基础上，创造独特的"续沙法"工艺，酒的香型也与清香型、浓香型有所区别，衍生出凤香这种独特的香型。清代、民国的烧酒是没有包装的，均为散酒。烧锅庄上用酒海子盛酒，运输及销售则用酒篓，平常人家则用酒坛或酒罐子打酒。

1915年巴拿马万国博览会展销时，西凤酒获得名优酒金质奖牌，虢镇及凤翔、眉县、陇县一带便正式使用西凤酒来命名烧锅散酒。原宝鸡县政协主席刘殿奎先生认为西凤酒的得名与"西府凤翔"有关，即产自西府凤翔一带。但此种说法显然有失客观，即西凤名酒产自凤翔一地。以现今没有任何单位或个人（传承人）证明自己曾经以西凤酒名义参加万国博览会来看，西凤酒参赛另有真相。

西府烧锅在清代已经很有名气，行销关中地区及川甘晋豫等多省，在民国初年，散酒开始使用瓶装，有一位住在西安桥梓口的山西商人看到了商机，取西府散酒在西安加工调配然后装瓶，远赴巴拿马参赛，而取名"西凤酒"的初衷很简单，即西安府包装、凤翔府烧制。西凤酒成名后，不惟凤翔，虢镇、眉县、陇县生产的酒均冠之以西凤酒的名称，毫无争议。

西凤酒源于西府一带的烧锅酒。烧锅酒属蒸馏酒，起源绝非世俗认为的殷商与周秦汉唐，与唐人裴行俭的"蜂醉蝶不舞"并无干系。有考古发掘证明的蒸馏酒在我国大约兴盛于元末明初，四川水井坊酿酒遗址便是明证。李时珍在《本草纲目》中提到"烧酒非古法也，自元时始创之"，说明在明代这种新式酿酒工艺在各地普遍使用。蒸馏酒不是我们祖先的发明，而是源于波斯，由阿拉伯传入我国的。元代以前的酒统统为发酵酒。我们从明代以前的文学作品中能轻易找到类似"浊酒"与"清酒"，"平原督邮"与"青州从事"一类的词句，正是对发酵酒优劣的描述。

在高度数的蒸馏酒之前，古人并不以重量论酒，而是以"升""斗"一类的容器来量酒。《考工记》：梓人为饮器，爵一升，觚三升。《韩诗内传》记载："一升曰爵，二升曰觚，三升曰觯，四升曰角，五升曰散。是古来量酒皆以升斗。"李白诗"兰陵美酒斗十千"，杜甫诗"速来相就饮一斗"，东坡赋"我有斗酒"。可见唐宋时由于酒的品质没有发生变化，一直沿用量酒的旧制。

发酵酒的酒精度最高超不过三十一二度，被称为浊酒的度数更低，也就十多度而已。日本是受到唐朝文化影响最大的国家，日本至今仍然盛行喝度数比较低的清酒，一方面说明酒文化的传承，另一方面说明唐代最好的酒非清酒莫属。

明代学者叶子奇在《草木子》中关于蒸馏酒的记载，印证了现代考古发现。"用器烧酒之精液取之，名曰哈剌基。酒极烈，其清如水，盖酒露也。……此皆元朝之法酒，古无有也。"

虢镇烧锅之所以出名的原因，一则是严格遵循酿酒的古法；二则是产量远超其他地方。虢镇烧锅商号云集的重要原因是，地方富庶，粮食充盈，井水便利。酒的生产，不仅要求水质好，还要水量大。虢镇地处渭河北岸，凿井仅丈余可得，井水清冽甘甜，尤其适合烧酒。如果烧锅开在北原之上，则庞大的需水量必然要雇用更多的民夫专事绞水，其成本必然增加，利钱当然会减少。那么在清代水位普遍较低的情况下，一眼井究竟有多深呢？我们用乾隆八年陕西巡抚塞楞额写给朝廷的奏折作为引证。

"陕省地高土厚，水利维艰。乾隆二年（1737年）经前抚臣崔纪劝民开井以资灌溉。……陕省地土深厚，竟有挖至十余丈不能及泉者。……西、同、凤、汉四府属及直隶邠（彬）、乾二州属共报已成见水之井三万二千九百四十三眼。……各属原报已成之井历今数载，有因沙土松浮而坍淤者；有因泉源不深而枯涸者，较之原井之数已废弃十之三四。"

这段话中的"竟有挖至十余丈不能及泉者"有可能就指的是虢镇北原以上地区。我的一位老师居住在虢镇以北的二原之上，原以为二原的水井不过比虢镇深几丈而已，不料想二原的水井竟比凤翔一带的水井不相上下，均超过了十余丈，要将自重不菲的木桶从井中绞上来绝非易事，可见吃水的艰辛，更别说要大量用于烧锅。

　　新中国成立后，宝鸡县人民政府（县治迁至虢镇）没收了万亨涌酒坊资产，改为地方国营虢镇酒厂，继而在 1956 年的公私合营改造当中，收购了恒春和、万成海、西凤号，成立公私合营宝鸡县西秦酒厂，开始大量生产瓶装的西凤名酒，1961 年开始生产"双凤牌"西凤酒，1969 年始改西凤酒为秦川大曲酒。刘殿奎先生的上述记录，至少证明了西凤酒在西府地区并非商标，亦非品牌，而是酒种，即同一种地缘、同一种酿造工艺、同一种香型。

　　2015 年初冬的某天，笔者驱车前往位于眉县齐镇上庙村的古太酒厂参观，见到了陕西省非物质文化遗产"古太酒"传承人邓鸿钧老先生。先生知道我来自虢镇，为我讲述了其先祖开创烧锅始末，老人更对解放前的虢镇烧锅商号了如指掌，谈起来如数家珍，毕竟虢镇烧锅与其父辈多有交集。先生传承的"福长号"是由山西陈姓商人创建于道光二十七年（1847），其不同寻常的古法酿造工艺也成为珍贵的秘传。令人惊异的是，老人归根到底似乎在讲述一个道理，即凤香型酒源自山西。带着这个问题，我将信将疑地进行了很多走访。多位老人讲述西府烧锅时都谈到了酒馆门口的酒望子，"闻香下马、汾酒老局"的招牌无疑说明了西凤酒与山西汾酒的渊源关系。对西凤酒源自山西汾酒，我们的祖辈似乎并无歧义，更无门户之争，毕竟对大多数人来说，我们的祖先都来自山西大槐树。西凤酒落地生根西府，令无数饮酒者如痴如醉，不得不说是一件幸事。然而西凤酒在虢镇就没有在凤翔柳林那样幸运，西秦酒厂后来抛弃西凤酒的品牌，自创秦川品牌。秦川后来成为地方名酒，面对诸多名酒品牌仅仅昙花一现，二十一世纪初彻底退出市场。

简记宝鸡老字号

范国彬整理

一、宝鸡卷烟厂

1937 年春，河南临颍县人邢会文，携带手摇卷烟机和切丝机各 1 台，烟叶、卷烟纸少许，率 10 余名工人逃难至岐山县，在县城西南的刘家塬村租赁民房 10 间，雇用当地妇女数名，挂牌开办华胜烟厂。该厂是宝鸡地区最先开办的一家私营卷烟工场，生产风车牌、金银牌两种卷烟。开业三个月，因偷税漏税被县府查封，掌柜邢会文、李振熙被逮捕。1939 年 10 月，岐山县绅士刘振卿、王鸿骞、李寿山等人，与河南人邢会文合伙集资 15 万元（法币），报经重庆国民政府中央财政部批准，在岐山县城内西街借用王维之的街房（今中共岐山县委驻地）创办华胜烟草股份有限公司，占地 15 亩，修建房舍 84 间，有手摇卷烟机、切丝机各 4 台。翌年 2 月投产，两年后，卷烟机发展到 6 台，日产卷烟 17 箱。计有股份五百股，每股法币 5 万元，有当地佣工 70 余人，外地佣工百余人，月产甘棠牌香烟 60 箱、凤凰牌10 箱、海棠牌 30 箱。1949 年 9 月，中国人民解放军十九兵团六十四军派员与岐山县城已停业的华胜烟草股份有限公司董事长王鸿骞协议，由军方出资恢复生产，利润四六分成，定厂名为六四烟厂，时有职工 30 余人。

1943 年，谢凌九、胡子胜、马义勇等人筹集黄金 200 两，在宝鸡市区鸡塬巷 18 号兴建华兴烟厂，由谢凌九任经理，胡子胜任副经理。该厂占地面积三四亩，有生产工房 50 余间、窑洞 7 孔，初有手摇卷烟机、切丝机各 1 台，日产卷烟 1~2 箱。翌年，因国民党九十八军参与投资，起厂名为九十八军抗属烟草生产合作社，卷烟机增加到 3 台，切丝机增加到 2 台，并新添置柴油机 1 台，日产量提高到 5~8 箱。1945 年 6 月，九十八军调驻汉中，抽走投资，又易厂名为华兴烟厂。建厂初期，职工 30 余人，次年增至 80 余人。1947 年，职工达到 120~150 人，日产卷烟 5 至 8 箱，最高达 10 箱左右。1949 年 7 月 14 日，宝鸡解放。8 月，中国人民解放军宝鸡军分区接管了资本家经营的华兴烟厂，定厂名为新宝烟厂。9 月开工，烟厂当年生产卷烟 200 箱。

1944 年，王昭堂（又名王焕亭）将在宝鸡市区三民街 94 号经营的马车店改为烟厂，起名为三民街烟草生产合作社，产品有白马、咪咪、猫头等品牌卷烟。因其主要生产白马牌卷烟，故又号称白马烟厂，占地 6~7 亩，有土木结构简陋厂房 30 多间，住宿窑洞 6 孔。初有小型手摇卷烟机 2 台，切丝机、压梗机各 1 台，次年增加了大型卷烟机、切丝机和柴油机各 1 台，时有员工百余人，其中技师、财会、购销职员 20 余人，日产卷烟 5~6 箱，最高 7~8 箱。厂门口设有一个产品销售门市部。

1950 年 2 月，六十四军移防宝鸡，遂将六四烟厂迁至宝鸡长寿山庙中。后发现三民街烟草生产合作社（简称"白马烟厂"）遗留设备保存完好，且卷烟机均系电动大型设备，生产效率高，质量好，即租赁该厂场地、设备，定厂址于白马烟厂旧址。随后投资 18 万元，购买了该厂场地及设备，以中国人民解放军六十四军西北烟草公司对外挂牌（1950 年秋，王鸿骞因事与军方有异，退股后将设备迁回岐山县城）。

1950 年，新宝、六四两家烟厂共产卷烟 1043 箱。

1952 年 5 月，上述两家国营烟厂（新宝烟厂、六四烟厂）由部队移交宝鸡专区领导。是年 8 月，两厂合并，并迁厂址于宝鸡市人民街 38 号，改名为地方国营宝鸡市烟草厂，隶属于宝鸡专区建设科。1954 年 1 月 1 日下放宝鸡市政府领导，易名为地方国营西北烟草公司。1956 年年底，有职工 124 人，年产卷烟 4829 箱。1964 年 1 月，烟草实行统一管理，烟厂改属中国烟草工业公司郑州分公司管辖，更厂名为宝鸡卷烟厂，并选址于东风路 1 号新建。

二、宝鸡制药厂

清同治末年（1874年）诚顺和药店创立，河南省温县李氏与陕西省郃阳县（今合阳县）行培德合伙在原宝鸡县城西街（今市区金台区中山西路）开设诚顺和中药店。资金李氏投入三成，行培德投入一成，由行培德任经理，李氏任副经理。有街房3间。由于经营有方，理财有术，到了1919年至1924年已达全盛时期，人员增多，规模扩大，资金雄厚，先后在县城内（今市区）、县功镇、甘肃省徽县等地设立分号3处。城内分号"和盛恒"接待城郊顾客，县功镇分号"和顺裕"接待北路商贾顾客，甘肃省徽县分号"诚顺西"接待甘肃省徽县、成县一带顾客。全店（包括分店）80多人上下齐心，辛勤经营，四方货源不断，药材种类齐全，炮制要求严格，操作技术完善。门面壮观，引人注目，"货真价实，童叟无欺"金字牌匾高悬门上；店内装修，十分考究，厅房、门窗透花雕镂，显得古朴典雅，宽敞明亮；厅房中，七八副铡刀切药不停，响声悦耳；侧房内煮、炒、炙、烘，炉火燃烧，药味外散。顾客盈门，络绎不绝。

1923年2月，在原宝鸡县城东门口建成万春荣药店。1940年10月，在原宝鸡县城东关建成保和堂药店。1943年4月，在原宝鸡县城东关建成达生堂药店。

1956年，宝鸡市中医药行业实行公私合营后，在达生堂、保和堂、诚顺和、万春荣药店的基础上，成立宝鸡市国药业中心商店成药加工部，建立了专门从事中成药生产的机构。地址为金台区中山西路78号。当时有10名职工，利用一具铁制碾槽、一口铜锅，租用郊区农民一盘石

万春荣药店

碾、一头毛驴，选粒用筒筛，烘干用土炕，生产中成药 50 余种，年产值 10 万元。

1958 年 5 月，在宝鸡市国药业中心商店成药加工部的基础上，成立地方国营宝鸡市成药制造厂。1961 年 3 月，地方国营宝鸡市成药制造厂与小厂宝鸡市新药厂合并，更名为地方国营宝鸡制药厂。1963 年 10 月，地方国营宝鸡制药厂更名为宝鸡制药厂，即今陕西辰济药业有限公司。

三、俊义成牛羊肉泡馍馆（清香斋）

宝鸡俊义成牛羊肉泡馍馆地址在原宝鸡县城交通巷 10 号（今中山西路）。俊义成是其商号，其经理为马俊清，陕西长安人，回族，从 9 岁起跟人学做小生意，20 岁后在陕西三原县开设牛羊肉泡馍馆 11 年。1938 年后来到宝鸡开设牛羊肉泡馍馆。该店所制的牛羊肉泡馍，瘦肉绵软，肥肉不腻，汤浓味鲜，清香可口，食用者交口称赞。人们习惯性地把它叫作"老马家牛羊肉馆"。

该店于 1949 年参加宝鸡市商会。1956 年，公私合营后，该馆成为宝鸡市饮食业公私合营回民第二食堂，"文革"期间更名为立新泡馍馆。1985 年，由上级拨款，重新在原址修建一座两层营业楼，后又加盖一层，并更名为宝鸡市清香斋，于 1985 年 8 月 17 日开业。

四、宝鸡上海酱园

宝鸡上海酱园始建于 1940 年 5 月，当时是西安上海酱园（经理张正裕，浙江省绍兴市人）设在宝鸡的分店，位于宝鸡市中山东路 75 号。

创建初期叫上海酱园酿造厂，其实只是生产、加工酱货的作坊，原地址在东南城巷 4 号。开业时投资 5000 元（法币），有黄豆发酵车间 2 间、酱油作坊 2 间、工人宿舍 1 间、灶房及库房 3 间，占地面积 0.8 亩（系租用）。后来随着生产的发展，又购买了 1.8 亩地，扩建了厂房，名称改为宝鸡上海酱园。自 1943 年起，其经理由张正裕的儿子张鹤羽担任。产品有酱油、面酱、豆酱、大头菜等。

1945 年，在门市部后院建立了食品加工厂，有糕点车间 3 间，糖果车间 1.5 间，面包炉 1 座。酱菜除大头菜外，增加了黄瓜、大蒜、莴笋、萝卜、红辣椒的腌制，还扩大生产糕点、糖果、香肠、罐头、咸肉、牛肉干、鸡肉松等产品，畅销全市。

宝鸡解放后，在政府的扶持下，生产业务不断发展。1953 年在中山西路又开设了分店。1955 年该酱园开始给市副食公司加工糕点。1956 年，实行公私合营后，该酱园归市糖业烟酒公司领导，"文革"期间改称立新商店。1984 年恢复上海酱园老字号名称。

五、眉县汤峪温泉

清光绪三十三年（1907 年），眉县《乡土志》载："温泉，在汤峪口，有泉五眼，凉热各异，沐浴可疗病，即唐代所谓凤泉汤者也。"由此可知，汤峪温泉自古就能防病、治病，因此，千百年来群众称为"神泉塘子"。

隋文帝杨坚于开皇十五年（595 年）在汤峪建造凤泉宫，专门作为避暑、沐浴之用。唐高宗李治于永徽五年（654 年）曾到凤泉汤沐浴游览。唐玄宗李隆基开元三年（715 年）、开元十一年（723 年）、开元十八年（730 年）曾先后三次到凤泉汤沐浴游览。

1931 年，这里仅有一间草棚，里边用石头、白灰箍了个水池子供群众洗澡疗疾。后被当地土豪劣绅霸占，作为"摇钱树""聚宝盆"，大肆向洗澡、治病群众勒索钱财。

1942 年，凤泉汤被国民党驻眉县保安团第十团占据，筹集资金准备扩建，并成立了汤峪温泉管理处。同年建起"工"字形的西小池和平房 8 间，内设 18 个池子。1946 年，眉县保安团第十团将汤峪温泉交给了眉县国民政府管理。

中华人民共和国成立后，眉县汤峪温泉收归国有，并不断得到建设和发展。

宝鸡传统名食简记

范国彬整理

古太酒

古太酒的前身为清代眉县齐镇"义盛德"烧坊生产的太白酒，后更名为"福顺长"，解放后公私合营，1999年创办眉县古太酒厂。古太酒酿造技艺大致分为制曲、发酵、蒸馏、贮存几个环节，仅发酵就有出窖、拌和、上甑、蒸煮等十几道工序。古太酒酿造技艺已列入陕西省非物质文化遗产名录。

太白酒

太白酒产于太白山下的眉县金渠镇，以太白山水为浆，故名太白酒。太白酒酿造沿用传统工艺，其独特之处在于以优质大麦、小麦、豌豆制成的青茬、红心、槐瓤三种大曲作糖化发酵剂，并采用土暗窖发酵和特制酒海贮存，勾调而成，口感醇香，回味悠长。民间盛传"三碟小菜，一瓶普太"。太白酒酿造技艺已列入陕西省非物质文化遗产名录。

中华老字号西凤酒

西凤酒现产于凤翔县柳林镇，是中国凤香型白酒的典型代表。西凤酒酿造工艺以大麦、豌豆、小麦制曲，采用土窖发酵法。新酒贮存三年以上，经自然老熟后精心勾兑。西凤酒融清香、浓香之优点于一体，因其"不上头，不干喉，回味愉快"，被称为西凤酒"三绝"。中华老字号西凤酒酿造技艺已列入陕西省非物质文化遗产名录。

岐山臊子面

岐山臊子面是宝鸡地区的一种传统特色面食，其特点是"煎、稀、汪、薄、筋、光、酸、辣、香"。臊子是将猪肉切成小指宽的小薄片，加以各种调料、香醋、辣椒等炒制而成。制作臊子面时需先炝汤，然后将臊子肉、底菜、黄花、木耳、鸡蛋饼片、蒜苗末等按量投入汤中，烹汤浇面而成，讲究汤宽面少。岐山臊子面制作技艺已列入陕西省非物质文化遗产名录。

岐山擀面皮

岐山擀面皮又叫御京粉、面筋皮子，是用精白小麦面做成的冷食小吃，素以"白、薄、光、筋、香"而著称。它的制作技艺大致为洗面筋、制淀粉浆、制面团、擀面皮、蒸面皮、制调料，其独特的技艺和口味使之成为关中地区的经典小吃，深受人们喜爱。岐山擀面皮制作技艺已列入陕西省非物质文化遗产名录。

岐山农家醋

岐山农家醋的配料以小麦、大麦、高粱、豌豆为主，辅料为麸皮。制作技艺大致为拉曲、踩曲、捂曲、煮粿子、发醋、拌醋、纳醋、淋醋等，成醋时间达半年之久。醋色赭褐，酸中生香，香中微甜，久储不

坏。民间在酿醋过程还有敬奉"醋家婆"的习俗。岐山农家醋制作技艺已列入陕西省非物质文化遗产名录。

岐山空心挂面

岐山空心挂面以当地优质小麦为原料，需经过磨面、和面、揉条、捂条、搓条、入槽、开面、上架、换架、截条等 10 余道工序制作而成，面细心空，筋道爽口，耐煮不糊。逢年过节，走亲访友都少不了带一份挂面作为礼品。岐山空心挂面制作技艺已经列入陕西省非物质文化遗产名录。

扶风鹿羔馍

鹿羔馍是扶风县的特产小吃食品，传说由唐代（武周）皇帝武则天赐名。制作时先将小麦面粉、菜籽油、糖、酵面等按比例掺兑和好，然后用杠子反复挤压，再撮条切块，最后用"偎偎"（制作鹿羔馍的一种工具）压成生馍坯，馍中间印上鹿羔印章。烙馍用平底锅，火候十分讲究。鹿羔馍制作精细，酥脆可口，耐于存放。鹿与禄谐音，更有祝福吉祥之意。扶风鹿羔馍制作技艺已列入陕西省非物质文化遗产名录。

凤翔豆花泡馍

凤翔豆花泡馍相传起源于北宋，苏轼为官凤翔府时，以凤翔当地制作的锅盔泡入豆花碗内，救济灾后饥民。其主要原料为本地出产的黄豆、面粉所制作的嫩豆腐、豆浆和锅盔，用食盐和本地产的油泼辣椒为调味品。吃法是将切成小块的锅盔倒入豆浆锅内煮稍许，盛入碗内，然后将热豆花舀放其上，浇以豆浆，佐以调料。因其工艺简单，入碗迅速而又色、香、味俱佳，得以广泛流传。其质量要求是豆花要嫩、豆浆要"煎"、辣子油要"汪"。食后味道咸辣清香，营养高易于消化。凤翔豆花泡馍制作技艺已列入陕西省非物质文化遗产名录。

岐山锅盔

岐山锅盔是一种烙制面食品，有五香锅盔和油酥锅盔，以精制小麦面粉为原料，制作分为磨面、发酵、和面、入油（五香锅盔无此工序）、压杠子、放佐料、烙锅盔等七道工序。岐山锅盔干、脆、香、酥，弥月不坏，色润味香。民间有"送锅盔"的习俗，锅盔如盔如盾，有祛邪护身之意。因传说其起源于周文王时期，又称"文王锅盔"，被誉为最早的军用压缩食品。岐山锅盔制作技艺已列入宝鸡市非物质文化遗产名录。

太白洋芋糍粑

太白洋芋糍粑以洋芋（土豆）为原料，制作时先把洋芋蒸熟、剥皮，阴凉后放在石臼或木臼里，用木槌捣烂，反复捶打成黏糊糊的团状，扯成长长的黏条，用铲子铲出放到碗里，再配以青菜、辣椒油，调上蒜水，即可食用。也可浇上调

好的热汤，做成汤糍粑，适宜冬季天冷时食用。太白洋芋糍粑制作技艺已列入宝鸡市非物质文化遗产名录。

岐山油炸面花

岐山油炸面花是一种面塑油炸食品。和面发酵后，使用擀、剪、粘、镶、扎、划等塑制手法做成生面花，然后下锅油炸。刚出锅的面花浅黄如玉，油光晶莹，并施以彩绘，更具欣赏性。面花造型有十二生肖、竹菊梅兰、喜鹊登枝、牡丹、凤凰等。民间有"送面花"的讲究，常作为喜庆礼品、丧葬祭品、祀神贡品、节日馈赠品贯穿民俗活动。岐山油炸面花制作技艺已列入宝鸡市非物质文化遗产名录。

太白面花

面花俗称"花馍""礼馍"，是一种面塑艺术。太白县地处秦岭腹地，以面食为主，面花制作传承久远。面花捏塑成型、上笼蒸熟后，运用传统绘画技法进行描绘、上色，最后整体组合、上光油。太白面花造型精巧，色彩绚丽，广泛应用于民俗礼仪和祭祀活动。太白面花已列入宝鸡市非物质文化遗产名录。

传承宝鸡的老味道

李小玮　王　星

排队吃的美食踪迹难觅

民以食为天。美食除了满足口腹之欲，更是人们的一段记忆、一种文化、一份传承。那些珍藏在记忆里的美食，不仅不会随着时间的流逝而褪色，反而愈发令人怀念与回味。

最近，市区出现了一家叫"三好食堂"的小店，装修复古，销售馄饨、茶酥、麻花、包子等几样小吃，勾起了不少中老年市民的回忆。上世纪 60 年代至 80 年代，三好食堂在宝鸡可谓大名鼎鼎。三好食堂关门后，其招牌美食如馄饨、茶酥就成了"老宝鸡"忘不掉的美食。那么，这家三好食堂和以前的老三好食堂有渊源吗？店主马希若介绍，她是老三好食堂的职工，也是茶酥传人张秋兰的传人。"还是过去的味道。"在店里，一位姓杜的老先生边吃边点头。

宝鸡美食众多，不少店铺曾饮誉一时，成为不同年代宝鸡人的饮食记忆。除了三好食堂的美食外，上世纪七八十年代的人气美食，还有解放食堂的回锅肉、麻婆豆腐，实验食堂的干烧鱼、酸辣烩三丁，南方菜馆的砂锅豆腐、小笼蒸饺，清香斋的羊肉泡馍，新华巷甜食店的八宝粥、糖烧饼、元宵，服务楼的炸鸡等，都是当时市民排着队吃的美味，现在却已消失在时间的长河里。

改革开放后，私营餐馆兴起，餐饮业竞争加剧。国营食堂比如三好食堂和合作食堂没有适应市场变化，渐渐经营困难，之后因政策变化、人才流失等原因，最终关门歇业。在当时堪称"高大上"的东方红饭店，也转型不再经营餐饮业务；上世纪90年代，让市民第一次吃到正宗岐山小吃的"照壁背后"，随着城市拆迁而不见踪迹；繁华的汉中路火锅城，随着城市扩大，新美食街区的增多，如今也风光不再……

美食见证历史，也见证着宝鸡人的真实生活。那些随着时代变迁渐渐消失的美食店，也就成为市民的一抹遗憾、一份回忆。

"老味道"被时代浪潮淹没

一位80后市民说，"小时候，我最喜欢吃向阳阁的馄饨和包子，我家四口人，我爸一买就是20个包子。"向阳阁是陕西向阳餐饮集团最早的门店，其前身是1953年成立的金台合作食堂。如今，向阳餐饮集团已成为宝鸡餐饮服务的龙头企业。同时，艳阳天、令氏家外家等都是由上世纪90年代的小面馆起步，逐渐发展成现在以西府小吃著称的品牌餐饮企业。

为什么有的店销声匿迹，而有的却后来居上，成为实力和规模俱佳的品牌企业？

随着时代变迁，人们的消费需求、饮食观念在不断变化，餐饮消费早已从温饱型向美食享受型转变，现代人们追求的是食品健康营养、就餐环境幽雅、消费体验良好，如果餐饮企业没有通过自我调整跟上变化，就没有了市场，传承不下去也就在所难免。

老师傅的离开、技术的失传使一些名吃消失，店铺也随之失去了吸引力。早年的一些烹饪大师技艺超群，各有绝活在手，但是大多不善言谈，不能把经验、技术完整地传承下来。一些弟子不能扎实学习、吃苦练习，后人也不愿从事烟熏火燎的餐饮业，导致一些技艺、菜品失传。

有些店为了迎合消费者追求新鲜的心理，隔几年重新装修一番，换个名字继续开业，无法形成品牌传承，市民也不会有怀念的情怀。

匠心传承　让"老味道"理念创新发展

法国作家普鲁斯特在《追忆似水年华》中说道："唯有气味弥亘。"在城市记忆中，每个人都有一种关于味道的特殊记忆。宝鸡是一座拥有2770多年建城史的城市，如果让味蕾打开记忆之匣，这座城会是什么味道？

有人说，"咸、酸、辣"是这座城的味道标签，就像臊子面、擀面皮、豆花泡馍一般，朴实、丰富，有韵味，也是西府人的性格。其实，城市记忆里的味道，何尝不是每一个城中人自己的判断呢？

西府的饮食文化，可上溯到市区出土的7100多年前的仰韶（早、中、晚期）文化层段，北首岭及福临堡遗址出土的与生产、生活有关的用品分别占总数的74%和88%，代表生活用火的灰坑分别为75个和137个，这充分说明当时我们的先民已在这里创造出了中国早期的饮食文明。早在1300多年前，擀面皮就已经出现。《岐山县志》中曾有这样的记载：面皮从唐代冷淘面演变而来，从搓面，经洗面（使淀粉与面筋分离）、蒸面。到擀面，功夫越到家其口感越绵细不柴，独具的口感令食者百吃不厌。

西府小吃是宝鸡一张文化名片，在市区或县城的大大小小餐厅内，很多以此为招牌。据不完全统计，目前，西府地区传承的特色小吃有150多种，如岐山的臊子面、擀面皮，凤翔的豆花泡馍，太白的洋芋糍粑，陇县的核桃馍，麟游的血条面，扶风的鹿羔馍，等等。

宝鸡有美食，美食有味道，但如何让人记住，如何成为一座城市记忆的代表？宝鸡烹饪专科学校校长宋新胜说，西府味道是城市记忆的一部分，是老百姓最能产生共鸣的一部分。老味道里面装的是回忆，是一种怀念，随着生活条件的提高，这种味道可能没有改变，但人们的味蕾可能做出了不同的判断。

他认为，要留住城市记忆，宝鸡的餐饮人要做的就是留住品牌。品牌是一种无形的资产，用科学的理念去经营，是老味道要获得新发展所必须重视的环节。因为没有什么品牌可以只靠"卖情怀"永远留下来。老味道里有历史，有文化底蕴，它的传承要更加注重文化内涵。

有人这样描绘过理想的生活："遇一人白首，择一城终老。"这一城，或许繁花似锦，或许云淡风轻，想让心灵得以栖息，都离不开关于这座城市的乡愁和记忆。

风土人情

记忆中的老宝鸡

北首岭遗址的发掘和保护

刘连山

北首岭遗址是一处内涵丰富、保存较好的新石器时代仰韶文化村落遗址，距今 7100 年至 5600 年，位于宝鸡市区东北部，西靠陵原，东临金陵河，遗址高出河床 30 米，南北长约 300 米，东西宽约 200 米，面积约 6 万平方米，其中心在宝鸡市金台区龙泉中学校园内。遗址北部是北首岭先民的生活居住区，南部是墓葬区，东边断崖由于受河水和雨水的长期冲刷浸蚀而不断坍塌，毁掉了部分文化堆积。

北首岭遗址历史典籍无载，原是敦仁堡村的农田，因当地农民把这块地称"北首岭"（指其位于村北头，又处在岭岗之上）而得名。由于北首岭遗址考古发掘获得了重大收获，为关中地区新石器时代文化的分期和社会性质的研究提供了相当重要的资料，北首岭遗址名闻文物考古界、历史学界。1957 年 5 月和 1992 年 4 月，陕西省人民委员会、陕西省人民政府两次将北首岭遗址公布为陕西省重点文物保护单位。

北首岭遗址的发现

1952 年，宝鸡市人民政府决定，将原宝鸡市私立新中初级中学（后更名"宝鸡市第一中学"）的校址，由金台区狄家坡半山腰迁至龙泉巷地区。在选择新址中，圈定了金台区敦仁堡村北、当地农民称为"北首岭"的这块农田，占地面积 120 亩左右。

1953 年春节后征用土地，麦收后基建动工。在开挖地基中，发现了人骨架、红色陶器和陶片。建筑工人虽然不知道那些器物名字、用途，但都收藏在基建工地办公处，并向上级做了汇报。9 月，宝鸡市一中迁新址开学，基建继续进行。当年秋，工地出土完整陶器 10 余件。具有代表性的有尖底瓶、陶壶和彩陶钵等。

1954 年六七月间，省文管会派员到宝鸡、陇县一带调查时，又在学校基建工地发现了新出土的陶器和大量陶片，并以《宝鸡五里庙遗址出土陶器 29 件》为题做了报道。

1955 年，修建工程虽已停止，但是，一有动土都会有陶器、石器等文物出现，甚至暴雨过后，也会有文物暴露地面。学校领导和教师多次反映，引起文物主管部门的重视。陕西省文管会、西北文物清理队和中国科学院北京考古所宝鸡发掘队的文物工作者，先后对该遗址进行详细调查，确认是一处保存较好、内涵丰富的新石器时代村落遗址。

1957 年 3 月 7 日，宝鸡市人民委员会以 [57] 会文字第 219 号文公布该遗址为"龙泉巷遗址"。5 月 31 日，陕西省人民委员会以"宝鸡市一中遗址"命名，正式公布为省级重点文物保护单位。

北首岭遗址的发掘

1958 年 6 月，中国社会科学院北京考古所宝鸡发掘队到宝鸡市一中进行调查，学校赵天世主任向发掘队同志介绍了经常发现文物的情况。历史教师李培基等曾向宝鸡市文化局建议对该遗址进行发掘，宝鸡市文化局向北京考古所宝鸡发掘队转达了意见。经报请考古队领导批准和准备，于 1958 年 8 月对该遗址进行发掘。

发掘分两个阶段进行。第一阶段第一次发掘从 1958 年 8 月 7 日开始，12 月 20 日结束。这次发掘规模大、收获多。钻探调查后，分南、北两处开方，共发掘 2300 平方米。一处在现学校灶房南，主要挖的是墓葬；一处在现学校校办工厂院内，主要挖的是居住房址。经过 4 个月的工作，发现仰韶时代房屋 10 座，残陶窑 2 座，墓葬 403 座（内有唐墓 17 座），获得仰韶时代陶器、石器、骨器和装饰品等 1000 余件。

这次发掘，除中科院北京考古所赵学谦等 6 名同志参与外，西北大学历史系考古专业师生 21 人和西安半坡博物馆的张浩同志也参加了发掘工作。同时，宝鸡市一中的部分师生也参与文物考古实践。

1959 年 4 月至 7 月和 9 月至 12 月先后进行了两次发掘。发掘主要在学校操场北部进行，发掘面积 700 平方米。发现仰韶时代房屋 15 间，每间面积在 30 至 40 平方米之间，清理墓葬 11 座（内有汉墓 1 座），出土遗物共 400 余件，多为生产工具和装饰品，个别探方和房屋中还发现了粮食遗迹。

1960 年 4 月至 7 月和 9 月至 12 月，又先后两次发掘 1500 平方米，发现仰韶房屋 16 座。另外，清理墓葬 13 座，出土一批生活用具、生产工具和装饰品。

第一阶段发掘五次，发掘面积共 4500 平方米。发现仰韶时代房址 41

座，墓葬 409 座，陶、石、骨器和装饰品等 5000 件以上，并取得了大量的有研究参考价值的资料。为了保护遗址和弄清遗址建筑群的关系，这一阶段的发掘，一清到房址就停止下挖，很多探方未挖到生土，原始迹象未被彻底搞清。

为了研究遗址的平面布局，进一步了解早期遗存的面貌，经中科院北京考古所领导研究批准，于1977年10月至12月和1978年4月至6月，又进行了第二阶段两次发掘。

这一阶段的发掘，主要在遗址的东部、中部和西部进行，发掘面积227平方米，大部分探方都挖到了生土。先后发现房址9座，墓葬42座，残陶窑2座，陶器、石器、骨器与装饰品等近千件。

两个阶段的7次发掘，共发现仰韶时代房址50座，墓葬451座，灰坑75个，陶窑4座，排水沟2道，灶坑2个，陶容器近千件，其他生活用具、生产工具和装饰品等共5000余件。

北首岭遗址出土的遗物丰富、类型繁多，而且有多件精品。如1977年从发掘的墓葬中出土了1件联体陶鼎，为细砂红陶，是由两件相联的小口圜体罐组成，每个罐下均有两条圆柱状长足，两腹的上部有3个一组的附加小泥钉。它是件很特殊的器形，为仰韶时代考古发掘中仅见。还出土了两件细泥红陶壶，系盛水器，与现今旅行水壶相似。该器横置，两头稍尖像橄榄，器体上部有细颈壶口，颈两旁器身上有双耳，可系绳索便于外出渔猎时背带。其中，"网纹船形壶"彩绘美观，造型别致，称得上仰韶时代的珍品。

还发现了1件在器物肩上绘有一幅"水鸟衔鱼"图的红陶水壶，简洁的粗线条勾画了一只体形不大的水鸟，却叼住了一条鳞鳍齐备的大鱼尾巴，大鱼负痛回首挣扎而水鸟紧衔不放的情景，这在我国史前文化绘画史上占有重要的地位。

北首岭遗址的保护和利用

1958 年大规模发掘后，翌年，宝鸡市人民政府筹集资金，先后建起墓葬、房址保护室和文物陈列室 3 幢 14 间 430 平方米，使已发现的部分重要遗迹遗物得到妥善保护，同时委托宝鸡市文化馆代管。1978 年秋，一方面对展室进行了加固修缮，邀请专家对陈列的墓葬和房址地面、先民骨架和随葬品进行化学处理和整修加固，一方面调整文物陈列，对外开放。1983 年，修建接待室和职工宿舍 100 余平方米。

为了进一步对遗址加强保护和管理，1986 年 4 月 19 日，宝鸡市人民政府决定成立"宝鸡市北首岭文物管理所"。1989 年 8 月，文管所修建文物库 70 平方米；11 月，陕西省文物局拨款 4.9 万元，翻修改建原墓葬陈列室 7 间 209 平方米。1991 年 8 月和 12 月，宝鸡市财政局拨款 9 万元，两次翻修改造原文物陈列室 320 平方米。1992 年，陕西省文物局又拨款 5 万元翻修改造原房址陈列室 150 平方米。这些都为遗址的科学保护和利用奠定了基础。

2000 年 7 月 13 日，经市编委批准，北首岭文管所更名为宝鸡北首岭遗址陈列馆。9 月 28 日，宝鸡北首岭遗址陈列馆揭牌暨文物陈列开展仪式隆重举行，《宝鸡北首岭人——一个远古部族的故事》主题陈列和《当代原始部落风情图片展》同时推出。

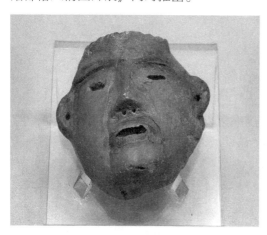

《宝鸡北首岭人——一个远古部族的故事》文物陈列分为构土筑木的聚居住所、刀耕火种的原始农业、设网张罟的渔猎活动、细磨精制的石器陶皿、縿麻索缕的编缝纺织、平均分配的公社生活、民主平等的成员聚会、只知其母的对偶婚姻、血缘牢固的氏族制度等 9 个部

分，采用出土文物与背景画相结合的形式，表现了北首岭人的生活状况。背景画采用写实的手法，形象、直观地描绘了北首岭人生产、生活环境及场景，场面宏大。文物展品根据画面内容陈列，相映成辉。同时，在陈列形式和制作手段上大胆创新，采用通体弧形展柜，配以大面积半圆木装饰营造氛围，古朴原始，给人身临其境的感觉。

《当代原始部落风情图片展》通过300余幅照片资料，系统翔实地向人们展示了当今依然生活在原始社会状态下的非洲、南美洲的原始部落风情。两个展览，古今中外相对比，增强人们对原始社会的感性认识。北首岭遗址陈列馆是陕西省继西安半坡博物馆之后的又一处史前文化专题博物馆，为人们了解神农炎帝时代宝鸡的辉煌和文明开辟了新窗口，极大地丰富了宝鸡市文物旅游的内容，已成为一处重要的爱国主义教育基地和新的旅游景点。

斗鸡台考古见闻录

苏秉琦

门鸡台考古见闻录

苏秉琦

（一）楔子

本院於二十二年冬，與陝西省政府合組陝西考古會。二十三年春，開始寶雞縣的門鸡台發掘，到了二十四年五月，才暫告結束。由所提資料，就遺址大約就是陳倉故城。

本文发表在1936年第7卷第2期《国立北平研究院院务汇报》上

陕西长途车（民国时期）

上篇　去宝鸡考古的旅途

民国二十三年（1934年）十一月十九日早晨八点钟，我们全体工作人员随同主任徐先生（徐旭生），一行共十一个人，乘了省政府代备的两部载重汽车，从西京分会出发。

车厢装满了行李、箱子，和一切日常及工作器具，人就坐在上边。这种客货并载的办法，是西北交通的惯例。因为夜间下了一阵雨雪，早晨还阴沉沉的。穿起全套的冬装，还有点瑟缩。车离开西京，向西北开行。我们高高地坐在车上，迎着峭厉的西风，引起一种悲壮的情绪。

约一小时，到了渭河渡口。

渡船很大，可以载大载重车两部。

过了渭河，便是咸阳。因为这一带是周、秦、汉、唐的故都所在，远望去尽是大大小小连绵不断的丘陵冢墓，下边埋葬着我们的列祖列宗、先公先王。因此我想起了那些威名远播的民族英雄，和他们不朽的功业。只恨国势陵夷，这些轩辕的子孙们，竟将保不着祖宗的坟墓了！固然现

渭河渡船（苏秉琦先生拍摄）

在的关中，已经不是"天下之上游"，足以"制天下之命"了。但宋南渡后，退守和尚原，中原便终不能收复，现在长城已毁（1933年发生了长城抗战），屏藩尽失，陕西仍然值得重视。

从咸阳到兴平，再到武功。穿过各县县城的时候，看见城门上边都有"建设新××"的大字标语。

可是城内却除了县政府、县党部、城隍庙、学校和中心区域的一些杂食摊、小杂货铺之外，就是许多去了屋顶门窗、只剩下颓断的土墙，罗列在瓦砾堆里的建筑遗迹，纪念那次惨剧。

这都是当年书香世家的渠渠夏屋，它的主人早已生死不卜了！

街上贴了许多"领照是人民的义务""领照可以得到种烟的权利"，这一类由禁烟机关所制的提倡种烟的标语。初看见的时候，当然觉得矛盾。可是等我们听说过去"自地派款"的情形后，又不能不承认这已经是莫大的"德政"了。

岐山县京当村（民国时期）

从武功经过扶风、岐山，到凤翔，汽车路的南边、渭河的北边，有土塬连绵不断。

据《扶风县志·三时原》条下说，"《太平寰宇记》：'在扶风县南二十里'，今以地形考之，西抵凤翔汧水，东邻武功武亭川，北邻漆水，南俯渭滨，修可二百里"，大约就是指此。

所经过的几县，正当陕西盆地的中心，大致平坦。《禹贡》说"厥土黄壤，田上上"，一点不假，那种深黄而又带黏性的土，在河北河南两省实不多见。我未到陕西之前，因为当时听说陕灾，总以为陕西一定是个不毛之地，不然何以年年闹灾？现在我才知道原来"田"确是"上上"，所差的就是雨量不足。如果能够疏通旧有的沟渠，广兴水利，可称天府之国。

因此想起民国十九年、二十年的空前浩劫，就是天灾，毋宁说是人祸！当时我们只听募捐办赈的人说，一元钱救一命，哪知道一升"约三斤"小麦卖到一元八，可是一亩地还许卖不了一元八，怎么能不饿死！

沿大路两旁，树立的神道碑非常多，碑楼的建筑，有的也很讲究。其中大半是"某某处士"或"某处士之妻"，还有"待赠处士"之类。足见这种风气在陕西之盛了。

凤翔县城东门

我们自早晨八点钟动身，除了修理车胎，约耽搁了一小时外，路上没有休息，也没吃饭。暮色苍茫中，到了凤翔，就在栈房住下。

二十日早晨比昨日更冷。约一二个小时便到汧水岸。

正当秋泛之后，水势还大，汽车过不去。于是把行李箱子用具等都卸下来，改装骡车和驴驮。因为雇车和装卸，费时很久，等我们步行到斗鸡台陈宝祠的时候，已经太阳平西了。

从《史记·封禅书》和《汉书·郊祀志》，我们知道这陈宝祠在秦汉两朝，颇为煊赫。国家祀典中虽然"唯雍四時上帝为尊"，可是"光景动人民，则为陈宝"。盛况可以想见。现在雍的四時，已经不知道在哪里。光景动人的陈宝，也式微得不堪了。现在只有不大的三间正殿，三间门洞，和四小间东西厢房。陕西考古会的临时办公处，就设在此地。各屋都门窗洞开，我们立刻

斗鸡台陈宝祠（1934 年）

找来些高粱秆作窗楞，用麻纸糊起来，然后把行李铺在旅行床上就睡了。夜间凉风阵阵，真有说不出来的凄清滋味！

中篇　关中民间生活

一、宝鸡方言

宝鸡正当入汉中的路口，去西安和南郑（汉中）的距离，大约相等。因此宝鸡的语音，有的和西安相同，更有些是宝鸡所特有的，呈一种杂糅特殊的现象。

宝鸡话不但和国语不同，和西安话也有很大区别。当我们初到西安的时候，和本地人说话，虽然觉得有些别扭，大半还能听懂。可是一到宝鸡就不同了，我们说话，

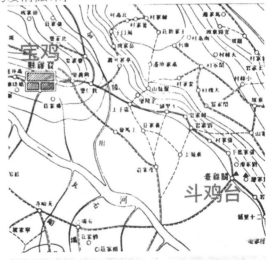

斗鸡台全景（1934 年）

宝鸡

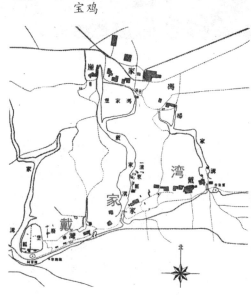

宝鸡的一个村庄（1935年）

他们不懂，他们说话，我们不懂。过了几个月以后，才渐渐能够和他们随便谈话，不觉得困难了。

二、经济状况

本地人民的经济状况，都非常困窘。没有五十亩田以上的地主；没有上千元的资本家；所谓贫富，不过是大贫和小贫的差别罢了。至于贫困的原因，可以分作自然的和社会的，两方面来说。

自然的原因，第一是耕地不足。例如陈宝祠所在的戴家湾，全村约六十户，耕地共不足四百亩。所以每户占地最多的不满五十亩，普通只三五亩。闹灾的时候，饿毙逃亡的，大约不下十分之三四，可以想见原来人口的稠密了。

第二是雨水缺乏。因为"塬地"和"坡地"占耕地的大半，所以常患雨量不足。这一带的庙宇多供着"火帝真君"，也许是苦旱的缘故。"滩地"只占一小部分，比较耐旱。有的还可以引水种稻，不过面积不大，有时河身改道，淤上一层泥沙，膏壤便立刻变成了不毛之地。

社会的原因中，最重要的，是种烟的结果：

一、因为种烟（鸦片）占去了最好的麦田，食粮不足，还需要仰赖输入，所以价格提高。

二、烟价低廉，吸食方便，因而吃鸦片极端的平民化和普通化，结果烟土出产的大半，都归本地消耗。

三、人口虽然稠密，劳动反感不足，以致提倡农村副业和出外谋生，几乎全不可能。

以上不过是随便举出几点，至于我们所耳闻目睹关于种烟的情形，等下一篇再说。

其次是高利贷的剥削。我未到陕西之前，听到前几年闹旱灾的时候，许多灾民都卖掉了自己的亲生儿女，来多延续一会他们的垂绝的性命。他们一定早把地卖了。因此我想那时候土地的兼并，一定很剧烈。

到陕西后，虽然也常听人说汉中有一县，全县的

关中道上的罂粟花开（1935 年）

土地，都是几个地主的；三原、泾阳一带，因为有灌溉之利，有些达官富贾在那里置产。然而这种情形，在斗鸡台并不显著。土地的分配，还不大悬殊。

可是高利贷却很普遍。十来亩田产的家庭，负几十元债务的很多。利率普遍十分。虽然有的稍低一点，可是当烟苗正需要上肥料的时候，那种短期借贷，普遍是一元借款，还烟土五两。不过三个月的功夫，几乎就是兑本兑利！

鸦片和旁的庄稼不同，非用肥料（豆饼最好）不可。种烟的人交罚款，用人工，已经花去不少的本钱，如果歉收，一定赔累。当用钱孔急的时候，也就不得不用这阎王债了。

由于以上社会的和自然的两种原因，所以就在丰收之年，还是呈现非常贫乏的景象。

三、衣服

我们再看他们的衣、食、住、行。他们的衣服，多半只有一身，并且夜间还要穿着当被褥。十来岁的女孩子冬季只穿一件短棉袄不穿裤子的，我们也曾亲见过。简陋的情形，可想而知。

衣服的材料，大都是用本地的棉花，自纺自织的土布。幅宽约一尺半，一元可以买一丈三四尺。质地比河北早年所出的小布（就是手织土布）匀细，这是原棉稍好的缘故，比粗市布厚重一点。可是现在四十码长、约三尺宽、十四磅重的土布，才卖六元余，比这种土布便宜一倍多。

将来因为交通便利，这种乡村手工业，恐怕不久也要步其他各地的后尘，渐归消减。陶希圣先生曾说过："纺织是乡村抵抗都市的最后武器。"不过所谓乡村的纺织，如其想存在的话，恐怕也非采用机器不可。

衣服的颜色，男子通常用靛青色，或元青，青年妇女多是大红大绿。老妇多用深毛蓝。总之都是单纯的颜色。再看城市中所着衣料的颜色的复杂情形，真让人有"目盲"之感！服装样式，男子平常都是长裤短袄，戴瓜皮帽。妇女的袄，长不到膝盖，常镶着很宽的花边，她们不戴帽子，有时候用布包头。

四、吃饭

因为种麦比较多，所以吃麦和杂粮大约相等。面食的做法最普遍，其次是馒头，还有一种叫"麻糖"，就是北平的油炸麻花。

"臊子面"就是汤面里边加些肉丁花菜。"醪糟"比江米酒淡一点，有时候用它煮"麻糖"。"醪糟"和"臊子面"两种听说四川也有，名称和做法都一样。一天三餐，晚饭特别叫作"喝汤"，因为他们都是日出而作，日入而息，所以晚饭不很重要，和城市生活正相反。

五、住

住的问题，在这里比较容易解决，因为自然赋予了他们一种细密坚实的土壤，他们可以不需要任何材料，只要靠着塬土坡化，上二十来工的劳力，就可以造成一个约两方丈大小，十来尺高的房屋——窑洞，也可以支持十来年的功夫。

窑洞里边半截是土炕，洞口拿土坯垒一堵墙。留下一个小门和小窗洞。再有一个窑洞堆积一切农具粮食柴草和杂物等等，这就是一个五六口的家庭的住宅。两个窑洞前边，再用土坯垒一堵墙，围成一个院落，加上一个板门的就是少数了。

窑洞（1936 年）

这种住居，虽然空气不很流通，并且缺乏阳光，但它确乎是冬暖夏凉。

陕西的气候虽比北平暖些，可是冬季也常在摄氏零下七八度。他们几乎可以说没有被褥，就穿着白天的一件棉袄，睡在光土炕上，就能过冬。在夏季因为阳光晒不透，所以比普通的房子的温度低。

徐先生常说三伏的节气起于秦德公，秦的雍城在现在的凤翔城南。大约就是因为这一带的人夏天都伏在窑洞避暑，所以叫做"伏"。因此比较富裕一点的人家，虽然有房，他们也宁愿住窑洞，房子的建筑，多用土坯墙。除了庙宇，很少用砖墙。屋顶却多半用瓦，有时候也用泥，厢房屋顶的样式，都是向天井一面倾斜。

六、交通工具

交通工具，非常简陋，因为地势不平，所以没有大车。一般运东西用牲口驮，或用手推车。

代步用驴，农闲的时候，牵着小驴，在大路上（通汉中）揽

交通工具（苏秉琦先生拍摄）

客，这是他们唯一的副业。

七、秦腔与社火

娱乐方面，最主要的是戏剧，陕西是秦腔的发源地，这大约是因为陕西人特别爱好戏剧的缘故。只宝鸡一县，听说就有三个戏班。

近两年年境稍好一点，从旧历正月起，直到割麦的时候，几乎每一个中等的村落，都要轮流着唱一次戏。

秦腔剧照（1932年）

一次三天，普通代价一百元上下，其余的杂费，也须要这些。这项开销，在一个贫瘠的乡村，实在不是一个很小的数字。

工人们辛苦了一天，晚上还要到二十里外的村庄去看戏。至于因为附近村落唱戏，工人们全体都宁愿牺牲工资去看戏，以致我们的工作不能不暂停的时候，也不止一次，他们尤其好唱，随时随地，常常可以听到那种凄凉悲壮、古朴无华的歌声，正和陕西人的刚毅质朴的民性一样，大约是受了那雄奇的太白太华的启示。乍听的时候，也许觉得它刺耳和单调，听惯了以后，就会觉得和那白雪皑皑的秦岭，有一种协和的美了。

常有一个老汉，——那可是一位民间艺术家，到我们工作的地方来。我们给他一两支纸烟，他就高声地唱起了他自撰自谱的"打白狼""打郭坚"。工人们都倾耳静听，似乎是心领神会，大有诗人荷马的风味。

宝鸡东岳庙戏楼（1934年）

唱戏都是拿酬神为名，还有一种酬神的赛会叫"社火"。由一个村落单独的，或几个村落联合起来，在春季举行。挑选十几个或几十个儿童和壮丁，完全照舞台上的化装。人物大概是以关公为主。化装完毕以后，骑着驴或骑马，前头打着锣鼓，还有些人捧着香供。

浩浩荡荡地排列成一行，在庙前边走两趟，然后到庙里烧香放炮，就完了。有的不用牲口，用木板做成舞台大小的一辆车，用十来个牛拉着，这种叫"车社火"。

还有灯彩戏，唱词和秦腔戏剧一样，因为比大戏省钱，所以尤其普遍。二十四年春天，单只陈宝祠附近就唱了两次。

宝鸡社火（1935 年）

八、婚嫁

婚姻可以说完全买卖式的。不论贫富都讲价钱，普遍从三二十元到一二百元。我们曾参观我们的一个工人结婚，他告诉我他是前几年订下的，当时只花了十八元和几升小麦，并且说"这两年年境好一点，人很缺，不容易办了"。

婚姻既是买卖，所以仪式很简单。

结婚的前一天，男家预备几桌酒席，打发一乘轿子到女家。新娘坐着轿子在前面，几个伴娘和送亲的都骑着牲口，跟在后边。另外有两个人抬着嫁妆箱子。

没有乐队，他们说只有丧事才用音乐。

宝鸡社火（苏秉琦先生摄）

斗鸡台民工的婚礼（苏秉琦先生摄）

一行走到男家，在门口外边停住。男家出来一个老妇，拿一只织布机杼给新娘抱着。然后两个伴娘才把新娘扶出轿子，在铺好的一条白布单上走到门里边。

新郎便走到新娘面前，在白布单子上边，换上一双新鞋。然后隔着新娘蒙头的红巾，从新娘头上摘下一支纸花。新郎走到院里预备好的一个香案前边，行三叩首礼。行完礼，再来领导新娘走到新房。等新娘刚刚走到门口的时候，一个人拿秤杆在后边把新娘蒙着头的红巾挑下来。

这时来宾给主人道喜，主人让客人入席，新娘新郎一块出来给客人叩头道谢，仪式就算完了。

九、蓄发与缠足

男子蓄发的风气还很盛，剪发的不过十分之一二。

1934年宝鸡斗鸡台考古发掘（注意民工的发型，都留着发辫，左边第二位为著名考古学家徐旭生先生）

大多数的中年人，都留着不满一尺长的发辫。这是被强迫地剪掉，又留起来的。这样强迫剪掉，又私自留起来的事，据说已经不是一次了。足见改良风俗，比改良政治还难，乡人的愚顽，自然是主要的原因。可是据土人说，当军队追剿的时候，曾有人因为光头而受嫌疑。所以安分的乡下人，更视为畏途了。

缠足在陕西，尤其是宝鸡最盛。有句俗话说"凤翔头，宝鸡脚"。

三寸金莲，在别处是夸饰，是理想，在这里几乎是普遍的事实，是起码的标准，很少例外。鞋的样式，完全是那种木底高跟的老样，镶着很宽的边。

奇怪的是七八岁的女孩子，缠足的居然还占多数。提倡了许多年放足，而结果如此，照这样下去，恐怕再过半世纪还是不能够彻底放足。

苏秉琦先生在宝鸡斗鸡台

下篇　由宝鸡返回西安

陕西的种烟（鸦片），已经有多年的历史。当初不过拿它当权宜之计，可现在民国整个的社会，已经成了一个如同多年嗜毒的瘾士。再想完全禁绝，不但要影响财政的收入，人民也感觉不便了。

我们在宝鸡住了很久。民国二十四年（1935年）五六个月间，我又随了徐先生从宝鸡沿着渭河南岸调查古迹，返回省城。

刘镇华在陕西暗开鸦片种植，鼓励种鸦片（《共进》1923年）

我们所经过的宝鸡、眉县、周至、户县，可说是陕西种烟的中心区域。

宝鸡县种烟约二万五千亩；眉县约一万多亩；周至约七万亩；户县约五万亩（以上是领照的数目）。

所以在这一次旅行中，饱看了遍地如云的罂粟花；更看见割烟季节各地呈现的畸形的繁荣，好像烟鬼吃足了鸦片以后的兴奋情形；因感到毒化的普遍深刻，和一般人的贪图小利，真是触目惊心！

现在把所见的陕西种烟、吸烟和禁烟的概况，略述如下：

一、鸦片的种植

罂粟是一种越年生的植物。播种和收割大致与小麦同时，叶子的形状像蒿苣。茎高从二三尺到四五尺。

开花有早有晚，大约都在阳历五六月间。花朵像茶杯大小，颜色非常鲜艳，有红白紫各种。

关中鸦片田，1935年

花落以后，结的实像鸡子一样，俗名叫烟棒。割烟的时候，用三四个小刀，并排着捆在一起。在烟棒上轻轻地割一周，深褐色的浆液，就慢慢地流出来。

等第二天早晨，趁露水不干的时候，拿一支薄铁片把它刮下来，这就是所谓"烟土"。

一个人一天最多可以割半亩。普遍割两次就完了。等烟棒晒干，取出里面的烟子，可以作油。烟土收割的多少，要看地味的厚薄，用肥料的多少，雨量是否适宜。民国二十三和二十四年两年因为雨水沾足，普遍割二三十两到一百两。

二、鸦片繁荣

沿着渭河的气候，因为地势关系，东部比西部稍暖，所以庄稼的收获，也是从东往西。

　　我们经过宝鸡的虢镇和阳平镇的时候，烟花正在盛开。这一带因为完全是滩地，不但土质好，还可以用井水灌溉，所以种烟特别多。

关中的一处鸦片田，1934 年

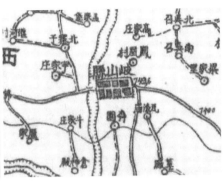

岐山县城附近地图，1935 年

　　碧绿的烟苗，和澄黄的麦苗相间，大约烟苗占耕地全面积的三分之一到二分之一。一望无际的平原上，尽是烂漫如锦的烟花。许多农夫用柳斗汲水浇地，真是一幅美丽的图画。

　　出宝鸡县境是岐山县。诸葛武侯和司马懿相持的五丈原，就在渭水南岸，斜谷口外边。用斜谷水开成沟渠，大半是稻田。

眉县净光寺经幢，1935 年

周至县重阳宫近代大钟，1935 年

再往东到眉县，也是稻麦比烟苗多，还不到收割的时候。

那天我们从眉县动身，傍晚到了周至县的哑柏镇，因为我们在眉县住在太白庙，很清静整洁，所以到了哑柏镇，就先找到镇外的城隍庙。庙门封着，门前边聚了差不多有几百人，像是开会的样子。一打听才知道是雇割烟的短工的"人市"。

城隍庙既不能住，便到镇里找客店。走在街上，看见来往的行人，摩肩接踵，熙熙攘攘。我们的骡车，几乎不能够通行。

"土店"成衣铺，布店，杂货店，酒馆，还有许多搭着席棚的饮食摊，都灯烛辉煌。临时赶来营业的妓女，穿着鲜丽的衣服，依门卖俏。几家临时医院，在街墙上满贴着专治花柳病的广告，非常热闹。万想不到一个穷乡僻壤的小镇，居然也会突然的有这样的活跃现象！

好容易找到了一家客店，早已住满了"土客"。只好请乡公所代想办法，才领我们到一个空庙。庙门也封着，原来是地方上恐怕割烟的工人们进来当临时旅馆，把屋子弄脏，所以把各庙都暂时封锁起来。

我们休息了一会，到街上去吃饭，已经十点多钟了。街上还人影憧憧，正在热闹的时候，不论工人农人商人和土客，面上都欣欣然有喜色。因想这一现象，可以说完全是鸦片的力量。我无以为名，名之曰"鸦片繁荣"。

在鸦片田中劳作，1930年代初

次日清早，隔壁一个十几岁的小孩给我们送了水来。据他说，全家都已经下地割烟，他等我们走后，把门锁上，也还要去。

看起来鸦片不但可以使贫血的社会繁荣！还可以使懒怠的人们紧张！我们因为不愿多耽搁这个小孩的宝贵时间，喝了一碗杏仁茶当早点，便匆匆地离开了哑柏。

从哑柏到周至县城之间，烟苗占耕地的大半。早烟正割头次，晚烟刚开花。满地都是割烟的男女老幼，每人腰间系着一个小洋铁罐，手里拿着刀片割烟。

奇怪的是，居然有许多卖纸烟糖果点心的小贩，在田野里做生意。买东西不一定用钱，也可以用烟土换，所以他们都带着一个盛烟土的小罐。更有拿着戥子和两只大瓷碗的土商，坐在大路旁或树荫下边，希图用贱价代收买新割下的烟土。

在周至本想找庙住。哪知道所有的庙里，满屋都是一排一排的割烟工人。每人枕着一个砖头，躺在地上。有的在吸鸦片，有的在睡觉休息。只好到县政府住了一夜。

街上的热闹情形，比起哑柏镇当然又超过几倍。在县城我们住在民众教育馆，晚上我到一个商店买东西，伙计问我买烟土不买，我说"不吃鸦片"，但他总不相信我不是买烟土的"土客"。

三、陕西的黑化

陕西的社会既如同烟鬼，所以当他犯了瘾以后的狼狈无力的情形，正好和我们前边所见的畸形的繁荣，是一个对比。

陕西烟土的市价，最贵的时候一两不过五角。两钱烟膏的代价，不过相当十支装的金字塔烟一盒。所以鸦片在陕西可以说是非常平民化。

至于吸烟的普遍，尤其惊人。单单青年男子，吸烟有瘾的大约就占十分之六七。妇女吸烟的，也颇不少。它的原因，一则是价钱贱，一则是过于方便。雇工人割烟的时候，当讲明工钱之外，加几两烟土。种烟的人辛苦一场，割下来以后，自己更不由得要借着尝尝为名，熬几两酬劳下自己，因为陕西人根本不吸鸦片的，真是绝少。

由于吸烟的普遍，产生两种非常严重的后果：

第一是耗费的惊人。

例如戴家湾种烟二十六亩，一亩平均按收割五十两计算，共合一千三百两，可是戴家湾的青年男子吸烟有瘾的就有三十多个，如果每人每天吃一钱，全年就需要一千多两。固然实际种的不只二十六亩，可是吸烟的更不只青年男子。

究竟陕西全省每年产烟多少？出境的占百分之几？倒是一个有趣的问题，可惜没有统计数字，不敢武断。不过从吸烟的普遍情形，可以推想生产的大部，一定消耗在本省，输出不过少半。

第二是劳动的不足。

现在举几个实例，我们斗鸡台所用的工人四五十名，是从附近的几十个村选拔出来的。因为凡有烟瘾的一概不用。所以戴家湾虽然有五六十户，壮丁也当不下五六十人。可是淘汰的结果，只有二十多个是没有烟瘾的，仅占总数的小半。

西汉公路的建筑工程，一半是就地征工，一半是从河南招募，据经委会方面的人说：河南来的工人，一天能作四方；本地工人，一天只能作一方（一平方丈一尺厚的土）。可见一般的工作能力之低劣。因此割烟割麦的短工、商贩、洋车夫、脚行、铁路员工，以及普

陇海铁路宝鸡段建设，1930年代

通工人，从他们的语音知道许多都是河南省籍。

一般人都听说上海的金融界到陕西投资，哪知道还有大量的劳动输入陕西！这不是因为陕西的人口稀，乃是由于鸦片烟鬼，不能胜任繁重的劳动！

四、禁烟问题

鸦片对于国民经济和民族健康的害处，尽人皆知，然而何以政府的禁烟政策，不容易贯彻？何以陕西省政府已经允许各县自动请求禁止（例如蓝田、富平），而许多禁烟区域的人民，反有怨言？何以种烟户虽然嫌烟款太重，说收割不好，还是要种？

归根结底，是因为利之所在！

政府方面：关于种烟的税收，第一种是烟款。每亩正额十元。不过因为烟苗的好坏和各地办理的宽严不同，大约人民种烟一亩，实交三元到七元（就是种烟一亩，只报三分到七分）。

第二种是烟土出境的特税。听说去年（1935年）已经由每万两一千元，加到一千三百元，那么假如一亩的产量是五十两，政府除了可以收烟款五

六元之外，如果加上出境的特税六十五元，岂不是人民种烟一亩，政府竟可以收税到七十余元之多！

种烟户方面：假设一亩割烟五十两，市价三两一元，约合十七元。除了交五六元罚款，付三四元人工，用一两元肥料外，至少可以剩余五元。割到一百两，差不多就可以赚到二十元。如果种麦，就收到一石（约三百斤）共值才六元。除去人工，纳粮，最多不过剩四五元。

鸦片印花税，民国时期

比较起来，种烟不但利厚，并且容易出售，人民又何乐而不为呢？我们从户县回长安的路上，在长安县境的一个小镇吃午饭。因为长安县已经是提前禁烟，而这个小镇近接户县。眼看着种烟区域的热闹情形，无怪乎饭馆伙计们谈话间，露出非常羡慕和抱怨的意思。由此也可见舆情之一斑。

现在省政府为了奉行中央的禁烟政令，已经进行分期禁绝的计划。以县为单位，每期禁绝三分之一。

但是种烟原不是各地都相宜。计划内第一二期禁绝的县份，多半是不宜种烟，或产量较

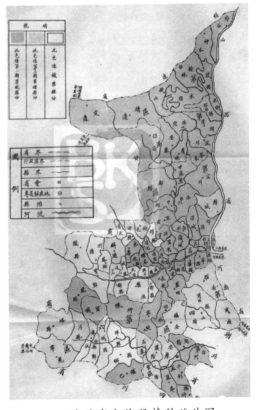

陕西省分阶段禁种鸦片图

少的。种烟最多的地方，大都列在后面。所以现在事实上，种烟的数目还很大。

我们相信政府当局这次禁烟的决心和诚意。我们深切盼望政府能够排除财政的、社会的种种困难，如期禁绝，拯救出这黑化的陕西，使它成为复兴民族和国家的一个根据地。

本文由刘瑞（中国社会科学院考古研究所研究员）整理

党玉琨戴家湾盗宝

杨曙明

党玉琨（1887—1928 年），又名党毓坤，字宝山，小名根宝，陕西富平人。因其早年打仗时脚部受伤落下残疾，走路时一只腿跛，故被当地人称为"党拐子""党跛子"。辛亥革命时，投靠盘踞在陕西凤翔一带的地方军阀、靖国军首领郭坚部下，历任排、连、营、团长，直至陕西靖国军第一路第三支队司令。1921 年 8 月，郭坚被冯玉祥打死后，党玉琨率一部分残兵败将先是驻扎在礼泉，后于 1926 年 2 月率部回转凤翔。党玉琨部队纪律废弛，杀人越货，横行一方，作威作福，并且大肆盗掘西府古墓葬，与孙殿英、靳云鄂并称为"民国三大盗宝枭雄"，当地百姓对其恨之入骨。宝鸡戴家湾古墓葬就曾遭党玉琨盗掘。

宝鸡市金台区戴家湾地区是古陈仓所在地，也是今宝鸡行政中心所在地，史前时期就是先民频繁活动场地，附近旧石器时代和新石器时代遗址较多，属炎帝神农氏生活时代。戴家湾一带在近代先后发生了三次重大文物事件，引起了历史界、考古界和文物界的密切关注。一是清光绪二十七年（1901 年），农民王奎在戴家湾村的北坡地上挖出了尊、觚、卣、爵、斝、觯、觥、角、禁等各种青铜器 30 多件；二是 1927—1928 年党玉琨在戴家湾沟盗宝，共挖出青铜器上千件，包括举世罕见的青铜禁 3 件，引起了海内外对戴家湾的广泛关注，并产生了轰动效应；三是 1934—1937 年，陕西考古会对斗鸡台戴家湾进行的考古发掘，被视为陕西考古发掘的"第一铲"，使戴家湾的名字和中国考古学的诞生紧紧地联系在一起。在这三次重大文物事件中，党玉琨盗宝出土文物最多，影响最大。

党玉琨自幼就不安分，青少年时期便四处游荡，先后在西安、北京等大城市做过古董商店学徒，耳濡目染接受了熏陶，逐渐能够识别出真假文物而成为此中行家，尤其善于识别铜器。后来，党玉琨弃商从戎，善于投机钻营，1926年2月率部驻扎凤翔后，就自封为"师长"，号称"司令"。为了搜觅宝物，他四处打听哪里有文物出土，并在凤翔的灵山、陈村和宝鸡的竹园沟、斗鸡台，以及贾村塬东坡的老虎沟等地盗掘古墓葬，大发文物横财，以解决军饷、粮秣之不足。

恰巧在此前三个月，即1925年冬，戴家湾村一位老农在沟里拾粪时，捡到一件铜器，事情扩散出去后，就有不少人前往沟里挖宝。当地有一恶绅杨万胜，因向农民私加烟款而触怒了乡民，众怒难犯之下，他打听到党玉琨喜好文物正在四处寻宝，为了巴结党玉琨并以其为靠山，就托人转告党玉琨说："戴家湾村有个大沟，大沟靠崖处有几个洞，洞里藏有许多古董，村子里的人常常挖取卖钱。将军要是派人仔细挖掘，想不发财都难。"这个消息使党玉琨坐不住了，立即亲自带人到戴家湾村进行实地勘察。这件事便成为党玉琨在戴家湾盗宝的直接原因。

1927年秋收后至1928年夏收期间，党玉琨指挥部下对戴家湾进行了大规模的盗宝活动，盗挖的主要地点在戴家湾沟以东的坡地上。党玉琨将盗宝指挥部设在杨万胜家，任命驻扎在宝鸡县虢镇的旅长贺玉堂为挖宝总指挥，委任曾在汉口市买卖古董坐过庄的凤翔"宝兴成"钱庄总经理范春芳为现场挖掘总负责人，派遣卫士班长、绰号"大牙"的凤翔人马成龙为总监工，以八鱼人白文轩为副监工，聘请古董商、人称"挖宝先生"的郑郁文做秘书，以熟悉宝鸡当地民土风情的柴官长、张福、白寿才等人为监工头目（三人皆是宝鸡县人），下有监工员多人。挖宝高峰时，一天就有1000余人在埋头挖宝，整个戴家湾都布满了密密麻麻的挖宝人，把戴家湾两旁地面翻了个底朝天。挖宝不但控制得十分严密，并且不断补充人力，搞得人神共愤。当时宝鸡斗鸡台一带流传着这样的民谣："大牙（马成龙）来催工，鸡犬不安宁；壮年顺墙溜，老人发叹声。"盗宝期间，斗鸡台戴家湾一带异常热闹，光大戏就唱了三个月，请来西安、岐山、眉县等地的戏班子陆续演出。

杨万胜引导挖宝不遗余力，开工第一天在戴家湾东边的一个汉墓墓葬中，挖出了铜镜、铜钫、陶灶等许多青铜器和陶器。第三天，在另一处挖出一件珍贵的青铜器——"觯"。接着，又在这一处坑里挖出了一件刻有铭文的鼎、一件簋和几件残破器物以及戈、铜泡等。不久，在另一座墓中又挖出了一个大鼎，即举世闻名的毛伯鼎，鼎里有小羊羔一个，虽然皮、肉早已腐烂，但骨架却完整无缺。1927年底，在戴家湾沟东的一处台地上，挖出一个大墓，出土鼎6件、簋3件、鬲4件、甗2件、尊1件、爵2件、觚1件、卣2件、方彝1件、觯1件、盉1件、盘2件、大小禁各1件、铜铃9件、大刀1件，共计38件；还有戈、矛等兵器和玉器。这些器物造型美观大方，装饰花纹线条流畅，有些图案画了鸟兽，堪称难得的艺术精品。

据参加盗宝的人回忆说，在一个大墓的墓壁上还有壁画，画面上主要是大山、牛羊等，分为两部分：第一部分是在连绵重叠的大山脚下有一群羊，在大路旁边放有陶鬲、陶罐；第二部分为一群牛，牛有卧有立，牛群中似有一人（剥落不清）。画面上的山都被画成整整齐齐的大小不一三角形。那些牛羊身体比例画得不甚细致，轮廓较粗，只有头部惟妙惟肖，尤其是眼睛显得极为传神。

1927年12月初还挖出了一个车马坑，内有车饰品、马饰品多件，还有完整的马骨架。像这样完整保存下来的西周初期的车马坑，是很重要的考古研究资料，可惜都被党玉琨破坏了。如果是用科学的方法挖掘，不仅可提供西周初期车马的构造和工艺资料，还可提供研究周代礼制有关问题的资料。

党玉琨共盗掘墓葬50余座，挖出铜、玉器1500余件，这个数字不包括盗掘过程中遗失、损坏的文物。党玉琨大肆盗宝、聚敛财物的动静如此之大，引起了时任国民革命军第一军总司令冯玉祥的注意，经过调查，查实党玉琨等人残酷欺压百姓，作恶多端，冯玉祥认为必先除之而后快。于是，1928年5月，冯玉祥命令宋哲元率领所部三个师、一个旅共计30000人马，围剿凤翔城并收缴党玉琨所盗的大量珍宝。当时，党玉琨将所盗的宝物分成三份：一部分放在他卧室的万宝架上，另一部分由其二姨太张彩霞放在居室，还有一大部分重要的器皿则藏放于一个秘密库房里由卫兵看守。

民国十七年（1928年）六月下旬，陕西省政府主席、国民军第十一师师长宋哲元与十三军军长张维玺攻破凤翔城，党玉琨被炸死。党玉琨所盗文物被宋哲元、张维玺全部瓜分。张维玺本想把自己所得那部分横财运到家乡，却在行至潼关时被驻防在华山的冯玉祥军收缴充公。而宋哲元1928年9月将所获珍宝全部拿出，在西安新城四面亭军部展览一天。随后，宋哲元将所有文物秘密运到西安，然后又从西安运到天津租界他自己家中，并派人将大量文物卖到国外。抗日战争爆发后，日军于1941年抄了宋哲元的家，剩余在家的文物全部落入日军手中。后来，宋哲元的弟弟宋慧泉通过种种手段，又从日军手中赎回了一些文物，其中就有西周夔纹禁。冯玉祥所得的青铜鼎，解放后由其夫人李德全捐献给了故宫博物院。

解放后，经过宝鸡考古工作者的深入调查和艰苦工作，基本上搞清了党玉琨所盗文物的情况。党玉琨在戴家沟挖出的铜器、玉器等1500多件，其中保存完好的有740多件，资料完整可作研究的有153件。所属时代包括商、周、秦、汉等几个时期，尤以周、秦两个朝代为最多。这些文物中，

1901年出土于宝鸡代家湾村的青铜柉禁，现藏于美国大都会艺术博物馆

1927年出土于宝鸡代家湾村的青铜柉禁，现藏于天津博物馆

也不乏属于西周早期的重要铜器。在这1500件文物中，有饪食器70余件，计有鼎、簋、瓦、豆；酒器39件，计有觥、彝、罄、斗、角、禁、尊、卣、爵、觯、勺；水器9件，计有盘、汉大铜壶、方壶；工具2件，计有斧、削；兵器18件，计有弩机、钩戟、弓形器、戈、矛；以及其他多种杂器等。

这些堪称国宝的珍贵文物，不但有着极高的考古研究价值，而且还有很好的艺术观赏价值，有些甚至还填补了此前文物资料记载的缺失，如青铜器"禁"（俗称"铜棹子"）即是如此。在中国古代，禁是承载酒器的器座，其运用有着严格的礼制区别，纯属国家、王室的礼仪用品，一般贵族是无资格使用的。

一九四二　重走逃荒路（节选）

《河南商报》

被称为"小河南"的宝鸡

据当时估计，300万河南灾民西出潼关，其中，数十万人来到了宝鸡。常香玉的"难民营"解决了居住问题，内迁的民族工业解决了就业、吃饭问题。

1942年的陇海铁路，向西只通到宝鸡，对于许多河南灾民来说，这里是逃荒的终点。

据当时估计，300万河南灾民西出潼关，其中，数十万人来到了宝鸡。

那时起，宝鸡开始被称为"小河南"，当地河南籍人占70%以上。

经历过九死一生，逃到宝鸡的河南灾民是幸运的，因为在这里他们遇到了老乡——"豫剧皇后"常香玉。

绘图/王伟宾

【当年的"难民营"，如今已是繁华闹市】

8月的金陵河畔，清风徐来，垂柳依依，是宝鸡市民休闲散步的好去处。

金陵河全长55公里，从陇山南麓出发，一路欢歌，给宝鸡带来水的灵气。

这条河，当年也滋润了无数河南灾民。

西安市志记载，定居宝鸡的"豫剧皇后"常香玉，曾在金陵河两岸搭下帐篷，设置"难民营"，解决了河南灾民的居住问题。

85岁的李东华说，1942年秋季，他们一家三口带着全部家当，从巩县（现巩义市）老家出发，在洛阳搭上了西去的难民车（实则拉煤车）。

到宝鸡后，李东华和很多灾民一样，在金陵河岸边的"难民营"住下，"当年，河南人住在棚子里，全部的财产只有用扁担挑来的一些家当，现在宝鸡还有'河南棚子河南担'的说法。"

当年的"难民营"早已无处可寻，熬过苦难的灾民及其后代，也都过上了幸福的生活。

宝鸡市出租车司机罗瑞说，逃荒灾民居住的金陵河边早已是繁华市区，拆迁时每家都补了几套房子，还有不少商业街门面房。就连住在山上窑洞的灾民和后人也沾了光，"前些年宝鸡搞绿化工程，将他们全部迁到山下，家家也都住上了两层楼"。

"真是三十年河东，三十年河西啊！谁会知道那些不毛之地，后来都值钱了呢！"罗瑞说，很多灾民几代人都吃喝不愁了！

【灾民逃荒，宝鸡被称为"小河南"】

宝鸡，古称陈仓，位于三秦大地最西端，是陕西省第二大城市，也是连通中国大西北和西南的交通枢纽。

2200多年前，楚汉相争，刘邦"明修栈道，暗度陈仓"，继而平定三秦，夺取关中，最终击败项羽、统一天下。

宝鸡被称为"小河南"，随处都可以听见河南乡音。据称，解放初期当地河南籍人占70%以上，河南话一度成为"官话"。

抗战时期，河南人两次大逃亡，使宝鸡有了"小河南"的称谓。

1938年6月，为阻滞日寇西进，国民党政府炸开郑州花园口附近的黄河大堤，成千上万人踏上了流亡之路。许多河南人一路向西逃亡，涌进了当时只有几千人的宝鸡县城。

河南人第二次大规模逃亡宝鸡，是在 1942 年夏至 1943 年春。据当时估计，有 300 万河南人西出潼关，这些人中，有数十万来到了宝鸡。

当时逃难的河南人，为什么大多涌进了宝鸡城，而没有继续往西去天水和兰州呢？这与陇海铁路有关。当时，陇海铁路只通到宝鸡，终点站就在宝鸡城东门约 1 公里处。

经过这两次大移民后，当时的宝鸡城区，河南人的数量与当地人相比，已经占据了绝对优势。

也就是从那时起，宝鸡开始被称为"小河南"，很多宝鸡人还要学说河南话，以便于交流。

【那些民族工业，都流淌着道德的血液】

在那个特殊年代，宝鸡的一些民族企业各尽其力，解决了河南灾民的生存难题。

上世纪 40 年代初的宝鸡，是抗战大后方，沦陷区的一批民族工业也先后迁了进来。

其中较大的工厂有：申新纱厂、洪顺机器厂、民康实业公司、福新面粉厂、秦昌火柴厂，以及从漯河迁来的大新面粉厂等。

伴随着这些企业到来的，是蜂拥而至的河南逃荒灾民。

李东华说，他到宝鸡没多久，就赶上荣氏家族的申新纱厂招人，他和很多老乡一起进厂上班，80% 的工人是河南逃荒过去的灾民。工厂包吃住，生活用品全部免费发放。而母亲又找了个给别人纺线的活儿，一家三口的吃饭问题总算解决了。

从禹州逃荒到宝鸡的陈秀兰回忆，当时她只有 11 岁，虽然在纱厂每天要工作 12 个小时，晚上睡觉的时候，耳朵里还是纱厂机器的轰鸣声，但每月工资可以买 80 斤黑面，加上从地里挖来的野菜，父母弟妹能混个肚饱，"在老家只有八分坟地，又遭了灾，在这里能活下去，已经很不错了"。

逃荒路上的曲曲乡音

常香玉不仅购粮舍粥，让灾民孩子免费读书，还经常给灾民义演。见惯了逃荒路上的饥饿和死亡的灾民，听到这声声豫剧，会有怎样的温暖。

提到救助河南灾民，其时定居宝鸡的常香玉，是一个绕不开的角儿。

除了设立"难民营"帮助灾民，常香玉还经常义演，为灾民募捐。

逃荒中，伴随河南灾民的，不只是饥饿、贫穷，还有豫剧。

【常香玉不仅帮助逃荒灾民　还购粮运回河南分发】

宝鸡市志提到了常香玉对河南灾民的救助：设立"难民营"供河南灾民居住，经常购粮舍粥，让灾民孩子免费读书，经常给河南灾民免费演出。

"常香玉建的'难民营'我住过，她的演出我看过几次，她舍的粥、发的馍我也经常吃。"1942 年从巩义逃荒至此的李东华说，常香玉常和剧团的人推着一架子车馒头上街散发，车子上放着两个大篮子，一个里面装着高粱面馍，另一个装着包谷面馍，遇到有人要，她会一样发一个，有人饭量大，她就多给些。冬天怕馍凉了，她就将馍放在大盆里，下面放上炉子保温。

原宝鸡私立中州小学校长陈馥在一篇文章中，详述了常香玉对河南老乡的帮助：为解决河南难民儿童的上学问题，当时宝鸡河南同乡会建立"宝鸡私立中州小学"，常香玉经常举行义演为学校筹集资金，"她刚生过大女儿不久，就登台为中州小学唱募捐戏"。（注释①）

让陈馥记忆犹新的是，常香玉还经常日夜连轴义演，演出收入不仅救济了流落宝鸡的难民，还买了麸子，运回洛阳、巩义，分发给家乡灾民。发现灾民无家可归，她在金陵河西岸搭了许多席棚供难民安身，又支起几口大锅给难民们舍粥。

在常香玉回忆录《戏比天大》中提到：有天，常香玉早起在金陵河边练嗓子，遇上一位登封的老太太，抱着不满周岁的孙子逢人磕头，乞求施舍。常香玉心生怜悯，可是又没带钱，竟将身上穿的直贡呢夹袄脱给了那位难民。

对于生者，常香玉给予最大的帮助；对于死者，常香玉也不忘献出最后的关怀。

宝鸡市志《人物志》提到：当年，常香玉在宝鸡石油机械厂北区附近购买了一块"河南义地"，安葬客死异乡的河南灾民。

【豫剧也成灾民逃荒路上的精神食粮】

逃荒中，伴随河南灾民的，不只是饥饿、贫穷，还有豫剧。

即便在逃荒途中，灾民也没放弃对豫剧的喜爱。河南的很多豫剧团和民间戏班子，也随着逃亡大军流落至西安、宝鸡，很多身处他乡的灾民，也希望能听到家乡的豫剧。

1942 年，由宝鸡河南同乡会、大新面粉厂筹款建设的"河声剧院"竣工，该剧院位于宝鸡市汉中路。

常香玉以义演入股，由于她带领的剧团在河声剧院演出时间最长，所以群众称这个剧院为"香玉剧院"。

为了救助河南灾民，在河南同乡会的支持下，常香玉经常在河声剧院举行赈灾义演，甚至定期为灾民免费演出。

用一句时髦的话说，河声剧院是常香玉梦想腾飞的地方。宝鸡的演出生涯，奠定了常香玉"豫剧皇后"的基础，被称为"河南梆子"的豫剧，自此在宝鸡生根发芽，兴盛了近半个世纪。

70 年后，宝鸡市汉中路"河声剧院"早已面目全非：剧院已被拆除重建，伴随着豫剧的衰落，这里曾一度改为股票交易市场。两年前，"外滩酒吧"入驻剧院，并将外观改成了欧式风格，每晚这里觥筹交错，上演着激情的歌舞。

"清歌妙舞出寻常，载誉西秦姓字香，银灯一处人如玉，满院观众醉红妆。"陈馥的一首藏尾诗里，记者依稀窥见了"豫剧皇后"当年的风采。

不可否认，在那个物质生活和精神生活匮乏的年代，常香玉等人唱响在三秦大地上的豫剧，不但解决了灾民的温饱问题，也一定程度上消解了他们的思乡之情。

注释①

从河南漯河迁到宝鸡的大新面粉厂，其老板黄自芳是河南叶县人，清末秀才，宝鸡河南同乡会主要负责人之一。当年，他和河南同乡会会长李生润等人积极为河南灾民赈灾，并联合建立了"宝鸡私立中州小学"，免费接纳河南难民子女就读。

灾民逃荒，到哪里为止？

采访中，有少数当事者表示村里有人曾逃荒到甘肃，但都没有相关佐证。陇海线宝天段1942年还没建成，甘南兵匪不断，会有大规模灾民继续向西吗？

顺着陇海线一路西行，河南灾民们的逃荒路漫无尽头。他们最终落脚到了哪里？

一路向西，河南商报记者前往甘肃，探寻灾民可能去的最远的地方。

【省政府收到一封来自甘肃的信】

1942年冬，河南大批灾民西行。冯小刚拍电影《一九四二》时，曾说过刘震云描述逃荒队伍用的八个字，"前不见头后不见尾"，让他拍摄时很是费了一番工夫。如果说西行的"头"是洛阳，那么"尾"是哪里？

西出潼关的300万河南灾民，为了在大灾之年活下去，他们迁徙流离的脚步最终在哪里停下？（注释②）

大部分西行的灾民，最终在哪里落脚，以及他们逃荒的具体线路，目前尚没有任何文献提到。

类似资料提起逃荒，总是笼统地说灾民会进入山西、陕西、甘肃等。

为了解灾民的具体逃荒路线，河南商报记者咨询了郑州大学专门研究近代史的徐有礼教授，他对这场大饥荒有所了解，但表示并没有专门研究过。

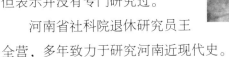

河南省社科院退休研究员王全营，多年致力于研究河南近现代史。

69 岁的他，思路非常清晰，退休后依然负责为业内多家知名史学类杂志审读稿件，但对于 1942 年灾民逃荒路线，他手边所掌握的资料也无法提供。

他说，大约在 15 年前，河南省政府曾收到过甘肃的一封来信。信应该是一个普通人写的，从字里行间可以看出，他并不是专业研究人员。信的大意是说，有很多河南人前往甘肃，为甘肃的建设做出了贡献。

省政府收到这封信后，经当时省委领导批示，转到了河南省社科院。

批示中表示希望社科院能了解一下相关情况，但因为当时经费、人手等相关原因，社科院的西行调研未能成行。

如今，王全营已经退休，而社科院见过这封信的人也不多。"当年逃荒的人，也可能继续逃往甘肃。"

而河南商报记者在省内的采访中，也有少数当事者表示村里有人曾逃荒到甘肃，但都没有相关佐证。

【西行兰州 寻访逃荒痕迹】

8 月 30 日，河南商报记者继续西行，经西安，过宝鸡，入甘肃境，过陇西、定西，便是兰州。

越往西，便更有几分边关苦寒肃杀之气，但层峦叠嶂间，居然有碧绿的梯田。

甘肃是古时西戎之地，直伸大漠。早在商、周、秦时期，便是西戎、羌、氏等族活动处，秦汉之际，月氏与乌孙居于河西走廊，隋唐时期，突厥、回鹘、吐谷浑也曾起于甘肃。远至塞外，中原人非不得已，一般很少涉足。

哪怕是迁徙流浪的人，到此也该停下了吧？

火车照例晚点。往兰州去的车大多终点站是乌鲁木齐。列车员说，往西边去的车，基本上没有不晚点的。西安以西，因为路况不好，加上连日下雨，火车走得分外当心，晚点几个小时都算是正常的。车上挤满了人，大多是河南各地中年女人，趁着这个时节到新疆摘棉花。有个女人骄傲地算了一笔账：她一天能摘一百多斤，一个月拿五六千块钱。即便这样，因为火车票有点问题，她依然舍不得打个电话，犹豫半天还是心疼电话费，将就着了。

她们一路向西，坚韧辛苦，为了生活。从这个层面上看，她们和几十年前这片土地上西去的河南人，没什么差别。

陇海线宝鸡至天水段，长 154 公里，这段铁路工程复杂艰巨。

从 1939 年 5 月至 1945 年 12 月，用了近 7 年时间，才勉强竣工。

通车后，塌方事故不断发生，被称为陇海铁路的"盲肠"。

1942 年，铁路尚未竣工。这样的路况，再加上甘南兵匪不断，若是逃荒者真能到此，不知道他们要历经怎样的艰难困苦。

注释②

目前存于河南省档案馆的记载中，逃荒方向大致有四个：大多数经洛阳，沿陇海线向西进入陕西；少部分南下逃亡湖北；少量向东进入日占区；还有一部分，北上进入抗日边区。为什么很多人都选择西进，《温故一九四二》作者刘震云的答案是：河南人乡土观念重，要是有一个人去了陕西，想着有人照应，就会有十个人、一百个人往那儿去。此外，豫东豫北已经沦陷，日军占领后烧杀抢掠；北有黄河南有长江，天险阻挡无法越过；平汉线几乎被损坏殆尽，唯一一条"大动脉"，就是陇海线，通向"大后方"。

甘肃史料没有河南灾民记录

当地专家说，根据他们手头的资料，应该是 99% 的灾民逃到宝鸡后，就停下来了，即使有极少量未成规模的逃荒灾民进入甘肃，也无法考证了。

灾民西行的终点会是哪里？会不会到达兰州？

在兰州，记者发现了河南人居住比较多的地方，但这些人多是上世纪 50 年代后才迁移过去的。

甘肃省相关资料也未曾记载大批河南难民的到来。

……

事实上，陇海铁路线宝（鸡）天（水）段 1945 年通车，而由于施工复杂，天水至兰州段，新中国成立后才开始整修，1953 年 7 月完成，至此，陇海铁路方全线修成通车。

也有一种可能，以当时的环境，再加上灾民到西安、宝鸡之后早已无力西行，且宝鸡以西地形复杂，大城市少，很难有讨饭的地方，灾民几乎难以再往西走。

这种可能，在甘肃省政协文史委员会主任袁维辉那里得到了印证。

袁维辉说，现在大部分兰州人的父辈，都是在"一五"期间为支援大西北建设而从天南地北迁徙来的。为了支援兰州建设，当时全国很多地方都是整厂、整系统迁到兰州，其中就包括很多河南人，在铁路建设方面，河南人贡献更大。

所以，兰州就算得上一个移民城市，但他长期主持编纂甘肃省文史资料，并未发现有关于河南人逃荒至甘肃的记载，平时他们也经常在省内各个地方收集资料，也没有听说有河南人当年逃荒至甘肃。

河南商报记者翻阅《甘肃省志》和《甘肃文史资料选辑》，从清末到现在的记录，并未提到河南人逃荒之事。

仅有一篇《河南省向甘南草原移民的经过》的文章，讲述 1958 年计划让河南人移民 15 万到甘南，但终因环境不适、水土不服等原因，大部分人返乡，15万人的目标终未实现。

"不管是当时的现实条件，还是政府举措，根据我们现在手头掌握的资料，应该是99%的人逃荒到宝鸡后，就停下来了。"袁维辉说，就算是有极少量的灾民可能进入甘肃，也会是和陕西交接的陇东地带，那里紧邻陕甘宁边区，但现在已经不可考了。

也就是说，300万逃荒的河南人，西行之路应该是止于宝鸡。

抗战时期的宝鸡戏剧

于世宏

抗战时期的宝鸡，每天都在发生着变化，文化方面虽不如工业、商业发展迅猛，但也有了长足的进步。宝鸡作为西北的交通枢纽，南来北往的过往商旅，沦陷区内迁的工厂、学校职工及眷属、学生、商人，政府机关单位人员，流落至此的难民，在宝养伤休养的部队伤病员，一些戏剧界人士也云集宝鸡，带来了四面八方的文化，看戏遂成为当时人们娱乐的主要选择。此时的宝鸡戏剧演出市场十分活跃，异常火爆。

抗战时期，宝鸡的戏剧演出市场繁盛一时，不仅有本地的秦腔，也有来自北方的京剧、评剧、话剧，还有来自山西的蒲剧，更少不了来自中原地区的豫剧。

每到夜晚，宝鸡中山路、汉中路、三马路、二马路一带的戏园夜场就开始了，抑扬顿挫的唱腔，高低起伏的锣鼓，震天的叫好喝彩声，此起彼伏，上演着一幕幕战时大后方的市井百态。

1937年3月，陇海铁路西宝段正式运营。1941年初，宝鸡成为陕西省第九行政督察专员公署所在地。从此，宝鸡成为关中西部政治、经济、文化的中心，西北的交通枢纽。随着文化活动的交流，许多外地戏班也先后流入宝鸡进行巡回演出。1937年，眉县齐镇山西同乡会曾出面组织山西蒲剧演员王秀兰等名流，成立"晋风社"活动于眉县一带，使蒲剧进入宝鸡。

陇海铁路的通车，使大量的河南籍人口流落宝鸡，为宝鸡豫剧活动奠定了发展基础。1937年5月，河南豫剧名流宋淑云首次在宝鸡"新新戏院"

搭台演出，受到河南商界的支持，并于1940年修建一座有500多个座位的简易剧场，邀请名流陈素珍开台演出，轰动了宝鸡城区。此后有宋登科开始于新新戏园成立了豫剧班。1941年，河南旅宝同乡会黄自芳等人集资创建"河声剧院"，由豫剧著名演员常香玉演出达2年之久。其时，宝鸡还有国军76师举办的国声剧团，从此豫剧开始频繁活动于宝鸡。先后有著名豫剧演员崔兰田、马金凤、牛得草、曹子道等率戏班来宝鸡驻扎演出，使豫剧成为宝鸡主要活动剧种。1939年，在豫剧流入宝鸡的同时，刘金亭的京剧班活动于宝鸡"南园大舞台"，宝鸡城防司令部第2旅先锋京剧社，亦在宝鸡活动演出。

1941年，中国左翼联盟演出三分团来宝鸡县城演出《秋海棠》《野玫瑰》等剧目。另有晁盛秀、马最良、徐碧云、孙盛辅、刘奎官、杨玉华等人所率的京剧班，孙玉芳所率的评剧班。话剧方面，在宝鸡组织成立的话剧团体先后有：三青团主办的"青年剧社"，西北文化名人冷波主办的"军官话剧团"，荣军第三教养院主办的"宝鸡荣军业余剧团"，陈影萍领导的"宝鸡业余剧人"，西北工合主办的"宝鸡工合业余剧团"，国军特种兵宝鸡联校主办的"太白业余剧社"，张雪鹤主办的"中流剧社"，青联会主办的"凯声剧社"等，都在宝鸡进行过演出。这些外地剧种的频繁交流演出，把宝鸡戏剧活动推向了前所未有的新高度。

这些话剧团社以"青年剧社""宝鸡业余剧人""工合业余剧团""凯声剧社"较有影响，且大多数为业余性质，演出活动时间较长。这些剧社除主办负责人本身就是演员外，还有诸如吴戈、崔超、王荪、齐婷、黄宗熊、郑快人、任定儒、刘惠君、田野、李浩、杨觉民、黄敬等都是一些颇有影响的话剧演员。有些还是国立艺术院毕业的高材生，他们从事演出，宣传抗日。演出的剧目有《雷雨》《日出》《北京人》《杏花春雨江南》、《风雪夜归人》《赵一曼》《桃花扇》《黄金万两》《谁先到了重庆》《小人物狂想曲》《重庆二十四小时》《升官图》等。以上话剧或正面，或反面，或借古讽今，或讽刺揭露，各有侧重地反映了抗战时期社会各阶层人士的生活面貌，歌颂了抗日民族气节，鞭笞了投降卖国汉奸等无耻败类，对推动宝鸡的抗日救亡运动做出了历史性贡献。

军政部宝鸡第一战俘收容所，一些思想转变过来的日军战俘主动组成"大同学园反侵略战争同盟会"，并组成一个"大同学园反战剧团"，编演了反战话剧和歌曲，剧目有《觉醒吧，同志》《侵略战争的罪恶》《正义血战》等，还教唱了根据地的歌曲《黄河大合唱》《大刀进行曲》《游击队之歌》等。1939年7月7日，是卢沟桥事变两周年纪念日，"大同学园反侵略战争同盟会"与"大同学园反战剧团"举行成立大会，剧团进行公演，在民众中反响极大。随后又在西安鼓楼、三原、富平、武功、临潼、宝鸡以及西北农学院、黄埔军校第七分校巡回演出。1939年秋，宝鸡抗敌后援会举办反日宣传大会，邀请收容所组织战俘化妆登台宣讲，揭露日本军国主义侵华罪行。

宝鸡传统的戏曲演出活动，主要以配合民间各种神会、庙会、乡会、丧葬、婚嫁、寿诞等活动而从中娱乐看戏，这类活动场所，旧为西府秦腔传统阵地，在长期实践中，密切配合，形成许多习俗与西府曲子、西府道情、西府木偶戏、西府皮影戏等艺术活动融为一体，成为一种默契配合的配套文化活动。中路秦腔与外地剧种流入宝鸡演出，虽技艺水平高，剧目新颖，但与当地习俗有隙，故这类活动多不邀请。但外地剧种则以其技艺高超之长，采取售签（票）或包场、团体票等方法，在戏场、戏园进行专业性演出。这些外来剧种的大量演出，促进了宝鸡城区专业戏园的建设。

抗战时期的宝鸡，由于工商业的快速发展，人口骤增，电影院、剧院等文化服务设施也随之增建。宝鸡城区内除原有的城隍庙戏楼，位于中山大街的开明戏院等 18 座露天戏楼外，1937 年至 1942 年间，又相继建起了 3 座电影院和 8 座戏院，即大光明电影院、平安电影院、新宝电影院和南园舞台、大光明大戏园、升明戏院、大地戏园、新新戏院、大华戏院、河声剧院及青年堂等专业剧场。随之，宝鸡以外一些繁华县城、集镇也开始出现了专业售签（票）的演出场地。民国时期，宝鸡各县有专业戏团、戏场 22 座，戏曲活动成为各县必不可少的重要文化活动。抗战后期，由于中西路秦腔争艳，西府曲子戏出现于舞台，外地剧种豫剧、京剧、话剧、评剧等大量流入宝鸡，使宝鸡戏曲活动呈现出繁荣兴盛的局面。在城镇有频繁的戏曲巡回交流演出，使专业戏园、戏场十分兴盛；在农村则有大量的传统宗教祭祀活动，维系着传统戏曲活动的繁荣，促进了古戏楼（戏台）大量的兴建。据统计，民国时期，宝鸡各县有古戏楼 906 座，几乎大部分村社都有一座或多座戏楼。其中戏楼最多的宝鸡县就有 328 座，可谓全国戏楼最多的县。从戏楼的多寡可看出宝鸡戏曲在民间的普及状况。

众多的戏园舞台，四季演出不衰。高贵的包厢，常被富商达贵所占据，戏场座无虚席。遍布城区的个体曲艺茶社，亦十分活跃。据资料记载，宝鸡县城南渭河滩，由沦陷区来宝的各地民间艺人 100 多人，组成"游艺市场"，演出相声、弹词、京韵大鼓、河南坠子等曲艺节目和魔术、杂耍等。所有这些，无不向人们展示战时宝鸡戏剧的兴盛繁荣。

八十年前宝鸡的老样子

秦岭山人

　　宝鸡，一座典型的移民城市，近代宝鸡的城市发展来源于从抗日战争爆发和陇海铁路通车，及随后的黄河花园口决堤造成的大量难民的西迁陕西所形成的宝鸡城市人口。应该说，大量的外来人口的到来对宝鸡原本封闭的地方文化形成了巨大的影响和改变，宝鸡因此被称之为"小河南"。

　　1936 年，宝鸡城区的人口只有可怜的 6700 人，这其中还包括驻宝鸡的国民党后勤保障基地管部人员的家属在内。据原国民党宝鸡留守上尉陆荣景（化名）老人生前回忆说，当时宝鸡城区的街道就只有一马路，就是现在的中山路，而位于经二路上的一带都是荒野无人烟的乱石河滩。按照今天人们的定义来认为，当时的宝鸡就只是相当于现在的县功镇的规模。

　　宝鸡因处于中国西北内陆深处，当时的交通路况落后，直到 1921 年，才有人看见第一辆汽车出现在宝鸡街头，而车内乘坐的人物是当时国民党

军方的高级人员。1926 年，逐渐出现了许多运送军事物资的汽车来往于宝鸡至西安，嗣后不久便出现了一些商人和从事运输的汽车。那时更多的是由畜力车从事短途货物转运。这些人员一直以现在的中山路（一马路）、曙光路（二马路）、引渭路（三马路）为主要路段来运输人员和货物。由于是畜力车，当时的政府规定这些车辆不得在市区繁华的一马路上面停放过夜，于是在今天新建路的位置，就是当年的渭河大堤上（旧时称新马路）停靠了很多畜力车。解放后逐渐取消了这些畜力车，后来随着宝鸡城市的不断扩张，在 1978 年时将老渭河土堤废除了，修建了今天的新建路，新建路之所以叫新建路就是这样来的。

当时宝鸡最热闹的地方就是今天的老火车站的华通商厦所在地。据陆荣景老人 1995 年去世前回忆，今天的华通商厦所在地就是他当年花五块银元从一位河南人手中买来的茅草屋，后来经过重新修葺后，面积达到二百平方米左右。解放后，被公私合营至金台三好食堂，成为了今天向阳阁资产的一部分。

在 1987 年以前，中山路一直是宝鸡最为繁华的商业街道，印象最为深刻的是人民电影院和马路对面的上海酱货园与东风旅社，可以说这之前的东风旅社是宝鸡市最为奢华的旅社了。想想当年那建筑特色，真是令人印象深刻得难以忘却。在宝鸡就没见过有着上海滩风情的建筑风格，可它就实实在在地出现在几十年前宝鸡人们的生活里。

当年中山路上的经典老店现在已经消失得无影无踪了。位于中山大厦后的实验食堂、位于今口腔医院原址的南方菜馆、位于马路对面的龙凤泉大浴池、位于今天金台邮电局对面的山西老秦家刀削面馆、服务楼馄饨馆、亨得利钟表眼镜店等，可以说都是曾经深刻影响过宝鸡人生活的地方。而现在，这些地方随着改革开放的历史进步，成为老宝鸡人们的回忆了。这就是我们今天写此篇文字的初衷，城市可以改变，但城市的记忆不能遗忘！

蔡家坡是杯乌龙茶

李巨怀

蔡家坡是因宋朝时为官归隐的蔡氏兄弟而得名，地以人兴方渊流至今，但蔡家坡却绝对不是一个坡。一个二十七万人口的西北最大的镇，一个两山夹一川、沃野百里、坐拥岐山多半个家当的镇……你还能说它是个坡吗？一个紧依积雍塬、东连眉县常兴镇、西挨陈仓区阳平镇，一股脑儿摊开的横跨渭河直入秦岭深处的三四百平方公里的大煎饼，是那个馒头似的区区数百亩的老蔡家坡能囊括得了的吗？一个新石器时代遗址数十处，扎堆坐拥了龙泉寺、白云寺、老龙池、五丈原、点将台、石榴山、太白山、钓鱼台等诸多历史人文遗迹的厚实之地，是那个一袭千里的渭河小镇能概括得了的吗？这就是我那永远埋在心底的美丽故乡——蔡家坡。

蔡家坡地处岐山、眉县、陈仓区三县交界之要冲，陇海线穿城而过，扼守三地，枢纽八方，华夏明珠，自古锦绣。蔡家坡在新中国成立前便是响亮三秦大地的小上海，加之商业发达、百业兴荣，时谚有"金宝鸡、银凤翔，不如岐山一后晌"，主要指的就是万众瞩目的蔡家坡地区。且不说新石器时代以至两汉的任家沟遗址、零霍遗址、永乐遗址、古城

遗址，仅凭铁马秋风五丈原上的蹇叔、诸葛亮两位能公丞相就叫蔡家坡名垂青史、誉满华夏。在这块神奇富饶的土地上发生了许多影响深远甚至改变中国历史命运的事件。然蔡家坡的兴盛是因陇海线西宝段的贯通而肇启，随着黄河大决口、日本侵华战争的推进、民族工业的西迁而繁荣的，真正的发达却是始于改革开放后。

20世纪40年代初，只有十几平方公里的小镇就迁来了雍兴纱厂、雍兴面粉厂、雍兴酒精厂、西北机器厂、西秦机器造纸厂等民族工业大厂，占据了老宝鸡近一半的工业家底。新中国成立后，又随着三线建设的如火如荼，蔡家坡又成了国有企业风起云涌的根据地，在这块富庶辽阔的沃土上又涌现了陕西汽车制造厂、前进机械厂、陕西汽车齿轮厂、渭河工具厂、岐山县化肥厂、岐山县磷肥厂、岐山县红旗机械厂、岐山县制药厂、岐山县印刷厂、岐山县酒厂、岐山县食品加工厂、蔡家坡服装厂、蔡家坡制砖厂等三十几家大型企业。再加上岐山县百货批发公司、岐山县饮食服务公司、岐山县糖业烟酒批发公司、岐山县五金交电化工批发公司、岐山县蔬菜公司、岐山县食品公司、岐山县石油公司等八大公司的入驻更叫因工业而兴的蔡家坡成就了一般县城都难以望其项背的繁华和热闹。20世纪80年代初的蔡家坡就有十万人，其商贸纷呈、摩肩接踵的洋火劲儿就是我小时候能最大化向往的北上广的缩影，虽然满街黑不溜秋跑的都是给几个大厂运煤的方向盘似手扶拖拉机的蹦蹦车。

依然记得稚童无识时期的一些趣事。小时候父辈们老是讲穷汉腊月快似马，就是说随着腊月的临近，不论贫富都加快了盘点一年收成的步伐，尤以囊中羞涩的贫苦人家为甚。20世纪80年代初的蔡家坡对家徒四壁的我而言最大的奢望就是去蔡家坡饭店咥一碗热气腾腾的大肉泡馍。在现时山珍海味寻常百姓都懒得搭理的年代看来，的确是有点儿滑稽可笑的事情，但在那个物质极度匮乏的年代却是我最大的愿望。那时的农家每户一年必须养一头猪，生产队腊月中旬集体杀猪，这头猪可顶工分，缴猪人家还可以额外得一副猪头猪肠猪尾猪血类的猪下水。但要叫生产队的专业杀猪班子验上你家的猪却是一件很挠心的事情。哪个农户都想过个肥年，都想美美地饱咥一顿。在那个家家户户吃了上顿想下顿的恓惶年月，玉米面发糕都难以维系的时期，谁不想着过年呢？起码还有生产队统分的每人半斤不到的猪肉。可在那个人穷志短、猪也饥肠辘辘的煎熬日子里，有几家的猪能养得膘肥体壮呢？没办法，每个生产队都有像公粮一样的生猪上缴任务，在生产队拼着老命完成公家的上缴任务后，剩下的猪基本都是毛长肉少老弱病残的第三梯队，就这还得跟在生产队长的屁股后面求爷爷告奶奶地央求人家把自己家的猪杀了。那时的猪能养到现在似牛犊般动辄三四百斤健壮的根本没有，一百七八十斤就算上乘了，绝大多数人家养的猪充其量也就百十斤左右，就这还得眼巴巴地求着主事的给你走个后门。

幸运的是，父亲有一个老朋友在食品站工作，每年我和两位姐姐含辛茹苦、不舍昼夜一把把青草一盆盆清汤喂大的家猪可以勉强缴公充工分。现在回想起来，那个戴着茶色石头眼镜、大背头、披着中山装黑风罩脸的中年汉子，就是我眼里手握公器大权至高无上的大官人。他两个大拇指在猪脊背上压两三下就手一挥"三等，抬走"，那时一等需二三指膘，二等需一二指膘，三等就是无膘可言了。一等比一等价格相差一大截，在整个中国都缺油水、人人都爱吃肥肉的时代，谁家的猪想验个三等呢？没办法，就三等也是老父亲一遍遍央求他那位老友后最好的结果了。看着臭气熏天人声鼎沸排队上百人的生猪收购站，我和老父亲还有何言语呢？扣除缴公的部分，父亲攥着拢共只有十块钱左右的大小毛票，一脸的兴奋和自豪。

缴猪这个差使那是孩童时期家里最为隆重的活计，两个比我喂猪更为卖力的姐姐却没能紧随家父前往生猪收购站缴猪，我那线轮似的小腿其实一点儿忙都帮不上。底疙瘩男孩偏吃偏穿是一般农家的传统，物资有限，必须有所偏向，哪个做父母的愿意这样做呢？那时的自己一点儿都感觉不到母亲和两位姐姐撵着我和父亲架子车渐行渐远时的悲凉，现在想来真有些万箭穿心般的疼痛之感。老式军人的父亲小心翼翼地攥着一年来最大的一笔收入，仿佛紧紧握着一只麻雀。他总是先找个僻静的地方把一块以上的大钱里三层外三层揣至毛贼也想象不到的地方，这才拉着架子车哼着小曲领着我来到人群川流不息的蔡家坡车站街道。

他每每领着我去开洋荤的第一个地方就是岐山各种风味最为齐全的蔡家坡饭店。每至饭店门口，奢想了千万回的自己早已饿得前肚皮贴后肚皮了。两毛钱一碗的大肉泡馍，就一个巴掌大的小碗，两三块大肉，三五块豆腐，七八根粉条就把你打发了。父亲却回回只要一碗，自己蹲在我身边默默地抽着旱烟锅，瞅着我狼吞虎咽最后一口汤一扬脖子喝完时才满脸的核桃花，"那个瞎厨子，我看着他把食指蜷在手里抓肉，唉，不说了，走。"父亲每次拽着我离开那魂牵梦绕的地方时总是嘟囔这么一句。

现在回想起来，关于蔡家坡的许多美好回忆都离不开父亲那宽厚博大的在我眼里小山般坚实的身影。通常情况下，跟着老父亲逛蔡家坡还有一个美好的回忆，便是去饮食服务公司属下的理发馆理发了。二百多平方米的理发馆，有四五十个台位和功能齐全的各种电动理发工具，尤其是往高耸威严的理发椅上一坐，绝对座山雕般的享受。那时全村也就几把手推剪，锃光瓦亮的半机械化，那时农村半大小子们发型都是一律的光头，理个小洋楼式的寸头你想也甭想，那个使用过度的老掉牙手推剪早已失去了往日的耐心，你再咬牙切齿憋着气坚持，还没理到一半就被那老古董把头发夹得眼泪直往心里流，就差点儿跳起来喊娘了，没办法，就这还是大人三番五次上门请人家来学手的。

更叫自己心感温暖和美好的回忆便是洗澡了。夏天好对付，村子周围涝池、水坝多的是，揪完草瞅个大人不在意的空当一个猛子下去就完事，可到了冬季麻烦就大了。周围厂子的澡堂一般不对外，即使你拿着伙计们匀给你的洗澡票，你也得盯着人家工人们不太密实的时分去。记忆中不管哪家澡堂子你去了都是蜂拥般挤堆堆，不论大小池子还是那寥若星辰的淋浴，都是人满为患，连个脚丫子都难踩稳，更甭说放开手脚钻个冒眼了。在现今的小孩看来理发洗澡已为负担的时候，对我们那代人而言那却是一年也难得几回的真实享受。

人生最为美好的回忆往往是特别短暂的，短暂到你有一天绞尽脑汁也还原不出个甲乙丙丁来。转眼间离开家乡快三十年了，依旧记得离开家乡去外地求学当日晚上写的一首小诗。

娘在我心上

娘站在土堡子的柏树旁
望着我穿过那小羊肠
那一声声不绝于耳的呼喊哟
随着娘的烂衣裳一块儿在我心中飞扬
不敢回头看哟
不敢把手扬
猛地转过身时
泪已千万行

这是我十八九岁离开故乡外出求学时最真实的心况。我那刚毅倔强的父亲去世三周年刚过，我又不得不舍下孤儿寡母中的老娘去那个前途未卜、生计无望的城市上学。自那以后陪伴母亲的只有老家的几只小鸡和一往情深每年流连忘返的燕子了。一生向佛素爱干净的母亲总是在燕子窝的下面铺一张报纸来接拾燕子的粪便，并在老宅的梧桐树下放半碟苞谷糁类的杂粮，让偶尔觅食空嘴而回的燕子有个后路。

母亲的这种无言大爱一直影响了我二十年。母亲1996年去世后，我也因为工作调动的原因几次搬迁，终于搬离了那老娘离世的老宅。老话讲人是房柱子，没有娘的老宅还是家吗？连那通谙人性的燕子在老娘去世后勉强回来了一两年就再也不光顾我那根脉所在的老家了，何况我呢？然而万物有灵、天人归一，我在这陌生的城市搬了几次家，十五年来总有燕子在我那蜗居的单元房厨房边上筑窝，每年总有半年时光陪伴着我叽叽喳喳，欢叫个不停，我有时还在窗外挂一串火红柿子类的东西故意叫它们啄食。这难道不是一种通人性的生灵，一种老娘的声息，一种冥冥之中故土的呼唤？记得四五年前恰逢儿子中考，不知人间况味的燕子多吵闹了几声，家人怕影响孩子复习训斥了几句叽喳不休的燕子，不明事理的燕子一受惊吓几天未归，为此我还和家人闹了好几天别扭，直到与我心通已久的神灵再一次归巢安息，我那愤愤许久的心方才平复下来。

有人说离乡就是为了还乡，一个战士不是战死沙场，就是回到故乡。每每在钢筋水泥的城市遥望天穹，最喜欢飘向父母千年之地的那抹流云；每每在偶见星星的深夜眺望，最喜欢离家乡最近的那颗星星。蔡家坡就像一处深埋地下五千米的巨大磁铁矿，无论你用怎样的方式逃离，它都环绕周遭无处不在地吸引着你；蔡家坡更像一口直通地心的深井，不管你这个游子在哪里闯荡，你都会畅饮到它沁人心田的乳汁；蔡家坡也像一杯乌龙茶，只要深入其中细细呷品，你就自然间和它结上一生的缘。当历史跨入新世纪，当一日千里的蔡家坡以它沉蕴千年的怀抱向你敞开它无垠广阔的胸怀时，当新机遇把它打扮成宝鸡市的副中心时，我们每个身处异乡的游子怎能不心怀激荡、豪情满怀？三年前曾经用三十万字的长篇小说《书房沟》，想给萦绕心头千万重的家乡做个完美的注解，曾经一趟趟远离故土甚至于国土想寻觅到一块安置心灵的世外桃源，半辈子后的今天才终于发现打上你热血生命徽记的故乡才是你永远割舍不下的灵魂栖息地。

虢镇古地名备考

杨宝祥

刘纲岭

虢镇北门外今气象站所在地被村民称作"刘纲岭上"。宝鸡县志记载"刘纲岭，虢县镇北，传纲为虢令时所筑，以备水患"。刘纲岭现为虢镇东堡村耕地，村里的老人都知道刘纲岭是人工修筑的岭岗，因为在地里耕种时，常常能挖到人工夯筑的"锤眼"，异常坚硬，但问起刘纲岭的来历，却都说不上来。《重修古虢常宁宫集略备采》里有关于刘纲的记述，却是列仙传中的刘纲夫妇，即白居易《酬赠李炼师见招》诗中"刘纲有妇仙同得，伯道无儿累更轻"的刘纲、樊云翘夫妇。刘纲据说是三国时吴国下邳人，传说能檄召鬼神，后与妻樊云翘同入四明山修仙去。对这位刘纲修筑刘纲岭以及奉敕令修常宁宫，《重修古虢常宁宫集略备采》中已经明确地给予否定，刘纲显然只是唐传奇中的人物，无法跟真实的历史还原。但关于刘纲的传说却在磻溪烟霞洞和坪头九龙山一带也有流传。此担任虢令的刘纲是否是彼升仙的刘纲，不得而知，但是刘纲岭却实实在在地挡住了从虢镇北坡上奔涌而来的洪水，使得这个"突起大阜如龟卧形"的虢镇在灾害性暴雨洪水来临之际安如磐石。县志和《唐书》记载宝鸡有升原渠，在虢西北，是否可以把刘纲岭猜想为修筑升原渠时在虢镇北关一带修筑的防水堤呢？

暖　泉

　　明正德十六年（1521），宝鸡县被划分为十乡四十九里，其中有一里叫暖泉里，归属遵义乡；万历五年（1577）全县被划分为 49 里，其中亦有暖泉里；乾隆五十年（1785），全县分为十乡五十三里，遵义乡辖暖泉堡、皮里堡等村落。而在晚清的村寨记载中，暖泉堡名列其中，民国以后则再也找不到暖泉的只言片语记载了。暖泉在暖泉里或暖泉堡是毋庸置疑的，说明在宝鸡县历史上，暖泉曾经长久地存在过，而且被视为虢县的名泉。那么暖泉究竟在现在的什么位置呢？

　　乾隆三十一年（1766）修订的《重修凤翔府志》记载暖泉"里因泉名，泉在道旁，已湮。每冬春有雪即融，暖气浮蒸，至今不改"。清《宝鸡县志》记载暖泉在虢县东五里。县东五里今为虢镇西秦村，西秦村旧时则包括李家堡和中庄及阁底堡。如今西秦已经很少有人知道暖泉堡这个名称了，更无法说出暖泉所在位置。笔者多次走访西秦村的老人，按照县志记载的位置探寻，基本确定了暖泉堡的位置，其位置应该在今西秦村委会所在地偏西北方向的台地上，与李家堡子和阁底堡呈三足鼎立之势，现为西秦村耕地，昔日暖气浮蒸的暖泉也就在这个位置，只是因为地质结构的变化早在 350 年前就已经不再喷涌温泉了。随着岁月的变迁，暖泉连同宝鸡县的著名堡寨暖泉堡一起湮没在历史的长河中，不再被人记起了。

插板石

　　虢县城南为南堡，即旧时的镇江堡，因镇江禅院得名。南堡农人旧时多叫镇江寺为"棒槌寺"，大概是因为镇江禅院的木鱼声与镇江寺下面的清水河边传来的捶洗衣物的声音相似的缘故吧。南堡子城南是一片台地，台地上是镇江寺，镇江寺再南则是近两丈高的断崖，断崖下是婉转从水莲寨方向绕城流来的清水河，插板石就在这个断崖下边。这个叫作插板石的地方原来是一处被清水河水淘洗出来的约有三间房大小的悬崖，就像一块插板，斜插进黄土里形成天然的石室。断崖看似危如累卵，却因这些坚硬的料礓石稳如泰山，更不论在断崖上建屋筑舍了，能听得清水河的水声，丝毫没有身处悬空的恐惧。插板石的存在被视为吉兆，夏天农忙时，农人可以在插板石下乘凉歇息，孩子们可以在插板石下玩耍嬉戏，那些流浪的乞儿、游方僧道也时有在插板石下过夜。现在插板石早已没有任何痕迹可寻，只是约略知道它的位置大概在虢镇南堡古凉楼坡遗址附近。

冢疙瘩

在今虢镇建材市场附近旧时有一个隆起的土堆，约一丈来高，普通农家院子大小，被人们戏称为"冢疙瘩"。久居虢镇的老人们现在还隐约记得冢疙瘩的模样，郁郁葱葱地长满青槐，农历五月、六月，槐花散发着香味，招引得蜂儿蝶儿在林间翻飞。为什么要修冢疙瘩，据南堡村年逾八旬的严鸿翊老人说，解放前冢疙瘩附近就是严家的耕地，修筑"冢疙瘩"主要是为了堵住"脉气"外流，类似于照壁或者泰山石。其次还有墩台的作用，相当于预防兵匪时的瞭望台。"冢疙瘩"今已不复存在，早在解放初期，就被农业合作社平整土地时平掉了。也有人说"冢疙瘩"不是人工修建的，是自古渭河洪水留下的地质地貌，它和惠家湾北坡的石幢寺是虢镇城西地标物，俗称大冢子。冢子有200多平方米大，呈山丘状，根子处有粗沙卵石，上有棵中国槐和一口枯井。冢子北是官道和西堡董家祖坟，有清朝生员的碑楼，大约在1964年时被西堡大队卖砂石夷为平地。

武都故郡

虢镇旧时东西两个城门分别树有两座牌坊，西边牌坊上书"西虢遗封"，东边牌坊上书"武都故郡"，均为乾隆五十年（1785）宝鸡县知县邓梦琴所建。"西虢遗封"很容易理解，但"武都故郡"中的"武都"却使人容易与现在甘肃陇南的武都县联系在一起。那么"武都郡"究竟有怎样的来历呢？

　　据《宝鸡县志》记载，十六国时前秦苻健于三交城设置武都郡，郡治在距离今宝鸡市以西四十里今固川坊塘一带。而苻健称帝时为皇始二年（352），皇始五年（355）即病死，那么武都郡的设置最迟应不会超过公元355年。北魏（386年至534年）时，武都郡管辖平阳县、苑川县，隶属于岐州。《寰宇记》记载"虢县汉并雍，后魏（即北魏）立为武都郡"。《文献通考》中记载"后魏于扶风置平秦郡兼置岐州，西魏（535年至556年）曰武都郡、陈仓、洛邑属岐阳郡"。文献记载武都郡在隋开皇初年废，如果按开皇初年为公元581年至586年之间的话，那么宝鸡县在历史上被称为武都郡则长达230年之久。通过这样的了解，就不会对"武都故郡"产生歧义了。

"新市南街" 地名由来

——宝鸡现当代历史上最小的市

杨宝祥

在千渭街道虢镇火车站与陈仓大道之间有一条街名叫新市南街，这条街道曾被称作"车站路""车站南路""磷肥厂家属区路"。为什么叫新市南街，有人从字面上理解为新市场南面的街道，但追根溯源，却另有原由。

陇海铁路通车后，在虢镇以西第九保、第十保辖区内设立了一座三等车站虢镇火车站。车站的设立吸引官僚资本在此开设雍兴公司业精纱厂，国民党军队后勤部在此设立虢镇轻便铁道管理站、周汧钱粮办事处等工厂机构，虢镇第三中心小学也设立于此，抗战全面爆发后，河南、江苏等地难民纷纷落脚火车站周边，昔日的庄稼地逐渐成为商铺

林立的新市镇。1949 年 7 月 14 日，宝鸡解放，经陕甘宁边区政府批准，宝鸡市、县分设，成立了宝鸡县人民政府，驻底店堡武城山（9 月迁至虢镇），隶属宝鸡分区行政督察专员公署。同年 8 月，宝鸡市人民政府决定建立虢镇区公署，驻地木梁市。虢镇区公署辖土桥、东堡、南堡、西堡、惠家湾、杨家埝、李家崖、三盘沟八个乡人民政府和西街、东街、车站三个市。同

年 11 月虢镇区划归宝鸡县管辖。

新设立的车站市人民政府驻地为位于车站南边街道的同心旅社。1950 年 5 月，虢镇区撤销东街市、西街市，组建了虢镇街人民政府，撤销杨家埝乡、惠家湾乡和车站市，组建了车站乡。在车站市人民政府存在的短短十个月当中，将市政府南边的街道定名为新市南街。新成立的车站市在登记居民、核发户口簿时，即将该区域居民的住址信息标注为"新市南街"。这样一来，新市南街这一与新中国同龄的街道名称就一直沿用到今天。

挖掘新市南街，无意中发现了宝鸡市现当代历史上最小的市，实在令人惊喜。

水天孤城"水落城" 生生不息屈家村

杨宝祥

　　一百多年前，千河左岸由西北向东南依次排列了张家崖、黄家崖、魏家崖等村，由冯家嘴折向正东有李家崖、范家崖、三盘沟，再向东则是田家坡、杨家坡、刘家坡及惠家湾。人们依河道冲刷的高崖而居，窑洞鳞次栉比，远望千河与渭河交汇处，一片湿地，仿佛泽国水乡。雄踞在三盘沟的崖头上有座卧牛城，其正南四里地的湿地中拔地建有一座小城池，俗称水落城。清代时属宝鸡县仁和乡底硇里管辖，民国时属宝鸡县第三区东第二联、为水莲寨保障所之一甲。

　　水落城四四方方，围长一百五十丈，高约三丈，比虢县城的城墙还要高上五尺，只是虢县城的城墙上有十六座炮台，而水落城由于起高的原因城墙顶宽仅一尺余。底宽一丈的墙根子显得坚实稳固，城墙外有城壕，宽约丈五，城壕内常年积水，水深及胸。城墙与城壕之间有宽约六尺的护墙土台，罕有人迹，长满蓑草。水落城有城门一座，两层歇山式城门楼上装备有四十杆抬枪，门朝正西，北与三盘沟卧牛城呼应，西望千河武城山，南眺秦山渭水。夕阳落日，水天相接，一派孤城美景。

　　昔年，漂泊在一片水草之中，这个容纳四排房舍、七十余户、一百五十多口人的水落城就是屈家村。

　　屈家村的先祖最早居住在三盘沟的卧牛城。卧牛城的人来自大槐树，大槐树的移民们占不了关中平原的肥土厚田，沟壑岸坡便成了他们落脚之地。卧牛城南临数丈高崖，成为自然天险，自西而北向东一圈城墙，唯北

边城墙最高，有西、北两座城门，形如卧牛，凭险而居。不明原因所致，屈姓族人走出了卧牛城，面对千渭之左的湿地，硬是在水草中找到一处尚有沙土的丘地，开始了艰难的造城工程。根据历史大事件的推断，水落城大约建于清咸丰末年或同治年间，即屈姓族人离开卧牛城之时。彼时恰逢战乱，有什么恩怨使得屈姓一族不顾世事纷乱离开祖居，至今成谜。

水落城的修建充满艰辛，首先取城壕中的沙上筑成城基，再到四里之外取上好黏土筑城，筑城之时即开始城内修建房屋，其间不论冷冬寒天还是三伏酷暑，忍饥挨饿、吃力流汗只为拥有自己的独立家园。

水落城以屈姓人为主，兼有罗、张、崔等姓氏。外姓进入水落城，当属在兵荒马乱之际以出资、投劳形式换取城中居住权。

回乱中，北边台原除卧牛城之外，坚固的堡子有范家崖、张家城、刘家堡、八家城、举人城，而水莲寨等处乡民也多有到水落城避难者。为了御贼防匪保一方平安，水落城举全城财力购买得抬枪（火铳）四十杆，成为对四方极有震慑的火器装备。回乱前后凡十年有余，除一次开仗过程中，死屈姓一人外，水落城固若金汤、安然无恙。据屈家村年逾八十的屈碎太老人回忆，水落城大约在民国年间进来过一次土匪，其祖母被烧拷毒打致死，土匪进城的原因并非城墙不高、把守不严，而是城内出了内贼，有败家子充当了土匪的眼线，并引贼入室。

水落城坐落在一片水泽之中，生存成了族人们的头等大事。如今屈家村的老人们说起往事，无不感慨万千。屈家村在滩涂变良田之前吃面条和麦面馍是非常奢侈的事情，因为水落城周围根本不能种植小麦，有的只有高粱、玉米以及常年替代粮食的南瓜，好在沙土地能长出卖相上乘的蒜薹，成了换小麦的本钱。民国六年（1917）前后，西府川原开始种植罂粟，屈家村的沙土地出产的烟土品质竟是方圆最好的。但好景不长，时任县长的渭南人顾士麟及其后任澄城人杨介推行禁烟政策，高粱、玉米、南瓜又成了水落城人的主粮。鸦片在短期内改善过水落城的生计，也深受抽大烟成瘾之害。罗姓某人就因吸食鸦片卖尽家财，甚至连婆娘都卖到了甘肃庆阳，后来落魄不堪竟随了土匪。

屈家村的老年人提起吃南瓜，头摇得跟拨浪鼓一样。少许麦面与南瓜搭配做出的"锅塌塌"（南瓜盖被）是最好的饭食之一。由于没有麦面吃，屈家村人会被邻村的人嘲笑，小伙子找媳妇自然不易，而本村姑娘会选择嫁到原上去，那里上好的白土能种出上等的白麦，能磨出雪一般的白面，擀出又筋又光的面条。

民国二十五年，陇海铁路开通，水落城依然是铁路以南孤零零的村堡。水落城没有引进渭河以南种植的稻子实在让人匪夷所思，他们硬是在水田垄起一块块旱地，坚定地期待能看到麦浪滚滚。更让人惊讶的是，从原边卧牛城下来的屈家人，从不捕捞一切水里的活物，哪怕肥美的河虾、粗壮的鲶鱼，理由很简单，不会吃。解放初，从上海迁来的五〇一厂（西北虢镇汽车制配厂，后改为渭阳柴油机厂）落户距水落城以北不远的李家崖村，工厂里的南方工人们在城壕中撩一掬水在鼻子下嗅了一下，顿时堆起了满脸笑容。不久，工人们隔三差五在城壕中开始钓鱼、捕虾、叉黄鳝、捉泥鳅、捞王八，每每都有丰厚的收获。水落城的孩子们翻过城门口的挡马墙，靠坐在城墙根，隔壕沟观看工人们享受垂钓乐趣。

不知什么时候开始，曾经淹没过大车车身的壕沟水位慢慢下降了，钓鱼的人后来也不见来一个，有人开始在壕沟里种莲藕，翠绿的莲叶如同一面面筛子漂在水里，落雨时，水珠滚来滚去，煞是好看。水落城的周围也不再是一片水地，旱地大面积向渭河滩延伸，北边台原上的人们开始舍弃窑洞，在原下平坦处盖起房屋。台原与屈家村之间开始出现了长畛子的旱地，沿台原的村庄一步步往南迁移，出现了类似腰庄这样的地名。水位的下降，滩涂变成良田，苦心经营的水落城终于在二十世纪六七十年代迎来了粮食丰产的春天。七十余户的原住民显然已经不能蜗居在区区百余米见方的小堡子。

日益拥挤狭窄的水落城容纳不了日益暴增的人口，两户屈姓、一户罗姓率先走了出去，在水落城以北一里之外落地生根，从此有了三家人的地名。黄土夯实的城墙经不起雨淋日晒，日益萎缩，不再挺拔，就像老人们弯曲的腰。城门楼罕见人迹，只堆放些陈年旧物、四十杆抬枪和早年祭祖迎神时穿戴的社火衣帽与做窝的鸟雀相伴，被新时代遗弃。有一天，生活在水落城的人感觉极不适应每天出入同一座大门，于是外迁城墙四周的户数愈来愈多，城墙也被视为上好的肥土而一天天遭到蚕食，不久城墙就消失了。老一辈人的回忆定格在水落城极富诗意的城门时，一个向四周延展的村庄已经形成，年轻一代的印象中从此再无水落城的模样。抬枪中的一杆幸运地被用做石碾的中轴，其余则被炼成了各种各样不能使用的钢铁。

2013 年，凤翔县陈村镇紫荆村屈家山派人来屈家村寻找族人。来人声言屈姓人为大元成吉思汗三子窝阔台的第四个儿子哈喇察儿王的次子凤翔达鲁花赤扎儿台（汉名屈术）之后，是元代皇室。来人展示了族谱让村中八十岁老人屈引富观看，屈引富只看了一眼，就说自己年事已高，让来人去村中访问。屈引富老人清晰地记得曾经多次祭拜的族谱及先祖神案上祖辈的画像，着清家官服和诰命服饰，与屈家山先祖蒙古族服饰迥然不同。大多屈姓老人只知道祖上来自卧牛城，而不是屈家山。屈家的族谱毁于上世纪的"文化大革命"，族谱显示其祖上为三支，其中一支有两房女室。如今随着人口的繁衍，其三支脉络逐渐模糊，但对于村中耆老来说还能依稀可辨。

屈家村的老人们坚信祖上来自山西大槐树，老鸦窝、解手、小拇趾甲分瓣的故事口口相传。自建起水落城后的一百余年，屈家村已经由七十余户发展到二百六十余户近七百口人。屈家有一户族人民国年间在虢县城开商铺，后来就落脚西堡村，至今也有十多户近百人。屈家在外的另一支远在太白县的靖口乡，上世纪八十年代每逢虢镇四月八交流会，靖口那一支人总要回来祭祖。不论是西堡子屈家还是靖口屈家，看到屈家村人总觉格外亲切，毕竟是血脉相连的一族人。

2014 年，位于村南的屈家村坟园因征地需要迁坟，与周边村子谈判兑地修建陵园时一波三折，几度陷入僵局。无奈之际，村上能人突发奇想，谋求与三盘沟所在的周原镇五联村协商，没想到事情超乎寻常的顺利，三天之内竟在崖边兑得坡地一块。村中老人前去看风水，前有照后有靠，是

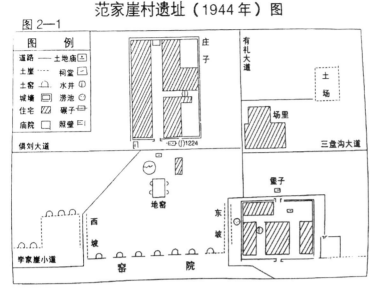

图2—1 范家崖村遗址（1944年）图

图例
道路——　土地庙🏛
土崖……　祠堂
土窑　　　水井①
城墙　　　涝池
住宅　　　碾子
庙院　　　照壁

庄子
有礼大道
土场
场里
三盘沟大道
堡子
俱刘大道
地窖
西坡
东坡
李家崖小道
窑　　院

范家崖庄、堡分布。今有『宝鸡第一长村』『五里长街』之称的五联村，即由范家崖村的庄子和堡子、三盘沟村的大堡子、北庄子、老王沟村等五个自然村合并而来。

十分难得的美穴之地，更加欣喜的是，卧牛城的屈家祖茔就在新坟地的一旁。老人们坚信冥冥中是祖先护佑着屈家村。

昔日的屈家村被称作水落城，却没有关于水落城的文字记载。年近八旬的退休教师、祖居水落城的屈永信认为水落城应为"水摆城"，取在水中摆起之意。随着大片湿地的消失及城毁墙塌，争论水落城的确切用字，意义已不是很大。屈家村人应该永远记得曾经有那么一座袖珍小城，风光无限地在水天一色的千渭之会屹立，记得自己的先祖以拓荒者的精神开创了一片天地，顽强地传承着屈家人厚重、质朴、坚毅、奋进的精神，并且将生生不息。

参与访谈者：屈碎太、屈引富、屈永孝、屈永信、屈世清、屈发银、屈乖焕、屈小军，杨宝祥、范国彬。

高 窑

杨宝祥

我的家乡关中西部，已经很少有人在窑洞居住，即使依然保存完好的窑洞，也只是用来堆放柴草和不用的家什，慢慢地淡出了人们的视野，而用于防盗防贼修筑的高窑很少有人知道了。

清同治年间，战乱引起的战火一烧就是十多年，家乡所在的凤翔一府八县一百五十万人大约死了六十万。渭北黄土塬上四乡村寨被称作起义军的"正义之师"攻陷无遗，血流成渠，尸积如山。幸运的是，岐山、宝鸡、凤翔一带并不是战乱的重灾区，在地方士绅的组织下，略有家资的富民在贫瘠、荒凉的土地上夯筑起一座座极具战略作用的土堡子，庇佑一方百姓

得到生息繁衍。而渭河、千水、雍水流域的沟壑，则成为贫民凿洞穴居的避难去处。

窑洞作为遮风避雨的居住之所，有冬暖夏凉等诸多优点，但安全却是致命的缺点。撇开地质灾害不说，在冷兵器时代，匪类抢掠窑洞，只需一把钢刀，轻易就能做到如入无人之境，不是就戮便是被擒。为了改善这个缺陷，高窑随即产生。

高窑是位于主窑上端的隐蔽窑洞，进口一般挖在窑洞的前端墙壁上，洞口很小，便于遮掩，一张簸箕、一面箩就可以堵住出口。洞口仅能容身，钻进去后，向上的口如井筒，洞壁有用于攀爬的脚蹬窝，沿洞上八尺至丈余，便豁然开朗，别有洞天。高窑开有很小的如鸽子窝大小的窗户，用于通气采光瞭望。高窑面积一般有炕大小，由于高窑主要用于藏身，所以里面只有简单的陈设，一铺草席，几张小凳而已。高窑内还有一件最重要的东西，是构成这个安全阵地的重要因素——盖板。我们从外部看到的高窑气窗，为什么非得具有窗户的形状，而只留一个小口呢？原因很简单，开一个窗户大小的洞，从窑顶往高窑里吊运盖板，然后用土坯重新堵上。做盖板的最好材料就是石板，不怕烧，又有重量，贼类即使找到高窑进口，也无法向上推开高窑的盖板，最多大骂一番，在高窑内藏身之人嘣嘣的心跳声中走人。

现在依然保存完好的高窑，大多修筑于同治以后光绪年间，也有些修建于民国战乱年间。

我的姑祖母家在一个叫付家沟的地方，保存有一处完整的高窑。虽然我的姑祖母已经去世四十多年，但是她老人家当年坐在高窑里的情景常常在母亲的讲述中变得鲜活。姑祖母家的高窑，设施完备，堪称高窑中的典范。高窑进口位于主窑的炕上，席子折上去的部分恰好遮住洞口，洞口用白膏泥涂抹得光滑整洁，脚蹬窝圆溜匀称，洞口立放着一块石磨扇做盖板用，高窑内盘着一个小火炕，炕墙上挖有一处小凳龛，姑祖母端坐在炕上时，白天、晚上都可以做针线。保留在母亲记忆中姑祖母家的高窑与匪类无关，与一只偶然路过的狼有关。据说一谈到狼，姑祖母就会讲到这个故事。在一个下雨天，年轻端庄的姑祖母坐在高窑里纳鞋底，她抬起眼皮，从高窑的小窗户就看到外面的一切，一只狼拖着一个小孩就来到了沟对面塄坎上进入了姑祖母的视野。远远地看到的情景，使姑祖母终生难忘，那只狼就像喝豆花一样把小孩吃掉了。看到这一幕的严重后果是，姑祖母两条腿就像喝了酒一样，软得从高窑里下不来。姑祖母的后半生没有喝过豆花，但姑祖母也得出一条结论，逢人就说：小孩一旦被狼叼走，因为惊吓，

浑身会变得像豆花一样酥软，狼不费什么事就可以轻易地喝下去。故事的
后半段完全属于姑祖母的臆猜。犬科的动物吃东西时本身就有舔食的习惯，
只是从远处难以看到狼咀嚼骨头的细节。

　　高窑，亟待保护，哪怕只有一两处，作为一种历史的遗物，不要轻易
地让它消失在人们的记忆，至少它记录了历史上某个黑暗时期的一些细节。

陈仓方言中的"雅言"拾趣

杨宝祥

陈仓区地处关中西部，是周秦发祥地，有着古老的历史，是中华民族文化的重要源头地之一。陈仓方言属于北方语系，语言发音接近普通话，但声调区别较大。近年来陕西话走俏各类小品和肥皂剧后，陈仓方言也随之受到外省市群众的关注。陈仓方言有着悠久的历史传承，至今仍有着旺盛的生命力。寻找陈仓方言与普通话甚至书面语之间的异同和对应规律，不但对推广普通话有着重要的意义，还能对作为非物质文化的地方语言研究有一定的参考价值。基于这种原因，笔者就陈仓方言土语中的雅言进行了搜集和整理，以供参考交流。

豴（zhì）：陈仓方言中"猪"的发音。《说文》中的解释为"豴，豕也"。

番米、番麦：贾村、桥镇及千河镇原石羊庙片的群众对玉米的称呼。玉米原产于南美洲，大约在十六世纪中期，中国开始引进玉米，陈仓本地人因其来自"番邦"，故称为番米或番麦。

稻黍：高粱的意思。陈仓的发音为（tāoshu），黍是古时候对谷物的统称，因高粱与稻子同属禾本科草本植物，故称稻黍。如："现在不种稻黍了，没有东西能扎笤帚了。"

后人：在贾村原一般专指儿子，如："这烟是我后人给我买的。"与后人形成对应的则是先人，先人一词多出现在中性偏贬义的场合。

腊婆：就字面意思而言，腊婆很像外来的宗教词语，但在陈仓西部山区和贾村原方言中指老年女人。如："赶会的腊婆多得很，会场尽是些顶帕帕的老腊婆。"

头勾：专指耕种或者拉驮用的马、骡、驴等牲口。头勾是个意会词，指牲口卖力地劳作时，头深深地勾下去的样子。明清小说中苏杭一带人也把牲口称作"头勾"。

献祭：动词合用名词，专指葬礼中祭奠使用的"礼馍"。因献祭馍的制作十分讲究，又只在丧仪中使用，故是对礼馍文雅的称呼。农村常有称"吃某某的献祭片"来指某人死去的戏称。

扁粉：指粉条。因"扁"是多音字，在陈仓方言中，取（piān）的发音。扁是小而窄的意思，如扁舟。在民国时期商务印书馆出版的启蒙读物中，对粉条的称呼就是扁粉。

箸笼罐：即筷子篓。箸即指筷子，顾名思义是装筷子的容器。

冷子：即冰雹，也有叫硬雨。如："苹果上的疤拉是冷子打的。"

后院：指茅厕。陈仓方言中对不雅之地隐晦的说法。如："我半夜拉肚子，往后院跑了六七次。"

干早：指清晨。如："我干早起来就把粪拾了。"

擦黑：指黄昏、天刚黑的意思。

业过：指刚才。这个词看起来很生僻，但是如果用文言就很好理解，即业已过去的意思。如："我业过见他在门口转悠，你出去兴许能碰上。"

拌笼：指比较粗糙、圆形的带拌儿的篮子，拌字在这里的发音为（pàn）。

毛盖：陈仓发音更接近"帽盖"。顾名思义，头发的意思。如："我年轻时，毛盖很长，辫子很粗。"毛盖一词在四川、甘肃等地也比较常用，如川陕革命根据地还流传着一首歌："脚不缠，发不盘，剪个毛盖变红男，跟上队伍打江山"，就是形容妇女独立团女战士的。

啼起：模糊的时间概念，凌晨至天明前的泛称。即鸡啼的时候。在整个西府地区，都在使用啼起一词，中老年妇女中使用尤为广泛，因为人们往往不能对后半夜的时间给以其确定性的描述，用啼起来表述就显得十分贴切。如："打啼起，熬半夜，才缝好这几件衣服"，"我啼起起来，天爷下雨哩"。

搅绑：添乱、捣乱、搅缠的意思。如："本来就很乱，隔壁的为伙墙的事又来搅绑，就更乱了。"

该：陈仓音发（gài），西府方言中最典型的代词，用文字表示"书卷气"十足。该在陈仓方言中几乎无处不在，如："该娃娃干啥去？""该（东西）是谁的？"等等。

嫽：好的意思。追根溯源，嫽是个古字，甲骨文中就有嫽，《诗经·阵风·月出》中有"佼人僚兮"，即美人多漂亮啊。陈仓方言中仍取美好、畅快之意。如："这人嫽着哩！""嫽（得）很！"

碎：指小、行末的意思。如："碎碎个事，好办！""我碎爸在外面干大事着哩。"

言传：陈仓音发（nian chuan）音，指吭声、吭气、说的意思。如："我嘴里不言传，心里有数"，"你有事言传"。

汃：音（pā），明代岳元声的《方言据》中这样解释：物及地之湿者谓之汃。汃在陈仓区渭河南片比较常用。如："老婆买柿子捡汃的捏"，"等杏汃了，味道才好吃"。

卧牛：在陈仓方言中指杠杆或者撬杠。如："用卧牛往高发（撬意）"，"某某用卧牛筷子两下就把盘子里的菜吃光了"。

阴阳：陈仓方言中指一切有生命的动物。阴阳的说法来自古人的哲学观，古人观察到自然界中各种对立又相联的大自然现象，如天地、日月、昼夜、寒暑、男女、上下等，以哲学的思想方式，归纳出"阴阳"的概念，而陈仓方言中的阴阳所表述的意思就是狭义的自然现象。如："下雨前，阴阳们早早就知道了。"

卧藏：陈仓音（wò zàng），陈仓方言指动物冬眠。如："天冷了，虫虫蚁蚁都卧藏了。"

毕了：指完了，结束了，终结或者死去的意思。如："活儿干毕了"，"我去时，人已经毕了"。

忙毕：表示时间的概念，专指夏收以后。如"今年忙毕雨水涝，玉米长势好"，"忙毕我去南方打工的"。

提挑：意思指担心、操心、忧虑。如："我听说你们的车遇上交通事故，提挑得一晚上没睡着。"

骚轻：指自轻自贱，轻浮，有不庄重、不自量的意思。如："看你还骚轻不？""骑车子上公路，不要胡骚轻。"

招祸：陈仓音（zháo huó）。招祸害的意思。如："我看他招祸哩，果然出事了。"

拾掇：指收拾、整理的意思。

填还：表示把好处白给别人意思。《红楼梦》中有一段话"绛珠仙女尘心动，早来到警幻仙宫法座前。说我受了侍者洪恩天样重，愿托生美女去填还"，就用到填还。陈仓语言中，既能当动词还能当名词使用，如："我养的母猪填还我，两年下了五窝"，"他爸每月拿四千元退休金，是个老填还"。

阴鸷：原意是指狠毒、阴险，陈仓方言指糟蹋、破坏、损坏的意思。如："那玉扳指儿，早叫我碎儿给阴鸷了"，"好好的姑娘，叫那瞎货给阴鸷了"。

失遗：遗失、丢失的意思。如："先前家里攒的麻钱儿都失遗了。"

临毕：将来、以后的意思。如："你先骑旧车子，临毕叫你爸给你买新的。"

官路：公路的意思。在陈仓区县功、上王一带及西部山区使用。如："早上看见你在官路上等车，我猜你去乡上了。"

着凉：感冒，受风寒。如："外面风大，小心着凉"，"我着凉了，今儿不上工了"。

颇烦：是一句常用的关中方言，意思是很烦，心中很恼火却又难于言表的意思，陈仓方言中还有困乏的意思。前者如："别怕颇烦，这活就这样，得慢慢来"，后者如："我人不舒服，颇烦得不想动"。

木囊：木讷、不灵活的意思。如："早上起来，木囊得很，半个小时了连头都没梳。"

活泛：活跃的意思。如："我家娃性子死，不活泛。"

煎嚯：指饭、汤温度高，烫的意思。如："吃一碗煎嚯饭，就不冷了"，"羊肉汤煎嚯得很"。

拨点：有提挈、指点及运作等意思。如："去庙里烧个香，请神拨点一下，事情会成的。"

游亲戚：陈仓方言谓走亲戚、串亲戚叫游亲戚。游字在这里颇有点孔子周游的意思。在虢镇周边甚至把正月十五挑灯笼叫"游灯灯"。

舞指：指办、办理的意思，有戏谑的意味。如："你去把那事舞指一下，回头我舞指个鸡咱喝几盅酒"。舞指一词西山群众比较常用。

怪味：指害羞、害臊、难为情。如："怪味得很，今早一上车又碰上和我吵架的售票员"，"一句话把那女娃说怪味了，脸红得跟大红布一样"。

闹：指有毒、中毒、使中毒或者味苦的意思。如："老鼠药没闹下老鼠，把鸡闹死好几只"，"这药味道闹得很"。

稀欠：指稀罕，也有爱惜、珍惜的意思。如："荒年时，酒槽都是稀欠东西"，"看他的眼神就知道有多稀欠你"。

脱挑：指身材高挑顺溜。如："张家的女子人长得脱挑。"

逛三：指二流子、不务正业者。

骨碌：指成天混在赌博场合的赌棍。俗语有"骨碌不输赌命钱"，陈仓方言中也是对赌棍的戏称，如："你们几个骨碌，成天价耍钱。"骨碌的原意可能是指赌博时骰子滚动的样子。

相工：指红白喜事帮工的，也叫"劳客"，旧时文雅的说法叫傧相，在陈仓方言中广泛使用。如："后天过喜事，明天晚上请相工。"解放前店铺中的学徒也叫相工，简称相，如对学徒小张、小王称呼"张相""王相"。

曳：在西府一带，拉了一车货，叫曳了一车货。如："出事的大巴曳了满满一车人。"曳，拉、牵引的意思，一般用于书面语。

盯视、瞅视：看、相的意思。比如："你胡盯视啥哩？给儿子把媳妇瞅视下没有？"

陈仓方言中诸如上述的"雅言"还有很多，对这些语言加以搜集、调查、整理，即是对陈仓传统地域文化的发掘，还能给这些土得掉渣的乡言俚语正名，更能使这些雅言在日后的文艺创作中得到推广和使用。艺术界有句行话叫"大俗即是大雅"，透过这些土气得在公众场合羞于出口的俗语，我们竟也能找到它们的出处，找到与之对应的书面语，难道不是一件乐事吗？

附：网友留言

文医载道：搅断（tuan），现写成"搅团"，关中方言"断"读tuan，应该是取其反义即搅不断之意！就像京剧角色中的"净"一样！或者"断桥"不断，也是此意！

旺旺："献祭"一词，我觉得宝鸡方言应是"献的"比较妥当，用"献祭"，虽然看起来文雅了，但实际读音不对。"祭"在普通话中是四声，在宝鸡话包括陕西方言中是一声，而实际上宝鸡话的"献的"中的"的"是轻声词；另外，宝鸡话中的"的"，就是读"ji"；还有，"献的"，也符合词意，就是用来献祭的馍。

雍郊马道："碎"的本字经考证是"蕞"字，意思就是小。

冰之魂：腊婆应为"邋婆"，意指行止邋遢的老年妇女，年龄神态均有之，谓之传神。

Sonvi：骚轻，应该"骚情"更好吧？还有"官路"里面"我猜"应该用"辩情"，辩情也是宝鸡方言，贾村桥镇一带可能用得比较多。

古陈仓的生态环境与奇幻物种

杨宝祥

乾隆二十九年宝鸡知县许起凤主持编纂的《宝鸡县志》卷一地理篇记载的宝鸡县山兽多达数十种之多，如虎、豹、熊、罴、鹿、獐、麋、麝、猴、麂、猵，而其中很多兽类已经鲜有踪迹，乾隆二十九年为公元1764年，距今也不过二百余年，可见人类的活动对生态带来的惊人变化。

另一位因笔记《小窗幽记》闻名的明代文学家陈继儒在《偃曝余谈》中记载了宝鸡山野异兽及金丝猴的趣闻。"有独角兽，樵者见其卧林间，或搏虎而食之。食辄余其半，山家每得残虎以饱"。这种独角兽在"虎豹熊罴时出伺人"的宝鸡无疑是不可或缺的吉祥瑞兽。

对金丝猴（狨）的描述，在陈继儒笔下变得更是十分诙谐有趣。"又尝见鹖皮于市，似猿猱而长尾，尾色红。问之曰：狨也，去来林间如飞。猿猱之族，千百为群，出采山核。狨至莫不俯首贴服，不敢张目视，狨历视其肥腯者，取小石或落叶，识其首。噉且饱，狨卧或他去，猿猱散走。其首有识者，惴惴待牙吻无动，其黠者，乘间窃去首所识，移之邻，己得脱去，而邻代之矣。"作者笔下的金丝猴不仅称霸于山林，还要掠夺猕猴采摘的山核，在那些肥硕的猕猴头上放置小石块或者树叶极尽捉弄之能事，自己吃饱睡足后，猕猴们才敢散去。当然其中狡黠些的猕猴总是把自己头上的树叶偷偷挪到别人头上而脱身溜走，让老实的猕猴惴惴不安地等候金丝猴的发落。陈继儒的记述也不过三百余年而已，别说独角异兽，连金丝猴亦绝了踪迹，只有宝鸡卷烟厂"金丝猴"的香烟商标无力苍白地告诉世人，金丝猴曾经在这里生息繁衍。

乾隆五十年《宝鸡县志》记载了一种颇类神话的野兽——驳。驳的记载最早见于《诗经·秦风·晨风》"隰有六驳"，《毛诗诂训传》对驳的解释为"驳如马，食虎豹"。《县志》引用《凤翔府志》记载"益门山中虎为害，一日风起，有物张两翼如赤旗，其音如鼓，片时声息。樵者至，见虎头二、虎爪八。"这种瞬间便把两只猛虎吃得只剩下残躯的神兽深藏于益门山中，其神秘莫测令人叹为观止。

《山海经·西山经》中西之山，"有兽焉，其状如马而白身黑尾，一角，虎牙爪，音如鼓音，其名曰驳，是食虎豹，可以御兵。"

宋人江休夏的《醴泉笔录》记录了一则司马光父亲任凤翔知府时的小故事，也与珍奇动物有关。"司马君实侍先君知凤翔府，竹园中得一物如蝙蝠，巨如大鸥，莫有识者。有自山西来者云：'此鼯鼠也，一名飞生，飞而生子。每欲飞，则橡树至巅，能下不能高也。'"鼯鼠也称飞鼠或飞虎，是生活在亚热带雨林的一种松鼠科动物，但宋代时，却在凤翔这样的北方地区司空见惯，可见在北宋时，北方的气候生态特点之一斑。

陇州产鹦鹉，宋、金时的文献多有记载。宋人何薳《春渚纪闻》中有一则笔记，讲述了陇州鹦鹉的故事。曾经任过陇州通守的韩忠彦家里养着一只鹦鹉，有一天，鹦鹉对家里人说："鹦哥数日来，甚思量乡地，若得放鹦哥一往，即死生无忘也。"韩家人很同情鹦鹉的思乡之情，问道："陇州有千里之遥，你怎么回去？"鹦鹉答道："鹦哥亦自记得来时驿程道路，日中且去深林中藏身，以避鹰鹞之击，夜则飞行求食以止饥渴尔。"于是韩家人便放飞了这只鹦鹉。看着鹦鹉远飞，韩家夫人怅然若失，思忖这只鹦鹉绝无飞回的可能。过了几个月，韩忠彦的一位旧下属何忠去陇州下书，返回前在一棵大树下，遇到了这只狡黠又可爱的鹦鹉，鹦鹉对何忠说："你记得我否，我便是韩通判家所养鹦哥也。你到京师，切记为我传语通判宅眷，鹦哥已归到乡地，甚快活，深谢见放也。"宋人笔记中的鹦鹉能言善辩，俨然与人无异。《春渚纪闻》中还记载了唐明皇送给杨太真的白鹦鹉就是产自陇州，这只鹦鹉总是紧随贵妃出入宫闱。有一天，鹦鹉忽然低头愁惨地对贵妃说："鹦鹉夜梦甚恶，恐不免一死。"不久，这只鹦鹉便被鹰鹞叼走身死。《金史》记载，正大六年五月，陇州防御使石抹冬儿进献黄鹦鹉，哀宗下昭曰："外方献珍禽异兽，违物性、损人力，令勿复进。"由此记载可见，陇州鹦鹉不仅为民间士人所喜爱，在宫廷也被视为珍禽。

清乾隆三十一年吴炳编纂的《陇州续志》记载，陇州有一种红色蝙蝠，这种被西方社会诬为吸血怪物的小动物昔日曾是陇州的寻常之物。而且这种红色蝙蝠出双入对，经常藏在芭蕉花中，翅膀呈深红色，仅两翼的血脉为黑色。如有人抓获一只，另一只绝不飞走，其忠贞之状可见一斑。明代文学家张岱在其《夜航船》中记载了陇州鱼龙川（汧水上游古称）出产一种五色鱼，杜甫《秦州杂诗二十首》中的诗句"水落鱼龙夜，山空鸟鼠秋"

即写自鱼龙川。这种五色鱼会否是今日保护动物细鳞鲑，并无定论，至少说明古陇州生物的多样性。

北宋时期发生的气候变化也影响了中国历史发展的进程，政治、经济中心南移，人口大量向南迁徙，黄河文明向长江文明延续。根据著名气候学家竺可桢的研究成果，在北宋时期，我国的气候状况经历了一个由温暖向寒冷的变化过程。此前，温暖气候持续了四百余年，可追溯到隋代。《宋史·五行志》等史籍中有关中原地区出现冬无冰雪或气候偏暖的史料涉及四十九个年份，明显超过同一时期涉及三十一个年份的冬寒记录。许多史料中，还大量记载有因冬季无雪，以致皇帝在夏历十二月亲自或命辅臣祈雪的活动内容。在许多宋人的文集中，如王禹偁、欧阳修、宋祁、司马光、曾巩、苏辙等人都曾参与"祈雪"而写过或多次写过"祈雪文"，祈盼当地冬季下雪，以改变冬暖天旱的现象。治平元年前后，宋祁在《祈雪文》等篇中都记载过当时"自冬无雪，大寒不效""暖气荐来"或"嘉雪遽沾，未能周浃"的冬暖无雪的情况。到了北宋后期，黄河流域气候突然变得寒冷，尤其以靖康元年以后，北方地区冬季偏寒或连续下雪、大雪的年份总共有三十八年，文献中有奇寒、苦寒、寒甚等记载。在宋徽宗即位以后，许多史书中有关气候寒冷的资料突然多了起来。当时因连续霜雪"伤麦""损桑"，以致"天寒地冻"或"人多冻死"，甚至出现江河"溪鱼皆冻死"的现象日益增多。北宋末年，东京"立冬前五日，西御园进冬菜。京师地寒，冬月无蔬菜，上至宫禁，下及民间，一时收藏，以充一冬食用"。因冬季严寒，君臣百姓不得不储藏蔬菜以备漫长的寒冬食用。《钦宗本纪》记载，靖康元年闰十一月，大雨雪连续二十多个日夜不止。故当时率金兵南侵的将领高兴地说："雪势如此，如添二十万新兵。"于是，"金人乘大雪攻城益急"。直至次年四月，东京仍有"北风大起，苦寒"的气候。

北宋时期的这次气候变化，形成了世界地理学上著名的"胡焕庸线"。胡焕庸线是地理学家胡焕庸（1901—1998）于民国二十四年（1935年）提出的划分我国人口密度的对比线，也被称为"瑷珲-腾冲线"或"黑河-腾冲线"。这条线从黑龙江省瑷珲到云南省腾冲，大致为倾斜四十五度基本直线。线东南方百分之三十六国土居住着百分之九十六的人口，线东南以平原、水网、丘陵、喀斯特和丹霞地貌为主要地理结构，自古以农耕为经济基础；线西北方人口密度极低，是草原、沙漠和雪域高原的世界，自古游牧民族的天下。近人杨镰先生所著《发现西部》一书如是评价胡焕庸线："它还是一条文明分界线：它的东部，是农耕的、宗法的、科举的、儒教的……一句话，是大多数人理解的传统中国；而它的西部，则是或游牧或狩猎，是部族的、血缘的、有着多元信仰和生活方式的非儒教中国。"

由此我想到三十多年前的 1984 年冬我初到虢镇之时，那时的我还是个懵懂少年，常常用惊异的眼光好奇地审视周边发生的一切趣事。一个天气阴沉的中午，大约在车马店（西关小区门洞）东侧的街道，围了一群人，我奋力钻了进去，一辆加长而粗糙的架子车里躺着一头浑身乌黑的野兽，血迹斑斑，拉架子车者衣衫破旧，满脸黑红色的血痂，露出山民惊恐和羞涩的神色。再细瞅车中躺着的野兽，才发现是一头硕大无朋的黑熊，这头熊足足比一头肥猪大出一倍，厚实的熊掌上尖利的爪牙散发着坚硬的光泽。据山民说，他在山里劳动时遭到熊的袭击，然后被闻讯而来的邻居们围猎打死的，体重足有五百斤。这是我平生第一次见超过五百斤重的野兽死体，因而给我留下难以忘记的印象。更难忘记的还有那个伤痕累累的山民腼腆、怯生的神态。围观的人群估计着黑熊的皮毛、胆的价格，也有议论熊油治疗冻疮、熊掌的营养大补神效。记忆中的那辆架子车在那儿摆放了很久。熊不仅在秦岭中出没，在一切生态尚好的时期均活跃在黄河流域，因为熊罴出没，方才有了古老氏族有熊氏，由此我们认为熊出没应当视为吉兆。

另一次是在渭河大桥尚未开通的八月份，有渭河南赶集人趟水过河时用木棍击昏的一条十斤有余的鲤鱼，在如今的东门坡叫卖。彼时，东门坡尚未硬化，是一段雨天流水，平日里倾倒垃圾的瓦砾滩。其后不久，我跟随渭河南岸的同学去了远在青峰山的"吊庄"（山庄别称），一路听同学为我讲述山间的野物，其中最让人难忘的是被叫作"瓜猥"的动物。起初，我对"瓜猥"百思不得其解，以为一定是鲁迅笔下偷吃西瓜的"猹"，到后来才知道"瓜猥"是山民对果子狸的称呼。那时南山是果子狸的天堂，到处有它们的身影，甚至小庙的供果都成了"瓜猥"们的美餐。在谈论"瓜猥"时，我也知道了果子狸与狐狸的重要区别，尽管它们非常相似——但一个以水果为食，另一个却是实实在在的食肉者。

宝鸡老照片看遍 8000 年历史

南 99

宝鸡的历史有多久？这座城市如何一步步走来？看完这些真实的照片，相信你心中自会有答案：

关桃园遗址

距今约 8100 年前，在陈仓区关桃园生活着一群原始先民，他们过着亦农亦猎亦牧的生活。

关桃园遗址挖掘现场

北首岭遗址

距今约 7100 年前，在渭河北岸、金陵河西岸，一群原始先民在此建立聚落，定居农耕，史称"北首岭遗址"。

遗址面积约 6 万平方米，现在的宝鸡城市孕育于此，北首岭人在这里相继生活了 1300 多年（距今约 7100-5800 年）。

福临堡遗址

距今约 6000 年前，在市区西郊、渭河北岸，又有一群先民在此建立聚落，定居农耕，史称"福临堡遗址"。

福临堡遗址外景

遗址面积约 18 万平方米，先民相继在这里生活 1000 余年（距今 6000-5000 年）。

姜城堡遗址

相传距今 5000 年前，炎帝诞生于姜水之畔，并且教老百姓在这里种庄稼。伏羲和黄帝也曾活动在陈仓大地。

史料证明，宝鸡是中华民族的发祥地之一，是中华文明的起源地之一。

姜城堡遗址外景

迄今为止，在宝鸡市区东西 20 公里、南北 10 公里的范围内，考古发现有 80 余处新石器时代（距今 1 万年~5000 年）聚落遗址。

以每个聚落 200 人推算，在距今四五千年前，宝鸡市区及周围已经有将近 2 万原始先民生活于此。

陈仓城遗址

秦文公四年（前 762），秦人在其先祖故地营建了都城——陈仓城。这是宝鸡历史上第一次正式建城。

后来三国时期魏国将领郝昭为了遏制诸葛亮二次北伐，在此建陈仓下城，将原来陈仓城称为陈仓上城或陈仓故城。

陈仓城遗址（今戴家湾一带）

留谷城遗址

北周武帝天和元年（566），在今市区中山路西段北坡一带建了留谷城用来屯兵，也就是后来的宝鸡城。

明清时期宝鸡城

明清时期宝鸡城有过多次维修，城区有所扩大，但位置始终没有变过。

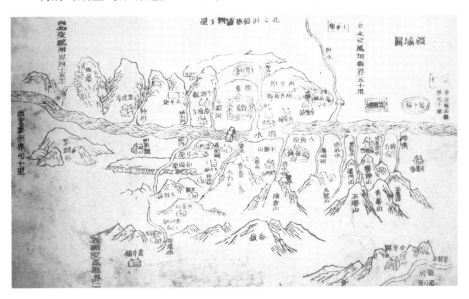

清乾隆五十年（1785）宝鸡县城全图

民国初期宝鸡城

到 1936 年，城区约有人口六七千。

民国时期中山路

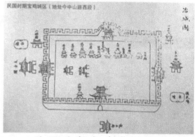

民国时期宝鸡城区地图

民国时期汽车站

抗战时期宝鸡城

1937 年随着陇海铁路西安至宝鸡路段的开通，宝鸡开始走向工业化时代，由封闭式的古城堡开始向工业城市转变。

抗日战争爆发前后，随着沦陷区及黄河泛滥区工商业者和大批难民移居宝鸡，城区向金陵川（今群众路）、店子街扩展，城内街道扩宽，房屋翻新。

抗日战争时期，荣毅仁家族进驻宝鸡创建了宝鸡申新纺织厂等企业。

民国时期宝鸡火车站

车站站台

申新纺织厂外景

20 世纪 40 年代纱厂管理人员宿舍

20 世纪 40 年代申新发电动力用的 404 火车头

413

由于大批手工业、织布厂、票号商铺等迁入和兴起，形成了十里铺、汉中路、龙泉巷、福临堡等新的工业区和市场。

云发粮行

裁缝铺

鞋匠

百货商店

杂货铺

作坊

水磨坊

小吃店

　　宝鸡曾经成为前线抗日的大后方，相对于抗日前线的东方要相对平静一些，这也为宝鸡城市的发展带来了机遇。

工合运动在宝鸡

　　工合运动是抗日战争时期，国内爱国分子和同情支持中国革命的海外友人共同建立，专门用于提供军用物资和民用物资的组织，在抗日战争期间曾经发挥了重要作用。

　　1938年8月23日，中国工业合作协会在宝鸡成立"西北办事处"，新西兰友人艾黎曾驻宝鸡领导"工合运动"。

工合创办的临时保育院

工合新村

合作社正在制作玩具的童工

工合工作人员与工人

解放前的道路

汉中路

大通路与中山路交汇处

中山路

中山路

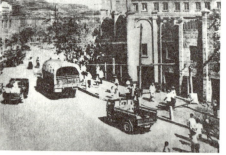

中山路与汉中路交汇处

宝鸡老城一角

从东门看宝鸡街道

中山路上的商铺

宝鸡城隍庙

渭河木桥

渭河十里铺渡口

解放前的交通运输

遗憾的是，这组真实拍摄于宝鸡的老照片，现在已经无从知道具体拍摄地点了。

解放前的小商小贩

蜂蜜粽子、凉皮、蒸碗豆花这些流传了几辈人的宝鸡小吃，你看到它们的身影了吗？

宝鸡解放

　　1948年4月，西北野战军出击西府，26日解放宝鸡县城，之后主动撤出，回师关中分区。

我军攻占宝鸡县政府

攻城部队入宝鸡城内与敌展开巷战

第一野战军涉过渭河追击国民党军残余部队

1949年7月14日我军解放宝鸡部队进入宝鸡城

我军渡过渭河大桥追击国民党残余部队

宝鸡人民热烈欢迎解放军入城

　　1949年10月，宝鸡市庆祝世界和平、庆祝中央人民政府成立、庆祝解放大西北战场胜利大会会场

庆祝中央人民政府成立大会当天
街道上的踩高跷队伍

庆祝大会上的彩灯

近代宝鸡

解放初期的宝鸡鸟瞰图

20世纪五六十年代宝鸡市区图

20世纪70年代初宝鸡市区图

中山东路（1949年摄）

20世纪50年代的中山西路

20世纪50年代的经一路

20世纪60年代的汉中路口

20世纪60年代的汉中路北段街景

20世纪60年代的国营清姜商场

清姜路（1959年摄）

清姜路（1978年摄）

曙光路（1978年摄）

20世纪70年代的经一路和汉中路十字

20世纪70年代的渭河胜利大桥　　　　20世纪70年代的红旗路

金台观眺望市区（1967年摄）　　　　经二路（1958年摄）

20世纪50年代修建中的经二路　　　20世纪60年代的宝鸡经二路大街

20 世纪 70 年代的群众路地区

20 世纪 70 年代的人民商场旧址

20 世纪 50 年代的公交车

20 世纪 70 年代的炎帝园

20 世纪 70 年代的宝鸡商场

20 世纪 60 年代的公交车

20 世纪 70 年代的公交车

一组老照片，看得人唏嘘不已！我想在这个城市，每天认真生活，大概就是对她最好的爱吧！

本组老照片翻拍自"宝鸡百年历史图片展"

后　记

　　《记忆中的老宝鸡》终于出版了，不胜欢喜，亦难免忐忑。

　　人类是一种有着鲜明地域性的群体动物，城市也好，农村也罢，都是一种聚屯而立的生存方式；对于个人而言，则是一种留存记忆的载体。在一个地方朝夕生活，是一个不断读取记忆与植入记忆的过程。记忆并不是仅仅通过了解其历史就能轻松获得的，一些更珍贵的东西往往要用内心去感受。

　　对于每一位游子来说，关于故乡的记忆或许并不在于地理上的远近，而在于我们的内心与一个地方的记忆是否有共鸣。

　　城市和人一样，也有记忆，因为它有完整的生命历史。从胚胎、童年、兴旺的青年到成熟的今天——这个丰富、多磨而独特的过程都默默地记忆在它巨大的城市肌体里。一代代人创造了它之后纷纷离去，却把记忆留在了城市中。承载这些记忆的既有物质的遗产，也有精神上的遗产。城市最大的物质性遗产是一座座建筑物，还有成片的历史街区、遗址、老街、老字号、名人故居等等，甚至地名也是一种遗产。它们纵向地记忆着城市的史脉与传衍，横向地展示着它宽广而深厚的阅历，并在这纵横之间交织出每个城市独有的个性和身份。所谓城市的"名片"，其实最响亮和夺目的"名片"就是城市历史人文的特征。

　　为了使更多的人了解宝鸡这座因陇海铁路、抗战工业而兴的城市的历史记忆，给城市生活以丰富的文化内涵；为了将散落于城市角落的史料及图片聚集于书页，使那些正在逐渐消失的历史记忆和文化遗产能够重新焕发出它们本应具有的价值，在中共宝鸡市金台区委员会党校的主导下，在宝鸡市国学研究会的协助下，四年前，开始面向社会各界人士征集有关宝鸡自陇海铁路通车至上世纪六七十年代城市记忆的稿件。历经一千五百个日夜，群策群力，数易其稿，现在终于将她奉于各位读者面前。

卡尔维诺的小说《看不见的城市》中有一句话："记忆既不是短暂易散的云雾，也不是干爽的透明，而是烧焦的生灵在城市表面结成的痂，是浸透了不再流动的生命液体的海绵，是过去、现在与未来混合而成的果酱，把运动中的存在给钙化封存起来：这才是你在旅行终点的发现。"关于一座城市的记忆，正是帮助我们了解一座城市的关键。城市的记忆很多，我们虽然从宏观的层面上划分了文化、工商业、交通、地标、味道、风土人情六个章节，也注重从每一位笔者自身的微观角度予以呈现，但终究无法面面俱到，还有更多的记忆没有、也无法在这一本集子中和盘托出，实是一大遗憾。

在本书的编辑过程中，得到了市、区各级领导的大力支持，也得到了社会各界方方面面的无私帮助，在此一并致谢。

由于编者水平有限，书中难免有错讹之处，还请广大读者批评指正。惟愿以本书之砖，引各方家之玉，能让每一位有缘结识本书的宝鸡人忆起这座城市初生时的模样。

《记忆中的老宝鸡》编委会

庚子年春月